PROCOPIUS

WITH AN ENGLISH TRANSLATION BY

H. B. DEWING

PRESIDENT, ATHENS COLLEGE, GREECE

IN SEVEN VOLUMES

V

HISTORY OF THE WARS,
BOOKS VII *(continued)* AND VIII

CAMBRIDGE, MASSACHUSETTS
HARVARD UNIVERSITY PRESS
LONDON
WILLIAM HEINEMANN LTD
MCMLXXVIII

American
ISBN 0-674-99239-3

British
ISBN 0 434 99217 8

First printed 1928
Reprinted 1954, 1962, 1978

Printed in Great Britain by
Fletcher & Son Ltd, Norwich

CONTENTS

v

PROCOPIUS OF CAESAREA

HISTORY OF THE WARS:
BOOK VII

THE GOTHIC WAR (*continued*)

ΠΡΟΚΟΠΙΟΥ ΚΑΙΣΑΡΕΩΣ

ΥΠΕΡ ΤΩΝ ΠΟΛΕΜΩΝ ΛΟΓΟΣ ΕΒΔΟΜΟΣ

XXXVI

Μετὰ δὲ Τουτίλας ἅπαν ἐπὶ Ῥώμην τὸ στρά-
τευμα ἦγε, καὶ ἐγκαθεζόμενος εἰς πολιορκίαν
καθίστατο. ἐτύγχανε δὲ Βελισάριος τρισχιλίους
ἀριστίνδην ἀπολεξάμενος, οὔσπερ ἐπὶ τῷ Ῥώμης
φυλακτηρίῳ καταστησάμενος Διογένην αὐτοῖς
ἄρχοντα, τῶν δορυφόρων τῶν αὐτοῦ ἕνα, ἐπέ-
στησεν, ἄνδρα ξυνετόν τε διαφερόντως καὶ ἀγαθὸν
2 τὰ πολέμια. διὸ δὴ χρόνου μῆκος τῇ προσεδρείᾳ
ταύτῃ ἐτρίβετο. οἵ τε γὰρ πολιορκούμενοι ἀρε-
τῆς περιουσίᾳ πρὸς ἅπαντα τὸν Γότθων στρατὸν
ἀξιόμαχοι ὄντες ἐφαίνοντο καὶ Διογένης ἔς τε τὸ
ἀκριβὲς τῇ φυλακῇ ἐχρῆτο ὡς μή τις κακουρ-
γήσων ἐπὶ τὸ τεῖχος ἴοι[1] καὶ πανταχόθι τῆς
πόλεως σῖτον ἐντὸς τοῦ περιβόλου σπείρας ἐνδεῖν
3 σφίσι τὰ ἐπιτήδεια ὡς ἥκιστα ἐποίει. πολλάκις
δὲ οἱ βάρβαροι τειχομαχεῖν ἐγχειρήσαντες καὶ
τοῦ περιβόλου ἀποπειράσασθαι ἀπεκρούσθη-
σαν, ἀρετῇ σφᾶς ἀπωσαμένων ἐνθένδε Ῥωμαίων.

PROCOPIUS OF CAESAREA

HISTORY OF THE WARS : BOOK VII

THE GOTHIC WAR (*continued*)

XXXVI

Totila now led his whole army against Rome, and _{549 A.D} establishing himself there entered upon a siege. But Belisarius had selected three thousand men noted for their valour and appointed them to garrison Rome, placing in command of them Diogenes, one of his own spearmen, a man of unusual discretion and an able warrior. Consequently a long time was consumed in the blockade. For the besieged, on their part, shewed themselves, thanks to their extraordinary valour, a match for the entire Gothic army, while Diogenes was ever keeping a strict watch that no one should approach the wall to damage it; furthermore, he sowed grain in all parts of the city inside the circuit-wall and so brought it about that they had not the least shortage of food. Many times indeed the barbarians attempted to storm the fortifications and make trial of the circuit-wall, but they were always repulsed, being driven back from the wall by the valour of the Romans.

---

¹ ἴοι Dindorf : ἤει V, ἴει L.

τοῦ μέντοι Πόρτου κρατήσαντες Ῥώμην κατὰ κράτος ἐπολιόρκουν. ταῦτα μὲν οὖν ἐφέρετο τῇδε.

4 Βασιλεὺς δὲ Ἰουστινιανὸς ἐπειδὴ Βελισάριον ἐς Βυζάντιον ἥκοντα εἶδεν, ἄρχοντα πέμπειν ξὺν στρατῷ ἄλλον ἐπὶ Γότθους τε διενοεῖτο καὶ 5 Τουτίλαν. καὶ εἰ μὲν ἐπιτελῆ ταύτην δὴ ἐπεποιήκει τὴν ἔννοιαν, οἶμαι ἄν, Ῥώμης μὲν ἔτι ὑπ' αὐτῷ οὔσης, σεσωσμένων δέ οἱ τῶν ἐνταῦθα στρατιωτῶν καὶ τοῖς ἐκ Βυζαντίου ἐπιβεβοηθηκόσιν ἀναμίγνυσθαι δυναμένων, περιέσεσθαι τῶν 6 ἐναντίων αὐτὸν τῷ πολέμῳ. νῦν δὲ τὰ μὲν πρῶτα Λιβέριον ἀπολεξάμενος, ἄνδρα τῶν ἐκ Ῥώμης πατρικίων, ἐν παρασκευῇ ἐκέλευε γενέσθαι, μετὰ δὲ ἀσχολίας οἱ ἴσως ἐπιγενομένης ἑτέρας τινὸς τὴν προθυμίαν κατέπαυσε.

7 Χρόνου δὲ τῇ Ῥώμης πολιορκίᾳ τριβέντος πολλοῦ, τῶν τινες Ἰσαύρων, οἱ ἀμφὶ πύλην ἢ Παύλου τοῦ ἀποστόλου ἐπώνυμός ἐστι φυλακὴν εἶχον (ἅμα μὲν ἐπικαλοῦντες ἐνιαυτῶν πολλῶν οὐδὲν πρὸς βασιλέως σφίσι δεδόσθαι, ἅμα δὲ καὶ Ἰσαύρους ὁρῶντες τοὺς παραδόντας Ῥώμην τὰ πρότερα Γότθοις κεκομψευμένους ἐπὶ μεγάλων τινῶν χρημάτων ὄγκῳ), Τουτίλᾳ λαθραιότατα ἐς λόγους ἐλθόντες ὡμολόγησαν τὴν πόλιν ἐνδώσειν, 8 τακτή τε ξυνέκειτο ἡμέρα τῇ πράξει. καὶ ἐπεὶ παρῆν ἡ κυρία, Τουτίλας μηχανᾶται τοιάδε. ἐς ποταμὸν Τίβεριν ἐν πρώτῃ τῶν νυκτῶν φυλακῇ δύο πλοῖα μακρὰ καθῆκεν, ἄνδρας ἐνταῦθα χρῆσθαι ταῖς σάλπιγξιν ἐπισταμένους ἐνθέμενος. 9 οἷς δὴ ἐπέστελλε διὰ μὲν τοῦ Τιβέριδος ἐρέσσοντας ἐπίπροσθεν ἰέναι, ἐπειδὰν δὲ τοῦ περιβόλου

4

They did, however, capture Portus,[1] and thereafter held Rome under close siege. Such was the course of these events.

As soon as the emperor saw Belisarius returned to Byzantium, he began to make plans for sending another commander with an army against the Goths and Totila. And if he had actually carried out this idea, I believe that, with Rome still under his power, and the soldiers in the city saved for him and enabled to unite with the relieving force from Byzantium, he would have overcome his opponents in the war. But in fact, after first selecting Liberius, one of the patricians from Rome, and ordering him to make himself ready, he later, perhaps because some other business claimed his attention, lost interest in the matter.

After the siege of Rome had continued for a long time, some of the Isaurians who were keeping guard at the gate which bears the name of Paul the Apostle [2]—men nursing a grievance because for many years nothing had been paid them by the emperor, and observing, at the same time, that those Isaurians who had previously surrendered Rome to the Goths had become the proud possessors of vast sums of money—very secretly opened negotiations with Totila and agreed to hand over the city, and a definite day was appointed for the transaction. So when the appointed day was come, Totila contrived the following plan. He launched in the Tiber River during the first watch of the night two long boats, placing on them men who understood the use of the trumpet. These he commanded to row straight across the Tiber, and when

---

[1] At the Tiber's mouth.

[2] The Porta Ostiensis. Cf. Book VI. iv. 3.

ἄγχιστα ἥκωσι[1] ταῖς σάλπιγξιν ἐνταῦθα ἠχεῖν
10 δυνάμει τῇ πάσῃ. αὐτὸς δὲ τὸν Γότθων στρατὸν
ἄγχιστα πύλης τῆς εἰρημένης, ἣ Παύλου τοῦ
ἀποστόλου ἐπώνυμός ἐστι, λανθάνων τοὺς πολε-
11 μίους ἐν παρασκευῇ εἶχε. λογισάμενός τε ὡς ἦν
τινες[2] τοῦ Ῥωμαίων στρατοῦ ἅτε ἐν σκότῳ
διαλαθόντες ἐκ τῆς πόλεως διαδρᾶναι οἷοί τε
ὦσιν, ἴωσιν[3] ἐς Κεντουκέλλας, ἐπεὶ ὀχύρωμα
ἕτερον τῶν τῇδε χωρίων οὐδαμῇ σφίσιν ἐλέλειπτο,
ἀνδρῶν μαχίμων ἐνέδραις τισὶ προλοχίζειν ἔγνω
τὴν ἐνταῦθα ὁδὸν φέρουσαν, οἷς[4] δὴ ἐπήγγελλε
12 τοὺς φεύγοντας διαχρήσασθαι. οἱ μὲν οὖν ἐν
τοῖς πλοίοις ὄντες, ἐπεὶ τῆς πόλεως ἄγχι ἐγένοντο,
ἐχρῶντο ἤδη κατὰ τὰ σφίσιν ἐπηγγελμένα ταῖς
13 σάλπιγξι. Ῥωμαῖοι δὲ καταπλαγέντες ἐς μέγα
τε δέος καὶ θόρυβον καταστάντες ἐξαπιναίως
ἀπολιπόντες οὐδενὶ λόγῳ τὰ σφέτερα[5] φυλακ-
τήρια ἐβοήθουν ἐνταῦθα δρόμῳ, τὴν ἐπιβουλὴν
14 ἐς τὸ ἐκείνῃ τεῖχος εἶναι οἰόμενοι. μόνοι τε οἱ
προδιδόντες Ἴσαυροι ἐπὶ τῇ αὐτῶν φυλακῇ
μείναντες τάς τε πύλας κατ’ ἐξουσίαν ἀνέῳγον
15 καὶ τῇ πόλει τοὺς πολεμίους ἐδέξαντο. καὶ
πολὺς μὲν τῶν παραπεπτωκότων ἐνταῦθα γεγένη-
ται φόνος, πολλοὶ δὲ φεύγοντες δι’ ἑτέρων πυλῶν
ᾤχοντο, οἱ δὲ τὴν ἐπὶ Κεντουκέλλας ἰόντες
ὑπό τε τοῖς ἐνεδρεύουσι γενόμενοι διεφθάρησαν.
ὀλίγοι μέντοι αὐτῶν διέφυγον μόλις, ἐν οἷς καὶ
Διογένην πληγέντα φασὶ διασεσῶσθαι.
16 Ἦν δέ τις ἐν τῷ Ῥωμαίων στρατῷ Παῦλος

---

[1] ἥκωσι V : ἵκονται L.
[2] ἤν τινες Haury : ἤν τινας V, μή τινες L.
[3] ἴωσιν Haury : om. MSS.

they came close to the circuit-wall to sound the trumpets there with all their might. Meanwhile he himself was holding the Gothic army in readiness close to the above-mentioned gate which bears the name of the Apostle Paul, unobserved by his enemy. And reasoning that, if any of the Roman army should succeed in escaping from the city, as they well might under cover of darkness, they would go to Centumcellae, for no other fortress was left to them anywhere among the towns of that region, he decided to guard the road leading thither by means of some ambuscades of warlike men, to whom he gave instructions to destroy the fugitives. So the men in the boats, upon getting near the city, immediately made use of their trumpets, as they had been instructed to do. Thereupon the Romans were thunderstruck, and falling into great fear and confusion suddenly abandoned for no sufficient reason their several posts and hastened on the run to give assistance at that point, supposing that the attempt was directed against that part of the wall. Thus the Isaurians who were betraying the city remained alone at their post, and they opened the gates at their leisure and received the enemy into the city. And there was great slaughter of those who fell into the hands of the enemy there, though many made off in flight through other gates, but those who went toward Centumcellae [1] got into the ambuscades and perished. However, a few of them did escape with difficulty, Diogenes too, they say, being among them and securing his safety though wounded.

Now there was in the Roman army one named

[1] Modern Civita Vecchia.

---

⁴ οἷς L : διό V.   ⁵ σφέτερα V : σφέτερα ἕκαστοι L.

μὲν ὄνομα, Κίλιξ δὲ γένος, ὃς τὰ μὲν πρῶτα
ἐφειστήκει τῇ Βελισαρίου οἰκίᾳ, ὕστερον δὲ
καταλόγου ἱππικοῦ ἄρχων ἔς τε Ἰταλίαν ἐστρά-
τευσε καὶ ξὺν τῷ Διογένει ἐπὶ τῷ Ῥώμης
17 φυλακτηρίῳ ἐτέτακτο. οὗτος ὁ Παῦλος, ἁλισκο-
μένης τότε τῆς πόλεως, ξὺν ἱππεῦσι τετρακοσίοις
ἔς τε τὸν Ἀδριανοῦ τάφον ἀνέδραμε καὶ τὴν
γέφυραν ἔσχε τὴν ἐς Πέτρου τοῦ ἀποστόλου τὸν
18 νεὼν φέρουσαν. τοῦ δὲ Γότθων στρατοῦ, ὄρθρου
τε ὄντος καὶ μέλλοντός τι ὑποφαίνειν ἡμέρας,
τούτοις δὴ τοῖς ἀνδράσιν ἐς χεῖρας ἐλθόντος,
ἐνταῦθα ἰσχυρότατα τοὺς πολεμίους[1] ὑφιστά-
μενοι τὸ πλέον ἔσχον· τῶν τε βαρβάρων ἅτε
πλήθους τε μεγάλου καὶ στενοχωρίας ἐν αὐτοῖς
19 οὔσης πολλοὺς ἔκτειναν. ὅπερ ἐπεὶ ὁ Τουτίλας
εἶδε, κατέπαυσε μὲν αὐτίκα τὴν μάχην, Γότθους
δὲ τοῖς πολεμίοις ἀντικαθεζομένους ἡσυχάζειν
ἐκέλευεν, οἰόμενος λιμῷ τοὺς ἄνδρας αἱρήσειν.
20 ταύτην μὲν οὖν τὴν ἡμέραν Παῦλός τε καὶ οἱ
τετρακόσιοι ἀπόσιτοι διαγεγόνασι, τήν τε νύκτα
οὕτως ηὐλίσαντο· τῇ δὲ ἐπιγενομένῃ ἐβουλεύ-
σαντο μὲν σιτίζεσθαι τῶν ἵππων τισίν, ὄκνησις
δὲ αὐτοὺς τῷ τῆς ἐδωδῆς οὐ ξυνειθισμένῳ διε-
κρούσατο[2] μέχρι ἐς δείλην ὀψίαν, καίπερ πιεζο-
21 μένους τῷ λιμῷ ἐς τὰ μάλιστα. τότε δὲ πολλὰ
λογισάμενοι ἐν σφίσιν αὐτοῖς, καὶ ἀλλήλους
ἐς εὐτολμίαν παρακαλέσαντες, ἐβουλεύσαντο
ἄμεινον σφίσιν εἶναι εὐπρεπεῖ θανάτῳ αὐτίκα δὴ
22 μάλα καταλῦσαι τὸν βίον. ὁρμῆσαι μὲν γὰρ
ἔγνωσαν ἐπὶ τοὺς πολεμίους ἐκ τοῦ αἰφνιδίου
κτεῖναι δὲ αὐτῶν ὅσους ἂν ἑκάστῳ δυνατὰ εἴη

---

[1] τοὺς πολεμίους Haury : τοῖς πολεμίοις MSS.

Paulus, a Cilician by birth, who at first had been in charge of the household of Belisarius, but later went with the army to Italy in command of a cavalry troop, and had been appointed with Diogenes to command the garrison of Rome. This Paulus, during the capture of the city at that time, rushed with four hundred horsemen into the Tomb of Hadrian and seized the bridge leading to the church of the Apostle Peter. And while it was still dawn and a little daylight was about to appear, the Gothic army assailed these men, but they withstood their enemy most vigorously where they were and gained the upper hand; indeed they slew large numbers of the barbarians, seeing they were in a great throng and huddled together. When Totila saw this, he stopped the fighting immediately, and commanded the Goths quietly to blockade their enemy, thinking that he would capture the men by starvation. Consequently Paulus and the four hundred passed that day without food, and bivouacked during the night in the same condition. On the following day, however, they resolved to use some of the horses for food, but a feeling of reluctance owing to the unusual nature of this food prevented them until late afternoon, although exceedingly hard pressed by hunger. At that time, after long deliberation among themselves, and after exhorting one another to boldness, they came to the conclusion that the better course for them was to end their lives then and there by a glorious death. In fact their decision was to make a sudden rush upon their enemy, to kill as many of them as each man could,

---

¹ διεκρούσατο Maltretus : διεκρούσαντο MSS.

οὕτω τε ἀνδρείως τῆς τελευτῆς τυχεῖν ἅπαντες.[1]

23 ἀλλήλους τοίνυν ἐξαπιναίως περιπλακέντες καὶ τῶν προσώπων καταφιλήσαντες τὴν ἐπὶ θανάτῳ ἠσπάζοντο, ὡς ἀπολούμενοι εὐθὺς ἅπαντες.

24 Ὅπερ κατανοήσας ὁ Τουτίλας ἔδεισε μὴ θανατῶντες ἄνθρωποι καὶ σωτηρίας πέρι ἐλπίδα οὐδεμίαν τὸ λοιπὸν[2] ἔχοντες ἀνήκεστα ἔργα

25 Γότθους δράσωσι. πέμψας οὖν παρ᾽ αὐτοὺς δυοῖν προὐτείνετο αὐτοῖς αἵρεσιν, ὅπως ἢ τοὺς ἵππους ἀφέντες ἐνταῦθα καὶ τὰ ὅπλα καταθέμενοι, ἀπομόσαντές τε μηκέτι ἐπὶ Γότθους στρατεύεσθαι, κακῶν ἀπαθεῖς ἐς Βυζάντιον ἀπαλλάσσωνται, ἢ τὰ σφέτερα αὐτῶν ἔχοντες ἐπὶ τῇ ἴσῃ καὶ

26 ὁμοίᾳ Γότθοις τὸ λοιπὸν ξυστρατεύσωσι. τούτους Ῥωμαῖοι τοὺς λόγους ἄσμενοι ἤκουσαν. καὶ τὰ μὲν πρῶτα τὴν ἐπὶ τὸ Βυζάντιον εἵλοντο ἅπαντες, ἔπειτα δὲ πεζοὶ μὲν ποιεῖσθαι καὶ ἄνοπλοι τὴν ἀναχώρησιν αἰσχυνόμενοι, δειμαίνοντες δὲ μή τισιν ἐνέδραις ἐν τῇ ἀποπορείᾳ περιπεπτωκότες διαφθαρεῖεν, ἅμα δὲ καὶ μεμφόμενοι, ὅτι δὴ σφίσι χρόνου τὰς συντάξεις πολλοῦ τὸ Ῥωμαίων δημόσιον ὤφειλεν, ἅπαντες ἐθελούσιοι τῷ Γότθων στρατῷ ἀνεμίγνυντο, πλήν γε δὴ ὅτι Παῦλός τε καὶ τῶν τις Ἰσαύρων, Μίνδης ὄνομα, Τουτίλᾳ ἐς ὄψιν ἐλθόντες ἐς Βυζάντιον σφᾶς

27 ἐδέοντο στεῖλαι. παῖδάς τε γὰρ καὶ γυναῖκας σφίσιν ἐν γῇ τῇ πατρῴᾳ ἔφασκον εἶναι, ὧνπερ

28 χωρὶς βιοτεύειν οὐχ οἷοί τε εἶναι. οὕσπερ ὁ Τουτίλας ἅτε ἀληθιζομένους ἀποδεξάμενος,

<hr />

[1] ἅπαντες Haury : ἅπαντας MSS.
[2] τὸ λοιπόν V : om. L.

and thus each and every one of them to meet his death valiantly. Accordingly they rushed suddenly into each other's arms, and kissing one another's cheeks held their friends in a last embrace on the point of death, intending one and all to perish forthwith.

But Totila, observing this, began to fear that men who were setting their faces toward death, having now no further hope as regards safety, would inflict irreparable harm upon the Goths. He therefore sent to them and offered them a choice of two alternatives, either to leave their horses and arms there, take an oath not again to fight against the Goths, and thus to depart for Byzantium without experiencing any harm, or, on the other hand, to keep their own possessions and fight thereafter in the Gothic army, enjoying full and complete equality with the Goths. These proposals were heard gladly by the Romans. And at first, to be sure, all were for choosing to go to Byzantium, but later, being ashamed to make their withdrawal on foot and without arms, and dreading also that they would fall into some ambuscades on the homeward journey and thus be destroyed, and bearing a grudge, furthermore, because the Roman State owed them pay for a long period, they all mingled voluntarily with the Gothic army, except indeed that Paulus and one of the Isaurians, Mindes by name, came before Totila and prayed him to send them to Byzantium. For they stated that they had children and wives in their native land, and apart from these they were unable to live. And Totila received the request of these men with favour, believing that they were speaking the truth, and he released them

ἐφοδίοις τε δωρησάμενος καὶ παραπομποὺς
ξυμπέμψας ἀφῆκε. καὶ ἄλλοι μέντοι τοῦ
Ῥωμαίων στρατοῦ, ὅσοι καταφυγόντες ἐς τὰ
τῆς πόλεως ἱερὰ ἔτυχον, ἐς τριακοσίους ὄντες,
τὰ πιστὰ λαβόντες Τουτίλᾳ προσεχώρησαν.
29 Ῥώμην δὲ οὔτε καθελεῖν οὔτε ἀπολιπεῖν τὸ
λοιπὸν Τουτίλας ἤθελεν, ἀλλὰ Γότθους τε καὶ
Ῥωμαίους τοὺς[1] ἐκ τῆς συγκλήτου βουλῆς καὶ
τοὺς ἄλλους ἅπαντας ξυνοικίζειν ἐνταῦθα ἔγνω ἐξ
αἰτίας τοιᾶσδε.

XXXVII

Τουτίλας οὐ πολλῷ πρότερον παρὰ τῶν
Φράγγων τὸν ἄρχοντα πέμψας, τὴν παῖδά οἱ
2 γυναῖκα ἐδεῖτο γαμετὴν δοῦναι. ὁ δὲ τὴν αἴτησιν
ἀπεσείσατο, Ἰταλίας αὐτὸν οὔτε εἶναι οὔτε
ἔσεσθαί ποτε βασιλέα φάσκων, ὅς γε Ῥώμην
ἑλὼν ἔχεσθαι μὲν αὐτῆς οὐδαμῆ ἴσχυσε, μοῖραν
δὲ αὐτῆς καθελὼν τοῖς πολεμίοις μεθῆκεν αὖθις.
3 διὸ δὴ τὰ[2] ἐπιτήδεια ἐν τῷ παρόντι ἐς αὐτὴν
ἐσκομίζεσθαι διὰ σπουδῆς εἶχε καὶ ἀνοικοδο-
μεῖσθαι ὅτι τάχιστα πάντα ἐκέλευεν, ὅσα καθελών
τε καὶ πυρπολήσας αὐτὸς[3] ἔτυχεν, ἡνίκα Ῥώμην
τὸ πρότερον εἷλε· τῶν τε Ῥωμαίων τοὺς[4] ἐκ τῆς
συγκλήτου βουλῆς καὶ τοὺς ἄλλους ἅπαντας
οὕσπερ ἐπὶ Καμπανίας ἐφύλασσε μετεπέμπετο.
4 ἐνταῦθά τε ἀγῶνα τὸν ἱππικὸν θεασάμενος,[5] τὴν
στρατιὰν ἡτοίμαζε πᾶσαν, ὡς ἐπὶ Σικελίαν
5 στρατεύσων. ἅμα δὲ καὶ τὰ μακρὰ πλοῖα

---

[1] τούς V : τούς τε L.   [2] τά V : τά τε L.
[3] αὐτός V : αὐτοῦ L.

after presenting them with travelling money and
sending an escort with them. There were others
also of the Roman army, those, namely, who had
chanced to take refuge in the sanctuaries of the
city, about three hundred in number, who received
pledges and went over to Totila. As for Rome
itself, Totila was unwilling thereafter either to dis-
mantle or to abandon it; instead he decided to
establish in residence there both Goths and Romans,
not only members of the senate, but also all the
others, for the following reason.

XXXVII

Not long before this Totila had sent to the ruler
of the Franks and requested him to give his daughter
in marriage. But the Frankish king spurned the
request, declaring that Totila neither was nor ever
would be king of Italy, seeing that after capturing
Rome he had been utterly unable to hold it, but
after tearing down a portion of it had let it fall again
into the hands of his enemy. Consequently he
made haste on the present occasion to convey sup-
plies into the city, and gave orders to rebuild as
quickly as possible everything which he himself had
pulled down and destroyed by fire when he captured
Rome at the previous time ; then he summoned the
members of the Roman senate and all the others
whom he had under guard in Campania. And after
witnessing the horse-races there, he made ready his
whole army, intending to make an expedition against
Sicily. At the same time too he put his four

---

⁴ τούς V : τούς τε L.   ⁵ θεασάμενος L : θέμενος V.

τετρακόσια ὡς ἐς ναυμαχίαν ἐν παρασκευῇ
ἐποιεῖτο, καὶ στόλον νεῶν μεγάλων τε καὶ πολλῶν
ἄγαν, ἅσπερ ἐκ βασιλέως ἐκ τῆς ἑῴας ἐνταῦθα
σταλείσας αὐτοῖς ἀνδράσι τε καὶ φορτίοις πάντα
6 τοῦτον τὸν χρόνον ἑλὼν ἔτυχε. Στέφανόν τε
ἄνδρα Ῥωμαῖον παρὰ βασιλέα πρεσβευτὴν
ἔπεμψε, τὸν μὲν πόλεμον τόνδε καταλύειν αἰτῶν,
ἐνσπόνδους δὲ Γότθους ποιεῖσθαι, ἐφ᾽ ᾧ δὴ
αὐτῷ ξυμμαχήσουσιν ἐπὶ πολεμίους τοὺς ἄλλους
7 ἰόντι. βασιλεὺς δὲ Ἰουστινιανὸς οὔτε τὸν πρεσ-
βευτὴν οἱ ἐς ὄψιν ἐλθεῖν ξυνεχώρησεν οὔτε
τινὰ τῶν λεγομένων ἐντροπὴν τὸ παράπαν
πεποίηται.
8 Ἅπερ ἐπεὶ Τουτίλας ἤκουσεν, αὖθις τὰ ἐς τὸν
πόλεμον ἐν παρασκευῇ ἐποιεῖτο. ξύμφορον δέ
οἱ ἔδοξεν εἶναι, Κεντουκελλῶν ἀποπειρασαμένῳ
9 πρότερον οὕτω δὴ ἐπὶ Σικελίαν[1] ἰέναι. ἦρχε δὲ
τότε τοῦ ἐνταῦθα φυλακτηρίου Διογένης, ὁ
Βελισαρίου δορυφόρος, δύναμιν ἀξιόχρεων ξὺν
10 αὑτῷ ἔχων. καὶ ὁ μὲν Γότθων στρατός, ἐπειδὴ
ἐς Κεντουκέλλας ἀφίκοντο, ἄγχιστα τοῦ περι-
βόλου ἐνστρατοπεδευσάμενοι ἐς πολιορκίαν καθί-
11 σταντο. πρέσβεις δὲ πέμψας παρὰ Διογένην ὁ
Τουτίλας αὐτόν τε προὐκαλεῖτο καὶ τοὺς ἀμφ᾽
αὐτὸν στρατιώτας, ἢν μὲν[2] σφίσι βουλομένοις ᾖ
μάχῃ πρὸς αὐτοὺς διακρίνεσθαι, ἔργου ἔχεσθαι
12 αὐτίκα δὴ μάλα. ἐν ἐλπίδι τε παρῄνει μηδεμιᾷ
ἔχειν, δύναμιν ἑτέραν τινὰ ἐκ βασιλέως σφίσιν
13 ἀφίξεσθαι· ἀδύνατον γὰρ Ἰουστινιανὸν τὸ λοιπὸν
εἶναι πόλεμον πρὸς Γότθους τόνδε διενεγκεῖν, εἰ
τῳ ἱκανὰ τεκμηριῶσαι τὰ[3] χρόνου τοσούτου ἐπὶ

[1] σικελίαν V : σικελίας L.

hundred war-ships in readiness for sea-fighting, as
well as a very considerable fleet of large ships which
had been sent thither from the East by the emperor,
and which he, during all this time, had had the
fortune to capture with both crews and cargoes. He
also sent a Roman named Stephanus as an envoy to
the emperor, requesting him to put an end to this
war and make a treaty with the Goths, with the
understanding that they should fight as his allies
when he should go against his other enemies. But
the Emperor Justinian would not permit the envoy
even to come into his presence, nor did he pay the
least attention to anything he said.

When Totila heard this, he again set about making
preparations for the war. And it seemed to him
advisable first to make trial of Centumcellae and
then to proceed against Sicily. Now the garrison
there was at that time commanded by Diogenes, the
guardsman of Belisarius, and he had a sufficient force
under him. So the Gothic army, upon reaching
Centumcellae, made camp close to the circuit-wall
and commenced a siege. And Totila sent envoys to
Diogenes and challenged him and his soldiers, if it
was their wish to reach a decision by battle with
the Goths, to fall to with all speed. He also advised
them to entertain no hope whatever that further
reinforcements from the emperor would reach them ;
for Justinian, he said, was unable longer to carry on
this war against the Goths, if anyone could base a
reasonable judgment upon those things which had

---

14 τῆς Ῥώμης ξυμβάντα.[1] αἵρεσιν οὖν προὐτείνετο[2]
ἐλέσθαι ὁποτέραν ἂν αὐτοὶ βούλοιντο, ἢ ἐπὶ τῇ
ἴσῃ καὶ ὁμοίᾳ τῷ Γότθων στρατῷ ἀναμίγνυσθαι,
ἢ κακῶν ἀπαθέσιν ἐνθένδε ἀπαλλασσομένοις ἐπὶ
15 Βυζαντίου κομίζεσθαι. Ῥωμαῖοι δὲ καὶ Διογένης
οὔτε μάχῃ διακρίνεσθαι βουλομένοις σφίσιν
αὐτοῖς ἔφασκον εἶναι οὔτε μέντοι ἀναμίγνυσθαι
τῷ Γότθων στρατῷ, ἐπεὶ παίδων τε καὶ γυναικῶν
τῶν σφετέρων χωρὶς βιοτεύειν οὐκ ἂν δύναιντο.
16 πόλιν δέ, ἧσπερ φυλακὴν ἔχουσιν, ἐν μὲν τῷ
παρόντι λόγῳ τινὶ εὐπρεπεῖ ἐνδοῦναι οὐδαμῆ ἔχειν,
ἐπεὶ οὐδέ τις σκῆψις αὐτοῖς, ἄλλως τε καὶ παρὰ
βασιλέα στέλλεσθαι βουλομένοις, τανῦν πάρεσ-
17 τιν· ἐς χρόνον δὲ ἀναβαλέσθαι τινὰ τὴν πρᾶξιν
ἐδέοντο, ἐφ' ᾧ βασιλεῖ μὲν ἐν τούτῳ τὰ σφίσι
παρόντα σημήνωσιν, οὐδεμιᾶς δὲ μεταξὺ βοηθείας
ἐκ βασιλέως ἐνταῦθα ἰούσης οὕτω δὴ ἀπαλλάσ-
σοιντο, Γότθοις μὲν τὴν πόλιν ἐνδόντες, οὐκ
ἀπροφάσιστον δὲ αὐτοὶ τὴν ἀναχώρησιν ποιησά-
18 μενοι. ταῦτα ἐπεὶ Τουτίλαν ἤρεσκε, τακτὴ
ἡμέρα ξυνέκειτο, ἄνδρες δὲ τριάκοντα ἑκατέρωθεν
ἐν ὁμήρων λόγῳ ἐπὶ τῇ ὁμολογίᾳ δέδονται ταύτῃ
καὶ Γότθοι τὴν προσεδρείαν διαλύσαντες ἐπὶ
Σικελίας ἐχώρησαν.
19 Ἐπεὶ δὲ ἀφίκοντο ἐς τὸ Ῥήγιον, οὐ πρότερον
διέβησαν τὸν τῇδε πορθμόν, ἕως φρουρίου τοῦ ἐν
20 Ῥηγίῳ ἀπεπειράσαντο. ἦρχον δὲ τοῦ ἐνταῦθα

---

1 χρόνου τοσούτου—ξυμβάντα V: χρόνον τοσοῦτον δὲ μῆκος ἐπὶ
τῆς ῥώμης ξυν L, followed by a lacuna of about one line.

16

taken place at Rome for such a long period. He accordingly offered them the privilege of choosing whichever of two alternatives they wished, either to mingle with the Gothic army on terms of complete equality, or to depart from the city without suffering harm and betake themselves to Byzantium. But the Romans and Diogenes declared that it was not their wish either to fight a decisive battle or, on the other hand, to mingle with the Gothic army, because they would find it impossible to live apart from their children and their wives. And as for the city over which they were keeping guard, they were quite unable for the present to surrender it with any plausible excuse, since they had, in fact, not even a pretext for doing so at that time, particularly if they wished to present themselves before the emperor; they did, however, beg him to defer the matter for a time, in order that they might during that interval report the situation to the emperor, and in case no relief should come to them from him in the meantime, that then finally they might quit the city; thus they would surrender the city to the Goths, while they, for their part, would not be without justification in leaving it. This was approved by Totila, and a definite day was agreed upon; then thirty men were given as hostages by each side to make this agreement binding, and the Goths broke up the siege and proceeded on the way to Sicily.

But when they came to Rhegium, they did not cross the strait there until they had made trial of the fortress of that city. Now the garrison there was

---

² αἵρεσιν οὖν προὐτείνετο V : εἰ δ' ὡς ἥκιστα σφίσιν ἐν ἡδονῇ ἐστιν, αἵρεσιν προὐτείνατο L.

φυλακτηρίου Θουριμούθ τε καὶ Ἱμέριος, οὕσπερ
Βελισάριος ἐνταῦθα καταστησάμενος ἔτυχεν.
21 οἵπερ ἐπεὶ πολλούς τε καὶ ἀρίστους ξὺν αὑτοῖς
εἶχον, τειχομαχοῦντάς τε ἀπεκρούσαντο τοὺς
πολεμίους καὶ ἐπεξελθόντες τὸ πλέον ἐν ξυμβολῇ
22 ἔσχον. ὕστερον μέντοι πλήθει τῶν ἐναντίων
παρὰ πολὺ ἐλασσούμενοι ἐντὸς τοῦ περιβόλου
23 κατακλεισθέντες ἡσύχαζον. Τουτίλας δὲ μοῖραν
μὲν τοῦ Γότθων στρατοῦ αὐτοῦ εἴασε φρουρᾶς
ἕνεκα, τῶν ἐπιτηδείων τῇ ἀπορίᾳ χρόνῳ ὑστέρῳ
ἐξαιρήσειν καραδοκῶν τοὺς ταύτῃ Ῥωμαίους, ἐς
δὲ Ταραντηνοὺς στράτευμα πέμψας τὸ ἐκείνῃ
φρούριον παρεστήσατο οὐδενὶ πόνῳ· καὶ Γότθοι
δὲ οὕσπερ ἐλίπετο ἐν Πικηνῶν¹ τῇ χώρᾳ πόλιν
Ἀρίμινον τηνικάδε προδοσίᾳ εἷλον.
24   Ταῦτα ἀκούσας Ἰουστινιανὸς βασιλεὺς Γερμανὸν
τὸν ἀνεψιὸν τὸν αὑτοῦ αὐτοκράτορα ἐβούλευσε
πολέμου τοῦ πρὸς Γότθους τε καὶ Τουτίλαν
καταστήσασθαι,² καί οἱ ἐν παρασκευῇ ἐπέ-
στελλεν εἶναι. ἐπεί τε ὁ περὶ τούτου λόγος ἐς
Ἰταλίαν ἦλθε, Γότθοι μὲν ἐν φροντίδι μεγάλῃ
ἐγένοντο· δεξιὰ γάρ τις ἡ ἀμφὶ Γερμανῷ δόξα ἐς
25 πάντας ἀνθρώπους οὖσα ἐτύγχανεν. εὐέλπιδες
δὲ Ῥωμαίοί τε³ γεγενημένοι εὐθὺς ἅπαντες καὶ
οἱ τοῦ βασιλέως στρατοῦ τῷ τε κινδύνῳ καὶ τῇ
26 ταλαιπωρίᾳ πολλῷ ἔτι μᾶλλον ἀντεῖχον. ἀλλὰ
βασιλεὺς οὐκ οἶδα ὅπως μεταμαθὼν Λιβέριον
ἄνδρα Ῥωμαῖον, οὕπερ ἐν τοῖς ἔμπροσθεν λόγοις
ἐμνήσθην, ἐς τὸ ἔργον καταστήσασθαι ἀντὶ

---

¹ ἐν πικηνῶν V : ἐς πηγκηνῶν L.
² καταστήσασθαι V : καταστήσεσθαι L.
³ ῥωμαῖοί τε L : ῥωμαῖοι V.

18

commanded by Thurimuth and Himerius, whom
Belisarius had appointed to that post. And since
they had under them a large force of excellent men,
they not only repulsed the enemy when he attacked
the wall, but also made a sally and gained the
advantage in combat. Later, however, since they
were far outnumbered by their opponents, they
were shut up inside the circuit-wall and remained
quiet. So Totila left a portion of the Gothic army
there to guard the place, expecting that at a later
time they would capture the Roman garrison through
failure of the food supply ; meanwhile he sent an
army against Tarentum and took over the fortress
there with no difficulty ; likewise the Goths whom
he had left in the land of Picenum also took the
city of Ariminum at that time ; for it was betrayed
to them.

When the Emperor Justinian heard this, he formed
the purpose of appointing his nephew Germanus
commander-in-chief to carry on the war against the
Goths and Totila, and he directed him to make
ready. Now when the report of this reached Italy,
the Goths became very deeply concerned ; for the
reputation of Germanus happened to be a favourable
one among all men. The Romans, on the other
hand, straightway became confident one and all, and
the soldiers of the emperor's army began to meet
danger and hardship much more courageously. But
the emperor for some unknown reason changed his
mind and decided to appoint to the post Liberius, a
Roman whom I have mentioned in the preceding

27 Γερμανοῦ ἔγνω. καὶ ὁ μὲν παρασκευασάμενος
ὡς τάχιστα, ὅτι δὴ αὐτίκα ξὺν στρατῷ ἀπο-
πλεύσει ἐπίδοξος ἦν. ἀλλ᾽ ἐπεὶ βασιλεῖ μετέμελεν
28 αὖθις, ἡσυχῇ καὶ αὐτὸς ἔμενε. τότε δὴ Βῆρος
ξὺν ἀνδράσιν οὓς ἀγείρας μαχιμωτάτους ἀμφ᾽
αὐτὸν ἔτυχε Γότθοις τοῖς ἐν Πικηνῷ οὖσιν ἐς
χεῖρας ἐλθὼν πόλεως Ῥαβέννης οὐ πολλῷ
ἄποθεν, τῶν τε ἑπομένων πολλοὺς ἀποβάλλει
καὶ αὐτὸς θνήσκει, ἀνὴρ ἀγαθὸς ἐν τῷ πόνῳ
τούτῳ γενόμενος.

XXXVIII

Ὑπὸ τοῦτον τὸν χρόνον στράτευμα Σκλαβηνῶν
οὐ πλέον ἢ ἐς τρισχιλίους ἀγηγερμένοι, ποταμόν
τε Ἴστρον, οὐδενὸς σφίσιν ἀντιστατοῦντος,
διέβησαν, καὶ πόνῳ οὐδενὶ ποταμὸν Εὖρον εὐθὺς
2 διαβάντες δίχα ἐγένοντο. εἶχε δὲ αὐτῶν ἀτέρα
μὲν συμμορία ὀκτακοσίους τε καὶ χιλίους, ἡ δὲ
3 δὴ ἑτέρα τοὺς καταλοίπους. ἑκατέροις μὲν οὖν
καίπερ[1] ἀλλήλων ἀπολελειμμένοις ἐς χεῖρας
ἐλθόντες οἱ τοῦ Ῥωμαίων στρατοῦ ἄρχοντες ἔν
τε Ἰλλυριοῖς καὶ Θραξίν, ἡσσήθησάν τε ἐκ τοῦ
ἀπροσδοκήτου καὶ οἱ μὲν αὐτοῦ διεφθάρησαν, οἱ
4 δὲ κόσμῳ οὐδενὶ διαφυγόντες ἐσώθησαν. ἐπεὶ δὲ
οἱ στρατηγοὶ πάντες οὕτω παρ᾽ ἑκατέρων τῶν
βαρβαρικῶν στρατοπέδων, καίπερ ἐλασσόνων
παρὰ πολὺ ὄντων, ἀπήλλαξαν, Ἀσβάδῳ ἡ ἑτέρα
5 τῶν πολεμίων ξυμμορία ξυνέμιξεν. ἦν δὲ οὗτος
ἀνὴρ βασιλέως μὲν Ἰουστινιανοῦ δορυφόρος, ἐπεὶ

[1] καίπερ Haury : καὶ παρ᾽ MSS.

narrative,[1] in place of Germanus. And Liberius did
in fact make preparations with all possible speed, and
it was expected that he would sail away immediately
with an army. But again the emperor changed his
mind, and consequently he too remained quiet. It
was at this time that Verus with a band of excellent
warriors whom he had gathered about him came to
an engagement not far from the city of Ravenna
with the Goths who were in Picenum, and he not
only lost many of his followers but was also killed
himself after shewing himself a brave man in the
encounter.

XXXVIII

At about this time an army of Sclaveni[2] amounting
to not more than three thousand crossed the Ister
River without encountering any opposition, advanced
immediately to the Hebrus River,[3] which they
crossed with no difficulty, and then split into two
parts. Now the one section of them contained
eighteen hundred men, while the other comprised
the remainder. And although the two sections were
thus separated from each other, the commanders of
the Roman army, upon engaging with them, both in
Illyricum and in Thrace, were defeated unexpectedly,
and some of them were killed on the field of battle,
while others saved themselves by a disorderly flight.
Now after all the generals had fared thus at the
hands of the two barbarian armies, though they were
far inferior to the Roman forces in number, one
section of the enemy engaged with Asbadus. This
man was a guard of the Emperor Justinian, since he

[1] Chap. xxxvi. 6.   [2] Cf. VII. xiv. 22 ff.
[3] Modern Maritza.

ἐς τοὺς Κανδιδάτους καλουμένους τελῶν ἔτυχε,
τῶν δὲ ἱππικῶν καταλόγων ἦρχεν οἳ ἐν Τζουρουλῷ
τῷ ἐν Θρᾴκῃ φρουρίῳ ἐκ παλαιοῦ ἵδρυνται,
6 πολλοί τε καὶ ἄριστοι ὄντες. καὶ αὐτοὺς[1] οἱ
Σκλαβηνοὶ τρεψάμενοι οὐδενὶ πόνῳ πλείστους
μὲν αἰσχρότατα φεύγοντας ἔκτειναν, Ἄσβαδον
δὲ καταλαβόντες ἐν μὲν τῷ παραυτίκα ἐζώγρησαν,
ὕστερον δὲ αὐτὸν ἐς πυρὸς ἐμβεβλημένον φλόγα
ἔκαυσαν, ἱμάντας πρότερον ἐκ τοῦ νώτου τοῦ
7 ἀνθρώπου ἐκδείραντες. ταῦτα διαπεπραγμένοι
τὰ χωρία ξύμπαντα, τά τε Θρᾳκῶν καὶ Ἰλλυριῶν,
ἀδεέστερον[2] ἐληΐζοντο, καὶ φρούρια πολλὰ πο-
λιορκίᾳ ἑκάτεροι εἷλον, οὔτε τειχομαχήσαντες
πρότερον, οὔτε ἐς τὸ πεδίον καταβῆναι τολμή-
σαντες, ἐπεὶ οὐδὲ γῆν τὴν Ῥωμαίων καταθεῖν
8 ἐγκεχειρήκασι οἱ βάρβαροι οὗτοι πώποτε. οὐ
μὴν οὐδὲ στρατῷ ποταμὸν Ἴστρον φαίνονται
διαβεβηκότες ἐκ τοῦ παντὸς χρόνου, πλήν γε δὴ
ἐξ ὅτου μοι ἔμπροσθεν εἴρηται.
9 Οὗτοι δὲ οἱ τὸν Ἄσβαδον νενικηκότες μέχρι
ἐς θάλασσαν ληϊσάμενοι ἐφεξῆς ἅπαντα καὶ
πόλιν ἐπιθαλασσίαν τειχομαχήσαντες εἷλον,
καίπερ στρατιωτῶν φρουρὰν ἔχουσαν, Τόπηρον
ὄνομα· ἣ πρώτη μὲν Θρᾳκῶν τῶν παραλίων ἐστί,
τοῦ δὲ Βυζαντίου διέχει ὁδῷ ἡμερῶν δυοκαίδεκα.
10 εἷλον δὲ αὐτὴν τρόπῳ τοιῷδε. οἱ μὲν πλεῖστοι
ἐν δυσχωρίαις πρὸ τοῦ περιβόλου σφᾶς αὐτοὺς
ἔκρυψαν, ὀλίγοι δέ τινες ἀμφὶ τὰς πύλας γενό-
μενοι αἳ πρὸς ἀνίσχοντά εἰσιν ἥλιον, τοὺς ἐν
11 ταῖς ἐπάλξεσι Ῥωμαίους ἠνώχλουν. ὑποτοπή-

---

[1] αὐτούς K : αὐτόν L.
[2] ἀδεέστερον K : ἀδεῶς ὕστερον L.

served among the *candidati*,[1] as they are called, and
he was also commander of the cavalry cohorts which
from ancient times have been stationed at Tzurullum,[2]
the fortress in Thrace, a numerous body of the best
troops. These too the Sclaveni routed with no
trouble, and they slew the most of them in a most
disgraceful flight; they also captured Asbadus and
for the moment made him a prisoner, but afterwards
they burned him by casting him into a fire, having
first flayed strips from the man's back. Having
accomplished these things, they turned to plunder
all the towns, both of Thrace and of Illyricum, in
comparative security; and both armies captured
many fortresses by siege, though they neither had
any previous experience in attacking city walls, nor
had they dared to come down to the open plain,
since these barbarians had never, in fact, even
attempted to overrun the land of the Romans.
Indeed it appears that they have never in all time
crossed the Ister River with an army before the
occasion which I have mentioned above.

Then those who had defeated Asbadus plundered
everything in order as far as the sea and captured by
storm a city on the coast named Topirus,[3] though it
had a garrison of soldiers; this is the first of the
coast towns of Thrace and is twelve days' journey dis-
tant from Byzantium. And they captured it in the
following manner. The most of them concealed
themselves in the rough ground which lay before the
fortifications, while some few went near the gate
which is toward the east and began to harass the
Romans at the battlements. Then the soldiers keeping

[1] Bodyguards distinguished by a white tunic.
[2] Modern Chorlou.
[3] Opposite Thasos, in the region of modern Kavalla.

σαντες δὲ οἱ στρατιῶται ὅσοι τὸ ἐνταῦθα
φυλακτήριον εἶχον οὐ πλείους αὐτοὺς ἢ ὅσοι
καθεωρῶντο εἶναι, ἀνελόμενοι αὐτίκα τὰ ὅπλα
12 ἐξίασιν ἐπ᾽ αὐτοὺς ἅπαντες. οἱ δὲ βάρβαροι
ὀπίσω ἀνέστρεφον, δόκησιν παρεχόμενοι τοῖς
ἐπιοῦσιν ὅτι δὴ αὐτοὺς κατορρωδηκότες ἐς
ὑπαγωγὴν χωροῦσι· καὶ οἱ Ῥωμαῖοι ἐς τὴν
δίωξιν ἐκπεπτωκότες πόρρω που τοῦ περιβόλου
13 ἐγένοντο. ἀναστάντες οὖν οἱ ἐκ τῶν ἐνέδρων
κατόπισθέν τε τῶν διωκόντων γενόμενοι ἐσιτητὰ
14 σφίσιν ἐς τὴν πόλιν οὐκέτι ἐποίουν. ἀνα-
στρέψαντες δὲ καὶ οἱ φεύγειν δοκοῦντες ἀμφιβό-
λους ἤδη τοὺς Ῥωμαίους πεποίηνται. οὓς δὴ
ἅπαντας οἱ βάρβαροι διαφθείραντες τῷ περιβόλῳ
15 προσέβαλον. οἱ δὲ τῆς πόλεως οἰκήτορες τῶν
στρατιωτῶν τῆς δυνάμεως ἐστερημένοι, γίνονται
μὲν ἐν ἀμηχανίᾳ πολλῇ, καὶ ὡς δὲ τοὺς ἐπιόντας
16 ἐκ τῶν παρόντων ἠμύνοντο. καὶ πρῶτα μὲν
ἔλαιόν τε καὶ πίσσαν ἐπὶ πλεῖστον θερμήναντες
τῶν τειχομαχούντων κατέχεον, καὶ λίθων βολαῖς
πανδημεὶ ἐς αὐτοὺς χρώμενοι τοῦ ἀπεῶσθαι τὸν
17 κίνδυνον οὐ μακράν που ἐγένοντο. ἔπειτα δὲ
αὐτοὺς πλήθει βελῶν οἱ[1] βάρβαροι βιασάμενοι
ἐκλιπεῖν τε τὰς ἐπάλξεις ἠνάγκασαν καὶ κλί-
μακας τῷ περιβόλῳ ἐρείσαντες κατὰ κράτος τὴν
18 πόλιν εἷλον. ἄνδρας μὲν οὖν ἐς πεντακισχιλίους
τε καὶ μυρίους εὐθὺς ἅπαντας ἔκτειναν καὶ πάντα
τὰ χρήματα ἐληΐσαντο, παῖδας δὲ καὶ γυναῖκας
19 ἐν ἀνδραπόδων πεποίηνται λόγῳ. καίτοι τὰ
πρότερα οὐδεμιᾶς ἡλικίας ἐφείσαντο, ἀλλ᾽ αὐτοί

[1] βελῶν οἱ L: βελῶν μακράν που ἐγένοντο. οἱ δέ K.

guard there, supposing that they were no more than those who were seen, immediately seized their arms and one and all sallied forth against them. Whereupon the barbarians began to withdraw to the rear, making it appear to their assailants that they were moving off in retreat because they were thoroughly frightened by them; and the Romans, being drawn into the pursuit, found themselves at a considerable distance from the fortifications. Then the men in ambush rose from their hiding-places and, placing themselves behind the pursuers, made it no longer possible for them to enter the city. Furthermore, those who had seemed to be in flight turned about, and thus the Romans now came to be exposed to attack on two sides. Then the barbarians, after destroying these to the last man, assaulted the fortifications. But the inhabitants of the city, deprived as they were of the support of the soldiers, found themselves in a very difficult situation, yet even so they warded off the assailants as well as the circumstances permitted. And at first they resisted successfully by heating oil and pitch till it was very hot and pouring it down on those who were attacking the wall, and the whole population joined in hurling stones upon them and thus came not very far from repelling the danger. But finally the barbarians overwhelmed them by the multitude of their missiles and forced them to abandon the battlements, whereupon they placed ladders against the fortifications and so captured the city by storm. Then they slew all the men immediately, to the number of fifteen thousand, took all the valuables as plunder, and reduced the children and women to slavery. Before this, however, they had spared no age,

τε καὶ ἡ συμμορία ἡ ἑτέρα,[1] ἐξ ὅτου δὴ τῇ Ῥω-
μαίων ἐπέσκηψαν χώρᾳ, τοὺς παραπίπτοντας
ἡβηδὸν ἅπαντας ἔκτεινον. ὥστε γῆν ἅπασαν,
ἥπερ Ἰλλυριῶν τε καὶ Θρᾳκῶν ἐστί, νεκρῶν
ἔμπλεων ἐπὶ πλεῖστον ἀτάφων γενέσθαι.

20 Ἔκτεινον δὲ τοὺς παραπίπτοντας οὔτε ξίφει
οὔτε δόρατι οὔτε τῷ ἄλλῳ εἰωθότι τρόπῳ, ἀλλὰ
σκόλοπας ἐπὶ τῆς γῆς πηξάμενοι ἰσχυρότατα,
ὀξεῖς τε αὐτοὺς ἐς τὰ μάλιστα ποιησάμενοι, ἐπὶ
τούτων ξὺν βίᾳ πολλῇ τοὺς δειλαίους ἐκάθιζον,
τήν τε σκολόπων ἀκμὴν γλουτῶν κατὰ μέσον
ἐνείροντες ὠθοῦντές τε ἄχρι ἐς τῶν ἀνθρώπων τὰ
ἔγκατα, οὕτω δὴ αὐτοὺς διαχρήσασθαι ἠξίουν.

21 καὶ ξύλα δὲ παχέα τέτταρα ἐπὶ πλεῖστον ἐς γῆν
κατορύξαντες οἱ βάρβαροι οὗτοι, ἐπ᾽ αὐτῶν τε
χεῖράς τε καὶ πόδας τῶν ἡλωκότων δεσμεύοντες,
εἶτα ῥοπάλοις αὐτοὺς κατὰ κόρρης ἐνδελεχέστατα
παίοντες, ὡς δὴ κύνας ἢ ὄφεις ἢ ἄλλο τι θηρίον

22 διέφθειρον. ἄλλους δὲ ξύν τε βουσὶ καὶ προ-
βάτοις, ὅσα δὴ ἐπάγεσθαι ἐς τὰ πάτρια ἤθη ὡς
ἥκιστα εἶχον, ἐν τοῖς δωματίοις καθείρξαντες,
οὐδεμιᾷ φειδοῖ ἐνεπίμπρασαν. οὕτω μὲν Σκλα-

23 βηνοὶ τοὺς ἐντυχόντας ἀεὶ ἀνήρουν. ἀλλὰ νῦν
αὐτοί τε καὶ οἱ τῆς ἑτέρας συμμορίας, ὥσπερ
τῷ τῶν αἱμάτων μεθύοντες πλήθει, ζωγρεῖν τὸ
ἐνθένδε ἠξίουν τῶν παραπεπτωκότων τινάς, καὶ
ἀπ᾽ αὐτοῦ μυριάδας αἰχμαλώτων ἐπαγόμενοι
ἀριθμοῦ κρείσσους ἐπ᾽ οἴκου ἀπεκομίσθησαν
ἅπαντες.

but both these and the other group, since the time when they fell upon the land of the Romans, had been killing all who fell in their way, young and old alike, so that the whole land inhabited by the Illyrians and Thracians came to be everywhere filled with unburied corpses.

Now they killed their victims, not with sword nor spear, nor in any other accustomed manner, but by planting very firmly in the earth stakes which they had made exceedingly sharp, and seating the poor wretches upon these with great violence, driving the point of the stake between the buttocks and forcing it up into the intestines; thus did they see fit to destroy them. These barbarians also had a way of planting four thick stakes very deep in the ground, and after binding the feet and hands of the captives to these they would then assiduously beat them over the head with clubs, killing them like dogs or snakes or any other animal. Others again they would imprison in their huts together with their cattle and sheep—those, of course, which they were utterly unable to take with them to their native haunts—and then they would set fire to the huts without mercy. Thus did the Sclaveni consistently destroy those who fell in their way. But from this time onward both these and those of the other group, being as it were drunk with the great quantity of blood they had shed, saw fit to make prisoners of some who fell into their hands, and consequently they were taking with them countless thousands of prisoners when they all departed on the homeward way.

---

[1] ἡ συμμορία ἡ ἑτέρα K : οἱ ξυμμορίας τῆς ἑτέρας L.

XXXIX

"Ὕστερον δὲ Γότθοι τῷ Ῥηγίνων προσέβαλον ὀχυρώματι, οἱ δὲ πολιορκούμενοι καρτερώτατα σφᾶς ἀμυνόμενοι ἀπεκρούοντο, ἔργα τε ὁ Θουριμούθ ἐπεδείκνυτο ἀεὶ ἐς αὐτοὺς ἀρετῆς ἄξια. 2 γνοὺς δὲ ὁ Τουτίλας ἐνδεῖν τοῖς πολιορκουμένοις τὰ ἐπιτήδεια, μοῖραν μὲν τοῦ στρατοῦ αὐτοῦ εἴασε φυλακῆς ἕνεκα, ὅπως δὴ οἱ πολέμιοι μηδὲν μὲν τοῦ λοιποῦ ἐσκομίζωνται, ἀπορίᾳ δὲ τῶν ἀναγκαίων σφᾶς τε αὐτοὺς καὶ τὸ φρούριον Γότθοις ἐνδώσουσιν· αὐτὸς δὲ τῷ ἄλλῳ στρατῷ ἐς Σικελίαν διαπορθμευσάμενος τῷ Μεσηνῶν 3 προσέβαλε τείχει. καὶ οἱ Δομεντίολος ὁ Βούζου ἀδελφιδοῦς, ὅσπερ τῶν τῇδε Ῥωμαίων ἦρχεν, ὑπαντιάσας τε πρὸ τοῦ περιβόλου καὶ ἐς 4 χεῖρας ἐλθὼν οὐκ ἔλασσον ἔσχεν. αὖθις δὲ ἐν τῇ πόλει γενόμενος φυλακῆς τε τῆς ἐνταῦθα ἐπιμελούμενος ἡσυχίαν ἦγε. Γότθοι δέ, μηδενὸς σφίσιν ἐπεξιόντος, ἐληΐσαντο Σικελίαν σχεδόν 5 τι ὅλην. Ῥωμαῖοι δὲ οἱ ἐν Ῥηγίῳ πολιορκούμενοι, ὧν δὴ Θουριμούθ τε καὶ Ἰμέριος ἦρχον, ὥσπερ μοι εἴρηται, τὰ γὰρ ἀναγκαῖα σφᾶς παντάπασιν ἐπελελοίπει,[1] αὐτούς τε καὶ τὸ φρούριον ὁμολογίᾳ τοῖς πολεμίοις ἐνέδοσαν.

6 "Ἅπερ ἐπεὶ βασιλεὺς ἤκουσε, στόλον τε ἀγείρας νηῶν καὶ στράτευμα λόγου ἄξιον ἐκ καταλόγων πεζῶν ἐν τῷ στόλῳ τούτῳ ἐνθέμενος, ἄρχοντά τε Λιβέριον αὐτοῖς ἐπιστήσας, πλεῖν κατὰ τάχος ἐπὶ Σικελίας ἐκέλευσε, καὶ τὴν νῆσον δια-

---

[1] ἐπελελοίπει Haury : ἀπολελοίπει K, ἀπελελοίπει L.

XXXIX

AFTER this the Goths assaulted the fortress of Rhegium, but the besieged continued to defend themselves very vigorously and so repulsed them, and Thurimuth was always conspicuous for the deeds of heroism which he performed in fighting them. But Totila discovered that the besieged were in want of provisions, and so he contented himself with leaving a portion of his army there to keep guard, in order, of course, that the enemy might not carry in anything thereafter, but might be compelled by lack of necessities to surrender themselves and the fortress to the Goths; he himself meanwhile crossed over to Sicily with the rest of the army and delivered an attack on the wall of Messana. And Domnentiolus, the nephew of Buzes, who was in command of the Romans there, encountered him before the fortifications, and in the engagement which followed he was not unsuccessful. But he went back into the city and remained quiet, attending to the guarding of the place. The Goths, however, since no one came out against them, plundered practically the whole of Sicily. And the Romans besieged in Rhegium, commanded by Thurimuth and Himerius, as I have said, seeing their provisions had failed completely, came to terms and surrendered themselves and the fortress to the enemy.

When the emperor heard of these things, he gathered a fleet and embarked on these ships a very considerable army formed from infantry detachments, and appointing Liberius commander over them, ordered him to sail with all speed for Sicily,

7 σώσασθαι δυνάμει τῇ πάσῃ. ἀλλά οἱ ἄρχοντα
τοῦ στόλου καταστησαμένῳ Λιβέριον αὐτίκα δὴ
μάλα μετέμελεν· ἦν γὰρ ἐσχατογέρων τε ὁ
ἀνὴρ μάλιστα καὶ ἀμελέτητος πολεμίων ἔργων.
8 Ἀρταβάνῃ τε ἀφεὶς τὰ ἐς αὐτὸν ἐγκλήματα
πάντα καὶ στρατηγὸν καταλόγων τῶν ἐπὶ
Θρᾴκης καταστησάμενος ἐς Σικελίαν εὐθὺς
ἔπεμψε, στράτευμα μὲν οὐ πολὺ παρασχόμενος,
ἐπιστείλας δὲ τὸν ξὺν τῷ Λιβερίῳ παραλαβεῖν
στόλον, ἐπεὶ Λιβέριον ἐς Βυζάντιον μετεπέμπετο.
9 αὐτοκράτορα δὲ τοῦ πρὸς Τουτίλαν τε καὶ
Γότθους πολέμου Γερμανὸν κατεστήσατο τὸν
αὐτοῦ ἀνεψιόν. ᾧ δὴ στράτευμα μὲν οὐ πολὺ
ἔδωκε, χρήματα δὲ λόγου ἄξια παρασχόμενος
στρατιὰν ἐπέστελλεν ἔκ τε Θρᾳκῶν καὶ Ἰλλυριῶν
ἀξιολογωτάτην ἀγείραντι [1] οὕτω δὴ στέλλεσθαι
10 σπουδῇ ἐς τὴν Ἰταλίαν πολλῇ. καὶ οἱ Φιλημούθ
τε τὸν Ἔρουλον ξὺν τοῖς ἑπομένοις καὶ Ἰωάννην
τὸν αὐτοῦ μὲν Γερμανοῦ κηδεστήν, Βιταλιανοῦ
δὲ ἀδελφιδοῦν (στρατηγὸς γὰρ ὢν τῶν ἐν Ἰλλυ-
ριοῖς καταλόγων διατριβὴν ἐνταῦθα εἶχε) ξὺν
αὐτῷ ἐς τὴν Ἰταλίαν ἐπαγαγέσθαι [2] ἐπήγγελλε.
11 Τότε δὴ Γερμανὸν φιλοτιμία πολλή τις ἔσχε
Γότθων τὴν ἐπικράτησιν ἀναδήσασθαι, ὅπως οἱ
Λιβύην τε καὶ Ἰταλίαν ἀνασώσασθαι περιέσται
12 τῇ Ῥωμαίων ἀρχῇ. Στότζα γὰρ τετυραννηκότος
ἔν γε Λιβύῃ τὰ πρότερα καὶ τὸ Λιβύης κράτος
βεβαιότατα ἤδη ἔχοντος αὐτὸς ἐκ βασιλέως
σταλεὶς καὶ μάχῃ τοὺς στασιώτας παρὰ δόξαν
νικήσας τήν τε τυραννίδα κατέπαυσε καὶ Λιβύην

---

[1] ἀγείραντι K: ἀγείραντα L.
[2] ἐπαγαγέσθαι K: ἀπαγαγέσθαι L.

and to put forth all his power to save the island. But he very speedily repented having appointed Liberius commander of the fleet; for he was an extremely old man and without experience in deeds of war. Then he absolved Artabanes from all the charges against him,[1] and appointing him General of the forces in Thrace straightway sent him to Sicily, providing him with an army of no great size but instructing him to take over the fleet commanded by Liberius, since he was summoning Liberius to Byzantium. But as commander-in-chief in the war against Totila and the Goths he appointed Germanus, his own nephew. To him he gave an army of no great size, but he provided him with a considerable amount of money and directed him to gather a very formidable army from Thrace and Illyricum and then to set forth with great speed for Italy. And he further instructed him to take with him to Italy both Philemuth the Erulian with his troops and his own son-in-law John the nephew of Vitalian; for John, as General of the forces in Illyricum, was stationed there.

Then a great ambition took possession of Germanus to achieve for himself the overthrow of the Goths, in order that it might be his fortune to recover for the Roman empire both Libya and Italy. For in the case of Libya, at any rate, he had been sent there by the emperor at the time when Stotzas had established his tyranny and was already holding the power of Libya most securely, and he had exceeded all expectations by defeating the rebels in battle, put an end to the tyranny, and once more recovered

---

[1] In connection with the palace plot, VII. xxxii.

αὖθις ἀνεσώσατο τῇ Ῥωμαίων ἀρχῇ, ὥσπερ μοι
13 ἐν τοῖς ἔμπροσθεν λόγοις ἐρρήθη. καὶ νῦν δὲ
τῶν Ἰταλίας πραγμάτων ἐς τοῦτο τύχης ἐληλα-
κότων ἐς ὃ μοι ἔναγχος δεδιήγηται, μέγα δὴ
ἐνθένδε περιβαλέσθαι κλέος ἐβούλετο ἅτε δὴ καὶ
14 αὐτὴν ἰσχύσας βασιλεῖ ἀνασώσασθαι. καὶ
πρῶτα μὲν (ἐτετελευτήκει γάρ οἱ πολλῷ πρό-
τερον ἡ γυνὴ Πασσάρα ὄνομα) Ματασοῦνθαν ἐν
γαμετῆς ἐποιήσατο λόγῳ, τὴν Ἀμαλασούνθης
τῆς Θευδερίχου θυγατρὸς παῖδα, Οὐιττίγιδος ἤδη
15 ἐξ ἀνθρώπων ἀφανισθέντος. ἤλπιζε γάρ, ἢν ξὺν
αὐτῷ ἐν τῷ στρατοπέδῳ ἡ γυνὴ εἴη,[1] αἰσχύνεσθαι,
ὡς τὸ εἰκός, Γότθους ὅπλα ἐπ᾽ αὐτὴν ἀνελέσθαι,
ἀναμνησθέντας τῆς Θευδερίχου τε καὶ Ἀτα-
16 λαρίχου ἀρχῆς. ἔπειτα δὲ χρήματα μεγάλα τὰ
μὲν ἐκ βασιλέως, τὰ δὲ πλείω οἴκοθεν οὐδεμιᾷ
φειδοῖ προϊέμενος στρατιὰν ἐκ τοῦ ἀπροσδοκήτου
πολλὴν ἀνδρῶν μαχιμωτάτων ἀγεῖραι δι᾽ ὀλίγου
17 εὐπετῶς ἴσχυσε. Ῥωμαῖοί τε γάρ, ἄνδρες ἀγαθοὶ
τὰ πολέμια, τῶν ἀρχόντων πολλοὺς ὧν δὴ δο-
ρυφόροι τε καὶ ὑπασπισταὶ ἦσαν, ἐν ὀλιγωρίᾳ
πεποιημένοι, Γερμανῷ εἵποντο, ἔκ τε Βυζαντίου
καὶ τῶν ἐπὶ Θράκης χωρίων καὶ Ἰλλυριῶν οὐδέν
τι ἧσσον, Ἰουστίνου τε καὶ Ἰουστινιανοῦ, τῶν
αὐτοῦ παίδων, πολλὴν ἐνδειξαμένων περὶ ταῦτα
18 σπουδήν, ἐπεὶ καὶ αὐτοὺς ἐπαγαγόμενος ἀπιὼν
ᾤχετο. τινὰς δὲ καὶ ἐκ καταλόγων ἱππικῶν οἳ
ἐπὶ τῆς Θράκης ἵδρυντο, δόντος βασιλέως, ξυνέ-
19 λεξε. καὶ βάρβαροι πολλοὶ οἵπερ ἀμφὶ ποταμὸν
Ἴστρον διατριβὴν εἶχον, κατὰ κλέος τοῦ Γερμα-

---

[1] εἴη K : ἴη L.

Libya for the Roman empire, as I have recounted in the preceding narrative.[1] And now that the affairs of Italy had come to such a pass as I have just described, he naturally wished to win for himself great glory in that field, by showing himself able to recover this too for the emperor. Now his first move, made possible by the fact that his wife, who was named Passara, had died long before, was to marry Matasuntha, the daughter of Amalasuntha and granddaughter of Theoderic, since Vittigis had already passed from the world. For he cherished the hope that, if the woman should be with him in the army, the Goths would probably be ashamed to take up arms against her, calling to mind the rule of Theoderic and Atalaric. Then, by expending great sums of money, part of which was provided by the emperor, but most of which he furnished unstintingly from his own resources, he easily succeeded, contrary to expectation, in raising a great army of very warlike men in a short space of time. For among the Romans, on the one hand, the experienced fighters in many cases ignored the officers to whom they belonged as spearmen and guards and followed Germanus; these came not only from Byzantium, but also from the towns of Thrace and Illyricum as well, his sons Justinus and Justinian having displayed great zeal in this matter—for he had taken them also on his departure. He also enrolled some from the cavalry detachments which were stationed in Thrace, with the emperor's permission. The barbarians also, on the other hand, who had their homes near the Ister River kept coming in great numbers, attracted by the fame of

[1] Book IV. xvi, xvii.

33

νοῦ ἥκοντες καὶ χρήματα πολλὰ κεκομισμένοι,
20 ἀνεμίγνυντο τῷ Ῥωμαίων στρατῷ. ἄλλοι τε
βάρβαροι ἐκ πάσης ἀγειρόμενοι ξυνέρρεον γῆς.
καὶ ὁ τῶν Λαγγοβαρδῶν ἡγούμενος ὁπλίτας
χιλίους ἐν παρασκευῇ πεποιημένος αὐτίκα δὴ
μάλα ὑπέσχετο πέμψειν.

21 Τούτων δὴ καὶ πλειοτέρων ἐς τὴν Ἰταλίαν
ἀγγελλομένων, οἷα δὴ ἐξεργάζεσθαι εἴωθεν ἐς
τὰ ἀνθρώπεια προϊοῦσα ἡ φήμη, Γότθοι ἅμα
μὲν[1] ἔδεισαν, ἅμα δὲ καὶ ἐν ἀπόρῳ ἐγένοντο,
εἰ σφίσιν ἐς γένος τὸ Θευδερίχου πολεμητέα
22 εἴη. στρατιῶται δὲ Ῥωμαίων, ὅσοι Γότθοις
ἐτύγχανον ἀκούσιοι[2] ξυστρατεύοντες, ἄγγελον
πέμψαντες Γερμανῷ σημαίνειν ἐκέλευον ὡς,
ἐπειδὰν τάχιστα ἐν Ἰταλίᾳ γενόμενον αὐτὸν[3]
ἴδοιεν, ἐνστρατοπεδευομένην τε τὴν αὐτοῦ
στρατιάν, καὶ αὐτοὶ οὐδέν τι μελλήσαντες ξὺν
23 ἐκείνοις τετάξονται πάντως. οἷς δὴ ἅπασι
θαρσήσαντες οἱ τοῦ βασιλέως στρατοῦ ἔν τε
Ῥαβέννῃ καὶ εἴ που ἄλλη πόλις σφίσι λε-
λεῖφθαι τετύχηκεν, εὐέλπιδες ἰσχυρότατα γε-
γενημένοι, τὰ χωρία βασιλεῖ ἐς τὸ ἀκριβὲς
24 φυλάσσειν ἠξίουν. ἀλλὰ καὶ ὅσοι ξὺν τῷ
Βήρῳ τὰ πρότερα ἢ ἄλλοις τισὶ τοῖς πολεμίοις
ἐς χεῖρας ἐλθόντες ἡσσημένοι τε τῶν ἐναντίων
ἐν τῇ ξυμβολῇ διέφυγόν τε καὶ σκεδαννύμενοι
περιῄεσαν, ὅπῃ ἑκάστῳ τετύχηκεν, ἐπειδὴ ὁδῷ
ἰέναι Γερμανὸν ἤκουσαν, ἀθρόοι ἐν Ἰστρίᾳ
γεγενημένοι, ἐνταῦθά τε τὸ στράτευμα τοῦτο
προσδεχόμενοι, ἡσυχῇ ἔμενον.

---

[1] ἅμα μέν Haury : δὲ ἅμα τε K, τε ἅμα L.

34

Germanus, and, upon receiving large sums of money, these mingled with the Roman army. And other barbarians too kept flocking to his standard, collected from the whole world. Furthermore, the ruler of the Lombards made ready a thousand heavy-armed soldiers and promised to send them right speedily.

When these things were reported in Italy, with such additions as rumour customarily makes as it spreads among men, the Goths were both frightened and perplexed at the same time, being faced, as they were, with the necessity of making war upon the race of Theoderic. But those Roman soldiers who chanced to be fighting unwillingly in the ranks of the Goths sent a messenger to Germanus with orders to state to him that, as soon as they should see him arrived in Italy and his army actually encamped, they too without any hesitation would certainly array themselves with his troops. All these things brought fresh courage to the detachments of the emperor's army in Ravenna and whatever other cities chanced to be left in their hands, and being now filled with the highest hopes they were determined to guard the towns rigorously for the emperor. Nay, more, all those who under Verus or other commanders had previously engaged with the enemy and had escaped after being defeated in battle by their opponents, and were now dispersed and wandering about, each man wherever chance led him, all these, as soon as they heard that Germanus was on the way, gathered in a body in Istria, and there remained quiet, awaiting this army.

---

² ἀκούσιοι K : ἀκούσιοι ἢ ἐθελούσιοι L.
³ αὐτόν K : γερμανόν L.

25 Τότε δὴ ὁ Τουτίλας, ἡμέρα γὰρ ἡ ξυγκειμένη
αὐτῷ τε καὶ Διογένει ἀμφὶ Κεντουκέλλαις εἰσ-
τήκει, πέμψας παρ' αὐτὸν ἐκέλευέν οἱ κατὰ
26 τὰ ξυγκείμενα τὴν πόλιν ἐνδοῦναι. Διογένης
δὲ τούτου δὴ κύριος ἔφασκεν αὐτὸς οὐκέτι εἶναι·
ἀκηκοέναι γὰρ αὐτοκράτορα τοῦδε τοῦ πολέμου
τὸν Γερμανὸν καταστῆναί τε καὶ ξὺν τῷ στρατῷ
27 οὐκ ἄποθεν εἶναι. τῶν δὲ ὁμήρων βουλομένῳ
οἱ αὐτῷ[1] εἶναι τοὺς μὲν σφετέρους ἀπολαβεῖν,
τοὺς δὲ πρὸς Γότθων σφίσι δεδομένους ἀπο-
28 τιννύναι. τούς τε[2] σταλέντας ἀποπεμψάμενος
τοῦ τῆς πόλεως φυλακτηρίου ἐπεμελεῖτο, Γερ-
μανόν τε καὶ τὸ ξὺν αὐτῷ καραδοκῶν στρά-
29 τευμα. ταῦτα μὲν οὖν ἐπράσσετο τῇδε, καὶ ὁ
χειμὼν ἔληγε, καὶ τὸ πέμπτον καὶ δέκατον ἔτος
ἐτελεύτα τῷ πολέμῳ τῷδε, ὃν Προκόπιος
ξυνέγραψε.

XL

Γερμανοῦ δὲ τὸ στράτευμα ἐν Σαρδικῇ, τῇ
Ἰλλυριῶν πόλει, ἀγείραντός τε καὶ διέποντος,
ἅπαντά τε ἰσχυρότατα ἐξαρτυομένου τὰ ἐς τὴν
τοῦ πολέμου παρασκευήν, Σκλαβηνῶν ὅμιλος
ὅσος οὔπω πρότερον ἀφίκετο ἐς Ῥωμαίων τὴν
γῆν· Ἴστρον τε ποταμὸν διαβάντες ἀμφὶ Νάϊσον
2 ἦλθον. ὧν δὴ ὀλίγους τινὰς ἀποσκεδασθέντας
μὲν τοῦ στρατοπέδου, πλανωμένους δὲ καὶ κατὰ
μόνας περιιόντας τὰ ἐκείνῃ χωρία τῶν τινες
Ῥωμαίων καταλαβόντες τε καὶ ξυνδήσαντες ἀνε-

---

[1] βουλομένῳ οἱ αὐτῷ: βουλομένῳ αὐτῷ Herwerden: βου-
λευομένων οἱ αὐτῶ K: βουλευόμενον οἱ αὐτῶ L.

36

Just at this time Totila sent to Centumcellae (for the time agreed upon by him and Diogenes as touching this town had arrived), and commanded Diogenes to surrender the city in accordance with the agreement. Diogenes, however, said that he personally no longer had authority to do this; for he had heard that Germanus had been appointed commander-in-chief to carry on that war, and was not far away with his army. And he added that, in regard to the hostages, it was his desire to receive back, on the one hand, their own, and, on the other, to return those furnished by the Goths. Then, after dismissing the messengers, he turned his attention to the defence of the city, expecting Germanus and the army with him. Such was the course of these events; and the winter drew to its close, and the fifteenth year ended in this war, the history of which Procopius has written. 550 A.D.

XL

But while Germanus was collecting and organizing his army in Sardice,[1] the city of Illyricum, and making all the necessary preparations for war with the greatest thoroughness, a throng of Sclaveni such as never before was known arrived on Roman soil, having crossed the Ister River and come to the vicinity of Naïssus.[2] Now some few of these had scattered from their army and, wandering about the country there alone, were captured by certain of the Romans and made prisoners; and the Romans

---

[1] Modern Sofia.   [2] Modern Nish.

---

[2] τούς τε K : οὕτω τούς L.

πυνθάνοντο ὅτου δὴ ἕνεκα οὗτος δὴ ὁ τῶν
Σκλαβηνῶν στρατὸς καὶ ὅ τι κατεργασόμενοι
3 διέβησαν ποταμὸν Ἴστρον. οἱ δὲ ἰσχυρίσαντο
ὡς Θεσσαλονίκην τε αὐτὴν καὶ πόλεις τὰς ἀμφ'
αὐτὴν πολιορκίᾳ ἐξαιρήσοντες ἥκοιεν.[1] ἅπερ
ἐπεὶ βασιλεὺς ἤκουσεν, ἄγαν τε ξυνεταράχθη καὶ
πρὸς Γερμανὸν εὐθὺς ἔγραψεν, ὁδὸν μὲν ἐν τῷ
παραυτίκα τὴν ἐπὶ Ἰταλίαν ἀναβαλέσθαι, Θεσσα-
λονίκῃ δὲ καὶ πόλεσι ταῖς ἄλλαις ἀμῦναι, καὶ τὴν
Σκλαβηνῶν ἔφοδον ὅσῃ δύναμις ἀποκρούσασθαι.
καὶ Γερμανὸς μὲν ἀμφὶ ταῦτα διατριβὴν εἶχε.
4 Σκλαβηνοὶ δὲ γνόντες διαρρήδην πρὸς τῶν
αἰχμαλώτων Γερμανὸν ἐν Σαρδικῇ εἶναι ἐς δέος
5 ἦλθον· μέγα γὰρ ὄνομα ἐς τούτους δὴ τοὺς
βαρβάρους ὁ Γερμανὸς εἶχεν ἐξ αἰτίας τοιᾶσδε.
ἡνίκα Ἰουστινιανὸς ὁ Γερμανοῦ θεῖος τὴν βασι-
λείαν εἶχεν, Ἄνται, οἳ Σκλαβηνῶν ἄγχιστα
ᾤκηνται, Ἴστρον ποταμὸν διαβάντες στρατῷ
6 μεγάλῳ ἐσέβαλον ἐς Ῥωμαίων τὴν γῆν. ἐτύγ-
χανε δὲ Γερμανὸν βασιλεὺς Θρᾴκης ὅλης στρα-
τηγὸν καταστησάμενος οὐ πολλῷ πρότερον.
ὃς δὴ ἐς χεῖρας ἐλθὼν τῷ τῶν πολεμίων στρατῷ
κατὰ κράτος τε μάχῃ νικήσας σχεδόν τι ἅπαντας
ἔκτεινε, κλέος τε μέγα ἐκ τοῦ ἔργου τούτου ὁ
Γερμανὸς ἐς πάντας ἀνθρώπους καὶ διαφερόντως
ἐς τούτους δὴ τοὺς βαρβάρους περιεβάλετο.
7 δειμαίνοντες οὖν αὐτόν, ὥσπερ μοι εἴρηται,
Σκλαβηνοί, ἅμα δὲ καὶ δύναμιν ἀξιολογωτάτην
αὐτὸν ἐπάγεσθαι οἰόμενοι ἅτε πρὸς βασιλέως
στελλόμενον ἐπὶ Τουτίλαν τε καὶ Γότθους, ὁδοῦ

---

[1] ἐξαιρήσοντες ἥκοιεν: ἐξαιρήσοντες ἵκοιεν K: ἐξαιρήσεσθαι
σχοῖεν L.

38

questioned them as to why this particular army of the Sclaveni had crossed the Ister and what they had in mind to accomplish. And they stoutly declared that they had come with the intention of capturing by siege both Thessalonice[1] itself and the cities around it. When the emperor heard this, he was greatly agitated and straightway wrote to Germanus directing him to postpone for the moment his expedition to Italy and defend Thessalonice and the other cities, and to repel the invasion of the Sclaveni with all his power. So Germanus, for his part, was devoting himself to this problem.

But the Sclaveni, upon learning definitely from their captives that Germanus was in Sardice, began to be afraid; for Germanus had a great reputation among these particular barbarians for the following reason. During the reign of Justinian, the uncle of Germanus, the Antae, who dwell close to the Sclaveni, had crossed the Ister River with a great army and invaded the Roman domain. Now the emperor had not long before this, as it happened, appointed Germanus General of all Thrace. He accordingly engaged with the hostile army, defeated them decisively in battle, and killed practically all of them; and Germanus, as a result of this achievement, had covered himself with great glory in the estimation of all men, including these same barbarians. Consequently, on account of their dread of him, as I have said, and also because they supposed that he was conducting a very formidable force, seeing that he was being sent by the emperor against Totila and the Goths, the Sclaveni immediately turned

---

[1] Modern Salonica.

μὲν εὐθὺς τῆς ἐπὶ Θεσσαλονίκην ἀπέσχοντο, ἐς
δὲ τὸ πεδίον καταβῆναι οὐκέτι ἐτόλμων, ἀλλὰ
ξύμπαντα τὰ ὄρη τὰ Ἰλλυριῶν διαμείψαντες ἐν
8 Δαλματίᾳ ἐγένοντο. ὧν δὴ ὁ Γερμανὸς ἀφρον-
τιστήσας πάσῃ ἐπήγγελλε τῇ στρατιᾷ ξυσκευά-
ζεσθαι, ὡς ἡμέραιν δυοῖν ὕστερον ὁδοῦ ἐνθένδε
τῆς ἐπὶ τὴν Ἰταλίαν ἀρξόμενος.
9   Ἀλλά τις αὐτῷ ξυνέπεσε τύχη νοσήσαντι
ἐξαπιναίως τὸν βίον διαμετρήσασθαι. εὐθυωρόν[1]
τε ὁ Γερμανὸς ἐξ ἀνθρώπων ἠφάνιστο, ἀνὴρ
ἀνδρεῖός τε καὶ δραστήριος ἐς τὰ μάλιστα, ἐν μὲν
τῷ πολέμῳ στρατηγός τε ἄριστος καὶ αὐτουργὸς
δεξιός, ἐν δὲ εἰρήνῃ καὶ ἀγαθοῖς πράγμασι[2]
τά τε νόμιμα καὶ τὸν τῆς πολιτείας κόσμον
βεβαιότατα φυλάσσειν ἐξεπιστάμενος, δικάσας
μὲν ὀρθότατα πάντων μάλιστα, χρήματα δὲ τοῖς
δεομένοις ἅπασι δεδανεικὼς μεγάλα καὶ τόκον
οὐδ' ὅσον λόγῳ κεκομισμένος πρὸς αὐτῶν
πώποτε, ἐν Παλατίῳ μὲν καὶ τῇ ἀγορᾷ ἐμβρι-
θέστατός τε καὶ σοβαρὸς ἄγαν, ἑστιάτωρ δὲ
καθ' ἡμέραν οἴκοι ἡδύς τε καὶ ἐλευθέριος καὶ
ἐπίχαρις, οὐδέ τι ἐν Παλατίῳ ἁμαρτάνεσθαι
παρὰ τὰ εἰωθότα ὅση δύναμις ξυγχωρῶν, οὐδὲ
στασιώταις τοῖς ἐν Βυζαντίῳ τῆς βουλήσεως
ἢ τῆς ὁμιλίας μεταλαχὼν πώποτε, καίπερ καὶ
τῶν ἐν δυνάμει πολλῶν ἐς τοῦτο ἀτοπίας ἐληλα-
κότων. ταῦτα μὲν οὖν τῇδε κεχώρηκε.
10   Βασιλεὺς δὲ τοῖς ξυμπεσοῦσι περιώδυνος γε-
γονὼς Ἰωάννην ἐκέλευε, τὸν Βιταλιανοῦ μὲν

---

[1] εὐθυωρόν Dindorf : εὐθυωρός K, εὐθύωρός L.
[2] πράγμασι L : γράμμασι K.

aside from their march on Thessalonice and no longer dared to descend to the plain, but they crossed over all the mountain ranges of Illyricum and so came into Dalmatia. Germanus, accordingly, paid no further attention to them and issued orders to the entire army to prepare for marching, intending to commence the journey thence to Italy two days later.

But by some chance it so befell that he was taken sick and abruptly reached the term of life. Thus did Germanus suddenly pass away, a man endowed with the finest qualities and remarkable for his activity; for in war, on the one hand, he was not only a most able general, but was also resourceful and independent in action, while in peace and prosperity, on the other hand, he well understood how to uphold with all firmness both the laws and the institutions of the state. As a judge he was conspicuously upright, while in private life he made loans of large sums of money to all who requested it, never so much as speaking of taking interest from them. Both in the palace and in the market-place he was a man of very impressive personality and exceedingly serious demeanour, while in his daily home life he was a pleasant, open-hearted, and charming host. He would not permit, as far as his strength allowed, any offence in the palace against established laws, nor did he ever share either in the purpose or in the conversations of the conspirators in Byzantium, though many even of those in power went so far in their unnatural conduct. Such then was the course of these events.

The emperor was deeply moved by this misfortune, and commanded John, the nephew of Vitalian and

ἀδελφιδοῦν. Γερμανοῦ δὲ γαμβρόν, ξὺν Ἰου-
στινιανῷ θατέρῳ τοῖν Γερμανοῦ παίδοιν τῷ
11 στρατῷ τούτῳ ἐς τὴν Ἰταλίαν ἡγήσασθαι. καὶ
οἱ μὲν τὴν ἐπὶ Δαλματίας ᾔεσαν, ὡς ἐν Σάλωσι
διαχειμάσοντες, ἐπεὶ ἀδύνατα σφίσιν ᾤοντο
εἶναι τηνικάδε τοῦ καιροῦ περιιοῦσι τὴν τοῦ
κόλπου περίοδον ἐς Ἰταλίαν κομίζεσθαι· δια-
πορθμεύεσθαι γὰρ νηῶν σφίσιν οὐ παρουσῶν
12 ἀμήχανα ἦν. Λιβέριος δέ, οὔπω τι πεπυσμένος
ὧνπερ βασιλεῖ ἀμφὶ τῷ στόλῳ τούτῳ μετέμελε,
Συρακούσαις προσέσχε πολιορκουμέναις πρὸς
13 τῶν πολεμίων. βιασάμενός τε τοὺς ταύτῃ βαρ-
βάρους ἔς τε τὸν λιμένα κατῆρε καὶ παντὶ τῷ
στόλῳ ἐντὸς τοῦ περιβόλου ἐγένετο. καὶ
14 Ἀρταβάνης δὲ οὐ πολλῷ ὕστερον ἐν Κεφαλωνίᾳ
γενόμενος, ἐπειδὴ τοὺς ἀμφὶ Λιβέριον ἤδη ἐν-
θένδε ἀναχθέντας ἐπὶ Σικελίας κεχωρηκέναι
ἔγνω, ἄρας ἐνθένδε πέλαγος αὐτίκα τὸ Ἀδρια-
15 τικὸν καλούμενον διέβη. ἐπεὶ δὲ Καλαβρῶν
ἀγχοῦ ἐγένετο, χειμῶνός οἱ ἐξαισίου ἐπιπεσόντος
καὶ τοῦ πνεύματος σκληροῦ τε ὑπεράγαν ὄντος
καὶ ἀπ᾽ ἐναντίας σφίσιν ἰόντος, οὕτως ἁπάσας
διασκεδάννυσθαι τὰς ναῦς ξυνηνέχθη, ὡς δοκεῖν
ὅτι δὴ αἱ πολλαὶ ἐς τὴν Καλαβρίαν ἐξενεχθεῖσαι
16 ὑπὸ τοῖς πολεμίοις ἐγένοντο. οὐκ ἦν δὲ οὕτως,
ἀλλὰ πρὸς τοῦ πνεύματος ξὺν βίᾳ πολλῇ διω-
θούμεναι ἀνέστρεφόν τε βιαζόμεναι ὑπερφυῶς
καὶ αὖθις ἐν Πελοποννήσῳ ἐγένοντο. καὶ ταῖς
ἄλλαις δέ, ὅπῃ παρατύχῃ, ἢ διεφθάρθαι ἢ δια-
17 σεσῶσθαι τετύχηκε. ναῦς δὲ μία, ἐν ᾗ ἔπλει
Ἀρταβάνης αὐτός, τοῦ ἱστοῦ οἱ ἐν τῷ σάλῳ
τούτῳ ἀποκοπέντος, ἐς τοσόνδε κινδύνου ἐλθοῦσα,

son-in-law of Germanus, in company with Justinian, one of the two sons of Germanus, to lead this army into Italy. So they set out on the way to Dalmatia, intending to pass the winter in Salones, since it seemed to them impossible at that season to make the circuit of the gulf, as they would be obliged to do in travelling into Italy; for it was impossible for them to ferry across since they had no ships. Meanwhile Liberius, not having as yet learned anything of the emperor's change of purpose regarding the fleet he commanded, put in at Syracuse while it was under siege by the enemy. And he forced his way through the barbarian lines, sailed into the harbour, and so got inside the fortifications with the whole fleet. Now Artabanes not long after this reached Cephallenia, and finding that Liberius and his army had already put out to sea and departed thence on the way to Sicily, he immediately set out from there and crossed the so-called Adriatic Sea. But when he came near Calabria, he was assailed by a terrific storm and a head wind of extraordinary violence, and it so fell out that all the ships were scattered so completely that it appeared that the most of them had been driven on the shore of Calabria and fallen into the hands of the enemy. This, however, was not the case, but they had first been driven apart by the great violence of the wind, then had turned about, heavily buffeted meanwhile by the sea, and had reached the Peloponnesus again. As for the other ships, some were lost and some were saved, according to where chance carried them. But one ship, that in which Artabanes himself was sailing, had its mast broken off in this heavy sea, and yet, after coming to such a degree of danger, was carried

43

πρός τε τοῦ ῥοθίου φερομένη καὶ τῷ κλύδωνι
ἐπισπομένη[1] Μελίτῃ προσέσχε τῇ νήσῳ. οὕτω
μὲν ᾿Αρταβάνην διασεσῶσθαι ἐκ τοῦ ἀπροσδο-
κήτου ξυνέπεσε.

18 Λιβέριος δὲ οὔτε τοῖς πολιορκοῦσιν ἐπεξιέναι
ἢ μάχῃ πρὸς αὐτοὺς οἷός τε ὢν διακρίνεσθαι, καὶ
τῶν ἐπιτηδείων σφίσιν ἅτε πολλοῖς οὖσιν ἐς πλείω
χρόνον οὐδαμῇ διαρκούντων, ἄρας ἐνθένδε ξὺν
τοῖς ἑπομένοις καὶ τοὺς πολεμίους λαθὼν ἐς
Πάνορμον ἀπεχώρησε.

19 Τουτίλας δὲ καὶ Γότθοι σχεδόν τι ἅπαντα
λῃσάμενοι τὰ ἐπὶ Σικελίας χωρία ἵππων μὲν
ἐπαγόμενοι καὶ ζῴων ἄλλων μέγα τι χρῆμα,
σῖτοι δὲ καὶ τοὺς ἄλλους καρποὺς ἅπαντας ἐκ
τῆς νήσου μετενεγκόντες καὶ πάντα τὰ χρήματα,
μεγάλα κομιδῇ ὄντα, ἐν τοῖς πλοίοις ἐνθέμενοι,
τήν τε νῆσον ἐξαπιναίως ἐξέλιπον καὶ ἐς τὴν
᾿Ιταλίαν ἀνέστρεφον, τρόπῳ ὁρμώμενοι τοιῷδε.

20 τῶν τινὰ ῾Ρωμαίων, Σπῖνον ὄνομα, ἐκ Σπολιτίου
ὁρμώμενόν οἱ αὐτῷ πάρεδρον οὐ πολλῷ πρότερον

21 καταστησάμενος Τουτίλας ἔτυχεν. οὗτος ἀνὴρ
ἐν πόλει Κατάνῃ, ἀτειχίστῳ οὔσῃ, διατριβὴν
εἶχε. τύχῃ τέ τις αὐτῷ ξυνέβη ὑπὸ τοῖς πολε-

22 μίοις ἐνταῦθα γενέσθαι. ὃν δὴ ῥύεσθαι ὁ Τουτίλας
ἐπειγόμενος τῶν τινὰ ἐπιφανῶν γυναῖκα, αἰχμάλω-
τον οὖσαν, ἀφεῖναι ῾Ρωμαίοις ἀντ᾽ αὐτοῦ ἤθελε.

23 γυναῖκα δὲ ῾Ρωμαῖοι οὐδαμῇ ἐδικαίουν ἀνταλ-
λάξασθαι ἀνδρὸς τὴν τοῦ καλουμένου κοιαίστω-

24 ρος ἀρχὴν ἔχοντος. δείσας οὖν ὁ ἀνὴρ μὴ παρὰ
τοῖς πολεμίοις διαφθαρείη, ὡμολόγησε ῾Ρωμαίοις

---

[1] ἐπισπομένη Dindorf : ἐπισπωμένη MSS.

by the surge and followed the swell until it came to land at the island of Melita.[1] Thus did it come about contrary to expectation that Artabanes was saved.

Liberius now found himself unable to make sallies against the besiegers or to fight a decisive battle against them, while at the same time their provisions could not possibly suffice for any considerable time, seeing they were a large force, and so he set sail from there with his troops, and, eluding the enemy, withdrew to Panormus.

Totila and the Goths, meanwhile, had plundered practically the whole land of Sicily; they had collected as booty a vast number of horses and other animals, and had stripped the island of grain and all its other crops; these, together with all the treasure, which amounted to a great sum indeed, they loaded on their ships, and then suddenly abandoned the island and returned to Italy, being impelled to do so for the following reason. Not long before this, as it happened, Totila had appointed one of the Romans, Spinus by name, a native of Spolitium, to be his personal adviser. This man was staying in Catana, which was an unwalled town. And, by some chance, it came about that he fell into the hands of the enemy there. Now Totila, being eager to rescue this man, wished to release to the Romans in his stead a notable's wife who was his prisoner. But the Romans would not consent to accept a woman in exchange for a man holding the position of quaestor, as it is called. The man consequently became fearful that he would be destroyed while in hostile hands, and so promised the Romans that he would

[1] Modern Meleda.

αὐτίκα Τουτίλαν ἀναπείσειν Σικελίας μὲν ἀπα-
νίστασθαι, παντὶ δὲ τῷ Γότθων στρατῷ ἐς
25 Ἰταλίαν διαπορθμεύσασθαι. καὶ οἱ μὲν ὅρκοις
αὐτὸν σφίσιν ἀμφὶ ταύτῃ τῇ ὁμολογίᾳ κατα-
ληφθέντα Γότθοις ἀπέδοσαν, ἀντ' αὐτοῦ τὴν
26 γυναῖκα κεκομισμένοι. ὁ δὲ Τουτίλα ἐς ὄψιν
ἥκων οὐκ ἐπὶ τῷ σφετέρῳ ξυμφόρῳ Γότθους
ἔφασκε Σικελίαν λῃσαμένους σχεδόν τι ὅλην
ὀλίγων τινῶν φρουρίων διατριβὴν ἐνταῦθα ἔχειν.
27 ἔναγχος γὰρ ἰσχυρίζετο ἀκηκοέναι, ἡνίκα παρὰ
τοῖς πολεμίοις ἐτύγχανεν ὤν, Γερμανὸν μὲν τὸν
βασιλέως ἀνεψιὸν ἐξ ἀνθρώπων ἀφανισθῆναι,
Ἰωάννην δὲ τὸν αὐτοῦ κηδεστὴν καὶ Ἰουστινιανὸν
τὸν αὐτοῦ παῖδα παντὶ τῷ πρὸς Γερμανοῦ συλ-
λεγέντι στρατῷ εἶναι μὲν ἤδη ἐν Δαλματίᾳ, εὐθὺ
δὲ Λιγουρίας αὐτίκα δὴ μάλα ξυσκευαζομένους
ἐνθένδε χωρήσειν, ἐφ' ᾧ δὴ Γότθων ἐξ ἐπιδρομῆς
παῖδάς τε καὶ γυναῖκας ἀνδραποδίσουσι καὶ
χρήματα λῄσονται πάντα, οἷσπερ ἡμᾶς ὑπαν-
τιάζειν ἄμεινον ἂν εἴη ἐν τῷ ἀσφαλεῖ ξὺν τοῖς
28 οἰκείοις διαχειμάζοντας. ἢν γὰρ ἐκείνων περιε-
σόμεθα, Σικελίας αὖθις ἅμα ἦρι ἀρχομένῳ
παρέσται ἡμῖν ἀδεέστερον ἐπιβήσεσθαι πολέμιον
29 οὐδὲν ἐν νῷ ἔχουσι. ταύτῃ ὁ Τουτίλας τῇ ὑπο-
θήκῃ ἀναπεισθεὶς φρουροὺς μὲν ἐν ὀχυρώμασι
τέτρασιν εἴασεν, αὐτὸς δὲ ξύμπασαν τὴν λείαν
ἐπαγόμενος παντὶ τῷ ἄλλῳ στρατῷ ἐς Ἰταλίαν
διεπορθμεύσατο. ταῦτα μὲν οὖν ἐπράσσετο τῇδε.
30 Ἰωάννης δὲ καὶ ὁ βασιλέως στρατὸς ἀφικόμενοι
ἐς Δαλματίαν ἐν Σάλωσι[1] διαχειμάζειν ἔγνωσαν,
ἐνθένδε μετὰ τὴν τοῦ χειμῶνος ὥραν εὐθὺ Ῥαβέν-

_____
[1] ἐν Σάλωσι L : εἰς σάλωνας K.

persuade Totila to depart immediately from Sicily and cross over to Italy with the whole Gothic army. So they first bound him over by oaths to carry out this promise and then gave him up to the Goths, receiving the woman in return. He then went before Totila and asserted that the Goths were not consulting their own interests, now that they had plundered practically the whole of Sicily, in remaining there for a few insignificant fortresses. For he declared that he had recently heard, while he was among the enemy, that Germanus, the emperor's nephew, had passed from the world, and that John, his son-in-law, and Justinian, his son, with the whole army collected by Germanus were already in Dalmatia and would move on from there, after completing their preparations in the briefest time, straight for Liguria, in order, obviously, to descend suddenly upon the Goths and make slaves of their women and children and to plunder all their valuables; and it would be better for the Goths, he said, to be there to meet them, passing the winter meanwhile in safety in company with their families. "For," he went on, "if we overcome that army, it will be possible for us at the opening of spring to renew our operations against Sicily free from anxiety and with no thought of an enemy in our minds." Totila was convinced by this suggestion, and so, leaving guards in four strongholds, he himself, taking with him the entire booty, crossed over with all the rest of the army to Italy. Such was the course of these events.

Now John and the emperor's army, upon reaching Dalmatia, decided to pass the winter in Salones, purposing to march from there straight for Ravenna

47

31 νης ὁδῷ ἰέναι διανοούμενοι. Σκλαβηνοὶ δέ, οἵ τε
τὰ πρότερα ἐν γῇ τῇ βασιλέως γενόμενοι, ὥσπερ
μοι ἔναγχος δεδιήγηται, καὶ ἄλλοι οὐ πολλῷ
ὕστερον Ἴστρον ποταμὸν διαβάντες καὶ τοῖς
προτέροις ἀναμιχθέντες, κατέθεον ἐν πολλῇ
32 ἐξουσίᾳ τὴν Ῥωμαίων ἀρχήν. καί τινες μὲν ἐν
ὑποψίᾳ εἶχον ὡς Τουτίλας τούτους δὴ τοὺς βαρ-
βάρους χρήμασι πολλοῖς ἀναπείσας ἐπιπέμψειε
τοῖς ταύτῃ Ῥωμαίοις, ὅπως δὴ βασιλεῖ ἀδύνατα
εἴη τὸν πρὸς Γότθους πόλεμον ἀσχολίᾳ τῇ ἐς τού-
33 τους δὴ τοὺς βαρβάρους εὖ διοικήσασθαι. εἴτε
δὲ Τουτίλᾳ χαριζόμενοι εἴτε ἄκλητοι Σκλαβηνοὶ
ἐνταῦθα ἦλθον οὐκ ἔχω εἰπεῖν. ἐς τρία μέντοι
τέλη σφᾶς αὐτοὺς διελόντες οἱ βάρβαροι οὗτοι
ἀνήκεστα ἐν Εὐρώπῃ τῇ ὅλῃ ἔργα εἰργάσαντο,
οὐκ ἐξ ἐπιδρομῆς ληϊζόμενοι τὰ ἐκείνῃ χωρία,
ἀλλ' ὥσπερ ἐν χώρᾳ οἰκείᾳ διαχειμάζοντες οὐδέν
34 τε δεδιότες πολέμιον. ὕστερον δὲ Ἰουστινιανὸς
βασιλεὺς στρατιὰν ἀξιολογωτάτην ἐπ' αὐτοὺς
ἔπεμψεν, ἧς ἄλλοι τε καὶ Κωνσταντιανὸς καὶ
Ἀράτιος καὶ Ναζάρης ἡγοῦντο καὶ Ἰουστῖνος ὁ
Γερμανοῦ παῖς καὶ Ἰωάννης, ὅνπερ ἐπίκλησιν
35 ἐκάλουν Φαγάν. ἐπιστάτην δὲ Σχολαστικὸν
ἐφ' ἅπασι κατεστήσατο, τῶν ἐν Παλατίῳ
εὐνούχων ἕνα.

36 Οὗτος ὁ στρατὸς μοῖραν τῶν βαρβάρων κατα-
λιμβάνουσιν ἀμφὶ Ἀδριανούπολιν,[1] ἥπερ ἐπὶ
Θράκης ἐν μεσογείοις κεῖται, πέντε ἡμερῶν ὁδὸν
37 Βυζαντίου διέχουσα. καὶ πρόσω μὲν χωρεῖν οἱ
βάρβαροι οὐκέτι εἶχον· λείαν γὰρ ἐπήγοντο

---

[1] Modern Edirne or Adrianople.

after the winter season. But the Sclaveni now reappeared, both those who had previously come into the emperor's land, as I have recounted above, and others who had crossed the Ister not long afterwards and joined the first, and they began to overrun the Roman domain with complete freedom. And some indeed entertained the suspicion that Totila had bribed these very barbarians with large gifts of money and so set them upon the Romans there, with the definite purpose of making it impossible for the emperor to manage the war against the Goths well because of his preoccupation with these barbarians. But as to whether the Sclaveni were conferring a favour upon Totila, or whether they came there without invitation, I am unable to say. These barbarians did, in any case, divide themselves into three groups and wrought irreparable damage in all Europe, not merely plundering that country by sudden raids, but actually spending the winter as if in their own land and having no fear of the enemy. Afterwards, however, the Emperor Justinian sent a very considerable army against them, which was led by a number of commanders, including Constantianus, Aratius, Nazares, Justinus the son of Germanus and John who bore the epithet of the Glutton. But he placed in supreme command over them all Scholasticus, one of the eunuchs of the palace.

This army came upon a part of the barbarians near Adrianopolis,[1] which is situated in the interior of Thrace, five days' journey distant from Byzantium. And the barbarians were unable to proceed further; for they were taking with them a booty which

49

ἀνθρώπων τε καὶ ζώων ἄλλων καὶ πάντων χρη-
38 μάτων ἀριθμοῦ κρείσσονα. μένοντες δὲ αὐτοῦ
ἠπείγοντο τοῖς πολεμίοις ἐς χεῖρας ἰέναι, τούτου
δὴ¹ αὐτοῖς αἴσθησιν ὡς ἥκιστα παρεχόμενοι. καὶ
οἱ μὲν Σκλαβηνοὶ ἐστρατοπεδεύοντο ἐς τὸ ὄρος ὃ
ταύτῃ ἀνέχει, Ῥωμαῖοι δὲ ἐν τῷ πεδίῳ οὐ πολλῷ
39 ἄποθεν. χρόνου δὲ σφίσιν ἐν ταύτῃ τῇ προσε-
δρείᾳ τριβομένου συχνοῦ ἤσχαλλόν τε οἱ στρα-
τιῶται καὶ δεινὰ ἐποιοῦντο, τοῖς στρατηγοῖς
ἐπικαλοῦντες ὅτι δὴ αὐτοὶ τὰ ἐπιτήδεια ξύμπαντα
εὔπορα ἔχοντες ἅτε τοῦ Ῥωμαίων στρατοῦ
ἄρχοντες τοὺς στρατιώτας περιορῶσι τῶν ἀναγ-
καίων τῇ ἀπορίᾳ πιεζομένους καὶ οὐ βούλονται
40 τοῖς πολεμίοις ἐς χεῖρας ἰέναι. οἷς δὴ οἱ στρα-
τηγοὶ ἀναγκασθέντες τοῖς ἐναντίοις ξυνέμιξαν.
καὶ γίνεται μὲν καρτερὰ μάχη, ἡσσῶνται δὲ κατὰ
41 κράτος Ῥωμαῖοι. ἔνθα δὴ στρατιῶται μὲν πολλοί
τε καὶ ἄριστοι θνήσκουσιν, οἱ δὲ στρατηγοὶ παρ᾽
ὀλίγον ἐλθόντες ὑπὸ τοῖς πολεμίοις γενέσθαι ξὺν
τοῖς καταλοίποις μόλις διαφυγόντες ἐσώθησαν,
42 ὥς πη ἑκάστῳ δυνατὰ γέγονε. καὶ Κωνσταντια-
νοῦ δὲ τὸ σημεῖον οἱ βάρβαροι εἷλον, τοῦ τε
Ῥωμαίων στρατοῦ ἐς ὀλιγωρίαν τραπόμενοι
43 πρόσω ἐχώρουν. καὶ χώραν τὴν Ἀστικὴν καλου-
μένην ἐληΐζοντο κατ᾽ ἐξουσίαν, ἀδῄωτον ἐκ
παλαιοῦ οὖσαν, καὶ ἀπ᾽ αὐτοῦ λείαν αὐτοὺς
πολλήν τινα ἐνταῦθα εὑρεῖν ξυνηνέχθη· οὕτω δὲ
50

surpassed all reckoning, consisting of men and
animals and valuables of every description. So they
remained there, eager to come to an engagement
with the enemy, but without letting this be known to
them in any way. Now the Sclaveni were encamped
on the hill which rises there, while the Romans
were in the plain not far away. And since a long
time was consumed in thus blocking the enemy, the
soldiers began to be resentful and made a great to-do,
laying against the generals the charge that while
they themselves, as commanders of the Roman
army, had all provisions in abundance, they were
paying no heed to the soldiers, to whom the want of
absolute necessities was causing hardship and who
were unwilling to engage with the enemy. By these
remonstrances the generals were compelled to join
battle with the enemy. And the battle which
followed was a fierce one, but the Romans were
decisively vanquished. In that battle many of the
best soldiers perished, and the generals came within
a little of falling into the hands of the enemy,
succeeding only with difficulty in making their
escape with the remnant of the army and thus
saving themselves, each as best he could. The
standard of Constantianus was also captured by the
barbarians, who now moved forward heedless of the
Roman army. And they plundered the land of
Astica,[1] as it is called, without let or hindrance, a
place which had not been ravaged since ancient
times, and for this reason it turned out that they found
there an enormous booty. Thus they devastated a

----

[1] Between Adrianople and Constantinople.

----

[1] τούτου δή de Stefani : τούτοις δέ MSS

χώραν πολλὴν ληϊζόμενοι ἄχρι ἐς τὰ μακρὰ τείχη
ἀφίκοντο, ἄπερ ὀλίγῳ πλέον ἢ ἡμέρας ὁδὸν
44 Βυζαντίου διέχει. οὐ πολλῷ δὲ ὕστερον ὁ Ῥω-
μαίων στρατὸς τούτοις δὴ ἐπισπόμενοι τοῖς βαρ-
βάροις, μοίρᾳ τε αὐτῶν ἐντυχόντες τινὶ καὶ
45 ἐξαπιναίως ἐς χεῖρας ἐλθόντες ἐτρέψαντο. καὶ
τῶν μὲν πολεμίων πολλοὺς ἔκτειναν, Ῥωμαίων
δὲ τῶν αἰχμαλώτων μέγα τι διεσώσαντο χρῆμα,
τό τε Κωνσταντιανοῦ σημεῖον εὑρόντες ἀνείλοντο.
οἱ δὲ λοιποὶ βάρβαροι ξὺν τῇ ἄλλῃ λείᾳ ἐπ'
οἴκου ἀπεκομίσθησαν.

---

[1] "Forty milestones," as stated by Procopius, *On the
Buildings*, IV. 9. The modern line of defence, passing

wide expanse of country and came as far as the long walls, which are a little more than one day's journey [1] distant from Byzantium. But not long afterwards the Roman army, in following up these barbarians, came upon a portion of their force, engaged with them suddenly, and turned them to flight. And they not only slew many of the enemy, but also rescued a vast number of Roman captives, and they also found and recovered the standard of Constantianus. But the rest of the barbarians departed on the homeward way with the other booty.

through Chataldja, is about ten miles nearer the city. The ancient wall, like the modern line, extended from the shore of the Black Sea to that of the Sea of Marmara, a distance of twenty-eight miles, cutting off the end of the peninsula on which Byzantium stood.

HISTORY OF THE WARS
BOOK VIII

THE GOTHIC WAR (*continued*)

ΥΠΕΡ ΤΩΝ ΠΟΛΕΜΩΝ ΛΟΓΟΣ ΟΓΔΟΟΣ

I

Ὅσα μὲν ἄχρι τοῦδέ μοι δεδιήγηται, τῇδε ξυγγέγραπται ᾗπερ δυνατὰ ἐγεγόνει ἐπὶ χωρίων ἐφ᾽ ὧν δὴ ἔργα τὰ πολέμια ξυνηνέχθη γενέσθαι διελόντι τε καὶ ἁρμοσαμένῳ τοὺς λόγους, οἵπερ ἤδη ἐξενεχθέντες πανταχόθι δεδήλωνται τῆς Ῥωμαίων ἀρχῆς. τὸ δὲ ἐνθένδε οὐκέτι μοι τρόπῳ

2 τῷ εἰρημένῳ ξυγκείσεται. γράμμασι γὰρ τοῖς ἐς τὸ πᾶν δεδηλωμένοις οὐκέτι εἶχον τὰ ἐπιγινόμενα ἐναρμόζεσθαι, ἀλλ᾽ ὅσα κατὰ τοὺς πολέμους τούσδε γεγονέναι ξυνέβη, ἔτι[1] μέντοι καὶ ἐς τὸ Μήδων γένος, ἐπειδὴ τοὺς ἔμπροσθεν λόγους ἐξήνεγκα, ἐν τῷδέ μοι τῷ λόγῳ πάντα γεγράψεται, ἱστορίαν τε αὐτῶν ἐπάναγκες ποικίλην ξυγκεῖσθαι.

3 Ἤδη μὲν οὖν ὅσα ξυνέβη[2] ἄχρι ἐς τὸ τέταρτον ἔτος τῆς πενταετηρίδος ἐκεχειρίας ἣ Ῥωμαίοις ἐγεγόνει καὶ Πέρσαις, ἐν τοῖς ἔμπροσθέν μοι δεδιήγηται λόγοις· τῷ δὲ ἐπιγινομένῳ ἐνιαυτῷ Μηδικῆς στρατιᾶς πολὺς ὅμιλος ἐς γῆν τὴν

4 Κολχίδα ἐσέβαλον. οἷσπερ ἐφειστήκει Πέρσης ἀνήρ, Χοριάνης ὄνομα, πολέμων ἐσάγαν πολλῶν

---

[1] ἔτι Maltretus: ἐπί MSS.
[2] ὅσα ξυνέβη L: om. K.

HISTORY OF THE WARS: BOOK VIII

THE GOTHIC WAR *(continued)*

I

THE narrative which I have written up to this point has been composed, as far as possible, on the principle of separating the material into parts which relate severally to the countries in which the different wars took place, and these parts have already been published and have appeared in every corner of the Roman empire. But from this point onward I shall no longer follow this principle of arrangement. For after my writings had appeared before the public, I was no longer able to add to each the events which happened afterwards, but all the later developments in these wars, and in the war against Persia as well, now that I have published the previous parts, will be written down in full in this present narrative, and thus the record which I shall make of these events will of necessity be composite.

Now all that took place up to the fourth year of the five-year truce which was made between the Romans and the Persians has already been recounted by me in the previous books.[1] But in the succeeding year a Persian army in vast numbers invaded the land of Colchis. In command of this army was a Persian, Chorianes by name, a man of wide experience

---

[1] Books I and II.

ἔμπειρος, καὶ αὐτῷ ξύμμαχοι βάρβαροι τοῦ
5 Ἀλανῶν γένους πολλοὶ εἵποντο. οὗτος ὁ στρατὸς
ἐπειδὴ ἀφίκοντο ἐς χώραν τῆς Λαζικῆς ἣ ἐπικαλεῖ-
ται Μοχήρησις, ἐν ἐπιτηδείῳ στρατοπεδευσάμενοι
6 ἔμενον. ῥεῖ δέ πη ἐνταῦθα ποταμὸς Ἵππις, οὐ
μέγας οὐδὲ ναυσίπορος, ἀλλὰ καὶ ἱππεῦσι καὶ
ἀνδράσι πεζοῖς ἐσβατός, οὗ δὴ ἐν δεξιᾷ τὸν
χάρακα ἐποιήσαντο, οὐ παρὰ τὴν ὄχθην, ἀλλὰ
κατὰ πολὺ ἄποθεν.

7 Ὅπως δὲ τοῖς τάδε ἀναλεγομένοις ἔκδηλα τὰ
ἐπὶ Λαζικῆς χωρία ἔσται ὅσα τε γένη ἀνθρώπων
ἀμφ' αὐτὴν ἵδρυνται, καὶ μὴ ὑπὲρ τῶν ἀφανῶν
σφίσιν ὥσπερ οἱ σκιαμαχοῦντες διαλέγεσθαι
ἀναγκάζωνται, οὔ μοι ἀπὸ καιροῦ ἔδοξεν εἶναι
ἀναγράψασθαι ἐνταῦθα τοῦ λόγου ὅντινα δὴ
τρόπον ἄνθρωποι οἰκοῦσι τὸν Εὔξεινον καλού-
μενον Πόντον, οὐκ ἀγνοοῦντι μὲν ὡς καὶ τῶν
παλαιοτέρων τισὶ γέγραπται ταῦτα, οἰομένῳ δὲ
8 οὐκ ἐς τὸ ἀκριβὲς αὐτοῖς πάντα εἰρῆσθαι· ὧν[1]
γέ τινες Τραπεζουντίων ὁμόρους ἢ Σάνους[2]
ἔφασαν, οἳ τανῦν Τζάνοι ἐπικαλοῦνται, ἢ Κόλ-
χους εἶναι, Λαζοὺς ἑτέρους καλέσαντες οἳ καὶ νῦν
ἐπὶ ·τούτου προσαγορεύονται τοῦ ὀνόματος.
9 καίτοι ἔστι τούτων οὐδέτερον. Τζάνοι μὲν γὰρ
τῆς παραλίας ὡς ἀπωτάτω ὄντες προσοικοῦσι
τοὺς Ἀρμενίους ἐν τῇ μεσογείᾳ καὶ ὄρη πολλὰ

---

[1] ὧν K : οἷς L.
[2] Τραπεζουντίων ὁμόρους ἢ Σάνους Haury : τραπεζῶν ὁμόρρους
ἦσαν οὓς K : ὁμόρους λαζῶν τζανούς L.

in many wars, and a large number of barbarians of the tribe of the Alani followed him as allies. When this army had come to a part of Lazica, which is called Mocheresis, they made camp in a suitable position and remained there. Now there is a river in that place, the Hippis, not a large or navigable stream, but actually passable for both horsemen and foot-soldiers, and it was on the right of this that they made their entrenchment, not along the bank, but at a considerable distance from it.

At this point in my narrative it has seemed to me not inappropriate to pause a moment, in order that the geography of Lazica may be clear to those who read this history and that they may know what races of men inhabit that region, so that they may not be compelled to discuss matters which are obscure to them, like men fighting shadows; I shall therefore give an account of the distribution of the peoples who live about the Euxine Sea, as it is called, not that I am ignorant that these things have been written down by some of the men of earlier times also, but because I believe that not all their statements are accurate. Some of these writers, for example, have stated [1] that the territory of the Trapezuntines is adjoined either by the Sani, who at the present day are called Tzani, or by the Colchians, calling another people Lazi, who are actually addressed by this name at the present day. And yet neither of these statements is true. For, in the first place, the Tzani live at a very great distance from the coast as neighbours of the Armenians in the interior, and many mountains stand between

---

[1] Xenophon, *Anabasis* IV. viii. 22, and Arrian, *Periplus* xi, state that the Colchians were neighbours of the Trapezuntines.

μεταξὺ ἀποκρέμαται, λίαν τε ἄβατα καὶ ὅλως
κρημνώδη, χώρα τε πολλὴ ἔρημος ἀνθρώπων ἐς
ἀεὶ οὖσα καὶ χαράδραι ἀνέκβατοι καὶ λόφοι
ὑλώδεις καὶ σήραγγες ἀδιέξοδοι, οἷς δὴ ἄπασι μὴ
10 ἐπιθαλάσσιοι εἶναι διείργονται Τζάνοι. Κόλχους
δὲ οὐχ[1] οἷόν τέ ἐστι μὴ τοὺς Λαζοὺς εἶναι, ἐπεὶ
παρὰ Φᾶσιν ποταμὸν ᾤκηνται· τὸ δὲ ὄνομα
μόνον οἱ Κόλχοι, ὥσπερ ἀνθρώπων ἔθνη καὶ
πολλὰ ἔτερα, τανῦν ἐς τὸ Λαζῶν μεταβέβληνται.
11 χωρὶς δὲ τούτων καὶ μέγας αἰὼν μετὰ τοὺς ἐκεῖνα
ἀναγραψαμένους ἐπιγενόμενος ἀεί τε συννεω-
τερίζων τοῖς πράγμασι τὰ πολλὰ τῶν καθεστώ-
των τὰ πρότερα νεοχμῶσαι ἴσχυσεν, ἐθνῶν τε
μεταστάσεσι καὶ ἀρχόντων καὶ ὀνομάτων δια-
12 δοχαῖς. ἅπερ μοι διαμετρήσασθαι ἀναγκαιό-
τατον ἔδοξεν εἶναι, οὐ τὰ μυθώδη περὶ αὐτῶν
ἀπαγγέλλοντι ἢ ἄλλως ἀρχαῖα, οὐδὲ ὅπῃ ποτὲ
Πόντου τοῦ Εὐξείνου δεθῆναι τὸν Προμηθέα
13 ποιηταὶ λέγουσι· μύθου γὰρ ἱστορίαν παρὰ πολὺ
κεχωρίσθαι οἶμαι·[2] ἀλλ' ἐς τὸ ἀκριβὲς διεξιόντι
τά τε ὀνόματα καὶ τὰ πράγματα, ὅσα δὴ τανῦν
ἐπιχωριάζει τῶν τόπων ἐκείνων ἑκάστῳ.

II

Οὗτος τοίνυν ὁ Πόντος ἄρχεται μὲν ἐκ Βυζαν-
τίου καὶ Καλχηδόνος, τελευτᾷ δὲ ἐς Κόλχων τὴν

----

[1] οὐχ om. MSS. : οὐχ οἷόν τέ ἐστι μὴ οὐ conjectured by
Comparetti.

which are thoroughly impassable and altogether precipitous, and there is an extensive area always devoid of human habitation, cañons from which it is impossible to climb out, forested heights, and impassable chasms—all these prevent the Tzani from being on the sea. In the second place, it is impossible that the Lazi should not be the Colchians, because they inhabit the banks of the Phasis River ; and the Colchians have merely changed their name at the present time to Lazi, just as nations of men and many other things do. But apart from this, a long period of time has elapsed since these accounts were written, and has brought about constant changes along with the march of events, with the result that many of the conditions which formerly obtained have been replaced by new conditions, because of the migration of nations and successive changes of rulers and of names. These things it has seemed to me very necessary to investigate, not relating the mythological tales about them nor other antiquated material, nor even telling in what part of the Euxine Sea the poets say Prometheus was bound (for I consider that history is very widely separated from mythology), but stating accurately and in order both the names of each of those places and the facts that apply to them at the present day.

II

THIS Pontus, then, begins from Byzantium and Calchedon and ends at the land of the Colchians.

---

² οἶμαι L : εἶναι K.

2 γῆν. καὶ αὐτὸν ἐν δεξιᾷ ἐσπλέοντι Βιθυνοί τε
καὶ οἱ αὐτῶν ἐχόμενοι Ὀνωριᾶται καὶ Παφλα-
γόνες ᾤκηνται, οἳ δὴ ἄλλα τε χωρία καὶ Ἡρά-
κλειάν τε καὶ Ἄμαστριν ἐπιθαλασσίας πόλεις
ἔχουσι, καὶ μετ᾽ αὐτοὺς οἱ Ποντικοὶ ἐπικαλού-
μενοι μέχρι ἐς Τραπεζοῦντα πόλιν καὶ τὰ ταύ-
της ὅρια. ἐνταῦθα πολίσματά τε ἄλλα ἐπι-
θαλασσίδια καὶ Σινώπη τε καὶ Ἀμισὸς οἰκεῖται,
Ἀμισοῦ δὲ ἄγχιστα τό τε Θεμίσκουρον καλού-
μενον καὶ Θερμώδων ποταμός ἐστιν, οὗ δὴ τὸ
τῶν Ἀμαζόνων στρατόπεδον γεγενῆσθαί φασιν.
ἀλλὰ περὶ μὲν Ἀμαζόνων γεγράψεταί μοι οὐ
3 πολλῷ ὄπισθεν. Τραπεζουντίων δὲ τὰ ὅρια
διῆκει ἔς τε κώμην Σουσούρμενα καὶ τὸ Ῥιζαῖον
καλούμενον χωρίον, ὅπερ Τραπεζουντίων διέχει
δυοῖν ἡμέραιν ὁδὸν διὰ τῆς παραλίας ἐς Λαζικὴν
4 ἰόντι. Τραπεζοῦντος δέ μοι ἐπιμνησθέντι οὐ
παριτέον τὸ πλείστῳ παραλόγῳ τῇδε ξυμβαῖνον.
τὸ γὰρ μέλι ἐν ἅπασι τοῖς περὶ Τραπεζοῦντα
χωρίοις πικρὸν γίνεται, ἐνταῦθα μόνον στασιαζο-
5 μένης τῆς ἀμφ᾽ αὐτὸ[1] δόξης. τούτων δὲ δὴ τῶν
χωρίων ἐν δεξιᾷ τὰ Τζανικῆς ὄρη πάντα ἀνέχει,
ἐπέκεινά τε αὐτῶν Ἀρμένιοι Ῥωμαίων κατήκοοι
ᾤκηνται.
6 Ἐκ τούτων δὲ τῶν Τζανικῶν ὀρῶν κάτεισι
ποταμὸς Βόας ὄνομα, ὃς δὴ ἔς τε λόχμας
παμπληθεῖς ἰὼν καὶ χώραν λοφώδη[2] περιερχό-
μενος φέρεται μὲν ἄγχιστα τῶν Λαζικῆς χωρίων,

[1] αὐτό K : αὐτῷ L.   [2] λοφώδη K : ὑλώδη L.

---

[1] Modern Eregli and Amasra.
[2] Modern Trabuzun.
[3] Modern Sinob and Samsun.

And as one sails into it, the land on the right is
inhabited by the Bithynians, and next after them
by the Honoriatae and the Paphlagonians, who
have, besides other towns, the coast cities of
Heraclea and Amastris;[1] beyond them are the
people called Pontici as far as the city of Trapezus[2]
and its boundaries. In that region are a number
of towns on the coast, among which are Sinope and
Amisus,[3] and close to Amisus is the town called
Themiscyra[4] and the river Thermodon,[5] where they
say the army of the Amazons originated. But con-
cerning the Amazons I shall write a little later.
From here the territory of the Trapezuntines
extends to the village of Susurmena and the place
called Rhizaeum,[6] which is two days' journey distant
from Trapezus as one goes toward Lazica along the
coast. But now that I have mentioned Trapezus,
I must not omit the very strange thing which takes
place there; for the honey which is produced in all
the places around Trapezus is bitter,[7] this being the
only place where it is at variance with its established
reputation.[8] On the right of these places rise all
the mountains of Tzanica, and beyond them are the
Armenians, who are subject to the Romans.

Now from these mountains of Tzanica the Boas
River[9] descends, a stream which, after passing into
innumerable jungles and traversing a mountainous
region, flows along by the land of Lazica and

[4] Modern Terme.
[5] Modern Terme Tschai.
[6] Modern Sürmene and Rize.
[7] Cf. Xenophon, *Anabasis* IV. viii. 20.
[8] Schol. Hor. *A. P.* 375 notes that Sardinian honey was
" pessimi saporis."
[9] Modern Tscharukh Su.

ποιεῖται δὲ τὰς ἐκβολὰς ἐς τὸν Εὔξεινον καλού-
μενον Πόντον, οὐ μέντοι Βόας καλούμενος.
7 ἐπειδὰν γὰρ τῆς θαλάσσης ἐγγὺς ἵκηται, τὸ μὲν
ὄνομα μεθίησι τοῦτο, ἑτέρας δὲ τὸ ἐνθένδε
προσηγορίας μεταλαγχάνει, ἐκ τῶν οἱ ἐπιγινο-
8 μένων ὄνομα κτώμενος. Ἄκαμψιν γὰρ αὐτὸν τὸ
λοιπὸν καλοῦσιν οἱ ἐπιχώριοι, τούτου δὴ ἕνεκα,
ὅτι δὴ κάμψαι αὐτὸν τῇ θαλάσσῃ ἀναμιχθέντα
ἀμήχανά ἐστιν, ἐπεὶ ξὺν ῥύμῃ τοσαύτῃ καὶ
ὀξύτητι τοῦ ῥοῦ τὰς ἐκβολὰς ποιεῖται, ταραχὴν
τοῦ ῥοθίου πολλὴν ἐπίπροσθεν ἐργαζόμενος, ὥστε
ὡς πορρωτάτω τῆς θαλάσσης ἰὼν ἄπορον ποιεῖται
τὸν ταύτῃ διάπλουν· οἵ τε ναυτιλλόμενοι ἐνταῦθα
τοῦ Πόντου, εἴτε Λαζικῆς εὐθὺ πλέοντες εἴτε καὶ
ἐνθένδε ἀπάραντες, οὐκέτι ἑξῆς διαπλεῖν δύνανται.
9 κάμψαι[1] γὰρ τοῦ ποταμοῦ τὸν ῥοῦν οὐδαμῇ
ἔχουσιν, ἀλλὰ πορρωτάτω μὲν ἀναγόμενοι τοῦ
ἐκείνῃ πελάγους, ἐπὶ μέσον δέ που τὸν Πόντον
ἰόντες, οὕτω δὴ ἀπαλλάσσεσθαι τῆς τοῦ ποταμοῦ
ἐκβολῆς δύνανται. τὰ μὲν οὖν ἀμφὶ ποταμὸν
Βόαν τοιαῦτά ἐστι.

10 Μετὰ δὲ τὸ Ῥιζαῖον αὐτονόμων ἀνθρώπων ὅροι
ἐκδέχονται, οἳ δὴ Ῥωμαίοις τε καὶ Λαζῶν μεταξὺ
ᾤκηνται. καὶ κώμη τις, Ἀθῆναι ὄνομα, ἐνταῦθα
οἰκεῖται, οὐχ ὅτι Ἀθηναίων ἄποικοι, ὥσπερ τινὲς
οἴονται, τῇδε ἱδρύσαντο, ἀλλὰ γυνή τις Ἀθηναία
ὄνομα ἐν τοῖς ἄνω χρόνοις κυρία ἐγεγόνει τῆς
χώρας, ἧσπερ ὁ τάφος ἐνταῦθα καὶ εἰς ἐμέ ἐστι.

---

[1] κάμψαι L: καλύψαι K.

empties into the Euxine Sea, as it is called, but no
longer keeping the name of Boas. For when it
gets near the sea it loses this name and there-
after bears another, which it acquires from the
character which it now displays. This name which
the natives apply to it for the rest of its course is
Acampsis, and they so name it, obviously, because it
is impossible to force a way through it [1] after it has
entered the sea, since it discharges its stream with
such force and swiftness, causing a great disturbance
of the water before it, that it goes out for a very
great distance into the sea and makes it impossible
to coast along at that point. And those who are
navigating in that part of the Pontus, whether
sailing toward Lazica or even putting out from
there, are not able to hold a straight course in their
voyage ; for they are quite unable to push through
the river's current, but they must needs put out to
a very great distance into the sea there, going some-
where near the middle of the Pontus, and only in
this way can they escape the force of the river's
discharge. So much, then, may be said regarding
the Boas River.

Beyond Rhizaeum there is found a territory
occupied by independent peoples, who live between
the Romans and the Lazi. And there is a certain
village there named Athenae,[2] not, as some suppose,
because colonists from Athens settled there, but
because a certain woman named Athenaea in early
times ruled over the land, and the tomb of this

[1] Literally "bend it." Procopius takes the name to mean
ἄκαμπτος, "unbent" or "unbending," which it certainly
does not mean ; his explanation is doubtless fanciful.
[2] Modern Atina.

11 μετὰ δὲ ᾿Αθήνας ῎Αρχαβίς τε οἰκεῖται καὶ
᾿Αψαροῦς, πόλις ἀρχαία, ἣ τοῦ ῾Ριζαίου διέχει
12 ὁδῷ ἡμερῶν τριῶν μάλιστα. αὕτη ῎Αψυρτος τὸ
παλαιὸν ὠνομάζετο, ὁμώνυμος τῷ ἀνθρώπῳ διὰ
τὸ πάθος γεγενημένη. ἐνταῦθα γάρ φασιν οἱ
ἐπιχώριοι ἐξ ἐπιβουλῆς Μηδείας τε καὶ ᾿Ιά-
σονος τὸν ῎Αψυρτον ἐξ ἀνθρώπων ἀφανισθῆναι,
καὶ δι᾿ αὐτὸ τὴν ἐπωνυμίαν τὸ χωρίον λαβεῖν·
ὁ μὲν γὰρ ἐν ἐκείνῳ ἀπέθνησκε, τὸ δὲ ἀπ᾿ αὐτοῦ
13 ὠνομάζετο. ἀλλὰ πολὺς ἄγαν μετὰ ταῦτα
ἐπιρρεύσας ὁ χρόνος καὶ ἀνθρώπων ἀναρίθμοις
διαδοχαῖς ἐνακμάσας αὐτὸς διαφθεῖραι μὲν
τὴν τῶν πραγμάτων ἐπιβολὴν ἴσχυσεν ἐξ
ὧν τὸ ὄνομα ξύγκειται τοῦτο, ἐς δὲ τὸν νῦν
φαινόμενον τρόπον μεταρρυθμῆσαι[1] τὴν προση-
14 γορίαν τῷ τόπῳ. τούτου δὲ τοῦ ᾿Αψύρτου καὶ
τάφος ἐς τῆς πόλεως τὰ πρὸς ἀνίσχοντα ἥλιόν
ἐστιν. αὕτη πόλις ἦν τὸ παλαιὸν πολυάνθρωπος,
καὶ τείχους μὲν αὐτὴν περιέβαλε μέγα τι χρῆμα,
θεάτρῳ δὲ καὶ ἱπποδρόμῳ ἐκαλλωπίζετο καὶ τοῖς
ἄλλοις ἅπασιν οἷσπερ πόλεως μέγεθος δείκνυσθαι
εἴωθε. νῦν δὲ δὴ αὐτῶν ἄλλο οὐδὲν ἀπολέλειπται,
ὅτι μὴ τῆς κατασκευῆς τὰ ἐδάφη.

15 ῞Ωστε εἰκότως θαυμάσειεν ἄν τις τῶν Κόλχους
φαμένων Τραπεζουντίοις ὁμόρους[2] εἶναι. ταύτῃ
μὲν γὰρ καὶ τὸ δέρας ξὺν τῇ Μηδείᾳ συλήσας
᾿Ιάσων οὐκ ἐπὶ τὴν ῾Ελλάδα καὶ τὰ πάτρια ἤθη
φυγὼν φαίνοιτο, ἀλλ᾿ ἔμπαλιν ἐπὶ Φᾶσίν τε
16 ποταμὸν καὶ τοὺς ἐνδοτάτω βαρβάρους. λέγουσι
μὲν οὖν ὡς κατὰ τοὺς Τραϊανοῦ τοῦ ῾Ρωμαίων

---

[1] μεταρρυθμῆσαι : μεταριθμῆσαι MSS., μεταρρυθμίσαι Dindorf.
[2] Τραπεζουντίοις ὁμόρους K : τραπεζουντίων ἰσομόρους L.

woman is there even to my day. Beyond Athenae
are Archabis and Apsarus,[1] an ancient city which is
about three days' journey from Rhizaeum. This
was called Apsyrtus in ancient times, having come
to be named after the man on account of his
catastrophe. For in that place the natives say that
Apsyrtus was removed from the world by the plot
of Medea and Jason, and that from this circumstance
the place received its name; for he died on that
spot and the place was named after him. But an
extremely long time has elapsed since these events,
while countless generations of men have flourished,
and the mere passage of time has thus availed to
efface from memory the succession of incidents from
which this name arose and to transform the name
of the place to the form in which it appears at the
present. There is also a tomb of this Apsyrtus to
the east of the city. This was a populous city in
ancient times, and a great expanse of wall sur-
rounded it, while it was adorned with a theatre and
hippodrome and all the rest of those things by
which the size of a city is commonly indicated.
But at the present nothing of these is left except
the foundations of the buildings.

It is now clear that one might with good reason
wonder at those who assert that the Colchians are
adjacent to the Trapezuntines. For on this hypo-
thesis it would appear that after Jason in company
with Medea had captured the fleece, he actually did
not flee toward Hellas and his own land, but back-
ward to the Phasis River and the barbarians in the
most remote interior. Now they say that in the
time of the Roman Emperor Trajan detachments of

---

[1] Modern Akhava and Makryalos.

αὐτοκράτορος χρόνους κατάλογοι Ῥωμαίων
στρατιωτῶν ἐνταῦθά τε καὶ μέχρι ἐς Λαζοὺς
17 καὶ Σαγίνας ἵδρυντο. τὰ δὲ νῦν ἄνθρωποι ἐνταῦθα
οἰκοῦσιν οὔτε τοῦ Ῥωμαίων οὔτε τοῦ Λαζῶν
βασιλέως κατήκοοι ὄντες, πλήν γε δὴ ὅτι
Χριστιανοῖς οὖσιν οἱ Λαζῶν ἐπίσκοποι τοὺς
18 ἱερεῖς καθίστανται σφίσι. καὶ αὐτοὶ ἔνσπονδοί
τε καὶ φίλοι ἀμφοτέροις ἐθέλοντες[1] εἶναι, τοὺς[2]
ἐξ ἑκατέρων παρὰ τοὺς ἑτέρους ἀεὶ στελλομένους
παραπέμψειν διηνεκῶς ὡμολόγησαν· ὃ δὴ φαί-
19 νονται καὶ ἐς ἐμὲ δρῶντες. ἀκάτοις γὰρ ἰδίαις
τοὺς παρὰ θατέρου βασιλέως ἐς τὸν ἕτερον
στελλομένους ἀγγέλους ναυτιλλόμενοι παραπέμ-
πουσι. φόρου μέντοι ὑποτελεῖς οὐδαμῇ γεγένηνται
20 ἐς τόδε τοῦ χρόνου. τούτων δὲ τῶν χωρίων ἐν
δεξιᾷ ὄρη τε λίαν ἀπότομα ἀποκρέμαται καὶ
χώρα ἔρημος ἐπὶ πλεῖστον διήκει. καὶ αὐτῆς
ὕπερθεν οἱ Περσαρμένιοι καλούμενοι ᾤκηνται,
καὶ Ἀρμένιοι οἱ Ῥωμαίων κατήκοοί εἰσι μέχρι ἐς
τοὺς Ἰβηρίας ὅρους διήκοντες.

21 Ἐκ δὲ Ἀψαροῦντος πόλεως ἐς Πέτραν τε
πόλιν καὶ τοὺς Λαζῶν ὅρους, οὗ δὴ τελευτᾷ ὁ
Εὔξεινος Πόντος, μιᾶς ἐστιν ἡμέρας ὁδός. ἀπολή-
γων δὲ ὁ Πόντος ἐνταῦθα μηνοειδῆ τίθεται τὴν
22 ἀκτήν. καὶ ὁ μὲν τοῦ μηνοειδοῦς τούτου διάπλους
ἐς πεντήκοντά τε καὶ πεντακοσίους μάλιστα
σταδίους διήκει, τὰ δὲ αὐτοῦ ὄπισθεν ξύμπαντα
23 Λαζική τέ ἐστι καὶ ὠνόμασται. μετὰ δὲ αὐτοὺς
κατὰ τὴν μεσόγαιαν Σκυμνία τε καὶ Σουανία
ἐστί. ταῦτα δὲ τὰ ἔθνη Λαζῶν κατήκοα τυγχάνει
ὄντα. καὶ ἄρχοντας μὲν οἱ τῇδε ἄνθρωποι τῶν

---

[1] ἐθέλοντες K : ἐθέλουσιν L.

Roman soldiers were stationed there and as far as the Lazi and Saginae. But at the present time people live there who are neither subjects of the Romans nor of the king of the Lazi, except indeed that the bishops of the Lazi appoint their priests, seeing they are Christians. And wishing, as they do, to live in peace and friendship with both peoples, they have made a permanent agreement to provide an escort for those who from time to time travel from the one country to the other ; and it appears that they have been doing this even down to my time. For they escort the messengers despatched from the one king to the other, sailing in boats of their own. However, they have become in no way tributary down to the present time. On the right of these places very abrupt mountains tower overhead and a barren land extends to an indefinite distance. And beyond this the so-called Persarmenians dwell, as well as the Armenians who are subjects of the Romans, extending as far as the confines of Iberia.[1]

From the city of Apsarus to Petra and the boundary of Lazica, where the Euxine Sea reaches its limit, is a journey of one day. Now as this sea comes to an end here, its coast takes the form of a crescent. And the distance across this crescent amounts to about five hundred and fifty stades,[2] while the entire country behind it is Lazica and is known under this name. Behind them in the interior are Scymnia and Suania ; these nations happen to be subjects of the Lazi. Indeed, although these peoples do have

---

[1] Roughly modern Georgia, south of the Caucasus.
[2] About 63 miles.

---

[2] τούς K : τούς τε L.

ὁμογενῶν τινὰς ἔχουσιν, ἐπειδὰν δὲ τῶν ἀρχόντων
τινὶ ἐπιγένηται ἡ τέλειος ἡμέρα τοῦ βίου, ἕτερον
αὐτοῖς ἀντικαθίστασθαι πρὸς τοῦ Λαζῶν βασι-
24 λέως ἐς ἀεὶ εἴθισται. ταύτης δὲ τῆς χώρας ἐκ
πλαγίου μὲν παρ' αὐτὴν μάλιστα τὴν Ἰβηρίαν
Μέσχοι Ἰβήρων ἐκ παλαιοῦ κατήκοοι ὤκηνται,
25 τὰ οἰκία ἐν ὄρεσιν ἔχοντες. ὄρη δὲ τὰ Μέσχων οὐ
σκληρὰ οὐδὲ καρπῶν ἄφορά ἐστιν, ἀλλ' εὐθηνοῦ-
σιν ἀγαθοῖς ἅπασιν, ἐπεὶ καὶ οἱ Μέσχοι γεωργοὶ
δεξιοὶ καὶ ἀμπελῶνες τυγχάνουσιν ἐκεῖ ὄντες.[1]
26 ταύτῃ δὲ τῇ χώρᾳ ὄρη ἐπίκεινται ἄγαν τε ὑψηλὰ
καὶ ἀμφιλαφῆ καὶ δεινῶς ἄβατα. καὶ ταῦτα μὲν
ἄχρι ἐς τὰ Καυκάσια ὄρη διήκει· ὄπισθεν δὲ
αὐτῶν πρὸς ἀνίσχοντα ἥλιον Ἰβηρία ἐστί, μέχρι
ἐς Περσαρμενίους διήκουσα.

27 Διὰ δὲ τῶν ὀρῶν ἃ ταύτῃ ἀνέχει, Φᾶσις
ποταμὸς κάτεισιν, ἐκ τῶν Καυκασίων ἀρχόμενος
καὶ κατὰ μέσον τὸ μηνοειδὲς τοῦ Πόντου ἐκβάλ-
28 λει. ταύτῃ τε ἤπειρον ἑκατέραν αὐτὸν διορίζειν
τινὲς οἴονται. τὰ μὲν γὰρ ἐν ἀριστερᾷ κατιόντος
τοῦ ῥοῦ Ἀσία ἐστί, τὰ δὲ ἐν δεξιᾷ Εὐρώπη
29 ὠνόμασται. κατὰ μὲν οὖν τὴν τῆς Εὐρώπης
μοῖραν ξύμπαντα Λαζῶν τὰ οἰκία ξυμβαίνει
εἶναι, ἐπὶ θάτερα δὲ οὔτε πόλισμα[2] οὔτε ἄλλο
τι ὀχύρωμα οὔτε κώμην τινὰ λόγου ἀξίαν Λαζοὶ
ἔχουσι, πλήν γε δὴ ὅτι Πέτραν Ῥωμαῖοι ἐνταῦθα
30 ἐδείμαντο πρότερον. κατὰ ταύτην δέ που τὴν[3]
Λαζικῆς μοῖραν ἀπέκειτο, ὥσπερ οἱ ἐπιχώριοι
λέγουσι, καὶ τὸ δέρας ἐκεῖνο, οὗπερ ἕνεκα οἱ

---

[1] δεξιοὶ—ὄντες : δεξιοί. καὶ ἀμπελῶνες τυγχάνουσιν ἐκεῖσε K :
δεξιοὶ ἄλλως τε καὶ ἐς ἀμπελῶνας τυγχάνουσιν ὄντες L.

[2] πόλισμα : πτόλισμα K : πόλισμά τι L.

[3] που τήν : που τῆς K : τήν L.

magistrates of their own blood, still, whenever any of the magistrates reaches the end of his life, it is always customary for another one to be appointed in his place by the king of the Lazi. At the side of this land and bordering upon Iberia proper for the most part dwell the Meschi, who have been from ancient times subjects of the Iberians, having their dwellings on the mountains. But the mountains of the Meschi are not rough nor unproductive of crops, but they abound in all good things, since the Meschi, for their part, are skilful farmers and there are actually vineyards in their country. However, this land is hemmed in by mountains which are very lofty and covered by forests so that they are exceedingly difficult to pass through. And these mountains extend as far as the Caucasus, while behind them toward the east is Iberia, extending as far as Persarmenia.

Now through the mountains which rise here the Phasis River emerges, having its source in the Caucasus and its mouth at the middle of the crescent of the Pontus. Because of this some consider that it forms the boundary between the two continents; for the land on the left as one goes down this stream is Asia, but that on the right is named Europe. Now it so happens that all the habitations of the Lazi are on the European side, while on the opposite side there is neither fortress nor stronghold nor any village of consequence held by the Lazi, except indeed the city of Petra which the Romans built there in earlier times. It was somewhere in this part of Lazica, as the inhabitants say, that the famous fleece was placed for safe keeping, that fleece on account of which, as the

ποιηταὶ τὴν Ἀργὼ ἀποτετορνεῦσθαι μυθολογοῦσι.
λέγουσι δὲ ταῦτα, ἐμὴν γνώμην, ἀληθιζόμενοι
31 ἥκιστα. οὐ γὰρ ἄν, οἶμαι, λαθὼν τὸν Αἰήτην
Ἰάσων ἐνθένδε ἀπηλλάσσετο ξὺν τῇ Μηδείᾳ τὸ
δέρας ἔχων, εἰ μὴ τά τε βασίλεια καὶ τὰ ἄλλα
τῶν Κόλχων οἰκία τοῦ χωρίου διείργετο Φάσιδι
ποταμῷ, ἵνα δὴ τὸ δέρας ἐκεῖνο κεῖσθαι ξυνέ-
βαινεν, ὃ δὴ καὶ οἱ ποιηταὶ παραδηλοῦσιν οἱ
32 τὰ τοιαῦτα ἀναγραψάμενοι. ὁ μὲν οὖν Φᾶσις
τῇδε φερόμενος, ᾗπέρ μοι δεδιήγηται, ἐς αὐτόν
που λήγοντα ἐκβάλλει¹ τὸν Εὔξεινον Πόντον.
τοῦ δὲ μηνοειδοῦς κατὰ μὲν τὴν μίαν ἀρχήν, ἣ
τῆς Ἀσίας ἐστί, Πέτρα ἡ πόλις ἐτύγχανεν οὖσα,
ἐν δὲ δὴ τῇ ἀντιπέρας ἀκτῇ κατὰ τὴν τῆς
33 Εὐρώπης μοῖραν Ἀψιλίων ἡ χώρα ἐστί· Λαζῶν
δὲ κατήκοοί εἰσι καὶ Χριστιανοὶ γεγόνασιν ἐκ
παλαιοῦ οἱ Ἀψίλιοι, ὥσπερ καὶ τἆλλα ξύμπαντα
ἔθνη ὧνπερ ἐμνήσθην² ἐς τόδε τοῦ λόγου.

III

Ταύτης δὲ τῆς χώρας καθύπερθεν ὄρος τὸ
Καυκάσιόν ἐστι. τοῦτο δὲ τὸ ὄρος, ὁ Καύκασος,
ἐς τοσόνδε ὕψος³ ἀνέχει, ὥστε δὴ αὐτοῦ τῶν μὲν
ὑπερβολῶν οὔτε ὄμβρους οὔτε νιφετοὺς ἐπιψαύειν
ποτέ· τῶν γὰρ νεφελῶν αὐτὰς ἁπασῶν καθυ-
περτέρας ξυμβαίνει εἶναι. τὰ δὲ μέσα μέχρι τῶν
2 ἐσχάτων χιόνων ἔμπλεα διηνεκές ἐστι. καὶ ἀπ'
αὐτοῦ οἱ πρόποδες ὑψηλοὶ ἐσάγαν τυγχάνουσιν
ὄντες, οὐδέν τι καταδεέστεροι τῶν ἐν τοῖς ὄρεσι

¹ ἐκβάλλει K: ἐμβάλλει L.

poets tell the tale, the Argo was fashioned. But in
saying this they are, in my opinion, not telling the
truth at all. For I think that Jason would not
have eluded Aeetes and got away from there with
the fleece in company with Medea, unless both the
palace and the other dwellings of the Colchians
had been separated by the Phasis River from the
place in which that fleece was lying; indeed the
poets who have recorded the story imply that this
was the case. So the Phasis, flowing as I have said,
empties into the Euxine Sea approximately at the
very point where it comes to an end. Now at
the one end of the crescent, that, namely, which
is in Asia, was the city of Petra, while on the
opposite coast which forms a part of Europe the
territory is held by the Apsilii; these Apsilii are
subjects of the Lazi and have been Christians from
ancient times, just as all the other nations which
I have mentioned up to this point in my narrative.

III

Above and beyond this country are the moun-
tains of the Caucasus. This mountain range
which composes the Caucasus rises to such a great
height that its summits are in fact never touched
either by rain or by snow; for they are indeed above
all clouds. But the middle slopes are continually
filled with snow down to the very base. And from
this it may be inferred that the foothills are ex-
tremely high, being in no way inferior to the

---

² ἐμνήσθην K : ἐπεμνήσθην L.
³ ὕψος K : ὕψους L.

3 τοῖς ἄλλοις σκοπέλων. τῶν δὲ τοῦ Καυκασίου
ὄρους προπόδων οἱ μὲν πρός τε βορρᾶν ἄνεμον
καὶ ἥλιον δύοντα τετραμμένοι ἔς τε Ἰλλυριοὺς
καὶ Θρᾷκας διήκουσιν, οἱ δὲ πρός τε ἀνίσχοντα
ἥλιον καὶ ἄνεμον νότον ἐς τὰς διεξόδους[1] ἐξικ-
νοῦνται αὐτάς, αἳ τὰ τῇδε ᾠκημένα Οὐννικὰ ἔθνη
ἐς γῆν τήν τε Περσῶν καὶ Ῥωμαίων ἄγουσιν.
4 ὧνπερ ἀτέρα μὲν Τζοὺρ ἐπικέκληται, ἡ δὲ δὴ
ἑτέρα Πύλη ἐκ παλαιοῦ Κασπία ἐκλήθη. ταύτην
δὲ τὴν χώραν ἣ ἐξ ὄρους τοῦ Καυκάσου ἄχρι ἐς
τὰς Κασπίας κατατείνει Πύλας Ἀλανοὶ ἔχουσιν,
αὐτόνομον ἔθνος, οἳ δὴ καὶ Πέρσαις τὰ πολλὰ
ξυμμαχοῦσιν, ἐπί τε Ῥωμαίους καὶ ἄλλους πολε-
μίους στρατεύουσι. τὰ μὲν οὖν ἀμφὶ τῷ ὄρει τῷ
Καυκασίῳ ταύτῃ πη ἔχει.
5 Οὖννοι δέ, οἱ Σάβειροι ἐπικαλούμενοι,[2] ἐνταῦθα
ᾤκηνται καὶ ἄλλα ἄττα Οὐννικὰ ἔθνη. ἐνθένδε
μὲν τὰς Ἀμαζόνας ὡρμῆσθαι[3] φασιν, ἀμφὶ δὲ
τὸ Θεμίσκουρον καὶ ποταμὸν τὸν Θερμώδοντα
ἐνστρατοπεδεύσασθαι, ᾗπέρ μοι ἔναγχος εἴρηται,
6 οὗ δὴ πόλις ἐν τῷ παρόντι Ἀμισός ἐστι. τανῦν
δὲ οὐδαμῆ τῶν ἀμφὶ τὸ Καυκάσιον ὄρος χωρίων
Ἀμαζόνων τις μνήμη ἢ ὄνομα διασώζεται, καίτοι
καὶ Στράβωνι καὶ ἄλλοις τισὶ λόγοι ἀμφ᾽ αὐταῖς
7 πολλοὶ εἴρηνται. ἀλλά μοι δοκοῦσι μάλιστα
πάντων τά γε κατὰ τὰς Ἀμαζόνας ξὺν τῷ ἀληθεῖ

---

[1] διεξόδους L: ἐξόδους K.

[2] Σάβειροι ἐπικ.: σάβιροι ἐπικαλούμενοι K: καὶ σάβειροι
καλούμενοι L.

[3] ὡρμῆσθαι Hoeschel: ὁρμεῖσθαι MSS.

---

[1] An obviously absurd statement. Procopius perhaps
thinks of the Haemus Range (modern Balkans) as a con-

principal ridges of other mountains. Now the spurs
of the Caucasus range extend in one direction to
the north and west and continue into Illyricum and
Thrace,[1] while in the other direction they extend
toward the east and south and reach as far as those
very passes which provide entrance for the Hunnic
nations inhabiting that region into both Persian and
Roman territory. One of these passes is called
Tzur, while the other has been named the Caspian
Gates[2] from ancient times. But this country which
extends from the Caucasus range as far as the
Caspian Gates is held by the Alani, an autonomous
nation, who are for the most part allied with the
Persians and march against the Romans and their
other enemies. So much then may be said regarding
the Caucasus.

The Huns who are called Sabiri dwell in that
region, as well as certain other Hunnic tribes. And
they say that the Amazons really originated here
and afterwards established their camp near Themis-
cyra on the Thermodon River, as I have stated
above, at the place where the city of Amisus is
at the present time. But to-day nowhere in the
vicinity of the Caucasus range is any memory of
the Amazons preserved or any name connected with
them, although much has been written about them
both by Strabo[3] and by some others. But it seems
to me that those have spoken the truth about the
Amazons at any rate better than any others, who

tinuation of the Caucasus ; but the valleys of the great rivers
Tanais (Don), Borysthenes (Dnieper), and Ister (Danube) lie
between them.

[2] Cf. Book I. x. 1 ff.

[3] Book XI. 5, XII. 3, 21.

λόγῳ εἰπεῖν, ὅσοι ἔφασαν οὐ πώποτε γένος
γυναικῶν ἀνδρείων¹ γεγονέναι, οὐδ᾽ ἐν² ὄρει
μόνῳ τῷ Καυκασίῳ τὴν τῶν ἀνθρώπων φύσιν
θεσμῶν τῶν οἰκείων ἐξίστασθαι, ἀλλὰ βαρ-
βάρους ἐκ τῶνδε τῶν χωρίων στρατῷ μεγάλῳ
ξὺν γυναιξὶ ταῖς αὐτῶν ἰδίαις ἐπὶ τὴν Ἀσίαν
στρατεῦσαι, στρατόπεδόν τε ἀμφὶ ποταμὸν
Θερμώδοντα ποιησαμένους ἐνταῦθα μὲν τὰς
γυναῖκας ἀπολιπεῖν, αὐτοὺς δὲ γῆν τῆς Ἀσίας
τὴν πολλὴν καταθέοντας, ὑπαντιασάντων σφίσι
τῶν τῇδε ᾠκημένων, ἅπαντας ἐξ ἀνθρώπων ἀφα-
νισθῆναι, οὐδένα τε αὐτῶν τὸ παράπαν ἐπανήκειν
ἐς τῶν γυναικῶν τὸ χαράκωμα, καὶ τὸ λοιπὸν
ταύτας δὴ τὰς γυναῖκας, δέει τῶν περιοίκων
καὶ ἀπορίᾳ τῶν ἐπιτηδείων³ ἀναγκασθείσας, τό
τε ἀρρενωπὸν ἀμφιέσασθαι οὔτι ἐθελουσίας καὶ
ἀνελομένας τὴν πρὸς τῶν ἀνδρῶν ἐν τῷ στρατο-
πέδῳ ἀπολελειμμένην τῶν ὅπλων σκευήν, καὶ
ταύτῃ ἐξοπλισαμένας⁴ ὡς ἄριστα ἔργα ἀνδρεῖα⁵
ξὺν ἀρετῇ ἐπιδείξασθαι, διωθουμένης ἐς τοῦτο
αὐτὰς τῆς ἀνάγκης, ἕως δὴ ἁπάσαις διαφθαρῆναι
8 ξυνέπεσε. ταῦτα δὲ ὧδέ πη γεγονέναι καὶ ξὺν
τοῖς ἀνδράσι τὰς Ἀμαζόνας στρατεύσασθαι καὶ
αὐτὸς οἴομαι, τεκμηριούμενος οἷς δὴ καὶ χρόνῳ
9 τῷ κατ᾽ ἐμὲ ξυνηνέχθη γενέσθαι. τὰ γὰρ ἐπιτη-
δεύματα μέχρι ἐς τοὺς ἀπογόνους παραπεμπό-
μενα τῶν προγεγενημένων τῆς φύσεως ἴνδαλμα
10 γίνεται. Οὔννων τοίνυν καταδραμόντων πολ-
λάκις τὴν Ῥωμαίων ἀρχήν, τοῖς τε ὑπαντιάσασιν
ἐς χεῖρας ἐλθόντων, τινὰς μὲν αὐτῶν πεσεῖν

¹ ἀνδρείων K : ἀνδρεῖον L.
² οὐδ᾽ ἐν Haury : οὐδέ MSS.

have stated that there never was a race of women
endowed with the qualities of men and that human
nature did not depart from its established norm
in the mountains of the Caucasus alone; but the
fact was that barbarians from these regions together
with their own women made an invasion of Asia
with a great army, established a camp at the river
Thermodon, and left their women there; then,
while they themselves were overrunning the greater
part of the land of Asia, they were encountered by
the inhabitants of the land and utterly destroyed,
and not a man of them returned to the women's
encampment; and thereafter these women, through
fear of the people dwelling round about and con-
strained by the failure of their supplies, put on
manly valour, not at all of their own will, and,
taking up the equipment of arms and armour left
by the men in the camp and arming themselves
in excellent fashion with this, they made a display
of manly valour, being driven to do so by sheer
necessity, until they were all destroyed. That
this is about what happened and that the Amazons
did make an expedition with their husbands, I too
believe, basing my judgment on what has actually
taken place in my time. For customs which are
handed down to remote descendants give a picture
of the character of former generations. I mean
this, that on many occasions when Huns have made
raids into the Roman domain and have engaged in
battle with those who encountered them, some, of

---

³ ἐπιτηδείων K : ἀναγκαίων L.

⁴ ἐξοπλισαμένας MSS. : ἐξωπλισμένας editors.

⁵ ἀνδρεῖα : ἀνδρίας K : τὰ ἀνδρεῖα L.

ἐνταῦθα τετύχηκε, μετὰ δὲ τῶν βαρβάρων τὴν
ἀναχώρησιν Ῥωμαῖοι διερευνώμενοι τῶν πεπτω-
κότων τὰ σώματα καὶ γυναῖκας ἐν αὐτοῖς εὗρον.

11 ἄλλο μέντοι γυναικῶν στράτευμα οὐδαμῆ τῆς
Ἀσίας ἢ τῆς Εὐρώπης ἐπιχωριάζον ἐφάνη. οὐ
μὴν οὐδὲ τὰ Καυκάσια ὄρη ἀνδρῶν ἔρημα γεγε-
νῆσθαι πώποτε ἀκοῇ ἴσμεν. περὶ μὲν οὖν τῶν
Ἀμαζόνων τοσαῦτα εἰρήσθω.

12 Μετὰ δὲ Ἀψιλίους τε καὶ τοῦ μηνοειδοῦς τὴν
ἑτέραν ἀρχὴν ἐς τὴν παραλίαν Ἀβασγοὶ ᾤκηνται,
ἄχρι ἐς τὰ Καυκάσια ὄρη διήκοντες. οἱ δὲ
Ἀβασγοὶ Λαζῶν μὲν κατήκοοι ἐκ παλαιοῦ ἦσαν,

13 ἄρχοντας δὲ ὁμογενεῖς δύο ἐσαεὶ εἶχον. ὧν
ἅτερος μὲν ἐς τῆς χώρας τὰ πρὸς ἑσπέραν, ὁ
δὲ δὴ ἕτερος ἐς τὰ πρὸς ἀνίσχοντα ἥλιον ἵδρυτο.

14 οἱ δὲ βάρβαροι οὗτοι μέχρι μὲν ἐς ἐμὲ ἄλση τε
καὶ ὕλας ἐσέβοντο· θεοὺς γὰρ τὰ δένδρα βαρ-

15 βάρῳ τινὶ ἀφελείᾳ ὑπώπτευον εἶναι. πρὸς δὲ
τῶν ἐν σφίσιν ἀρχόντων τὰ δεινότατα διὰ φιλο-
χρηματίας μέγεθος ἔπασχον. ἄμφω γὰρ αὐτῶν
οἱ βασιλεῖς, ὅσους ἂν παῖδας ἐν τούτῳ τῷ ἔθνει
ἀγαθούς τε τὴν ὄψιν καὶ τὸ σῶμα καλοὺς ἴδοιεν,
τούτους δὴ ὀκνήσει οὐδεμιᾷ ἐκ τῶν γειναμένων
ἀφέλκοντες εὐνούχους τε ἀπεργαζόμενοι ἀπεδί-
δοντο ἐς Ῥωμαίων τὴν γῆν τοῖς ὠνεῖσθαι βουλο-

16 μένοις χρημάτων μεγάλων. τούς τε αὐτῶν πατέ-
ρας ἔκτεινον[1] εὐθύς, τοῦ μὴ αὐτῶν τινὰς τίσασθαί
ποτε τῆς ἐς τοὺς παῖδας ἀδικίας τὸν βασιλέα

_____
[1] ἔκτεινον L: ἔθυον K.

78

course, have fallen there, and after the departure
of the barbarians the Romans, in searching the
bodies of the fallen have actually found women
among them. No other army of women, however,
has made its appearance in any locality of Asia or
Europe. On the other hand, we have no tradition
that the mountains of the Caucasus were ever
devoid of men. Concerning the Amazons then let
this suffice.

Beyond the Apsilii and the other end[1] of the
crescent the Abasgi dwell along the coast, and their
country extends as far as the mountains of the
Caucasus. Now the Abasgi have been from ancient
times subjects of the Lazi, but they have always
had two rulers of their own blood. One of these
resided in the western part of their country, the
other in the eastern part. And these barbarians
even down to my time have worshipped groves and
forests; for with a sort of barbarian simplicity they
supposed the trees were gods. But they have
suffered most cruelly at the hands of their rulers
owing to the excessive avarice displayed by them.
For both their kings used to take such boys of this
nation as they noted having comely features and
fine bodies, and dragging them away from their
parents without the least hesitation they would make
them eunuchs and then sell them at high prices to
any persons in Roman territory who wished to buy
them. They also killed the fathers of these boys
immediately, in order to prevent any of them from
attempting at some time to exact vengeance from
the king for the wrong done their boys, and also

---

[1] *i.e.* the northern end.

ἐγχειριεῖν, μηδὲ ὑπόπτους αὐτοῖς τῶν κατηκόων
τινὰς ἐνταῦθα εἶναι. ἥ τε τῶν υἱέων εὐμορφία
17 σφίσιν ἐς τὸν ὄλεθρον ἀπεκρίνετο· διεφθείροντο
γὰρ οἱ ταλαίπωροι, παίδων θανάσιμον δεδυστυ-
χηκότες εὐπρέπειαν. καὶ ἀπ' αὐτοῦ τῶν ἐν
Ῥωμαίοις εὐνούχων οἱ πλεῖστοι καὶ οὐχ ἥκιστα
ἐν τῇ βασιλέως αὐλῇ γένος Ἀβασγοὶ ἐτύγχανον
ὄντες.

18   Ἐπὶ τούτου δὲ Ἰουστινιανοῦ βασιλεύοντος
ἅπαντα Ἀβασγοῖς ἐπὶ τὸ ἡμερώτερον τετύχηκε
19 μεταμπίσχεσθαι. τά τε γὰρ Χριστιανῶν δόγματα
εἵλοντο καὶ αὐτοῖς Ἰουστινιανὸς βασιλεὺς τῶν
τινὰ ἐκ Παλατίου εὐνούχων [1] στείλας, Ἀβασγὸν
γένος, Εὐφρατᾶν ὄνομα, τοῖς αὐτῶν βασιλεῦσι
διαρρήδην ἀπεῖπε [2] μηδένα τὸ λοιπὸν ἐν τούτῳ
τῷ ἔθνει τὴν ἀρρενωπίαν ἀποψιλοῦσθαι, σιδήρῳ
βιαζομένης τῆς φύσεως. ὃ δὴ ἄσμενοι Ἀβασγοὶ
20 ἤκουσαν, καὶ τῇ τοῦ Ῥωμαίων βασιλέως ἐπι-
τάξει [3] θαρροῦντες ἤδη τὸ ἔργον τοῦτο σθένει
παντὶ διεκώλυον. ἐδεδίει γὰρ αὐτῶν ἕκαστος
21 μή ποτε παιδίου πατὴρ εὐπρεποῦς γένηται. τότε
δὴ Ἰουστινιανὸς βασιλεὺς καὶ ἱερὸν τῆς θεοτόκου
ἐν Ἀβασγοῖς οἰκοδομησάμενος, ἱερεῖς τε αὐτοῖς
καταστησάμενος, διεπράξατο ἅπαντα αὐτοὺς ἤδη
τῶν Χριστιανῶν ἐκδιδάσκεσθαι, τούς τε βασιλεῖς
ἄμφω Ἀβασγοὶ καθελόντες αὐτίκα ἐν ἐλευθερίᾳ
βιοτεύειν ἐδόκουν. ταῦτα μὲν οὖν τῇδε ἐχώρησε.

---

[1] εὐνούχων K : εὐνοῦχον L.
[2] ἀπεῖπε K : ἐπεῖπε L.

that there might be in the country no subjects suspected by the kings. And thus the physical beauty of their sons was resulting in their destruction; for the poor wretches were being destroyed through the misfortune of fatal comeliness in their children. And it was in consequence of this that the most of the eunuchs among the Romans, and particularly at the emperor's court, happened to be Abasgi by birth.

But during the reign of the present Emperor Justinian the Abasgi have changed everything and adopted a more civilised standard of life. For not only have they espoused the Christian doctrine, but the Emperor Justinian also sent them one of the eunuchs from the palace, an Abasgus by birth named Euphratas, and through him commanded their kings in explicit terms to mutilate no male thereafter in this nation by doing violence to nature with the knife. This the Abasgi heard gladly, and taking courage now because of the decree of the Roman emperor they began to strive with all their might to put an end to this practice. For each one of them had to dread that at some time he would become the father of a comely child. It was at that same time that the Emperor Justinian also built a sanctuary of the Virgin in their land, and appointed priests for them, and thus brought it about that they learned thoroughly all the observances of the Christians; and the Abasgi immediately dethroned both their kings and seemed to be living in a state of freedom. Thus then did these things take place.

IV

Μετὰ δὲ τοὺς Ἀβασγῶν ὅρους κατὰ μὲν ὄρος τὸ Καυκάσιον Βροῦχοι ᾤκηνται, Ἀβασγῶν τε καὶ Ἀλανῶν μεταξὺ ὄντες, κατὰ δὲ τὴν παραλίαν 2 Πόντου τοῦ Εὐξείνου Ζῆχοι ἵδρυνται. τοῖς δὲ δὴ Ζήχοις κατὰ μὲν[1] παλαιὸν ὁ Ῥωμαίων αὐτοκράτωρ βασιλέα καθίστη, τὸ δὲ νῦν οὐδ᾽ ὁτιοῦν 3 Ῥωμαίοις ἐπακούουσιν οἱ βάρβαροι οὗτοι. μετὰ δὲ αὐτοὺς Σάγιναι μὲν οἰκοῦσι, μοῖραν δὲ αὐτῶν 4 τῆς παραλίας Ῥωμαῖοι ἐκ παλαιοῦ ἔσχον. φρούριά τε δειμάμενοι ἐπιθαλασσίδια δύο, Σεβαστόπολίν τε καὶ Πιτιοῦντα, δυοῖν ἡμέραιν ὁδῷ ἀλλήλοιν διέχοντα, φρουρὰν ἐνταῦθα στρατιωτῶν τὸ 5 ἐξ ἀρχῆς κατεστήσαντο. τὰ μὲν γὰρ πρότερα κατάλογοι Ῥωμαίων στρατιωτῶν τὰ ἐπὶ τῆς ἀκτῆς πάντα χωρία ἐκ τῶν Τραπεζοῦντος ὁρίων ἄχρι ἐς τοὺς Σάγινας εἶχον, ᾗπέρ μοι εἴρηται· νῦν δὲ μόνα τὰ δύο ταῦτα φρούρια ἐλέλειπτο σφίσιν, οὗ δὴ τὰ φυλακτήρια καὶ ἐς ἐμὲ εἶχον, ἐπειδὴ Χοσρόης, ὁ Περσῶν βασιλεύς, Λαζῶν αὐτὸν[2] ἐπαγαγομένων ἐς τὴν Πέτραν, στράτευμα Περσῶν ἐνταῦθα στέλλειν ἐν σπουδῇ εἶχε, τούς τε τὰ φρούρια ταῦτα καθέξοντας καὶ καθιζησο-6 μένους ἐν τοῖς ἐνταῦθα φυλακτηρίοις. ἅπερ ἐπεὶ οἱ Ῥωμαίων στρατιῶται προμαθεῖν ἴσχυσαν, προτερήσαντες τάς τε οἰκίας ἐνέπρησαν καὶ τὰ τείχη ἐς τὸ ἔδαφος καθελόντες ἔς τε τὰς ἀκάτους μελλήσει οὐδεμιᾷ ἐσβάντες ἐς ἤπειρον εὐθὺς τὴν ἀντιπέρας καὶ Τραπεζοῦντα πόλιν ἐχώρησαν,

---

[1] κατὰ μέν K: μὲν τό L.

IV

BEYOND the confines of the Abasgi along the Caucasus range dwell the Bruchi, who are between the Abasgi and the Alani, while along the coast of the Euxine Sea the Zechi have their habitation. Now in ancient times the Roman emperor used to appoint a king over the Zechi, but at present these barbarians are in no way subject to the Romans. Beyond these dwell the Saginae, and the Romans had held a portion of their coast from ancient times. And they had constructed two fortresses on the coast, Sebastopolis and Pityus, two days' journey apart, and maintained in them garrisons of soldiers from the first. For though in earlier times detachments of Roman soldiers held all the towns on the coast from the limits of Trapezus as far as the Saginae, as previously stated,[1] it finally came about that these two fortresses were the only ones left them; and here they actually maintained their garrisons up to my day, [but no longer]; for Chosroes, the Persian king, having been brought in by invitation of the Lazi to Petra, made haste to send an army of Persians there who were to take possession of these fortresses and settle down to garrison duty in them. But the Roman soldiers succeeded in learning this in advance, and so, anticipating him, they fired the houses and razed the walls to the ground, and then with no hesitation embarked in small boats and made their way immediately to the city of Trapezus on the opposite mainland. Thus,

[1] Cf. chap. ii. 16, above.

---

[2] αὐτόν L: αὐτῶν K.

ζημιώσαντες μὲν τῇ τῶν φρουρίων διαφθορᾷ τὴν
Ῥωμαίων ἀρχήν, κέρδος δὲ αὐτῇ[1] πορισάμενοι
μέγα, ὅτι δὴ τῆς χώρας ἐγκρατεῖς οὐ γεγόνασιν
οἱ πολέμιοι. ἄπρακτοι γὰρ ἀπ' αὐτοῦ ἐς τὴν
Πέτραν ἀνέστρεφον Πέρσαι. ταῦτα μὲν οὖν τῇδε
ξυνηνέχθη γενέσθαι.

7 Ὑπὲρ δὲ Σαγίνας Οὐννικὰ ἔθνη πολλὰ ἵδρυνται.
τὸ δ' ἐντεῦθεν Εὐλυσία μὲν ἡ χώρα ὠνόμασται,
βάρβαροι δὲ αὐτῆς ἄνθρωποι τά τε παράλια καὶ
τὴν μεσόγειον ἔχουσι, μέχρι ἐς τὴν Μαιῶτιν
καλουμένην Λίμνην καὶ ποταμὸν Τάναϊν, ὃς δὴ
8 ἐς τὴν Λίμνην ἐσβάλλει. αὕτη δὲ ἡ Λίμνη ἐς
τὴν ἀκτὴν Πόντου τοῦ Εὐξείνου τὰς ἐκβολὰς
ποιεῖται. ἄνθρωποι δὲ οἱ ταύτῃ ᾤκηνται Κιμ-
μέριοι μὲν τὸ παλαιὸν ὠνομάζοντο, τανῦν δὲ
9 Οὐτίγουροι καλοῦνται. καὶ αὐτῶν καθύπερθεν
ἐς βορρᾶν ἄνεμον ἔθνη τὰ Ἀντῶν ἄμετρα ἵδρυν-
ται. παρὰ δὲ τὸν χῶρον αὐτὸν ὅθεν ἡ τῆς Λίμνης
ἐκβολὴ ἄρχεται, Γότθοι οἱ Τετραξῖται καλού-
μενοι ᾤκηνται, οὐ πολλοὶ ὄντες, οἳ δὴ τὰ Χριστια-
νῶν νόμιμα σεβόμενοι περιστέλλουσιν οὐδενὸς
10 ἧσσον. (Τάναϊν δὲ καλοῦσιν οἱ ἐπιχώριοι καὶ τὴν
ἐκβολὴν ταύτην, ἥπερ[2] ἐκ Λίμνης ἀρξαμένη[3] τῆς
Μαιώτιδος ἄχρι ἐς τὸν Εὔξεινον Πόντον διήκει,
ἐς ὁδὸν ἡμερῶν, ὥς φασιν, εἴκοσιν. ἀλλὰ καὶ τὸν
ἄνεμον ὃς ἐνθένδε πνεῖ Ταναΐτην προσαγορεύου-
11 σιν.) εἴτε δὲ τῆς Ἀρείου δόξης ἐγένοντό ποτε
οἱ Γότθοι οὗτοι, ὥσπερ καὶ τὰ ἄλλα Γοτθικὰ
ἔθνη, εἴτε καὶ ἄλλο τι ἀμφὶ τῇ δόξῃ αὐτοῖς

---

[1] αὐτῇ Haury: αὐτοί MSS.
[2] ἥπερ transposed by Haury from immediately before
διήκει below.

while they did penalize the Roman empire by the destruction of the fortresses, they at the same time gained for it a great advantage in that the enemy did not become masters of the land. For as a result of their action the Persians returned baffled to Petra. Thus then did this take place.

Above the Saginae are settled numerous Hunnic tribes. And from there onward the country has received the name of Eulysia, and barbarian peoples hold both the coast and the interior of this land, as far as the so-called Maeotic Lake [1] and the Tanais River [2] which empties into the lake. And this lake has its outlet at the coast of the Euxine Sea. Now the people who are settled there were named in ancient times Cimmerians, but now they are called Utigurs. And above them to the north the countless tribes of the Antae are settled. But beside the exact point where the outlet of the lake commences dwell the Goths who are called Tetraxitae, a people who are not very numerous, but they reverence and observe the rites of the Christians as carefully as any people do. (The inhabitants indeed give the name Tanais also to this outlet which starts from the Maeotic Lake and extends to the Euxine Sea, a distance, they say, of twenty days' journey. And they also call the wind which blows from there the "Tanaitis.") Now as to whether these Goths were once of the Arian belief, as the other Gothic nations are, or whether the faith as practised by them has shewn some other peculiarity, I am unable to say, for

---

[1] Modern Sea of Azov. [2] Modern Don.

---

[3] ἀρξαμένη Haury: ἀρξάμενοι MSS., ἀρξαμένην editors, Christ.

ἤσκητο, οὐκ ἔχω εἰπεῖν, ἐπεὶ οὐδὲ αὐτοὶ ἴσασιν,
ἀλλ' ἀφελείᾳ[1] τε τανῦν καὶ ἀπραγμοσύνῃ πολλῇ
τιμῶσι τὴν δόξαν.

12 Οὗτοι ὀλίγῳ πρότερον (λέγω δέ, ἡνίκα πρῶτόν
τε καὶ εἰκοστὸν ἔτος Ἰουστινιανὸς βασιλεὺς τὴν
αὐτοκράτορα εἶχεν ἀρχὴν) πρέσβεις τέτταρας ἐς
Βυζάντιον ἔπεμψαν, ἐπίσκοπον σφίσι τινὰ δεό-
μενοι δοῦναι· ἐπεὶ ὅστις μὲν αὐτοῖς ἱερεὺς ἦν
τετελευτήκει οὐ πολλῷ πρότερον, ἔγνωσαν δὲ ὡς
καὶ Ἀβασγοῖς ἱερέα βασιλεὺς πέμψειε· καὶ
αὐτοῖς προθυμότατα Ἰουστινιανὸς βασιλεὺς ἐπι-
13 τελῆ ποιήσας τὴν δέησιν ἀπεπέμψατο. οἱ δὲ
πρέσβεις οὗτοι δέει Οὔννων τῶν Οὐτιγούρων ἐς
μὲν τὸ ἐμφανές, αὐτηκόων πολλῶν ὄντων, ἀποστο-
ματίζοντες ὅτου δὴ ἕνεκα ἥκοιεν, ἄλλο οὐδὲν ὅτι
μὴ τὰ ἀμφὶ τῷ ἱερεῖ βασιλεῖ ἤγγειλαν, ὡς
λαθραιότατα δὲ[2] ξυγγενόμενοι ἅπαντα φράζουσιν,
ὅσα συνοίσειν τῇ Ῥωμαίων ἀρχῇ ἔμελλε, ξυγ-
κρουομένων ἐς ἀλλήλους ἀεὶ τῶν σφίσι προ-
σοίκων βαρβάρων. ὅντινα δὲ τρόπον οἱ Τετραξῖται
καὶ ὅθεν ἀναστάντες ἐνταῦθα ἱδρύσαντο, ἐρῶν
ἔρχομαι.

V

Πάλαι μὲν Οὔννων, τῶν τότε Κιμμερίων κα-
λουμένων, πολύς τις ὅμιλος τὰ χωρία ταῦτα
ἐνέμοντο ὧν ἄρτι ἐμνήσθην, βασιλεύς τε εἰς
2 ἅπασιν ἐφειστήκει. καὶ ποτέ τις αὐτῶν τὴν

---

[1] ἀλλ' ἀφελείᾳ Maltretus : ἀλλὰ φιλίᾳ MSS.
[2] δέ Haury : γε K : τε L.

they themselves are entirely ignorant on this subject, but at the present time they honour the faith in a spirit of complete simplicity and with no vain questionings.

This people a short time ago (when, namely, the Emperor Justinian was in the twenty-first year [1] of his reign) sent four envoys to Byzantium, begging him to give them a bishop; for the one who had been their priest had died not long before and they had learned that the emperor had actually sent a priest to the Abasgi; and the Emperor Justinian very willingly complied with their request before dismissing them. Now these envoys were moved by fear of the Utigur Huns in making the public declaration of the object of their coming—for there were many who heard their speeches—and so they made no statement whatever to the emperor openly except regarding the matter of the priest, but meeting him with the greatest possible secrecy, they declared everything, shewing how it would benefit the Roman empire if the barbarians who were their neighbours should be always on hostile terms with one another. Now as to the manner in which the Tetraxitae settled there and whence they migrated, I shall now proceed to tell.

V

In ancient times a vast throng of the Huns who were then called Cimmerians ranged over this region which I have just mentioned, and one king had authority over them all. And at one time the

[1] 518 A.D.

ἀρχὴν ἔσχεν, ᾧ δὴ παῖδες ἐγένοντο δύο, ἅτερος
μὲν Οὐτιγοὺρ ὄνομα, Κουτριγοὺρ δὲ ὁ ἔτερος.
3 οἵπερ, ἐπειδὴ αὐτοῖν ὁ πατὴρ τὸν βίον συνε-
μετρήσατο, τήν τε ἀρχὴν ἄμφω ἐν σφίσιν[1]
αὐτοῖς διεδάσαντο[2] καὶ τὴν ἐπωνυμίαν τοῖς
4 ἀρχομένοις αὐτοῖς ἔδοσαν· οἱ μὲν γὰρ Οὐτίγουροι,
οἱ δὲ Κουτρίγουροι καὶ ἐς ἐμὲ ὀνομάζονται. οὗτοι
μὲν ἅπαντες τῇδε ᾤκηντο,[3] κοινὰ μὲν τὰ ἐπιτη-
δεύματα ξύμπαντα ἔχοντες, οὐκ ἐπιμιγνύμενοι δὲ
ἀνθρώποις οἳ δὴ τῆς τε Λίμνης καὶ τῆς ἐνθένδε
ἐκροῆς ἐς τὰ ἐπὶ θάτερα ἵδρυντο, ἐπεὶ οὔτε
διέβαινόν ποτε τὰ ὕδατα ταῦτα οὔτε διαβατὰ
εἶναι ὑπώπτευον, πρὸς τὰ εὐκολώτατα περίφοβοι
ὄντες, τῷ μηδὲ ἀποπειράσασθαι αὐτῶν πώποτε,
ἀλλ᾽ ἀμελέτητοι τῆς διαβάσεως παντάπασιν
εἶναι.

5 Λίμνην δὲ τὴν Μαιῶτιν καὶ τὴν ἐξ αὐτῆς
ἐκβολὴν ὑπερβάντι εὐθὺς μὲν ἐς αὐτήν που τὴν
ταύτης ἀκτὴν οἱ Τετραξῖται καλούμενοι Γότθοι
τὸ παλαιὸν ᾤκηντο, ὧν ἐπεμνήσθην ἀρτίως·
πολλῷ δὲ αὐτῶν ἄποθεν Γότθοι τε καὶ Οὐισί-
γοτθοι καὶ Βανδίλοι καὶ τὰ ἄλλα Γοτθικὰ γένη
6 ξύμπαντα ἵδρυντο. οἳ δὴ καὶ Σκύθαι ἐν τοῖς
ἄνω χρόνοις ἐπεκαλοῦντο, ἐπεὶ πάντα τὰ ἔθνη
ἅπερ τὰ ἐκείνῃ χωρία εἶχον, Σκυθικὰ μὲν ἐπὶ
κοινῆς ὀνομάζεται, ἔνιοι δὲ αὐτῶν Σαυρομάται ἢ
Μελάγχλαινοι, ἢ ἄλλο τι ἐπεκαλοῦντο.
7 Προϊόντος δὲ τοῦ χρόνου, φασίν, εἴπερ ὁ λόγος
ὑγιής ἐστι, τῶν μὲν Κιμμερίων νεανίας τινὰς ἐν
κυνηγεσίῳ διατριβὴν ἔχειν, ἔλαφον δὲ μίαν πρὸς
αὐτῶν φεύγουσαν ἐς τὰ ὕδατα ἐσπηδῆσαι ταῦτα.

[1] ἐν σφίσιν Hoeschel : ἐς σφίσιν K, σφίσιν L.

power was secured by a certain man to whom two sons were born, one of whom was named Utigur and the other Cutrigur. These two sons, when their father came to the end of his life, divided the power between them, and each gave his own name to his subjects; for the one group has been called Utigurs and the other Cutrigurs even to my time. All these now continued to live in this region, associating freely in all the business of life, but not mingling with the people who were settled on the other side of the lake and its outlet; for they never crossed these waters at any time nor did they suspect that they could be crossed, being fearful of that which was really easy, simply because they had never even attempted to cross them, and they remained utterly ignorant of the possibility.

Now beyond the Maeotic Lake and the outlet flowing from it the first people were the Goths called Tetraxitae, whom I have just mentioned, who in ancient times lived close along the shore of this strait; but the Goths and the Visigoths and Vandals were located far away from them as were other Gothic nations. These Tetraxitae were called also Scythians in ancient times, because all the nations who held these regions are called in general Scythians, while a few of them had an additional designation such as Sauromatae or Melanchlaenae or something else.

But as time went on, they say (if, indeed, the story is sound), some youths of the Cimmerians were engaged in hunting, and a single doe which was fleeing before them leaped into these waters. And the

---

[2] διεδάσαντο K : διεσώσαντο L.
[3] ᾤκηντο Dindorf : ᾤκηνται MSS.

8 τούς τε νεανίας, εἴτε φιλοτιμίᾳ εἴτε φιλονεικίᾳ
τινὶ ἐχομένους, ἢ καί τι δαιμόνιον αὐτοὺς κατη-
νάγκασε, τῇ ἐλάφῳ ἐπισπέσθαι ταύτῃ, μηχανῇ
τε μεθίεσθαι αὐτῆς οὐδεμιᾷ, ἕως ξὺν αὐτῇ ἐς τὴν
9 ἀντιπέρας ἀκτὴν ἵκοντο. καὶ τὸ μὲν διωκόμενον
ὅ τι ποτ᾽ ἦν εὐθὺς ἀφανισθῆναι· (δοκεῖν[1] γάρ
μοι[2] οὐδὲ ἄλλου του ἕνεκα ἐνταῦθα ἐφάνη, ὅτι
μὴ τοῦ[3] γενέσθαι κακῶς τοῖς τῇδε ᾠκημένοις
βαρβάροις) τοὺς δὲ νεανίας τοῦ μὲν κυνηγεσίου
ἀποτυχεῖν, μάχης δὲ ἀφορμὴν καὶ λείας εὑρέσθαι.
10 ἐς ἤθη γὰρ τὰ πάτρια ὅτι τάχιστα ἐπανήκοντες
ἔνδηλα πᾶσι Κιμμερίοις πεποίηνται ὅτι δὴ ταῦτα
βατὰ σφίσι τὰ ὕδατα εἴη. ἀνελόμενοι οὖν
αὐτίκα τὰ ὅπλα πανδημεί τε διαβάντες ἐγένοντο
μελλήσει οὐδεμιᾷ ἐν τῇ ἀντιπέρας ἠπείρῳ,
Βανδίλων μὲν ἤδη ἐνθένδε ἀναστάντων ἐπί τε
Λιβύης ἱδρυσαμένων, ἐν Ἰσπανίᾳ δὲ Οὐισιγότθων
11 οἰκησαμένων. Γότθοις οὖν τοῖς ἐς τὰ τῇδε
ᾠκημένοις πεδία ἐξαπιναίως ἐπιπεσόντες πολλοὺς
μὲν ἔκτειναν, τοὺς δὲ λοιποὺς ἐτρέψαντο ἅπαν-
12 τας. ὅσοι τε αὐτοὺς[4] διαφυγεῖν ἴσχυσαν, ξὺν
παισί τε καὶ γυναιξὶν ἐνθένδε ἀναστάντες ἀπέ-
λιπον μὲν τὰ πάτρια ἤθη, διαπορθμευσάμενοι δὲ
ποταμὸν Ἴστρον ἐν τῇ τῇ Ῥωμαίων ἐγένοντο.
13   Καὶ πολλὰ μὲν τοὺς ταύτῃ ᾠκημένους δεινὰ
ἔδρασαν, μετὰ δὲ δόντος βασιλέως ᾤκησαν ἐς
τὰ ἐπὶ Θράκης χωρία, καὶ τὰ μὲν ξυνεμάχουν
Ῥωμαίοις, τάς τε συντάξεις ὥσπερ οἱ ἄλλοι
στρατιῶται πρὸς βασιλέως κομιζόμενοι ἀνὰ πᾶν

---

[1] δοκεῖν Haury : δοκεῖ MSS.
[2] μοι MSS. : μοι ὡς editors.
[3] μὴ τοῦ Maltretus : μή MSS.

youths, either moved by a thirst for glory or in some
sort of competition, or perhaps it was really some deity
which constrained them, followed after this doe and
refused absolutely to let her go, until they came with
her to the opposite shore. And then the quarry,
whatever it was, immediately disappeared from sight;
for in my opinion it appeared there for no other
purpose than that evil might befall the barbarians
who lived in that region. Thus, while the youths
did fail in their hunt, they found an incentive to
battle and plunder. For they returned as fast as
they could to their own land, and thus made it clear
to all the Cimmerians that these waters could be
crossed by them. Accordingly they immediately
took up arms as a nation, and making the crossing
with no delay got on the opposite mainland; this
was at a time when the Vandals had already migrated
from there and established themselves in Libya;
while the Visigoths had taken up their abode in
Spain. So they suddenly fell upon the Goths who
inhabited these plains and slew many of them and
turned the rest to flight. And as many as succeeded
in escaping them migrated thence with their children
and wives, leaving their ancestral abodes, and by
ferrying across the Ister River they came into the
land of the Romans.

And at first they committed many outrages against
the inhabitants of that region, but later, with the
emperor's permission, they settled in Thrace; and
during part of this time they were fighting on the
side of the Romans, receiving pay from the emperor
every year just as the other soldiers did and being

---

⁴ αὐτούς K : αὐτῶν L.

ἔτος καὶ φοιδερᾶτοι ἐπικληθέντες· οὕτω γὰρ
αὐτοὺς τότε[1] Λατίνων φωνῇ ἐκάλεσαν Ῥωμαῖοι,
ἐκεῖνο, οἶμαι, παραδηλοῦντες, ὅτι δὴ οὐχ ἡσση-
μένοι αὐτῶν τῷ πολέμῳ Γότθοι, ἀλλ' ἐπὶ ξυνθή-
14 καις τισὶν ἔνσπονδοι ἐγένοντο σφίσι· φοίδερα
γὰρ Λατῖνοι τὰς ἐν πολέμῳ καλοῦσι ξυνθήκας,
ἧπέρ μοι ἐν τοῖς ἔμπροσθεν δεδήλωται λόγοις·
τὰ δὲ καὶ πόλεμον πρὸς αὐτοὺς διέφερον οὐδενὶ
λόγῳ, ἕως ᾤχοντο ἀπιόντες ἐς Ἰταλίαν, Θευ-
δερίχου ἡγουμένου σφίσι. τὰ μὲν οὖν τῶν
Γότθων τῇδε κεχώρηκεν.

15   Οὖννοι δὲ αὐτῶν τοὺς μὲν κτείναντες, τοὺς δέ,
ὥσπερ ἐρρήθη, ἐξαναστήσαντες τὴν χώραν ἔσχον.
καὶ αὐτῶν Κουτρίγουροι μὲν παῖδάς τε καὶ
γυναῖκας μεταπεμψάμενοι ἐνταῦθα ἱδρύσαντο
16 οὗ δὴ καὶ ἐς ἐμὲ ᾤκηνται. καὶ δῶρα μὲν πολλὰ
πρὸς βασιλέως ἀνὰ πᾶν ἔτος κομίζονται, καὶ ὣς
δὲ διαβαίνοντες ποταμὸν Ἴστρον καταθέουσιν
17 ἐσαεὶ τὴν βασιλέως χώραν, ἔνσπονδοί τε καὶ
πολέμιοι Ῥωμαίοις ὄντες. Οὐτίγουροι δὲ ξὺν
τῷ ἡγουμένῳ ἐπ' οἴκου ἀπεκομίζοντο, μόνοι τὸ
18 λοιπὸν ἐνταῦθα καθιζησόμενοι. οἵπερ ἐπειδὴ
Λίμνης τῆς Μαιώτιδος ἀγχοῦ ἐγένοντο, Γότθοις
ἐνταῦθα τοῖς Τετραξίταις καλουμένοις ἐνέτυχον.
19 καὶ τὰ μὲν πρῶτα φραξάμενοι ταῖς ἀσπίσιν οἱ
Γότθοι ἀντικρὺ τοῖς ἐπιοῦσιν ὡς ἀμυνόμενοι
ἔστησαν, σθένει τε τῷ σφετέρῳ καὶ χωρίου ἰσχύϊ
θαρσοῦντες· αὐτοὶ γὰρ ἀλκιμώτατοι ἁπάντων
20 εἰσὶ τῶν τῇδε βαρβάρων. καὶ ἡ πρώτη τῆς
Μαιώτιδος ἐκροή, οὗ δὴ τότε οἱ Τετραξῖται
Γότθοι ἵδρυντο, ἐν κόλπῳ ξυνιοῦσα μηνοειδεῖ,

[1] τότε K: τῇ L.

called "foederati"; for so the Romans at that time called them in the Latin tongue, meaning to shew, I suppose, that the Goths had not been defeated by them in war, but had come into peaceful relations with them on the basis of some treaty; for the Latins call treaties in war "foedera," as I have explained in the previous narrative;[1] but during the rest of the time they were actually waging war against the Romans for no good reason, until they went off to Italy under the leadership of Theoderic. Thus then did the Goths fare.

But the Huns, after killing some of them and driving out the others, as stated, took possession of the land. And the Cutrigurs, on the one hand, summoned their children and wives and settled there in the very place where they have dwelt even to my time. And although they receive from the emperor many gifts every year, they still cross the Ister River continually and overrun the emperor's land, being both at peace and at war with the Romans. The Utigurs, however, departed homeward with their leader, being destined to live alone in that land thereafter. Now when these Huns came near the Maeotic Lake, they chanced upon the Goths there who are called Tetraxitae. And at first the Goths formed a barrier with their shields and made a stand against their assailants in their own defence, trusting both in their own strength and the advantage of their position; for they are the most stalwart of all the barbarians of that region. Now the head of the outlet of the Maeotic Lake, where the Tetraxitae Goths were then settled, forms a crescent-shaped

---

[1] Book I. xi. 4. See also note on Book III. xi. 3.

περιβαλοῦσά τε αὐτοὺς ἐκ τοῦ ἐπὶ πλεῖστον,
μίαν ἐπ᾽ αὐτοὺς εἴσοδον οὐ λίαν εὐρεῖαν [1] τοῖς
21 ἐπιοῦσι παρείχετο. ὕστερον δὲ (οὔτε γὰρ Οὖννοι
χρόνον τινὰ τρίβεσθαι σφίσιν ἐνταῦθα ἤθελον, οἵ
τε Γότθοι τῷ τῶν πολεμίων ὁμίλῳ ἐπὶ πολὺ
ἀνθέξειν οὐδαμῆ ἤλπιζον) ἐς λόγους ἀλλήλοις
ξυνίασιν, ἐφ᾽ ᾧ ἀναμιχθέντες κοινῇ ποιήσονται
τὴν διάβασιν, καὶ οἱ Γότθοι ἱδρύσονται μὲν ἐν
τῇ ἀντιπέρας ἠπείρῳ παρ᾽ αὐτὴν τῆς ἐκβολῆς
μάλιστα τὴν ἀκτήν, ἵνα δὴ καὶ τανῦν ἵδρυνται,
φίλοι δὲ καὶ ξύμμαχοι τὸ λοιπὸν Οὐτιγούροις
ὄντες ἐπὶ τῇ ἴσῃ καὶ ὁμοίᾳ σφίσιν ἐνταῦθα
22 βιώσονται τὸν πάντα αἰῶνα. οὕτω μὲν οὖν οἵδε
οἱ Γότθοι τῇδε ἱδρύσαντο καὶ τῶν Κουτριγούρων,
ὥσπερ μοι εἴρηται, ἀπολελειμμένων ἐν γῇ τῇ
ἐπὶ [2] θάτερα τῆς Λίμνης οὔσῃ μόνοι Οὐτίγουροι
τὴν χώραν ἔσχον, πράγματα Ῥωμαίοις ὡς ἥκιστα
παρεχόμενοι, ἐπεὶ οὐδὲ αὐτῶν ἄγχιστα ᾤκηνται,
ἀλλ᾽ ἔθνεσι πολλοῖς διειργόμενοι μεταξὺ οὖσιν
ἀκουσίῳ ἀπραγμοσύνῃ ἐς αὐτοὺς ἔχονται.

23 Ὑπερβάντι δὲ Λίμνην τε τὴν Μαιῶτιδα καὶ
ποταμὸν Τάναϊν ἐπὶ πλεῖστον μὲν τῶν τῇδε
πεδίων Κουτρίγουροι Οὖννοι, ἥπέρ μοι ἐρρήθη,
ᾤκησαν· μετὰ δὲ αὐτοὺς Σκύθαι τε καὶ Ταῦροι
ξύμπασαν ἔχουσι τὴν ταύτῃ χώραν, ἧσπερ μοῖρά
τις Ταυρικὴ καὶ νῦν ἐπικαλεῖται, ἵνα δὴ καὶ τῆς
Ἀρτέμιδος τὸν νεὼν γεγονέναι φασίν, οὗπέρ ποτε
24 ἡ τοῦ Ἀγαμέμνονος Ἰφιγένεια προὔστη. καίτοι
Ἀρμένιοι ἐν τῇ παρ᾽ αὐτοῖς Κελεσηνῇ καλου-
μένῃ [3] χώρᾳ τὸν νεὼν τοῦτον γεγονέναι φασὶ

---

[1] εὐρεῖαν L: εὐρεῖν ἄν K.   [2] ἐπὶ θάτερα L: ἀποθατέρα K.
[3] ἀρμένιοι—καλουμένη L: σκύθας τε τῇ K.

bay by which they were almost completely surrounded, so that only one approach, and that not a very wide one, was open to those who attacked them. But afterwards, seeing that the Huns were unwilling to waste any time there and the Goths were quite hopeless of holding out for a long time against the throng of their enemy, they came to an understanding with each other, agreeing that they should join forces and make the crossing in common, and that the Goths should settle on the opposite mainland, principally along the bank of the outlet (where they are actually settled at the present time), and that they should continue to be thereafter friends and allies of the Utigurs and live for ever on terms of complete equality with them. Thus it was that these Goths settled here, and the Cutrigurs, as I have said, being left behind in the land on the other side of the lake, the Utigurs alone possessed the land, making no trouble at all for the Romans, because they do not even dwell near them, but, being separated by many nations which lie between, they are forced, by no will of their own, not to meddle with them.

West of the Maeotic Lake, then, and the Tanais River the Cutrigur Huns established their homes over the greater part of the plains of that region, as I have said; and beyond them Scythians and Taurians hold the entire country, a certain part of which is even now called Taurica; and this is the place where they say the Temple of Artemis was, over which Agamemnon's daughter Iphigeneia once presided. The Armenians, however, claim that this temple was in the part of their land called Celesene, and that at that period all the peoples of this region

Σκύθας τε τηνικάδε ξύμπαντας καλεῖσθαι τοὺς
ἐνταῦθα ἀνθρώπους, τεκμηριούμενοι τοῖς ἀμφί
τε Ὀρέστῃ καὶ πόλει Κομάνῃ δεδιηγημένοις μοι
25 ἐς ἐκεῖνο τοῦ λόγου. ἀλλὰ περὶ μὲν τούτων
λεγέτω ἕκαστος ὥς πῃ αὐτῷ βουλομένῳ ἐστί·
πολλὰ γὰρ τῶν ἑτέρωθι γεγενημένων, ἴσως δὲ
καὶ οὐδαμῇ ξυμπεπτωκότων, ἄνθρωποι προσ-
ποιεῖσθαι φιλοῦσιν ὡς πάτρια ἤθη, ἀγανακ-
τοῦντες, ἢν μὴ τῇ δοκήσει τῇ αὐτῶν ἅπαντες
ἕπωνται.

26 Μετὰ δὲ τὰ ἔθνη ταῦτα πόλις θαλασσία
οἰκεῖται, Βόσπορος ὄνομα, Ῥωμαίων κατήκοος
27 γενομένη οὐ πολλῷ πρότερον. ἐκ δὲ Βοσπόρου
πόλεως ἐς πόλιν Χερσῶνα ἰόντι, ἣ κεῖται μὲν ἐν
τῇ παραλίᾳ, Ῥωμαίων δὲ καὶ αὐτὴ κατήκοος
ἐκ παλαιοῦ ἐστί, βάρβαροι, Οὐννικὰ ἔθνη, τὰ
28 μεταξὺ ἅπαντα ἔχουσι. καὶ ἄλλα δὲ πολίσματα
δύο ἀγχοῦ Χερσῶνος, Κῆποί τε καὶ Φανάγουρις
καλούμενα, Ῥωμαίων κατήκοα ἐκ παλαιοῦ τε καὶ
ἐς ἐμὲ ἦν. ἅπερ οὐ πολλῷ ἔμπροσθεν βαρβάρων
τῶν πλησιοχώρων ἑλόντες τινὲς ἐς ἔδαφος κα-
29 θεῖλον. ἐκ δὲ Χερσῶνος πόλεως ἐς τὰς ἐκβολὰς
ποταμοῦ Ἴστρου, ὃν καὶ Δανούβιον καλοῦσιν,
ὁδὸς μέν ἐστιν ἡμερῶν δέκα, βάρβαροι δὲ τὰ
30 ἐκείνῃ ξύμπαντα ἔχουσιν. Ἴστρος δὲ ποταμὸς
ἐξ ὀρέων[1] μὲν τῶν Κελτικῶν ῥεῖ, περιιὼν δὲ
τὰς Ἰταλίας ἐσχατιάς, φερόμενός τε ἐπὶ τὰ[2]
Δακῶν καὶ Ἰλλυριῶν καὶ τὰ ἐπὶ Θρᾴκης χωρία,[3]
ἐκβάλλει ἐς τὸν Εὔξεινον Πόντον. τὰ δὲ ἐνθένδε
ἅπαντα μέχρι ἐς Βυζάντιον τοῦ Ῥωμαίων
βασιλέως τυγχάνει ὄντα.

[1] ὀρέων L : ὀρίων K.

were called Scythians, citing as evidence the story of Orestes and the city of Comana related by me in that part of my narrative.[1] But as regards these matters, let each one speak according to his wish; for many things which happened elsewhere, or which, perhaps, never really happened at all, men are wont to appropriate to their own country, being indignant if all do not follow their opinion.

Beyond these nations there is an inhabited city on the coast, Bosporus by name, which became subject to the Romans not long ago. From the city of Bosporus to the city of Cherson,[2] which is situated on the coast and has likewise been subject to the Romans from of old, all between is held by barbarians, Hunnic nations. And two other towns near Cherson, named Cepi and Phanaguris, have been subject to the Romans from ancient times and even to my day. But these not long ago were captured by some of the neighbouring barbarians and razed to the ground. From the city of Cherson to the mouth of the Ister River, which is also called the Danube, is a journey of ten days, and barbarians hold that whole region. Now the Ister River rises in the Celtic mountains,[3] skirts the boundaries of Italy, flows into the lands of Dacia, Illyricum, and Thrace, and finally empties into the Euxine Sea. From that point all the territory as far as Byzantium is under the sway of the Roman emperor.

[1] Book I. xvii. 13-20.
[2] Chersonnesus ; near modern Sevastopol.
[3] The Alps.

---

[2] ἐπὶ τά L : ἐπί τε K
[3] τὰ—χωρία L : τῶν—χωρίων K.

31 Ἡ μὲν οὖν τοῦ Εὐξείνου Πόντου περίοδος ἐκ
Καλχηδόνος μέχρι ἐς Βυζάντιον ταύτῃ πῃ ἔχει.
32 ἐς ὅσον δὲ ἡ περίοδος ἥδε διήκει, ἅπαντα μὲν ἐς
τὸ ἀκριβὲς οὐκ ἔχω εἰπεῖν, βαρβάρων, ὥσπερ μοι
ἐρρήθη, ᾠκημένων ἐνταῦθα τοσούτων τὸ πλῆθος,
ἐπιμιξίας τε Ῥωμαίοις παρ' αὐτῶν τινας, ὅτι μὴ
ὅσα κατὰ πρεσβείαν, ἴσως οὐδεμιᾶς οὔσης· ἐπεὶ
οὐδὲ τοῖς πρότερον ταῦτα ἐγκεχειρηκόσι δια-
μετρήσασθαι ἐς τὸ ἀκριβές τι ξυμβαίνει εἰρῆσθαι.
33 ἐκεῖνο μέντοι διαφανές ἐστιν, ὡς Πόντου τοῦ
Εὐξείνου τὰ ἐν δεξιᾷ, εἴη δ' ἂν ἐκ Καλχηδόνος
ἐς ποταμὸν Φᾶσιν, δυοῖν καὶ πεντήκοντα ὁδὸς
ἡμερῶν ἐστιν[1] εὐζώνῳ ἀνδρί· ᾧ δὴ οὐκ ἀπὸ
τρόπου τεκμηριούμενος φαίη ἄν τις καὶ τὴν
ἑτέραν τοῦ Πόντου μοῖραν μέτρου τοῦδε εἶναι οὐ
πολλῷ ἄποθεν.

VI

Ἐπεὶ δὲ ἀφικόμεθα ἐνταῦθα τοῦ λόγου, ἀνα-
γράψασθαι οὔ μοι ἀπὸ καιροῦ ἔδοξεν εἶναι ὅσα
δὴ ἀμφὶ τοῖς ὁρίοις τῆς τε Ἀσίας καὶ τῆς
Εὐρώπης διαμάχονται πρὸς ἀλλήλους οἱ ταῦτα
2 δεινοί. λέγουσι μὲν γάρ τινες αὐτῶν τὰ ἠπείρω
ταῦτα διορίζειν ποταμὸν Τάναϊν, ἀπισχυριζό-
μενοι μὲν χρῆναι τὰς τομὰς φυσικὰς εἶναι,
τεκμηριούμενοι δὲ ὡς ἡ μὲν θάλασσα προϊοῦσα
ἐκ τῶν ἑσπερίων ἐπὶ τὴν ἑῴαν φέρεται[2] μοῖραν,
ποταμὸς δὲ Τάναις ἐκ τῶν ἀρκτῴων φερόμενος
ἐς ἄνεμον νότον μεταξὺ ταῖν ἠπείροιν χωρεῖ·

---

[1] ἐστίν MSS. : om. editors.
[2] φέρεται K : στέλλεσθαι L.

Such is the circuit of the Euxine Sea from Calchedon to Byzantium. As to the length of this circuit, however, I am unable to speak accurately regarding all portions of it, since such vast numbers of barbarians, as stated above, dwell along its shores, and the Romans have no intercourse at all with any of them except for an occasional interchange of embassies; indeed those who have attempted heretofore to ascertain these measurements have not been able to make any definite statement. This, however, is clear, that the right side of the Euxine Sea, from Calchedon, namely, to the Phasis River, is a journey of fifty-two days for an unencumbered traveller.[1] From this fact one could not unreasonably draw the conclusion that the length of the other side of the Pontus likewise is not far from this.

VI

SINCE we have now reached an appropriate point in the narrative, it has seemed to me not out of place to mention the opinions concerning the boundaries of Asia and Europe which are debated among those who are experts in these matters. For, on the one hand, some of them say that these two continents are separated by the Tanais River, stoutly maintaining first of all that the division must be a natural one, and further supporting their claim by the fact that, while the sea extends from the west toward the east, the Tanais River flows from the north toward the south between the two

[1] About 1,248 miles. Cf. Book III. i. 17 for Procopius' standard.

ἔμπαλιν δὲ τὸν Αἰγύπτιον Νεῖλον ἐκ μεσημβρίας
ἰόντα πρὸς βορρᾶν ἄνεμον Ἀσίας τε καὶ Λιβύης
3 μεταξὺ φέρεσθαι. ἄλλοι δὲ ἀπ' ἐναντίας αὐτοῖς
ἰόντες οὐχ ὑγιᾶ τὸν λόγον ἰσχυρίζονται εἶναι.
λέγουσι γὰρ ὡς τὰ μὲν ἤπειρω ταῦτα τὸ ἐξ ἀρχῆς
ὅ τε ἐν Γαδείροις διορίζει πορθμὸς ἀπ' Ὠκεανοῦ
ἐξιὼν καὶ ἡ προϊοῦσα ἐνθένδε θάλασσα, καὶ τὰ
μὲν τοῦ πορθμοῦ καὶ τῆς θαλάσσης ἐν δεξιᾷ
Λιβύη τε καὶ Ἀσία ὠνόμασται, τὰ δὲ ἐν ἀριστερᾷ
πάντα Εὐρώπη ἐκλήθη μέχρι που ἐς λήγοντα τὸν
Εὔξεινον καλούμενον Πόντον.
4   Τούτων δὲ δὴ τοιούτων ὄντων ὁ μὲν Τάναϊς
ποταμὸς ἐν γῇ τῆς Εὐρώπης τικτόμενος ἐκβάλλει
ἐς Λίμνην τὴν Μαιώτιδα, ἡ δὲ Λίμνη ἐς τὸν
Εὔξεινον Πόντον τὰς ἐκβολὰς ποιεῖται οὔτε
λήγοντα οὔτε μὴν κατὰ μέσον, ἀλλ' ἔτι πρόσω.
5 τὰ δὲ¹ εὐώνυμα τούτου δὴ τοῦ Πόντου τῇ τῆς
Ἀσίας λογίζεται μοίρᾳ. χωρὶς δὲ τούτων ποτα-
μὸς Τάναϊς ἐξ ὀρέων τῶν Ῥιπαίων καλουμένων
ἔξεισιν, ἅπερ ἐν γῇ τῇ Εὐρώπῃ ἐστίν, ὥσπερ καὶ
αὐτοὶ οἱ ταῦτα ἐκ παλαιοῦ ἀναγραψάμενοι
6 ὁμολογοῦσι. τούτων δὲ τῶν Ῥιπαίων ὀρῶν τὸν
Ὠκεανὸν ὡς ἀπωτάτω ξυμβαίνει εἶναι. τὰ
τοίνυν αὐτῶν τε καὶ Τανάιδος ποταμοῦ ὄπισθεν
7 ξύμπαντα Εὐρωπαῖα ἐφ' ἑκάτερα ἐπάναγκες εἶναι.
πόθεν οὖν ἄρα ποτὲ ἄρχεται ἤπειρον ἑκατέραν
διορίζειν ὁ Τάναϊς οὐ ῥᾴδιον εἶναι εἰπεῖν. ἢν δέ
τινα ποταμὸν διορίζειν ἄμφω τὰ ἠπείρω λεκτέον
8 οὗτος δὴ ἐκεῖνος ὁ Φᾶσις ἂν εἴη. καταντικρὺ

¹ τὰ δέ L : εἶναι δὲ τὰ εὐμήχανα τά K.

¹ Modern Cadiz ; the Strait of Gibraltar

continents; similarly, they say, the Egyptian Nile proceeds in the opposite direction from the south to the north and flows between Asia and Libya. On the other hand, others taking issue directly with them maintain that their reasoning is not sound. For they say that these two continents are divided originally by the strait at Gadira,[1] which issues from the ocean, and by the sea which extends from that point, and that the land on the right of the strait and the sea received the names of Libya and Asia, while everything on the left was called Europe approximately as far as the end of the so-called Euxine Sea.

But on this hypothesis the Tanais River rises within the limits of Europe and empties into the Maeotic Lake, which in turn discharges its waters into the Euxine Sea neither at its end nor even at its middle, but actually beyond it.[2] Yet the land on the left of this same sea is counted[3] as a portion of Asia. But apart from this the river Tanais rises in the so-called Rhipaean mountains, which are in the land of Europe, as, in fact, those who have written of these matters from ancient times agree. Now the Ocean is very far removed[4] from these Rhipaean mountains; consequently all the land beyond them and the Tanais River in both directions[5] must necessarily be European. Just at what point, then, the Tanais River begins to divide the two continents it is not easy to say. But if any river must be said to divide the two continents, that river would surely be the Phasis. For it flows

---

[2] That is, well within the boundaries of Europe.
[3] By the supporters of the former view.
[4] To the north.   [5] East and west.

γὰρ πορθμοῦ τοῦ ἐν Γαδείροις φερόμενος[1] ταῖν
ἠπείροιν κατὰ μέσον χωρεῖ, ἐπεὶ ὁ μὲν πορθμὸς
ἐξ Ὠκεανοῦ ἐξιὼν θάλασσαν τήνδε ἀπεργαζό-
μενος τὰ ἠπείρω ταῦτα ἐφ' ἑκάτερα ἔχει, ὁ δὲ
Φᾶσις κατ' αὐτόν που λήγοντα μάλιστα ἰὼν τὸν
Εὔξεινον Πόντον ἐς τοῦ μηνοειδοῦς τὰ μέσα
ἐκβάλλει, τὴν τῆς γῆς ἐκτομὴν ἀπὸ τῆς θαλάσσης
9 διαφανῶς ἐκδεχόμενος. ταῦτα μὲν οὖν ἑκάτεροι
προτεινόμενοι διαμάχονται.

῾Ως δὲ οὐ μόνος ὁ πρότερος λόγος, ἀλλὰ καὶ
οὗτος, ὅνπερ ἀρτίως ἐλέγομεν, μήκει τε χρόνου
κεκόμψευται καὶ ἀνδρῶν τινῶν παλαιοτάτων
δόξῃ, ἐγὼ δηλώσω, ἐκεῖνο εἰδὼς ὡς ἐκ τοῦ ἐπὶ
πλεῖστον ἄνθρωποι ἅπαντες, ἤν τινος φθάσωσι
λόγου ἀρχαίου πεποιημένοι τὴν μάθησιν, οὐκέτι
ἐθέλουσι τῇ τῆς ἀληθείας ζητήσει ἐμφιλοχω-
ροῦντες ταλαιπωρεῖν, οὐδὲ νεωτέραν τινὰ μετα-
μαθεῖν ἀμφ' αὐτῷ δόξαν, ἀλλὰ ἀεὶ αὐτοῖς τὸ
μὲν παλαιότερον ὑγιές τε δοκεῖ καὶ ἔντιμον
εἶναι, τὸ δὲ κατ' αὐτοὺς εὐκαταφρόνητον νομίζεται
10 εἶναι καὶ ἐπὶ τὸ γελοιῶδες χωρεῖ.[2] πρὸς δὲ
τούτοις τανῦν οὐ περὶ νοερῶν ἢ νοητῶν τινος ἢ
ἀφανῶν ἄλλως γίγνεται ζήτησις, ἀλλὰ περὶ[3]
ποταμοῦ τε καὶ χώρας· ἅπερ ὁ χρόνος οὔτε
11 ἀμείβειν οὔτε πη ἀποκρύψασθαι ἴσχυσεν. ἥ τε
γὰρ πεῖρα ἐγγὺς καὶ ἡ ὄψις ἐς μαρτυρίαν
ἱκανωτάτη, οὐδέν τε παρεμποδισθήσεσθαι οἶμαι

[1] φερομενος K : φαινόμενος L.

in a direction opposite to that of the strait of
Gadira, and so passes between the two continents;
for while the strait, coming out of the ocean and
forming this sea, has these two continents, one on
either side, the Phasis River flows almost at the
end of the Euxine Sea and empties into the middle
of the crescent, obviously continuing the division
of the land heretofore made by the sea. These
then are the arguments which the two sides put
forth as they wrangle over the question.

But not only the former argument, but also that
which I have just stated, can boast, as I shall
shew, of high antiquity and the support of some
men of very ancient times; for I am aware that
as a general thing all men, if they first discover
an ancient argument, are no longer willing to de-
vote themselves to the labour involved in the
search for truth nor to learn instead some later
theory about the matter in hand, but the more
ancient view always seems to them sound and
worthy of honour, while contemporary opinions are
considered negligible and are classed as absurd.
Furthermore, in the present case the investigation
is not concerned with any matter to be grasped
only by the mind or the intellect, or that is
in any other way obscure, but with rivers
and lands: these are things which time has not
been able either to change or to conceal in any
way. For the test is near at hand and vision can
provide most satisfactory evidence, and I think no
obstacle will be placed in the way of those eager

---

² χωρεῖ K : δοκεῖ L.
³ ἀλλὰ περί Haury : ἀλλ' ἢ περί K, ἀλλ' ὑπέρ L

12 τοῖς τὸ ἀληθὲς εὑρέσθαι ἐν σπουδῇ ἔχουσιν. ὁ
τοίνυν Ἁλικαρνασεὺς Ἡρόδοτος ἐν τῇ τῶν
ἱστοριῶν τετάρτῃ φησὶ μίαν μὲν εἶναι τὴν γῆν
ξύμπασαν, νομίζεσθαι δὲ εἰς μοίρας τε καὶ
προσηγορίας τρεῖς διαιρεῖσθαι, Λιβύην τε καὶ

13 Ἀσίαν καὶ Εὐρώπην.[1] καὶ αὐτῶν Λιβύης μὲν
καὶ τῆς Ἀσίας Νεῖλον τὸν Αἰγύπτιον ποταμὸν
μεταξὺ φέρεσθαι, τὴν δὲ δὴ Ἀσίαν τε καὶ
Εὐρώπην διορίζειν τὸν Κόλχον Φᾶσιν. εἰδὼς δέ
τινας ἀμφὶ Τανάϊδι ποταμῷ ταῦτα οἴεσθαι, καὶ

14 τοῦτο ἐν ὑστέρῳ ἐπεῖπε. καί μοι οὐκ ἀπὸ
καιροῦ ἔδοξεν εἶναι αὐτὰ[2] τοῦ Ἡροδότου τὰ
γράμματα τῷ λόγῳ ἐνθεῖναι ὧδέ πη ἔχοντα·
" Οὐδὲ ἔχω συμβαλέσθαι ἀπὸ τοῦ[3] μιῇ ἐούσῃ
γῇ ὀνόματα τριφάσια κέαται, ἐπωνυμίην[4] ἔχοντα
γυναικῶν, καὶ ὁρίσματα αὐτῇ Νεῖλός τε ὁ
Αἰγύπτιος ποταμὸς ἐτέθη καὶ Φᾶσις ὁ Κόλχος.

15 οἱ δὲ Τάναϊν ποταμὸν τὸν Μαιήτην[5] καὶ
πορθμήϊα τὰ Κιμμέρια λέγουσιν." ἀλλὰ καὶ ὁ
τραγῳδοποιὸς Αἰσχύλος ἐν Προμηθεῖ τῷ Λυο-
μένῳ εὐθὺς ἀρχόμενος τῆς τραγῳδίας τὸν ποταμὸν
Φᾶσιν τέρμονα καλεῖ γῆς τε τῆς Ἀσίας καὶ τῆς
Εὐρώπης.

16 Κἀκεῖνο δέ μοι ἐν τῷ παρόντι εἰρήσεται, ὡς
τούτων δὴ τῶν τὰ τοιαῦτα σοφῶν οἱ μὲν τὴν
Μαιῶτιν οἴονται ἀπεργάζεσθαι τὸν
Εὔξεινον Πόντον, καὶ αὐτῷ τὸ μὲν ἐν ἀριστερᾷ,
τὸ δὲ ἐν δεξιᾷ τῆς Λίμνης χωρεῖν, μητέρα τε διὰ

17 τοῦτο τοῦ Πόντου καλεῖσθαι τὴν Λίμνην. ταῦτα

---

[1] εὐρώπην K : εὐρώπην φημί L.   [2] αὐτά K : αὐτοῦ L.
[3] ἀπὸ τοῦ MSS. : ἐπ' ὅτευ Herodotus.
[4] ἐπωνυμίην MSS. : ἐπωνυμίας Herodotus.

to discover the truth. To proceed, then, Herodotus of Halicarnassus in the Fourth Book of his *History* says that the entire earth is one, but is considered to be divided into three parts, having three separate titles, Libya, Asia, and Europe. And between two of them, on the one hand, Libya and Asia namely, flows the Egyptian Nile, while Asia and Europe, on the other hand, are divided by the Colchian Phasis. But knowing as he did that some thought that the Tanais River performed this function, he mentioned this view also afterwards. And it has seemed to me not inappropriate to insert in my narrative the actual language of Herodotus, which is as follows.[1] "Nor am I able to conjecture for what reason it is that, though the earth is one, three names are applied to it which are women's names. And its lines of division have been established as the Egyptian Nile and the Colchian Phasis. But others name the Tanais River, which empties into the Maeotic Lake and the Cimmerian Strait."[2] Also the tragic poet Aeschylus in the *Prometheus Unbound*, at the very beginning of the tragedy, calls the Phasis River the limit of the land of both Asia and Europe.[3]

At this point I shall also mention the fact that some of those who are versed in such matters think that the Maeotic Lake forms the Euxine Sea, and that it spreads out from this lake partly to the right and partly to the left, this being the reason why the lake is called the mother of the Pontus. And they

---

[1] Book IV. 45.

[2] The Cimmerian Bosporus. Mod. Strait of Yenikale.

[3] *Frag.* 106, preserved by Arrian, *Voyage in the Euxine*, 99. 22.

---

[5] Μαιήτην Herodotus: μαιῶτιν MSS.

τέ φασι τεκμηριούμενοι, ὅτι δὴ ἐκ τοῦ καλου-
μένου Ἱεροῦ ἡ τούτου δὴ τοῦ Πόντου ἐκροὴ ἐπὶ
Βυζαντίου καθάπερ τις ποταμὸς κάτεισι, καὶ
ἀπ᾽ αὐτοῦ πέρας εἶναι τοῦτο τοῦ Πόντου οἴονται.

18 οἱ δὲ τοῦ λόγου κατηγοροῦντες ἀποφαίνουσιν ὅτι
δὴ μία τις ἐξ Ὠκεανοῦ ξύμπασα ἡ θάλασσα
οὖσα καὶ οὐδαμῆ ἑτέρωθι ἀπολήγουσα ἐς γῆν
τὴν Λαζῶν κατατείνει, πλήν γε εἰ μή τις, φασί,
τὸ ἐν τοῖς ὀνόμασι διάλλασσον ἑτερότητα εἴπῃ,
ὅτι δὴ τὸ ἐνθένδε ἡ θάλασσα Πόντος ὠνό-
μασται.

19 Εἰ δὲ τὰ ῥεύματα ἐκ τοῦ Ἱεροῦ καλουμένου
κάτεισιν[1] ἐς Βυζάντιον, οὐδὲν τοῦτο πρᾶγμα.
τὰ γὰρ ἐν πορθμοῖς ἅπασι ξυμπίπτοντα πάθη
οὐδενὶ λόγῳ φαίνεται εἴκοντα, οὐδέ τις αὐτὰ

20 φράσαι πώποτε ἱκανὸς γέγονεν. ἀλλὰ καὶ ὁ
Σταγειρίτης Ἀριστοτέλης, σοφὸς ἀνὴρ ἐν τοῖς
μάλιστα, ἐν Χαλκίδι τῇ τῆς[2] Εὐβοίας τούτου
δὴ ἕνεκα γεγονώς, κατανοῶν τε τὸν ταύτῃ
πορθμόν, ὅνπερ Εὔριπον ὀνομάζουσι, καὶ λόγον
τὸν φυσικὸν ἐς τὸ ἀκριβὲς διερευνᾶσθαι βουλό-
μενος, ὅπως δὴ καὶ ὅντινα τρόπον ἐνίοτε μὲν τὰ
τοῦ πορθμοῦ τούτου ῥεύματα ἐκ δυσμῶν φέρεται,
ἐνίοτε δὲ ἐξ ἡλίου ἀνατολῶν, καὶ κατὰ ταῦτα
πλεῖν τὰ πλοῖα ξύμπαντα ἐνταῦθα ξυμβαίνει.
ἢν δέ ποτε τοῦ ῥοῦ ἐξ ἀνίσχοντος ἡλίου ἰόντος,
ἀρξαμένων τε τῶν ναυτῶν[3] ἐνθένδε ξὺν τῇ τοῦ
ῥοθίου ἐπιρροῇ ναυτίλλεσθαι, ᾗπερ εἰώθει, ἀπ᾽
ἐναντίας αὐτοῦ[4] τὸ ῥεῦμα ἴῃ, ὅπερ πολλάκις

---

[1] κάτεισιν Dindorf: ἐξίασιν K, κατίασιν L.
[2] Χαλκίδι τῇ τῆς: σχολῇ ἐπί L.
[3] ναυτῶν L: αὐτῶν K.

make this statement on the basis of the observation
that from the place called Hieron [1] the outlet of this
sea flows down toward Byzantium just as if it
were a river, and consequently they consider this to
be the limit of the Pontus. But those who oppose
this view explain that the entire sea is, of course,
one, coming from the ocean, and, without any other
ending, extends to the land of the Lazi, unless, in-
deed, they say, anyone considers the mere change of
name to constitute a real difference, seeing that the
sea is called Pontus beyond a certain point.

But if the current does flow down from the place
called Hieron [1] to Byzantium, this has nothing to do
with the matter. For the phenomena which are
exhibited in all straits appear to be susceptible of no
explanation, nor has anyone ever shewn himself
able to account for them. Indeed it was this
question which led Aristotle of Stagira, a man
prominent among all others as a philosopher, to go
to Chalcis on Euboea, where he observed the strait
which they call Euripus in an effort to discover by
careful investigation the physical reason why it is
and in what manner it comes about that sometimes
the current of the strait flows from the west, but
at other times from the east, and the sailing of all
boats there is governed by this fact; whenever, for
example, the current is running from the east and
the mariners have begun to sail their boats from
that direction following the inflow of the water, as
they are accustomed to do, if then the current turns
upon itself, a thing which is wont to happen there

---

[1] On the upper part of the Bosporus.

⁴ αὐτοῦ Hoeschel : αὐτό K, δὲ αὐτοῦ L.

ἐνταῦθα φιλεῖ γίνεσθαι, ἀναστρέφει μὲν τὰ
πλοῖα ταῦτα εὐθὺς ἔνθεν ὥρμηται, τὰ δὲ ἄλλα
ἐκ δυσμῶν ἐπὶ θάτερα πλεῖ, καίπερ αὐτοῖς τῶν
ἀνέμων τινὸς ὡς ἥκιστα ἐπιπνεύσαντος, ἀλλὰ
γαλήνης τε βαθείας τινὸς καὶ νηνεμίας ἐνταῦθα
οὔσης, ταῦτα ὁ Σταγειρίτης ἐννοῶν τε καὶ ἀνα-
κυκλῶν ἐπὶ χρόνου μῆκος, δυσθανατῶν ἐπὶ
21 ξυννοίᾳ[1] ἀφίκετο[2] ἐς τὸ μέτρον τοῦ βίου. οὐ
μὴν ἀλλὰ[3] κἂν τῷ τὴν Ἰταλίαν τε καὶ Σικελίαν
διείργοντι πορθμῷ πολλὰ τῷ παραλόγῳ γίνεσθαι
πέφυκε. δοκεῖ γὰρ ἐκ τοῦ Ἀδριατικοῦ καλου-
22 μένου πελάγους τὸ ῥεῦμα ἐκεῖσε ἰέναι. καίτοι
ἐξ Ὠκεανοῦ καὶ Γαδείρων ἡ τῆς θαλάσσης
πρόοδος γίνεται. ἀλλὰ καὶ ἴλιγγοι ἐξαπιναίως
ἐνταῦθα συχνοὶ ἀπ' οὐδεμιᾶς ἡμῖν φαινομένης
23 αἰτίας τὰς ναῦς διαχρῶνται. καὶ διὰ τοῦτο οἱ
ποιηταὶ λέγουσι πρὸς τῆς Χαρύβδεως ῥοφεῖσθαι
τὰ πλοῖα, ὅσα ἂν τύχῃ τηνικάδε ὄντα ἐν τῷ
24 πορθμῷ τούτῳ. οὗτοι δὲ ταῦτα δὴ ἅπαντα
οἴονται τὰ πλείστω παραλόγῳ ἐν πᾶσι ξυμβαί-
νοντα τοῖς πορθμοῖς, ἐκ τῆς ἄγχιστα οὔσης
ἑκατέρωθεν ἠπείρου ξυμβαίνειν· βιαζόμενον γάρ
φασι τῇ στενοχωρίᾳ τὸ ῥόθιον ἐς ἀτόπους τινὰς
καὶ λόγον οὐκ ἐχούσας ἀνάγκας χωρεῖν.

25 Ὥστε εἰ καὶ ὁ ῥοῦς ἐκ τοῦ Ἱεροῦ καλουμένου
ἐς Βυζάντιον δοκεῖ φέρεσθαι, οὐκ ἄν τις τήν τε
θάλασσαν καὶ τὸν Εὔξεινον Πόντον ἀπολήγειν
26 ἰσχυρίσαιτο ἐνταῦθα εἰκότως. οὐ γὰρ ἐπὶ
στερρᾶς τινος ὁ λόγος ὅδε φύσεως ἔστηκεν, ἀλλ'

---

[1] ξυννοίᾳ Hoeschel : σοφίας K, ξυνοίᾳ L.
[2] ἀφίκετο K : ᾔει L.
[3] οὐ μὴν ἀλλά L : ἐπεὶ K.

many a time, it immediately turns these boats back
in the direction from which they have started, while
the other boats sail from the west to the opposite
end, even though no wind has blown upon them in
the least but deep calm prevails there with all winds
absent; all this the Stagirite observed and pondered
for a long time, until he worried himself to death
with anxious thought and so reached the term of
his life. But this is not an isolated case, for in the
strait also which separates Italy from Sicily nature
plays many strange tricks. For it appears that the
current runs into this strait from the sea called the
Adriatic, and this in spite of the fact that the for-
ward movement of the sea takes place from the
ocean and Gadira. But there are also numerous
whirlpools which appear there suddenly from no
cause apparent to us and destroy the ships. It is
on account of this that the poets say that the boats
are gulped down by Charybdis, when any chance to
be in this strait at such a time. But the advocates
of the second view [1] think that all these exceedingly
strange phenomena which present themselves in all
straits come about in consequence of the two sides
coming very close to each other; for the water, they
say, being constrained by the limited space, is sub-
ject to some strange and unaccountable compulsion.

Consequently, if the current does actually seem
to flow from the place called Hieron to Byzantium,
no one could reasonably maintain that the sea [2] and
the Euxine end at that point. For this view rests
upon no solid basis of nature, but here again the

---

[1] Mentioned in par. 18 ff., above.
[2] The Mediterranean, or, more accurately, the Sea of
Marmara.

ἡ στενοχωρία κἀνταῦθα νικάτω. οὐ μὴν οὐδὲ
27 παντάπασι τὸ τοιοῦτον ταύτῃ πη ἔχει. λέγουσι
γὰρ οἱ ἀσπαλιεῖς τῶν τῇδε χωρίων ὡς οὐχ ὅλος
δὴ εὐθὺ τοῦ Βυζαντίου ὁ ῥοῦς κάτεισιν,[1] ἀλλ᾽
αὐτοῦ τὰ μὲν ἄνω, ἅπερ ἡμῖν διαφανῆ ἐστί,
κατὰ ταῦτα ἰέναι ξυμβαίνει, τὰ μέντοι ἔνερθεν,
ἵνα δὴ ἄβυσσός ἐστί τε καὶ ὠνόμασται, τὴν
ἐναντίαν τοῖς ἄνω διαρρήδην χωρεῖν, ἔμπαλίν τε
28 τοῦ φαινομένου ἐσαεὶ φέρεσθαι. ταῦτά τοι,
ἐπειδὰν ἄγραν μετιόντες ἰχθύων τὰ λίνα ἐνταῦθά
πη ἀπορρίψωσι, ταῦτα δὲ ἀεὶ τῷ ῥεύματι
βιαζόμενα τὴν ἐπὶ τὸ Ἱερὸν φέρεσθαι.
29   Ἐν δὲ Λαζικῇ πανταχόθεν ἡ γῆ τῆς θαλάσσης
ἀποκρουομένη[2] τὴν πρόοδον καὶ[3] ἀναχαιτίζουσα
τὸν αὐτῆς δρόμον, πρῶτόν τε καὶ μόνον ἀπολή-
γειν αὐτὴν ἐνταῦθα ποιεῖ, τοῦ δημιουργοῦ δη-
30 λονότι τὰ ὅρια σφίσι τῇδε θεμένου. ἁπτομένη[4]
γὰρ ἡ θάλασσα τῆς ταύτῃ ἠϊόνος οὔτε πρόσω
χωρεῖ οὔτε πη ἐς ὕψος ἐπαίρεται μεῖζον, καίπερ
πανταχόθεν ἀεὶ περιρρεομένη ποταμῶν ἐκβολαῖς
ἀναρίθμων τε καὶ ὑπερφυῶν ἄγαν, ἀλλ᾽ ἀνα-
ποδίζουσα ὀπίσω ἐπάνεισιν αὖθις καὶ μέτρον
διαριθμουμένη τὸ ταύτης ἴδιον, διασῴζει τὸν ἐξ
αὐτῆς ὅρον, ὥσπερ τινὰ δειμαίνουσα νόμον,
ἀνάγκῃ τε τῇ ἀπ᾽ αὐτοῦ ἐς τὸ ἀκριβὲς σφιγγο-
μένη μή τι τῶν ξυγκειμένων ἐκβᾶσα φανείη.
31 τὰς γὰρ ἄλλας ἁπάσας τῆς θαλάσσης ἀκτὰς οὐκ
ἀπ᾽ ἐναντίας αὐτῇ, ἀλλ᾽ ἐκ πλαγίου ξυμβαίνει

---

[1] κάτεισιν L: ἄπεισιν K.
[2] ἀποκρουομένη MSS.: ἀποκρούει μέν Scaliger, ἀποκρούει
Dindorf.
[3] καί K: om. L.

narrowness of the channel must be considered the
determining factor. Indeed not even this is all that
happens here; for the fishermen of the towns on
the Bosphorus say that the whole stream does not
flow in the direction of Byzantium, but while the
upper current which we can see plainly does flow in
this direction, the deep water of the abyss, as it is
called, moves in a direction exactly opposite to that
of the upper current and so flows continually against
the current which is seen. Consequently, whenever
in going after a catch of fish they cast their nets
there anywhere, these are always carried by the
force of the current in the direction of Hieron.[1]

But at Lazica the land checks the advance of the
sea on all sides and puts a stop to its course, and
thus makes its first and only ending at that point,
the Creator obviously having set bounds there for
sea and land. For when the sea encounters that
beach, it neither advances farther nor does it rise to
any higher level, although it is constantly receiving
the inflow of countless rivers of extraordinary size
which empty into it from all sides, but it falls back
and returns again and thus, while making the
beach of normal width, it preserves the boundary
set by the land as if fearing some law, and, through
the necessity prescribed by this, checking itself with
precision and taking care not to be found to have
transgressed the covenant in any way. For all the
other shores of the sea do not face it, but lie along

---

[1] This observation is amply confirmed by experience at the
present time. The counter-current below is caused perhaps
by variation in temperature.

---

⁴ ἀπτομένη L : ἀπομένει K.

κεῖσθαι. ἀλλὰ περὶ μὲν τούτων γινωσκέτω τε
καὶ λεγέτω ἕκαστος ὅπη αὐτῷ φίλον.

VII

"Οτου δὲ ὁ Χοσρόης ἕνεκα Λαζικῆς μεταποιεῖ-
σθαι διὰ σπουδῆς εἶχεν ἤδη μὲν πρόσθεν μοι
ἐρρήθη· ὃ δὲ δὴ αὐτόν τε καὶ Πέρσας μάλιστα
πάντων ἐς τοῦτο ἤνεγκεν, ἐνταῦθα δηλώσω, ὅτι
δὴ καὶ χώραν τήνδε περιηγησάμενος ξύμπασαν
2 σαφῆ τὸν περὶ τούτου πεποίηκα λόγον. πολλάκις
οἱ βάρβαροι οὗτοι, Χοσρόου σφίσιν ἡγουμένου,
στρατῷ μεγάλῳ ἐμβαλόντες[1] ἐς Ῥωμαίων τὴν
γῆν οὐκ εὐδιήγητα μὲν τοῖς πολεμίοις ἐπήνεγκαν
πάθη, ἅπερ μοι ἐν τοῖς ὑπὲρ αὐτῶν λόγοις
ἐρρήθη, αὐτοῖς δὲ ὄφελος οὐδ᾿ ὁτιοῦν ἀπενεγκα-
μένοις ἐνθένδε τοῖς τε χρήμασι καὶ τοῖς σώμασι
προσκεκακῶσθαι[2] ξυνέπεσε· πολλοὺς γὰρ ἀπο-
βεβληκότες ἀεὶ ἀπηλλάσσοντο ἐκ Ῥωμαίων τῆς
3 γῆς. διὸ δὴ ἐς ἤθη ἐπανιόντες τὰ πάτρια Χοσρόῃ
ὡς λαθραιότατα ἐλοιδοροῦντο καὶ διαφθορέα τοῦ
4 Περσῶν γένους αὐτὸν ἀπεκάλουν. καί ποτε καὶ
ἐκ Λαζικῆς ἐπανήκοντες, ἐπειδὴ ἐνταῦθα πάθεσιν
ἔτυχον ὡμιληκότες ἀνηκέστοις τισί, ξυστήσεσθαί
τε ἐκ τοῦ ἐμφανοῦς ἐπ᾿ αὐτὸν ἔμελλον καὶ
διαχρήσεσθαι[3] θανάτῳ οἰκτίστῳ, εἰ μὴ προμαθὼν
ἐφυλάξατο, θωπείᾳ πολλῇ τοὺς ἐν σφίσι λογι-
5 μωτάτους περιελθών. καὶ ἀπ᾿ αὐτοῦ ἀπολο-

---

[1] ἐμβαλόντες L : ἐκβαλόντες K.
[2] προσκεκακῶσθαι Haury : πρόσθεν κεκακῶσθαι K, πρὸς δὲ
κεκακῶσθαι L.
[3] διαχρήσεσθαι Maltretus : διαχρήσασθαι MSS.

its side. But concerning these matters let each man form his decision and speak as he wishes.

VII

Now the reason why Chosroes was eager to get possession of Lazica has already been stated by me in a previous passage,[1] but that particular consideration which above everything else impelled him and the Persians to desire this I shall here set forth, now that I have given a description of this whole country and so made clear my statement of this matter. Many times these barbarians, under the leadership of Chosroes, had invaded the Roman domain with a mighty army, and while they had inflicted upon their enemy sufferings not easy to describe, as has been told by me in the books on this subject,[2] still they gained from these invasions no advantage whatsoever and had also to bear the loss of both treasure and lives: for they always departed from the Roman domain having lost many men. Consequently, after they had returned to their own land, they would very privately rail against Chosroes and call him the destroyer of the Persian nation. And on one such occasion when they had returned from Lazica, seeing that they had suffered terrible losses there, they were actually on the point of combining openly against him and doing away with him by a most cruel death, and would have done so had he not learned in advance and guarded against it by winning over the most notable of them by assiduous wheedling. As a

[1] Book II. xxviii. 18.   [2] Books I and II.

γεῖσθαι τὴν κατηγορίαν ἐθέλων μέγα τι ὄφελος
Περσῶν τῇ ἀρχῇ ἐκπορίζεσθαι διὰ σπουδῆς εἶχε.

Πόλει γοῦν Δάρας αὐτίκα ἐγκεχειρηκὼς
ἀπεκρούσθη ἐνθένδε, ὥσπερ μοι εἴρηται, ἐς
ἀπόγνωσίν τε τῆς τοῦ χωρίου ἐπικρατήσεως
6 παντάπασιν ἦλθεν. οὐδὲ γὰρ αὐτὸ ἐξ ἐπιδρομῆς
ἐξαιρήσειν τὸ λοιπὸν εἶχεν,[1] οὕτω φυλασσομένων
τῶν ἐκείνῃ φρουρῶν, οὐ μὴν οὐδὲ πολιορκῶν
7 μηχανῇ τινὶ περιέσεσθαι αὐτῶν ἤλπιζε. τά τε
γὰρ ἄλλα τῶν ἐπιτηδείων ἐσαεὶ ἐν πόλει Δάρας
διαρκῶς[2] ἐστιν ἐξεπίτηδες ἀποκείμενα, ὅπως δὴ
ἐς μέγα τι χρόνου διαρκέσειε μῆκος, καὶ πηγὴ
ἄγχιστά πη φυομένη ἐν χώρῳ κρημνώδει ποτα-
μὸν ἀπεργάζεται μέγαν ὅσπερ τῆς πόλεως εὐθὺ
φέρεται, οὐ δυναμένων τῶν ἐπιβουλεύειν ἐφιε-
μένων ἑτέρωσέ πη αὐτὸν ἀποτρέπειν ἢ τρόπῳ τῳ
8 ἄλλῳ διὰ τὴν δυσχωρίαν βιάζεσθαι. ἐπειδὰν
δὲ τοῦ περιβόλου ἐντὸς[3] γένηται, τήν τε πόλιν
περιιὼν ξύμπασαν καὶ τὰς ταύτῃ δεξαμενὰς
ἐμπλησάμενος εἶτα ἔξεισιν, ὡς ἀγχοτάτω τε τοῦ
περιβόλου ἐς χάος ἐμπεσὼν ἀφανίζεται. καὶ ὅπη
9 ποτὲ τὸ ἐνθένδε ἐκδίδωσιν οὐδενὶ γέγονε φανερὸν
ἐς τόδε τοῦ χρόνου. τοῦτο δὲ τὸ χάος οὐκ ἐπὶ
παλαιοῦ γεγονὸς ἔτυχεν, ἀλλὰ χρόνῳ πολλῷ
ὕστερον ἢ τὴν πόλιν Ἀναστάσιος βασιλεὺς
ἐδείματο ταύτην ἡ φύσις αὐτὸ τοῦ[4] χωρίου
ἀπαυτοματίσασα ἔθετο, καὶ διὰ τοῦτο ξυμβαίνει
τοῖς προσεδρεύειν ἐθέλουσιν ἀμφὶ πόλιν Δάρας
πιέζεσθαι ὕδατος ἀπορίᾳ πολλῇ.

[1] εἶχεν MSS. : ἐλπίδα εἶχεν conjectured by Haury.
[2] διαρκῶς K : διηνεκῶς L.
[3] ἐντός Maltretus : εὐθύ K : εὐθύς L.

result of this incident he wished to remove the sting from the accusation, and to this end was eager to gain some great advantage for the Persian Empire.

He accordingly made an attempt[1] upon the city of Daras, but met with reverse there, as I have told,[2] and came to a state of utter despair regarding the capture of the place. For neither could he thereafter capture it by a surprise assault, seeing that the guards of the city were so alert, nor indeed did he entertain the hope that he would by any device get the better of them in a siege. For there is always an abundant supply of all manner of provisions in the city of Daras stored away against a siege, so that it may last for a great length of time, and close by there is a spring placed by nature among precipices, forming a large river which flows straight towards the city, and those who seek to interfere with it are unable to turn it to any other course or otherwise do violence to it on account of the rough character of the terrain. But as soon as this river gets inside the circuit-wall, it flows about the entire city, filling its cisterns, and then flows out, and very close to the circuit-wall it falls into a chasm, where it is lost to sight. And where it emerges from there has become known to no man up to this time. Now this chasm was not there in ancient times, but a long time after the Emperor Anastasius built this city nature unaided fashioned and placed it there, and for this reason it comes about that those desiring to draw a siege about the city of Daras are very hard pressed by scarcity of water.

---

[1] By stratagem, not by storm.   [2] Book II. xxviii. 31 ff.

[4] αὐτὸ τοῦ K : αὐτοῦ τοῦ L.

10 Ταύτης οὖν, ὥσπερ μοι εἴρηται, ἀποτυχὼν ὁ Χοσρόης τῆς πείρας ἐς ἔννοιαν ἦλθεν ὡς, ἢν καὶ πόλιν οἱ Ῥωμαίων ἑτέραν τινὰ παραστήσασθαι δυνατὰ εἴη, ἀλλὰ καθίζεσθαι οὐ μή ποτε οἷός τε εἴη ἐν μέσῳ Ῥωμαίων, ὀχυρωμάτων τοῖς 11 πολεμίοις ἀπολελειμμένων ὀπίσω πολλῶν. καὶ Ἀντιόχειαν γὰρ τούτου δὴ εἴνεκα ἐς ἔδαφος καθελὼν ἡνίκα ἐξεῖλεν,[1] ἀπηλλάγη ἐκ Ῥωμαίων τῆς γῆς. διὸ δὴ μετεωρισθεὶς τὴν διάνοιαν ἐπὶ μακροτέρας ἐλπίδος ᾠχεῖτο, διερευνώμενος ἀμή-12 χανα ἔργα. ἀκοῇ γὰρ ἔχων ὅντινα τρόπον ἐπ' ἀριστερᾷ Πόντου τοῦ Εὐξείνου οὗτοι δὴ βάρβαροι[2] οἳ ἀμφὶ τὴν Μαιῶτιν ᾤκηνται Λίμνην ἀδεῶς[3] κατατρέχουσι Ῥωμαίων τὴν γῆν,[4] οὕτω καὶ Πέρσαις Λαζικὴν ἔχουσι πόνῳ οὐδενὶ δυνατὰ ἔσεσθαι ἔλεγεν, ἡνίκα ἂν βουλομένοις ᾖ, εὐθὺ Βυζαντίου ἰέναι, οὐδαμῇ διαπορθμευομένοις τὴν θάλασσαν, ὥσπερ καὶ τὰ ἄλλα βαρβαρικὰ ἔθνη 13 ἃ ταύτῃ ἵδρυται ἐσαεὶ δρῶσι. διὰ ταῦτα μὲν Λαζικῆς Πέρσαι μεταποιοῦνται. ἐγὼ δὲ ὅθεν τὴν ἐκβολὴν τοῦ λόγου ἐποιησάμην ἐπάνειμι.

VIII

Χοριάνης μὲν οὖν καὶ ὁ Μήδων στρατὸς ἐστρατοπεδεύσαντο ἀμφὶ ποταμὸν Ἵππιν. ἐπειδὴ δὲ ταῦτα Γουβάζης τε, ὁ Κόλχων βασιλεύς, ἔμαθε καὶ Δαγισθαῖος, ὅσπερ ἡγεῖτο τοῦ Ῥωμαίων στρατοῦ, ἐπίκοινα βουλευσάμενοι ἦγον

---

[1] ἐς ἔδαφος καθελών, ἡνίκα ἐξεῖλεν K : ἐξελών L.
[2] βάρβαροι οἵ Comparetti : βάρβαροι MSS.
[3] ἀδεῶς Comparetti : καὶ ἀδεῶς MSS.

So Chosroes, having failed in this attempt, as I have said, came to the conclusion that, even if he should be able to gain some other Roman city, he would still never be able to establish himself in the midst of the Romans while many strongholds were left behind in the hands of his enemy. Indeed it was for this reason that he razed Antioch to the ground when he captured it and so departed from Roman soil. Consequently his thoughts soared aloft and were carried toward more distant hopes as he sought after impossible things. For having learned by report how those barbarians on the left of the Euxine Sea who dwell about the Maeotic Lake overrun fearlessly the Roman domain, he kept saying that it would be possible for the Persians, if they held Lazica, to go, whenever they wished, straight to Byzantium with no trouble and without crossing the sea at all, just as the other barbarian nations who are settled in that region are constantly doing. For this reason, then, the Persians are trying to gain Lazica. But I shall return to the point where I made this digression from the narrative.[1]

VIII

CHORIANES, then, and the Median army had made their camp near the Hippis River. And when Gubazes, the Colchian king, and Dagisthaeus, who commanded the Roman army, learned this, they

---

[1] Chap. i. 7.

---

[4] ἀδεῶς—γῆν L : om. K.

ἐπὶ τοὺς πολεμίους τὸ Ῥωμαίων καὶ Λαζῶν
2 στράτευμα. γενόμενοί τε Ἵππιδος τοῦ ποταμοῦ
ἐπὶ θάτερα καὶ αὐτοῦ ἐνστρατοπεδευσάμενοι τὰ
παρόντα ἐν βουλῇ εἶχον, πότερα μένουσί τε
αὐτοῖς καὶ δεχομένοις ἐπιόντας τοὺς πολεμίους
ξυνοίσει μᾶλλον ἢ ἐπὶ τοὺς πολεμίους σφίσιν
ἰτέον, ὅπως δὴ θάρσους τοῦ σφετέρου ποιησά-
μενοι ἐπίδειξιν Πέρσαις, ἔνδηλά τε τοῖς ἐναντίοις
καταστησάμενοι ὡς καταφρονήματι ἐπ' αὐτοὺς
ἴωσι, τῆς τε ξυμβολῆς αὐτῆς ἄρχοντες[1] δουλῶσαι
τῶν ἀνθισταμένων τὸ φρόνημα ἱκανοὶ εἶεν. ἐπειδή
3 τε ἡ γνώμη ἐνίκα τῶν ἐπὶ τοὺς πολεμίους παρα-
καλούντων, ὥρμηντο ἐπ' αὐτοὺς εὐθὺς ἅπαντες.
ἐνταῦθα Λαζοὶ Ῥωμαίοις ξυντάσσεσθαι οὐκέτι
ἠξίουν, προτεινόμενοι ὅτι δὴ Ῥωμαῖοι μὲν οὔτε
πατρίδος οὔτε τῶν ἀναγκαιοτάτων προκινδυ-
νεύοντες ἐς τὸν ἀγῶνα καθίστανται, αὐτοῖς δὲ
ὑπέρ τε παίδων καὶ γυναικῶν καὶ γῆς τῆς
πατρῴας ὁ κίνδυνός ἐστιν· ὥστε κἂν γυναῖκας
4 τὰς σφετέρας ἐρυθριῶεν, εἰ σφίσι πρὸς τῶν
ἐναντίων ξυμβαίη κρατεῖσθαι. ταύτῃ δὴ τῇ
ἀνάγκῃ τὴν οὐκ οὖσαν αὐτοῖς ἀρετὴν αὐτοσχε-
5 διάσειν ὑπώπτευον. πρῶτοί τε αὐτοὶ κατὰ μόνας
ὥργων τοῖς πολεμίοις ὁμόσε ἰέναι, ὅπως αὐτοὺς
μὴ ξυνταράξωσιν ἐν τῷ ἔργῳ Ῥωμαῖοι, οὐχ
ὅμοια σφίσιν ἐς τὸν κίνδυνον προθυμούμενοι.
6 ταῦτα νεανιευσαμένων Λαζῶν περιχαρὴς ὁ
Γουβάζης γενόμενος μικρόν τε ἄποθεν Ῥωμαίων
αὐτοὺς ξυγκαλέσας τοιάδε παρεκελεύσατο.

[1] αὐτῆς ἄρχοντες K : αὐτοὶ ἄρχονται καί L.

formed a common plan and led forth the Roman
and Lazic army against the enemy. And when they
had come to the opposite side of the Hippis River
and had made their camp there, they began to con-
sider the situation, debating whether it would be
more to their advantage to wait there and receive
the enemy's attack or whether they should advance
upon their enemy, in order, of course, that by dis-
playing their daring to the Persians and by making
it obvious to their opponents that they were filled
with contempt as they went against them, they
might, by assuming the offensive in the combat, be
able to humble the spirit of the men arrayed against
them. And since the opinion of those prevailed
who urged an advance upon the enemy, the whole
army straightway hastened toward them. Thereupon
the Lazi would no longer consent to fight beside
the Romans, putting forth the objection that the
Romans, on the one hand, in entering the struggle,
were not risking their lives for their fatherland or
their most precious possessions, while for them the
danger involved their children and their wives and
their ancestral land; so that they would have to
blush before their own women, if it should so fall
out that they were defeated by their opponents.
Indeed they imagined that under this stress they
would improvise the valour which was not in them.
And they were filled with zeal to engage with the
enemy by themselves first, so that the Romans might
not throw them into confusion during the action
through not having the same zeal as they had in
meeting the danger. After the Lazi had begun to
shew this spirit of bravado, Gubazes became well
pleased, and calling them together a little apart from
the Romans he exhorted them as follows.

7   "Παραίνεσιν μὲν ἐς εὐψυχίαν ὁρμῶσαν οὐκ
οἶδα εἴ τινα δεῖ[1] πρὸς ὑμᾶς, ὦ ἄνδρες, ποιεῖσθαι.
οἷς γὰρ ἡ τῶν πραγμάτων ἀνάγκη τὴν προθυμίαν
ἀνίστησι, παρακελεύσεως ἂν οὐδεμιᾶς προσδεῖν
οἴομαι, ὅπερ καὶ ἡμῖν ἔν γε τῷ παρόντι τετύχη-
8   κεν.   ὑπὲρ γυναικῶν γὰρ καὶ παίδων καὶ γῆς
τῆς πατρῴας καὶ ἁπλῶς εἰπεῖν ὑπὲρ τῶν ὅλων ὁ
κίνδυνός ἐστιν, ὑπὲρ ὧν ἡμῖν ἐπίασι Πέρσαι.
9   τοῖς δέ τι ἀφαιρεῖσθαι τῶν ὑπαρχόντων βιαζο-
μένοις οὐδεὶς τῶν πάντων παραχωρεῖ, ὑπερ-
μάχεσθαι[2] τῶν προσηκόντων ἀναγκαζούσης τῆς
10   φύσεως.   οὐκ ἀγνοεῖτε δὲ ὡς Πέρσαις[3] τὴν
πλεονεξίαν οὐδὲν ἴστησιν, ἐν ἐξουσίᾳ γεγονόσι[4]
τοῦ δύνασθαι, οὐδὲ ἄρξουσι μόνον ἡμῶν ἢ τάξουσι
φόρους ἢ τὰ ἄλλα κατηκόους ποιήσονται, εἴ τι
μὴ ἐπιλελήσμεθα ὧν Χοσρόης ἐγκεχείρηκεν ἐφ'
ἡμῖν οὐ πολλῷ πρότερον, ἣν νῦν περιέσονται
11   ἡμῶν τῷ πολέμῳ.   ἀλλὰ μηδὲ ἄχρι τοῦ λόγου
προϊέτω μοι τὰ τῆς Περσῶν πείρας, μηδὲ διαλι-
πέτω τὸ Λαζῶν ὄνομα.   οὐ χαλεπὸς δέ, ὦ ἄνδρες,
ἡμῖν ὁ πρὸς Μήδους ἀγών, πολλάκις αὐτοῖς καὶ
ἐς χεῖρας ἐλθοῦσι καὶ ὑπερβαλλομένοις τῇ μάχῃ.
12   τῷ γὰρ ξυνειθισμένῳ τὸ δύσκολον οὐδαμῆ
πάρεστι, προδαπανηθείσης τῆς τοῦ ἔργου ταλαι-
πωρίας μελέτῃ καὶ πείρᾳ.   ὥστε διὰ τοῦτο καὶ
καταφρονεῖν τῶν πολεμίων ἅτε νενικημένων ἐν
ξυμβολαῖς καὶ οὐχ ὁμοίως θρασυνομένων ἡμᾶς[5]

---

[1] εἴ τινα δεῖ : ὅτι δὴ K.
[2] ὑπερμάχεσθαι Haury : ἐπεὶ μάχεσθαι K, ἐπιμάχεσθαι L.
[3] Πέρσαις Maltretus : περσῶν MSS.
[4] γεγονόσι L : om. K.
[5] ἡμᾶς L : ἡμῶν K, ἡμῖν Scaliger.

" Fellow-men, I know not whether it is necessary to address any exhortation to you to impel you to be of good courage. For those men whose enthusiasm is upheld by the necessity of circumstances would, I think, need no further exhortation, and this is the case with us, in the present crisis at any rate. For it is your women and children and your ancestral land, and, to speak plainly, your all, which is involved in this danger, for it is to secure these that the Persians are coming upon us. For no one in the whole world gives way to those who are seeking by violence to rob him of any of his possessions, for nature compels him to fight for his property. And you are not ignorant that nothing stops the avarice of the Persians when they have come to have power in their grasp, and if at the present time they prevail over us in the war, they will not stop with simply ruling us or imposing taxes or treating us in other matters as subjects,—a statement which we can test by our own memory of what Chosroes attempted upon us not long ago. But let me not even so much as mention the experience we have had with the Persians, and let not the name of the Lazi come to an end. And the struggle against the Medes, my fellow-men, is not a hard one for us who have many times grappled with them and prevailed over them in the fight. For a task which has become thoroughly familiar entails no difficulty whatever, the necessary labour having been previously expended in practice and experience. Consequently we shall be obliged because of this fact actually to despise the enemy as having been defeated in previous combats and having no such ground for courage as you have. For when

13 δεήσει. φρόνημα γὰρ δουλωθὲν ἅπαξ παλινδρο-
μεῖν ἥκιστα εἴωθε. ταῦτα τοίνυν ἐκλογιζόμενοι
μετὰ τῆς ἀγαθῆς ἐλπίδος τοῖς ἐναντίοις ὁμόσε
χωρεῖτε."

14 Τοσαῦτα Γουβάζης εἰπὼν ἐξῆγε τὸ Λαζῶν
στράτευμα, καὶ ἐτάξαντο ὧδε. πρῶτοι μὲν οἱ
Λαζῶν ἱππεῖς τεταγμένοι ἀπ' ἐναντίας ᾔεσαν,
ὄπισθεν δὲ οὐκ ἄγχιστά πη, ἀλλ' ὡς ἀπωτάτω,

15 ἡ Ῥωμαίων ἵππος αὐτοῖς εἵπετο. τούτων δὲ δὴ
τῶν Ῥωμαίων ἡγοῦντο Φιλήγαγός τε, Γήπαις
γένος, δραστήριος ἀνήρ, καὶ Ἰωάννης Ἀρμένιος,
διαφερόντως ἀγαθὸς τὰ πολέμια, Θωμᾶ υἱός,
ὅνπερ ἐπίκλησιν ἐκάλουν Γούζην, οὗ δὴ κἀν τοῖς

16 ἔμπροσθεν λόγοις ἐμνήσθην. ἐν ὑστέρῳ δὲ
Γουβάζης τε ὁ Λαζῶν βασιλεὺς καὶ Δαγισθαῖος
ὁ Ῥωμαίων στρατηγὸς ξὺν τοῖς ἀμφοτέρων πε-
ζοῖς εἵποντο, λογισάμενοι ὡς, εἰ τοῖς ἱππεῦσι
τραπῆναι ξυμβαίη, ἐς αὐτοὺς ῥᾷστα σωθήσονται.

17 Ῥωμαῖοι μὲν οὖν καὶ Λαζοὶ τῷ τρόπῳ τούτῳ
ἐτάξαντο, Χοριάνης δὲ ἄνδρας μὲν χιλίους τῶν
οἱ ἑπομένων ἀπολεξάμενος τεθωρακισμένους τε
καὶ τὰ ἄλλα ἐξωπλισμένους ὡς ἄριστα, πρόσω
ἐπὶ κατασκοπῇ ἔπεμψεν, αὐτὸς δὲ παντὶ τῷ
ἄλλῳ στρατῷ ὄπισθεν ᾔει, φυλακτήριον ὀλίγων

18 τινῶν ἐν τῷ στρατοπέδῳ ἀπολιπών. προτερήσασα
δὲ ἡ Λαζῶν ἵππος ἀτιμάζει τὰς ἐπαγγελίας οἷς
ἔδρασεν, ἐπὶ τῶν ἔργων διαβαλοῦσα τὰς πρόσθεν

19 ἐλπίδας. τοῖς γὰρ τῶν πολεμίων προδρόμοις
ἐντετυχηκότες ἐξαπιναίως οὐκ ἐνεγκόντες τε τὴν

---

[1] Book II. xxx. 4.

the spirit has been humbled, it is by no means wont
to mount again. Holding these thoughts then before
your minds, advance with high hopes to close with
the enemy."

After making such a speech Gubazes led out the
army of the Lazi, and they arrayed themselves as
follows. As a vanguard the cavalry of the Lazi
advanced in order against the foe, while the Roman
cavalry followed them, not at a short interval, but
very far in the rear. This particular Roman force
was under the leadership of Philegagus, a Gepaid
by birth and an energetic man, and of John the
Armenian, son of Thomas, an exceptionally able
warrior who was known by the surname Guzes, and
who has been mentioned already in the previous
narrative.[1] Behind these followed Gubazes, the
king of the Lazi, and Dagisthaeus, the general of
the Romans, with the infantry of both armies, reason-
ing that, should it come about that the cavalry were
routed, they would be saved very easily by falling
back on them. So the Romans and the Lazi arrayed
themselves in this manner; Chorianes meanwhile
selected from his army a thousand men equipped
with the corselet and in all other respects most
thoroughly armed, and sent them forward as a
scouting party, while he himself with all the rest
of the army marched in the rear, leaving behind in
the camp a garrison of only a few men. Now the
cavalry of the Lazi which had gone ahead shewed
in what they did scant regard for their professions,
denouncing by their actions the hopes which they
had previously aroused. For when they came sud-
denly upon the advance party of the enemy, they
did not bear the sight of them, but straightway

αὐτῶν ὄψιν, τρέψαντες αὐτίκα τοὺς ἵππους,
κόσμῳ οὐδενὶ ὀπίσω ἀνέστρεφον, τοῖς τε Ῥωμαίοις
ἐπειγόμενοι[1] ἀνεμίγνυντο, ἐς αὐτοὺς οὐκ ἀπα-
ξιοῦντες καταφυγεῖν οἷς δὴ ξυντάσσεσθαι τὰ
20 πρότερα ὤκνουν. ἐπειδὴ δὲ ἀμφότεροι ἀλλήλων
ἄγχιστα ἵκοντο, χειρῶν μὲν τὰ πρότερα οὐδέτεροι[2]
ἦρχον οὐδὲ ξυνέμισγον, ἀλλὰ τῶν ἐναντίων
ἑκάτεροι ἐπιόντων μὲν ἀνεπόδιζον, ὑποχωρούντων
δὲ ἐπεβάτευον, ἔς τε ὑπαγωγὰς καὶ παλινδιώξεις
καὶ ἀγχιστρόφους μεταβολὰς πολύν τινα κατέ-
τριψαν χρόνον.

21 Ἦν δέ τις Ἀρταβάνης ὄνομα ἐν τούτῳ τῷ
Ῥωμαίων στρατῷ, Περσαρμένιος γένος, ὅσπερ ἐς
Ἀρμενίους τοὺς Ῥωμαίων κατηκόους πολλῷ
πρότερον ἀπηυτομοληκὼς ἔτυχεν, οὐχ ἁπλῶς,
ἀλλὰ φόνῳ Περσῶν εἴκοσι καὶ ἑκατὸν ἀνδρῶν
μαχίμων Ῥωμαίοις τὴν ἐς αὐτοὺς πίστιν πεποιη-
22 μένος ἐχέγγυον. Βαλεριανῷ γὰρ τότε στρατη-
γοῦντι ἐν Ἀρμενίοις ἐς ὄψιν ἐλθὼν ἄνδρας
πεντήκοντα Ῥωμαίους οἱ αὐτῷ διδόναι ἐδεῖτο·
τυχὼν τε ὧνπερ ἐβούλετο, ἐς φρούριον ἐν
23 Περσαρμενίοις κείμενον ᾔει. οὗ δὴ ἑκατόν τε καὶ
εἴκοσι[3] Περσῶν φυλακτήριον ὑπὸ[4] τῷ φρουρίῳ
αὐτὸν ξὺν τοῖς ἑπομένοις ἐδέξαντο, οὔπω ἔνδηλον
ὄντα ὅτι δὴ μεταπορευθεὶς τὴν πολιτείαν νεωτε-
24 ρίζει. ὁ δὲ τούς τε εἴκοσι καὶ ἑκατὸν κτείνας καὶ
ξύμπαντα λῃσάμενος τὰ ἐν τῷ φρουρίῳ χρήματα,
μεγάλα ὑπερφυῶς ὄντα, παρὰ Βαλεριανὸν καὶ τὸ
Ῥωμαίων στράτευμα ἦλθε,[5] πιστός τε σφίσιν

---

[1] ἐπειγόμενοι L : ἐπιγινόμενοι K.
[2] πρότερα οὐδέτεροι : πρότερα οὐδ' ἕτεροι K, πρῶτα οὐδέτεροι L.
[3] εἴκοσιν K : εἴκοσι ἦν Comparetti.

wheeled their horses and began to gallop back to
the rear in complete disorder; and pressing onward
they mingled with the Romans, not declining to
take refuge with the very men beside whom they
had previously been unwilling to array themselves.
But when the two forces came close to each other,
neither side at first opened the attack or joined
battle, but each army drew back as their opponents
advanced and in turn followed them as they retired,
and they consumed much time in retreats and
counter-pursuits and swiftly executed changes of
front.

But there was a certain Artabanes in that Roman
army, a Persarmenian [1] by birth, who had, as it
happened, deserted long before to the Armenians
who are subjects of the Romans, not as a simple
deserter however, but by the slaughter of one
hundred and twenty Persian warriors he had given
the Romans a pledge of his loyalty to them. For
he had come before Valerian, who at that time was
a general in Armenia and requested him to give
him fifty Romans; and upon getting what he wished
he proceeded to a fortress situated in Persarmenia.
There a garrison of one hundred and twenty Persians
received him with his company into the fortress, it
not being as yet clear that he had changed his
allegiance and gone over to the enemy. He then
slew the hundred and twenty men and plundered
all the money in the fortress — and there was an
enormous quantity of it — and so came to Valerian
and the Roman army, and having thus proved

---

[1] Persarmenia was the portion of Armenia subject to Persia.

---

⁴ ὑπό L : ὑπέρ K, οἵπερ Comparetti.   ⁵ ἦλθε K : ἤει L.

ἀπ' αὐτοῦ φανεὶς Ῥωμαίοις τὸ λοιπὸν ξυνε-
25 στράτευεν. οὗτος Ἀρταβάνης ἐν ταύτῃ τῇ
μάχῃ δύο ξὺν αὑτῷ τῶν Ῥωμαίων στρατιωτῶν
ἐπαγόμενος ἐν μεταιχμίῳ ἐγένετο, οὗ δὴ ἀφίκοντο
26 καὶ τῶν πολεμίων τινές. ἐφ' οὓς Ἀρταβάνης
ὁρμήσας, τῶν Περσῶν ἕνα, ψυχῆς τε ἀρετῇ καὶ
σώματος ἀλκῇ ἐπιεικῶς μέγαν, τῷ δόρατι εὐθὺς
ἔκτεινεν, ἔκ τε τοῦ ἵππου ῥίψας προσουδίζει
27 χαμαί. τῶν δέ τις βαρβάρων παρὰ τῷ πεπτω-
κότι ἑστὼς ξίφει κατὰ κόρρης τὸν Ἀρταβάνην
ἐπάταξεν οὐ καιρίαν πληγήν. ἅτερός τε τῶν τῷ
Ἀρταβάνῃ ἐπισπομένων, Γότθος γένος, τοῦτον δὴ
τὸν ἄνδρα, τὴν χεῖρα ἔτι ἐν τῇ τοῦ Ἀρταβάνου
κεφαλῇ ἔχοντα, κατὰ λαγόνα ἐπιτυχὼν τὴν
28 εὐώνυμον διεχρήσατο. καὶ οἱ χίλιοι τοῖς ξυμπε-
πτωκόσιν ἐκπεπληγμένοι ὀπίσω ἐχώρουν, τόν τε
Χοριάνην σὺν τῷ ἄλλῳ Περσῶν τε καὶ Ἀλανῶν
στρατῷ ἔμενον καὶ οὐκ ἐς μακρὰν ἀνεμίγνυντο
σφίσιν.
29 Ἤδη δὲ καὶ οἱ ἀμφὶ Γουβάζην καὶ Δαγισθαῖον
πεζοὶ ἐς ἱππεῖς τοὺς σφετέρους ἀφίκοντο καὶ ἡ
30 μάχη ἐν χερσὶν ἀμφοτέρωθεν ἦν. τότε δὴ
Φιλήγαγός τε καὶ Ἰωάννης, ἐλάσσους εἶναι ἡ
ἐνεγκεῖν ἐπιοῦσαν τὴν τῶν βαρβάρων ἵππον
οἰόμενοι, μάλιστα ἐπεὶ ἀπέγνωσαν[1] τὴν Λαζῶν
δύναμιν, ἀπὸ τῶν ἵππων ἀποθορόντες ταὐτὸ
ποιεῖν ἀναγκάζουσι Ῥωμαίους τε καὶ Λαζοὺς
31 ἅπαντας. ἐς φάλαγγά τε ὡς βαθυτάτην ταξά-
μενοι πεζοὶ μετωπηδὸν ἀντίοι τοῖς πολεμίοις
ἔστησαν ἅπαντες, τὰ δόρατα ἐπανατεινόμενοι
32 σφίσιν. οἱ δὲ βάρβαροι οὐκ ἔχοντες ὅ τι γένων-

---

[1] ἀπέγνωσαν K : ἐπέγνωσαν L.

himself faithful to them, he thereafter marched
with the Romans. This Artabanes in the present
battle placed himself in the space between the
armies, taking with him two of the Roman soldiers,
and thither came some of the enemy also. Arta-
banes charged these men, and engaging with one
of the Persians who was a man of high valour and
great bodily prowess, he straightway slew him with
his spear and throwing him from his horse brought
him down to the ground. But one of the barbarians
standing beside the fallen man smote Artabanes on
the head with a sword, but not with a mortal stroke.
Then one of the followers of Artabanes, a Goth by
birth, attacked this man, and while he still held his
hand at Artabanes' head, smote him with a well-
directed blow in the left flank and laid him low.
Thereupon the thousand, being terrified at what
had taken place, began to withdraw to the rear,
where they awaited Chorianes and the rest of the
army of Persians and Alani, and in a short time
mingled with them.

By this time the infantry under Gubazes and
Dagisthaeus also came up with their cavalry and
both armies closed to a hand-to-hand encounter.
At this point Philegagus and John, thinking they
were too few to bear the onset of the barbarian
horse, particularly because they had no confidence in
the power of the Lazi, leaped from their horses and
compelled all to do the same, both Romans and Lazi.
They then arrayed themselves on foot in a very deep
phalanx, and all stood with a front facing the enemy
and thrusting out their spears against them. But
the barbarians knew not what to make of it, for they

ται (οὔτε γὰρ ἐπιδραμεῖν πεζοῖς γε οὖσι τοῖς
ἐναντίοις ἐδύναντο οὔτε αὐτῶν ξυνταράξαι τὴν
φάλαγγα οἷοί τε ἦσαν) ἐπεὶ αὐτοῖς οἱ ἵπποι ταῖς
τε τῶν δοράτων αἰχμαῖς καὶ τῷ τῶν ἀσπίδων
πατάγῳ ἀχθόμενοι ἀνεχαίτιζον, ἐπὶ τὰ τόξα
ἔβλεπον ἅπαντες, ἐλπίδι θαρσοῦντες ὡς πλήθει
βελῶν ῥᾷστα τοὺς πολεμίους ἐς φυγὴν τρέψονται.
33 καὶ Ῥωμαῖοι ξὺν Λαζοῖς ἅπασι ταὐτὸ τοῦτο
ἐποίουν. ἑκατέρωθέν τε συχνὰ ἐς ἀλλήλους
τοξεύματα ᾔει, ἔκ τε ἀμφοτέρων πολλοὶ ἔπιπτον.
34 Πέρσαι μὲν οὖν καὶ Ἀλανοὶ μάλιστα συνεχῆ τὰ
βέλη πολλῷ ἔτι μᾶλλον ἢ οἱ ἐναντίοι ἀφίεσαν.
ἀλλ' αὐτῶν τὰ πολλὰ τὰς¹ ἀσπίδας ξυνέβαινεν
ἀποκρούεσθαι.

Ἐν τούτῳ δὲ τῷ πολέμῳ Χοριάνῃ τῷ Περσῶν
35 ἄρχοντι βεβλῆσθαι ξυνέβη. ὑφ' ὅτου μέντοι
οὗτος ἀνὴρ βληθείη, φανερὸν οὐδενὶ γέγονε·
τύχῃ γάρ τινι² ἐκ τοῦ ὁμίλου ἰὼν ὁ ἄτρακτος ἔς
τε τοῦ ἀνθρώπου τὸν αὐχένα παγεὶς εὐθυωρὸν
αὐτὸν διεχρήσατο, ἑνός τε θανάτῳ ἀνδρὸς ἥ τε
μάχη ἐκλίθη καὶ πρὸς τοὺς Ῥωμαίους ἡ νίκη
36 ἐχώρει. ὁ μὲν γὰρ ἐκ τοῦ ἵππου ἐς τὸ ἔδαφος
ἐπὶ στόμα πεσὼν ἔκειτο, δρόμῳ δὲ πολλῷ ἐπὶ τὸ
χαράκωμα οἱ βάρβαροι ᾖσαν, οἵ τε Ῥωμαῖοι
ξὺν τοῖς Λαζοῖς ἐπισπόμενοι πολλοὺς ἔκτεινον,
ἐλπίδα ἔχοντες αἱρήσειν αὐτοβοεὶ τὸ τῶν ἐναν-
37 τίων στρατόπεδον. ἀλλά τις τῶν Ἀλανῶν
εὐψυχίας³ πέρι καὶ σώματος ἰσχύος⁴ εὖ ἥκων,⁵
τοξεύειν τε συχνὰ ἐφ' ἑκάτερα διαφερόντως ἐξε-
πιστάμενος, ἐς τοῦ χάρακος τὴν εἴσοδον στενο-

---

¹ τάς Haury : ἐς τάς MSS.
² τύχη γάρ τινι K : ἐπεὶ οὕτω πως L.

were neither able to charge their opponents, who were now on foot, nor could they break up their phalanx, because the horses, annoyed by the points of the spears and the clashing of the shields, balked; and so they all resorted to their bows, emboldened by the hope that by a multitude of missiles they would very easily turn their enemy to flight. The Romans likewise and all the Lazi began to do exactly the same thing. So from each side the arrows were flying in great numbers into both armies, and on both sides many men were falling. Now the Persians and Alani were discharging their missiles in a practically continuous stream and much faster than their opponents. However, the Roman shields checked the most of them.

In the course of this battle Chorianes, the commander of the Persians, happened to be hit. But by whom this man was wounded was not clear to anyone; for some chance guided the shaft as it came out of a crowded mass of men, fastened itself in the man's neck, and killed him outright, and by one man's death the battle was inclined and victory fell to the Romans. For as he fell from his horse to the ground on his face and lay there, the barbarians went in a wild rush to their stockade, while the Romans with the Lazi followed upon their heels and slew many, hoping to capture with one rush the camp of their opponents. But one of the Alani, who was a man of great courage and bodily strength and who knew unusually well how to shoot rapidly to either side, took his stand at the entrance of the

---

³ εὐψυχίας Haury : ἐς εὐψυχίας MSS.

⁴ εὐψυχίας—ἰσχύος K : εὐψυχίαν σώματος ἰσχύϊ L.

⁵ εὖ ἥκων Dindorf : ἥκων MSS.

τάτην οὖσαν εἱστήκει, ἐμπόδιός τε τοῖς ἐπιοῦσι
38 παρὰ δόξαν ἐπὶ πλεῖστον ἐγίνετο. Ἰωάννης δέ,
ὁ τοῦ Θωμᾶ παῖς, μόνος ὡς ἀγχοτάτω παρ᾽
αὐτὸν ἥκων ἐξαπιναίως τὸν ἄνθρωπον δόρατι
ἔκτεινεν, οὕτω τε Ῥωμαῖοι καὶ Λαζοὶ τοῦ
στρατοπέδου ἐκράτησαν. καὶ τῶν βαρβάρων
πλεῖστοι μὲν αὐτοῦ διεφθάρησαν, οἱ δὲ λοιποὶ
ἀπεκομίσθησαν ἐς τὰ πάτρια ἤθη, ὡς ἑκάστῳ
39 δυνατὰ γέγονεν. αὕτη μὲν οὖν ἡ Περσῶν ἐσβολὴ
ἐς γῆν τὴν Κολχίδα γενομένη ἐς τοῦτο ἐτελεύτα.
καὶ ἄλλη δὲ Περσῶν στρατιὰ τοὺς ἐν Πέτρᾳ
φρουροὺς τῷ τε τῶν ἐπιτηδείων πλήθει καὶ πᾶσι
τοῖς ἄλλοις ἐπιρρώσαντες ἀνεχώρησαν.

IX

Ἐν τούτῳ δὲ τάδε ξυνηνέχθη γενέσθαι. Λαζοὶ
Δαγισθαῖον ἐς βασιλέα διέβαλλον, ἐς Βυζάντιον
ἥκοντες,[1] προδοσίαν τε καὶ μηδισμὸν ἐπιφέροντες.
2 Πέρσαις γὰρ αὐτὸν ἰσχυρίζοντο ἀναπεισθέντα οὐ
βεβουλῆσθαι καταπεπτωκότος τοῦ Πέτρας περι-
βόλου ἐπιβατεῦσαι, τούς τε πολεμίους θυλάκους
μεταξὺ ψάμμου ἐμπλησαμένους καὶ αὐτῶν τὰς
ἐπιβολὰς ἀντὶ λίθων ποιησαμένους τοῦ περιβόλου
3 ὅσα καταπεπτώκει ταύτῃ κρατύνασθαι. ἔλεγόν
τε ὡς Δαγισθαῖος, εἴτε χρήμασιν εἴτε ὀλιγωρίᾳ
ἐς τοῦτο ἠγμένος, τὴν ἐπίθεσιν ἐς ἕτερόν τινα
χρόνον ἀπέθετο, καὶ τοῦ καιροῦ τὴν ἀκμὴν
ἐν τῷ παραυτίκα μεθῆκεν, ἧς γε οὐκέτι ἀντι-
4 λαβέσθαι οἷός τε ἐγεγόνει. αὐτὸν οὖν βασι-
λεὺς ἐν τῷ οἰκήματι καθείρξας ἐτήρει· Βέσσαν

---

[1] ἥκοντες L : ἥκοντα K.

stockade, which was very narrow, and unexpectedly blocked the way for the oncoming Romans for a long time. But John, the son of Thomas, approached alone very close to him and slew the man with a spear, and thus the Romans and Lazi captured the camp. And great numbers indeed of the barbarians were destroyed there, and the remainder betook themselves away to their native land, each one as he found it possible to get there. So this invasion of the Persians into the land of Colchis ended in this way. Meanwhile another Persian army, after fortifying the garrison at Petra with an abundance of provisions and all other supplies, had departed on their way.

IX

In the meantime the following took place. The Lazi began to slander Dagisthaeus to the emperor, going to Byzantium to do so, charging him with treason and Medizing. For they declared that he had yielded to the persuasion of the Persians in refusing to establish himself inside the fallen circuit-wall of Petra, while the enemy in the interval had filled bags with sand and laid courses with them instead of stones, and thus had made secure such parts of the circuit-wall as had fallen down. And they stated that Dagisthaeus, whether impelled to do so by a bribe or through negligence, had postponed the attack to some other time, and had thus let slip for the moment the precious opportunity which, of course, he had never again been able to grasp. The emperor consequently confined him in the prison and kept him under guard; he then appointed

δέ, ἐξ Ἰταλίας οὐ πολλῷ ἔμπροσθεν ἥκοντα,
στρατηγὸν Ἀρμενίων καταστησάμενος ἐς Λαζικὴν
πέμπει, ἄρχειν ἐπαγγείλας τοῦ ἐνταῦθα Ῥωμαίων
5 στρατοῦ. οὗ δὴ καὶ Βένιλος, ὁ Βούζου ἀδελφός,
ξὺν στρατῷ ἤδη σταλεὶς ἔτυχε καὶ Ὀδόναχός τε
καὶ ὁ Βάβας ἐκ Θρᾴκης καὶ Οὐλίγαγος Ἔρουλος
γένος.
6 Ὅ τε Ναβέδης ἐσβαλὼν ἐς Λαζικὴν στρατῷ
ἄλλο μέν τι λόγου ἄξιον οὐδὲν ἔδρασεν, Ἀβασγοῖς
δὲ ἀποστᾶσιν ἀπό τε Ῥωμαίων καὶ Λαζῶν ἐπι-
χωριάσας τῇ στρατιᾷ ταύτῃ, παῖδας τῶν ἐν
σφίσι λογίμων ἑξήκοντα ἐν ὁμήρων λόγῳ πρὸς
7 αὐτῶν ἔλαβε. τότε δὲ ποιούμενος ὁ Ναβέδης
ὁδοῦ πάρεργον, καὶ Θεοδώραν Ὀψίτῃ ξυνοι-
κήσασαν (ὃς ἐγεγόνει Γουβάζου μὲν θεῖος, Λαζῶν
δὲ βασιλεὺς) εὑρὼν ἐν Ἀψιλίοις εἷλεν, ἕς τε τὰ
8 Περσῶν ἤθη ἀπήνεγκε. Ῥωμαία δὲ γένος ἡ
γυνὴ ἐτύγχανεν οὖσα, ἐπεὶ ἐκ παλαιοῦ οἱ Λαζῶν
βασιλεῖς ἐς Βυζάντιον πέμποντες βασιλέως τε
γνώμῃ ξυνιόντες ἐς κῆδός τισι τῶν ἀπὸ τῆς
συγκλήτου βουλῆς γυναῖκας ἐνθένδε γαμετὰς
9 ἐκομίζοντο. καὶ Γουβάζης ἀμέλει Ῥωμαίας
γυναικὸς ἐγεγόνει γένος.[1] ὅτου δὲ ἕνεκα οἱ
Ἀβασγοὶ οὗτοι ἐς ἀπόστασιν εἶδον, ἐγὼ δηλώσω.
10 Ἐπειδὴ βασιλεῖς τοὺς σφετέρους καθεῖλον,
ᾗπέρ μοι ἔναγχος δεδιήγηται, στρατιῶται Ῥω-
μαίων πρὸς βασιλέως στελλόμενοι ἐπεχωρίαζόν
τε αὐτοῖς ἐκ τοῦ ἐπὶ πλεῖστον καὶ προσποιεῖσθαι
τῇ Ῥωμαίων ἀρχῇ τὴν χώραν ἠξίουν, καινά τε
11 αὐτοῖς ἄττα ἐπέταττον. οἷσπερ Ἀβασγοὶ βιαιο-
τέροις οὖσιν ἀτεχνῶς ἤχθοντο. δείσαντες οὖν μὴ

[1] γένος K : γόνος L.

Bessas, who had returned not long before from Italy, General of Armenia and sent him to Lazica with instructions to command the Roman army there. Venilus, the brother of Buzes, had also been sent there already with an army, as well as Odonachus, Babas from Thrace, and Uligagus of the Eruli.

Now Nabedes had invaded Lazica with an army, but he accomplished nothing of consequence beyond spending some time with this army among the Abasgi, who had revolted from the Romans and Lazi, and taking from them sixty children of their notables as hostages. It was at that time that Nabedes as an incident of his journey captured Theodora, the consort of Opsites (he was uncle of Gubazes and king of the Lazi), finding her among the Apsilii, and he carried her off to the land of Persia. Now this woman happened to be a Roman by birth, for the kings of the Lazi from ancient times had been sending to Byzantium, and, with the consent of the emperor, arranging marriages with some of the senators and taking home their wives from there. In fact Gubazes was sprung from a Roman family on his mother's side. But the reason why these Abasgi turned to revolt I shall now set forth.

When they had removed from power their own kings, as has been told by me above,[1] Roman soldiers sent by the emperor began to be quartered among them very generally, and they sought to annex the land to the Roman empire, imposing certain new regulations upon them. But because these were rather severe the Abasgi became exceedingly wroth. Fearing, consequently, that they would be mere

[1] Chap. iii. 21.

Ῥωμαίων δοῦλοι τὸ λοιπὸν ἔσονται, τοὺς ἄρχον
τας αὖθις κατεστήσαντο σφίσιν Ὀψίτην μὲν
ὄνομα ἐς τῆς χώρας τὰ πρὸς ἀνίσχοντα ἥλιον,
12 Σκεπαρνᾶν δὲ ἐς τὰ πρὸς ἑσπέραν. ἐς ἀγαθῶν
γὰρ ἐκπεπτωκότες ἀπόγνωσιν τὰ πρότερον δόξαντα
σφίσι μοχθηρὰ εἶναι τῶν ἐπιγενομένων ἅτε πονη
ροτέρων ὄντων, ὡς τὸ εἰκός, ἀντηλλάσσοντο,
δύναμίν τε ἀπ᾽ αὐτοῦ τὴν Ῥωμαίων δειμαίνοντες
Πέρσαις ὡς λαθραιότατα προσεχώρησαν. ἅπερ
ἐπεὶ βασιλεὺς Ἰουστινιανὸς ἤκουσε, Βέσσαν
ἐκέλευε στράτευμα λόγου ἄξιον [1] ἐπ᾽ αὐτοὺς
13 στεῖλαι.[2] ὁ δὲ πολλοὺς ἀπολεξάμενος τοῦ
Ῥωμαίων στρατοῦ, καὶ ἄρχοντας ἐπιστήσας
αὐτοῖς Οὐλίγαγόν τε καὶ Ἰωάννην τὸν Θωμᾶ
υἱόν, αὐτίκα ἐπὶ τοὺς Ἀβασγοὺς ναυσὶν ἔπεμ
ψεν.[3] ἐτύγχανε δὲ ἄτερος μὲν τῶν ἐν Ἀβασγοῖς
ἡγουμένων, Σκεπαρνᾶς ὄνομα, ἐν Πέρσαις τινὰ
14 διατριβὴν ἔχων· μετάπεμπτος γὰρ ὀλίγῳ πρότε
ρον παρὰ Χοσρόην ἀφῖκτο.[4] ὁ δὲ δὴ ἕτερος, τὴν
Ῥωμαίων μαθὼν ἔφοδον, τούς τε Ἀβασγοὺς
ἅπαντας ἤγειρε καὶ ὑπαντιάζειν διὰ σπουδῆς
εἶχεν.
15 Ἔστι δὲ χῶρος μετὰ τοὺς Ἀψιλίας ὅρους ἐν
τῇ ἐς τὴν Ἀβασγίαν εἰσόδῳ τοιόσδε· ὄρος
ὑψηλὸν ἐκ τῶν Καυκασίων ἀρχόμενον καὶ κατὰ
βραχὺ ἐλασσούμενόν τε καὶ ὑπόλιγον ὥσπερ
τις κλῖμαξ κατατείνει καὶ τελευτᾷ ἐς τὸν Εὔ
16 ξεινον Πόντον. καὶ φρούριον μὲν ἐχυρώτατόν
τε καὶ μεγέθους πέρι ἀξιολογώτατον ἐκ παλαιοῦ
Ἀβασγοὶ ἐν τῇ ὑπωρείᾳ τοῦ ὄρους τούτου

---

[1] ἄξιον: om. K, ἄξιον ἐπαγόμενον L.

slaves of the Romans thereafter, they again put their rulers in power, one named Opsites in the eastern part of their country, and Sceparnas in the western part. Thus, because they had fallen into despair of good things, they naturally enough sought to regain the status which had previously seemed to them grievous in place of their later estate, seeing this had been worse, and in consequence of this change they were in fear of the power of the Romans and as secretly as possible went over to the Persians. When the Emperor Justinian heard this, he commanded Bessas to send a strong army against them. He accordingly selected a large number from the Roman army, appointed to command them Uligagus and John the son of Thomas, and immediately sent them by sea against the Abasgi. Now it happened that one of the rulers of the Abasgi, the one named Sceparnas, was away for some reason among the Persians; for he had gone under summons not long before to Chosroes. But the other ruler, learning of the inroad of the Romans, mustered all the Abasgi and made haste to encounter them.

Now there is a place beyond the boundary of Apsilia on the road into Abasgia of the following description: a lofty ridge runs out from the Caucasus, and gradually sinks, as it runs along, to a lower level, resembling in a way a ladder, until it comes to an end at the Euxine Sea. And the Abasgi in ancient times built an exceedingly strong fortress of very considerable size on the lower slope of this mountain.

---

² στεῖλαι K : ἰέναι L.
³ ναυσὶν ἔπεμψεν K : ἤει L.
⁴ ἀφῖκτο Dindorf : ἀφίκετο MSS.

17 ἐδείμαντο. οὗ δὴ καταφεύγοντες ἐκκρούουσιν
ἀεὶ τὰς τῶν πολεμίων ἐφόδους, οὐδαμῇ ἐχόντων
τὴν δυσχωρίαν βιάζεσθαι. μία δὲ εἴσοδος εἰ-
σάγουσά ἐστιν ἔς τε τὸ φρούριον τοῦτο καὶ ἐς
τὴν ἄλλην Ἀβασγῶν χώραν, ἥπερ ἀνδράσι
σύνδυο ἐρχομένοις ἀπόρευτος τυγχάνει οὖσα.

18 μηχανὴ γὰρ οὐδεμία ἐστὶν ὅτι μὴ κατ' ἄνδρα
καὶ μόλις πεζεύοντα ἐνθένδε ἰέναι. τῆς τε
ἀτραποῦ ταύτης ὑπέρκειται φάραγξ ἐσάγαν
σκληρὰ ἐκ τοῦ φρουρίου διήκουσα μέχρι ἐς τὴν

19 θάλασσαν. φέρεται δὲ καὶ προσηγορίαν τῆς
φάραγγος ἀξίαν ὁ χῶρος, ἐπεὶ αὐτὸν ἑλληνί-
ζοντες οἱ τῇδε ἄνθρωποι τὰ Τραχέα[1] καλοῦσιν.

20 Ὁ μὲν οὖν Ῥωμαίων στόλος μεταξὺ ὁρίων
τῶν τε Ἀβασγῶν καὶ Ἀψιλίων κατέπλευσεν,
Ἰωάννης δὲ καὶ Οὐλίγαγος ἐς τὴν γῆν τοὺς
στρατιώτας ἀποβιβάσαντες πεζῇ ἐχώρουν, οἵ
τε ναῦται ταῖς ἀκάτοις ἁπάσαις παρὰ τὴν ἠϊόνα

21 τῷ στρατῷ εἵποντο. ἐπειδὴ δὲ τῶν Τραχέων ὡς
ἀγχοτάτω ἐγένοντο, ἐξωπλισμένους τε ὁρῶσιν
Ἀβασγοὺς ἅπαντας καὶ τῆς ἀτραποῦ ὕπερθεν
ἧς ἄρτι ἐμνήσθην κατὰ τὴν φάραγγα ὅλην ἐν
τάξει ἑστῶτας, ἀμηχανίᾳ τε πολλῇ εἴχοντο
θέσθαι[2] τὰ σφίσι παρόντα οὐδαμῇ ἔχοντες, ἕως
ἐν αὐτῷ πολλὰ λογισάμενος Ἰωάννης ἄκεσίν

22 τινα τοῦ κακοῦ εὗρε. τὸν γὰρ Οὐλίγαγον ξὺν
τῷ ἡμίσει τοῦ στρατοῦ ἐνταῦθα ἐάσας αὐτὸς
τοὺς ἄλλους ἐπαγόμενος τὰς ἀκάτους ἐπλήρου.
ἐρέσσοντές τε χῶρον τὸν τῶν Τραχέων περιῆλθόν
τε καὶ διέβησαν ὅλον καὶ κατὰ νώτου τῶν

23 πολεμίων ταύτῃ ἐγένοντο. ἄραντες οὖν τὰ σημεῖα
ἐς αὐτοὺς ᾖσαν. Ἀβασγοὶ δὲ τοὺς πολεμίους

Here they always take refuge and repel the inroads
of their enemies, who are in no way able to storm
the difficult position. Indeed there is only one
path leading to this fortress and to the rest of the
land of the Abasgi, and this happens to be impass-
able for men marching by twos. For there is no
possibility of getting along there except in single
file and on foot, and that with difficulty. Above
this path rises the side of an exceedingly rough gorge
which extends from the fortress to the sea. And
the place bears a name worthy of the gorge, for the
inhabitants call it Trachea,[1] using a Greek word.

So the Roman fleet put in between the boundaries
of the Abasgi and Apsilii, and John and Uligagus
disembarked their troops and proceeded on foot,
while the sailors followed the army along the coast
with all the boats. And when they came close to
Trachea, they beheld the entire force of the Abasgi
fully armed and standing in order along the whole
gorge above the path which I have just mentioned,
whereupon they fell into great perplexity because
they were quite unable to handle the situation
before them, until John, after reasoning long with
himself, discovered a remedy for the trouble. For
leaving Uligagus there with the half of the army, he
himself took the others and manned the boats. And
by rowing they rounded the place where Trachea
was and passed it entirely and thus got in the rear
of the enemy. Thereupon the Romans raised
their standards and advanced. The Abasgi, then,

---

[1] "Rugged."

---

[1] οἱ τῇδε ἄνθρωποι τὰ τραχέα L : οὕτω δή K.
[2] θέσθαι K : ὅπη θέσθαι L.

σφίσιν ἑκατέρωθεν ἐγκειμένους ἰδόντες ἐς ἀλκὴν
μὲν οὐκέτι ἔβλεπον, οὐδὲ τὴν τάξιν ἐφύλασσον,
ἐς ὑπαγωγὴν δὲ ξὺν πολλῇ ἀκοσμίᾳ τραπόμενοι
πρόσω ἐχώρουν,[1] οὕτω τῷ δέει καὶ τῇ ἀπ᾽ αὐτοῦ
ἀμηχανίᾳ συμποδιζόμενοι ὥστε οὔτε τὴν πατρῴαν
σφίσι δυσχωρίαν ἔτι διαγινώσκειν ἐδύναντο οὔτε
24 πῃ εὐπετῶς ἐνθένδε ἰέναι. Ῥωμαῖοι δὲ αὐτοῖς
ἑκατέρωθεν ἐπισπόμενοί τε καὶ καταλαβόντες
πολλοὺς ἔκτειναν. δρόμῳ τε ξὺν τοῖς φεύγουσιν
ἐς τὸ φρούριον ἀφικόμενοι ἀνακεκλιμένης ἔτι
ἐπιτυγχάνουσι τῆς ταύτῃ πυλίδος· οἱ γὰρ φύ-
λακες ἐπιθεῖναι τὰς θύρας οὐδαμῆ εἶχον,[2] ἀλλὰ
25 τοὺς φεύγοντας ἔτι ἐδέχοντο. τῶν τε φυγόντων
τοῖς διώκουσιν ἀναμιχθέντων ἐπὶ τὰς πύλας
ἵενται ἅπαντες, οἱ μὲν ἐπιθυμίᾳ τοῦ σώζεσθαι,
26 οἱ δὲ τοῦ τὸ φρούριον ἐξελεῖν. ἀνακεκλιμένας
οὖν τὰς πύλας εὑρόντες συνεισέβαλον[3] ἐς ταύτας
ἀλλήλοις. οἱ γὰρ πυλωροὶ οὔτε διακρίνειν ἀπὸ
τῶν πολεμίων τοὺς Ἀβασγοὺς εἶχον οὔτε τὰς
πύλας ὑπερβιαζομένου τοῦ ὁμίλου ἐπιτιθέναι.
27 Καὶ οἱ μὲν Ἀβασγοὶ ἄσμενοι ἐντὸς τοῦ
περιβόλου γενόμενοι ξὺν τῷ φρουρίῳ ἡλίσκοντο,
Ῥωμαῖοι δὲ τῶν ἐναντίων κεκρατηκέναι οἰόμενοι
28 πόνῳ δυσκολωτέρῳ ἐνταῦθα ὡμίλουν. τῶν γὰρ
οἰκιῶν συχνῶν τε οὐσῶν καὶ οὐ λίαν διεχουσῶν
ἀλλήλων, ἀλλὰ καὶ τρόπον τείχους πανταχόθεν
συμπεφραγμένων, Ἀβασγοὶ ἐς αὐτὰς ἀναβάντες
καὶ σθένει παντὶ ἀμυνόμενοι, τοὺς πολεμίους
κατὰ κορυφὴν ἔβαλλον, πόνῳ[4] καὶ φόβῳ καὶ

---

[1] πρόσω ἐχώρουν L: προσεχώρουν K.   [2] εἶχον K: ἴσχυον L.
[3] εὑρόντες συνεισέβαλον K: ὁρῶντες ξυνεισέβαλλον L.
[4] πόνῳ K: δέει L.

seeing their enemy pressing upon them from both
sides, no longer offered resistance nor even kept
their ranks, but turning to withdraw in a very dis-
orderly retreat they kept moving forward, but so
impeded were they by their fear and the helplessness
resulting therefrom that they were no longer able to
find their way about the rough terrain of their
native haunts, nor could they easily get away from
the place.   The Romans meanwhile were following
them up from either side and caught and killed
many.   And they reached the fortress on the run
together with the fugitives and found the small gate
there still open; for the guards could by no means
shut the gates, since they were still taking in the
fugitives.   So pursued and pursuers mingled together
were all rushing toward the gate, the former eager
to save themselves, the latter to capture the fortress.
Finding then the gates open, they charged through
them together: for the gate-keepers were neither
able to distinguish the Abasgi from the enemy nor
to shut the gates to with the throng overpowering
them.

And the Abasgi for their part, though feeling
relief at getting inside the fortress, were actually
being captured with the fortress, while the Romans,
thinking they had mastered their opponents, found
themselves involved there in a more difficult struggle.
For the houses were numerous and not very far
apart from each other—indeed they were even
crowded close enough together so that they resembled
a wall all round, and the Abasgi mounted them and
defended themselves with all their strength by
hurling missiles upon the heads of their enemy,
struggling with might and main and filled with

τῷ ἐς παῖδάς τε καὶ γυναῖκας ἐλέῳ καὶ τῇ
ἐνθένδε ἀπορίᾳ ἐχόμενοι, ἕως Ῥωμαίοις ἐμπρῆσαι
29 τὰς οἰκίας ἐς ἔννοιαν ἦλθε. πῦρ τοίνυν αὐταῖς
πανταχόθεν ἀνάψαντες τοῦ ἀγῶνος παντάπασι
τούτου ἐκράτησαν. Ὀψίτης μὲν οὖν, ὁ τῶν
Ἀβασγῶν ἄρχων, ξὺν ὀλίγοις τισὶ φυγεῖν
ἴσχυσεν, ἔς τε Οὕννους τοὺς πλησιοχώρους καὶ
30 ὄρος τὸ Καυκάσιον ἀνεχώρησε. τοῖς δὲ δὴ
ἄλλοις ἢ ξὺν ταῖς οἰκίαις ἐξηνθρακωμένοις τε-
τεφρῶσθαι ξυνέβη, ἢ ὑπὸ ταῖς τῶν πολεμίων
γεγονέναι χερσίν. ἐζώγρησαν δὲ Ῥωμαῖοι καὶ
τὰς τῶν ἀρχόντων γυναῖκας ξὺν γόνῳ παντί,
τοῦ τε φρουρίου τὸν περίβολον ἐς ἔδαφος
καθεῖλον καὶ τὴν χώραν ἔρημον κατεστήσαντο
ἐκ τοῦ ἐπὶ πλεῖστον. Ἀβασγοῖς μὲν οὖν τὰ
τῆς ἀποστάσεως ἐς τοῦτο ἐτελεύτα· ἐν δὲ
Ἀψιλίοις ἐγένετο τάδε.

X

Ἀψίλιοι μὲν ἐκ παλαιοῦ κατήκοοι Λαζῶν
τυγχάνουσιν ὄντες. ἔστι δέ τι φρούριον ἐν
ταύτῃ τῇ χώρᾳ ἐχυρὸν μάλιστα· Τζιβιλὴν
2 αὐτὸ καλοῦσιν οἱ ἐπιχώριοι. τῶν δέ τις ἐν
Λαζοῖς λογίμων, Τερδέτης ὄνομα, ὅσπερ εἶχε
τὴν τοῦ καλουμένου μαγίστρου ἀρχὴν ἐν τούτῳ
τῷ ἔθνει, Γουβάζῃ τῷ τῶν Λαζῶν βασιλεῖ
προσκεκρουκώς τε καὶ χαλεπῶς ἔχων, Πέρσαις
ὡμολόγησε λάθρα τοῦτο δὴ ἐνδώσειν τὸ φρού-
ριον, στράτευμά τε Περσῶν ἐπαγόμενος ἐπὶ
3 ταύτῃ τῇ πράξει ἐς Ἀψιλίαν ᾔει. καὶ ἐπεὶ

terror and with pity for their children and women, and consequently overcome with despair, until it occurred to the Romans to fire the houses. They accordingly set fire to them on all sides, and thus were completely victorious in this struggle. Now Opsites, the ruler of the Abasgi, succeeded in making his escape with only a few men, and withdrew to the neighbouring Huns and the Caucasus mountains. But the others were either charred and burned to ashes with their houses or fell into the hands of their enemy. The Romans also captured the women of their rulers with all their offspring, razed the defences of the fortress to the ground, and rendered the land desolate to a great distance. For the Abasgi, then, this was the result of their revolution. But among the Apsilii the following took place.

X

THE Apsilii have been subjects of the Lazi from ancient times. Now there is in this country an exceedingly strong fortress which the natives call Tzibile. But one among the notables of the Lazi, Terdetes by name, who held the office of " magister," [1] as it is called, in this nation, had had a falling out with Gubazes, the king of the Lazi, and was hostile to him; accordingly he secretly promised the Persians to hand over this particular fortress to them, and he came into Apsilia leading an army of Persians to accomplish this object. Then, when they came

---

[1] A military title equivalent to " General."

ἄγχιστα τοῦ φρουρίου ἐγένοντο, προτερήσας
αὐτὸς ξὺν τοῖς ἑπομένοις οἱ Λαζοῖς ἐντὸς τοῦ
περιβόλου ἐγένετο, ἐπεὶ οἱ τὸ φυλακτήριον ταύτῃ
ἔχοντες ἀπιστεῖν τῷ Λαζῶν ἄρχοντι οὐδαμῆ
εἶχον, οὐδεμιᾷ ἐς αὐτὸν ὑποψίᾳ ἐχόμενοι. οὕτω
τε ἀφικόμενον τὸ Περσῶν στράτευμα τῷ φρουρίῳ
4 ὁ Τερδέτης ἐδέξατο. καὶ ἀπ' αὐτοῦ Μῆδοι οὐ
Λαζικὴν μόνον, ἀλλὰ καὶ Ἀψιλίαν ἔχεσθαι
τότε πρὸς αὐτῶν ᾤοντο. οὔτε δὲ[1] Ῥωμαῖοι
οὔτε Λαζοὶ ἀσχολίᾳ τῇ ἀμφὶ Πέτρᾳ τε καὶ
τῷ Μήδων στρατῷ πιεζόμενοι Ἀψιλίοις ἐπα-
μύνειν ἔσχον.

5 Ἦν δέ τις γυνὴ τῷ ἄρχοντι τοῦ ἐνταῦθα
φυλακτηρίου, Ἀψιλία γένος, τὴν ὄψιν εὐπρεπὴς
μάλιστα. ταύτης δὴ τῆς γυναικὸς ἐκτόπως
ἐρασθεὶς[2] ἐξαπιναίως ὁ τοῦ Περσῶν στρατεύ-
ματος ἄρχων τὰ μὲν πρῶτα πειρᾶν ἤρξατο,
ἔπειτα δέ, ἐπεί οἱ πρὸς τῆς γυναικὸς οὐδὲν
προὐχώρει, βιάζεσθαι μελλήσει αὐτὴν οὐδεμιᾷ
6 ἐνεχείρησεν. οἷς δὴ ὀξυθυμωθεὶς ὁ τῆς γυναικὸς
ἀνήρ, αὐτόν τε νύκτωρ καὶ τοὺς ξὺν αὐτῷ ἐς
τὸ φρούριον εἰσεληλυθότας ἅπαντας ἔκτεινε,
παρανάλωμα τῆς τοῦ ἄρχοντος ἐπιθυμίας γε-
γενημένους, καὶ τὸ φρούριον ἔσχεν αὐτός.
Ἀψίλιοί τε Κόλχων διὰ τοῦτο ἀπέστησαν,
ἐπικαλοῦντες ὅτι δὴ σφᾶς πρὸς Περσῶν κα-
κουμένους[3] προσποιεῖσθαι οὐδαμῆ ἤθελον.[4]
7 ἀλλὰ Γουβάζης Ῥωμαίων χιλίους καὶ Ἰωάννην
τὸν Θωμᾶ υἱόν, οὗπερ ἔναγχος ἐπεμνήσθην, ἐπ'

---

[1] δέ MSS.: Haury would prefer γάρ.
[2] ἐρασθεὶς K: ὑπεραγασθεὶς L.
[3] κακουμένους K: καλουμένους L.

close to the fortress, he himself went ahead with his
Lazic followers and got inside the fortifications,
because those keeping guard there could in no way
disobey the commander of the Lazi, feeling as they
did no suspicion of him. Thus when the Persian
army arrived Terdetes received it into the fortress.
And as a result of this the Medes considered that
not Lazica alone, but also Apsilia was held by them.
Meanwhile neither the Romans nor the Lazi were in
a position to defend the Apsilii, being hard pressed,
as they were, by the task of dealing with Petra and
the Median army.

But there was a certain woman who was the wife
of the commander of the garrison there, one of the
Apsilii, an exceedingly comely person to look upon.
With this woman the commander of the Persian
army suddenly fell violently in love, and at first he
began to make advances, but after that, since he
met with no encouragement from the woman, he
attempted with no hesitation to force her. At this
the husband of the woman became exceedingly
enraged, and at night he slew both the commander
and all those who had entered the fortress with him,
who thus became incidentally victims of their
commander's lust, and he himself took charge of the
fortress. On account of this affair the Apsilii
revolted from the Colchians,[1] alleging against them
that, whilst the Apsilii were being oppressed by the
Persians, they had been altogether unwilling to
champion their cause. But Gubazes sent a thousand
Romans and John the son of Thomas, whom I have

---

[1] *i.e.* the Lazi; cf. chap. i. 10.

---

[4] προσποιεῖσθαι οὐδαμῆ ἤθελον K : οὐδαμῆ ἤμυνον L.

αὐτοὺς ἔπεμψεν· ὅσπερ αὐτοὺς πολλὰ τιθασσεύων ἐπαγαγέσθαι ἀμαχητὶ ἔσχε καὶ Λαζῶν κατηκόους κατεστήσατο αὖθις. τὰ μὲν οὖν ἀμφί τε Ἀψιλίοις καὶ Τζιβιλῇ τῷ φρουρίῳ τῇδε ἐχώρησεν.

8 Ὑπὸ τοῦτον δὲ τὸν χρόνον Χοσρόῃ ξυνέβη μηδὲ τὸν γόνον τῇ ἀπανθρωπίᾳ τῇ αὑτοῦ ἀνέπαφον μεῖναι.[1] τῶν γάρ οἱ παίδων ὁ πρεσβύτατος Ἀνασώζαδος ὄνομα (δύναται δὲ τοῦτο τῇ Περσῶν φωνῇ ἀθανατίζων) προσκεκρουκὼς αὐτῷ ἔτυχεν, ἄλλα τε πολλὰ τῇ ἐς τὴν δίαιταν παρανομίᾳ ἐξαμαρτὼν καὶ ταῖς γυναιξὶ τοῦ πατρὸς ὀκνήσει οὐδεμιᾷ ἐς εὐνὴν συνιών. τὰ μὲν οὖν πρῶτα φυγῇ τὸν παῖδα τοῦτον ὁ Χοσρόης ἐζη-
9 μίωσεν. ἔστι δέ τις ἐν Πέρσαις Οὐαζαΐνη χώρα, ἀγαθὴ μάλιστα, οὗ δὴ πόλις Βηλαπατῶν καλουμένη οἰκεῖται, ἑπτὰ ἡμερῶν ὁδῷ Κτησιφῶντος
10 διέχουσα. ἐνταῦθα τοῦ πατρὸς ἐπαγγείλαντος[2] Ἀνασώζαδος οὗτος διατριβὴν εἶχε.

Τότε δὲ τῷ Χοσρόῃ χαλεπώτατα νοσῆσαι ξυνέβη, ὥστε καὶ ἐλέχθη ἐξ ἀνθρώπων ἀφανισθῆναι· νοσώδης γὰρ ἦν ὁ Χοσρόης φύσει.
11 ἀμέλει καὶ τοὺς ἰατροὺς πανταχόθεν πολλάκις ἀμφ' αὐτὸν ἤγειρεν, ἐν τοῖς καὶ Τριβοῦνος ὁ
12 ἰατρὸς ἦν, Παλαιστῖνος γένος. ὁ δὲ Τριβοῦνος οὗτος λόγιος μὲν ἦν καὶ τὰ ἐς τέχνην τὴν ἰατρικὴν οὐδενὸς ἥσσων, ἄλλως δὲ σώφρων τε καὶ θεοφιλὴς καὶ τῆς ἐπιεικείας ἐς ἄκρον ἥκων.
13 καί ποτε Χοσρόην κακῶς τοῦ σώματος ἔχοντα ἰασάμενος ἀπηλλάγη ἐκ τῆς Περσῶν χώρας,

---

[1] μεῖναι Κ: εἶναι L.

recently mentioned, against them; this man succeeded, after long efforts at conciliation, in winning them over without a fight and made them once more subjects of the Lazi. Such was the story of the Apsilii and the fortress of Tzibile.

At about this time it came about that Chosroes through his inhumanity did not remain unscathed even as regards his own offspring. For the eldest of his sons named Anasozadus (this means in the Persian tongue "Immortal") chanced to have a falling out with him, having been guilty of many breaches of conduct, and in particular having consorted with the wives of his father without the least hesitation. At first then Chosroes punished his son by banishment. Now there is a certain land in Persia called Vazaïne, an exceedingly good country, in which the city named Belapaton is situated, seven days' journey distant from Ctesiphon. There at the command of his father this Anasozadus was living.

But at that time it so fell out that Chosroes became very violently ill, so that it was actually said that he had passed from the world; for Chosroes was by nature of a sickly disposition. Certain it is that he often gathered around him physicians from all parts, among whom was the physician Tribunus, a Palestinian by birth. This Tribunus was a man of great learning and inferior to none in medical skill, and was furthermore a temperate and God-fearing man of the highest worth. On one occasion he had cured Chosroes of a serious illness, and when he departed from the land of the Persians, he carried

---

² ἐπαγγείλαντος Herwerden; ἀπαγγείλαντος MSS.

δῶρα πολλά τε καὶ λόγου ἄξια πρὸς τοῦ
14 ἀνθρώπου κεκομισμένος. ἡνίκα τοίνυν ἡ ταύ-
της[1] προτέρα ἐκεχειρία ἐγένετο, Ἰουστινιανὸν
βασιλέα Χοσρόης τὸν ἰατρὸν τοῦτον συνδιαι-
τησόμενον αὐτῷ ἐς ἐνιαυτὸν ᾔτησε δοῦναι. τῆς
τέ οἱ αἰτήσεως[2] ἐπιτελεσθείσης, ὥσπερ μοι
ἔμπροσθεν εἴρηται, ἐκέλευσε τὸν Τριβοῦνον ὁ
15 Χοσρόης αἰτεῖσθαι ὅτου ἂν δέηται. ὁ δὲ ἄλλο
οὐδὲν ᾔτει τῶν πάντων χρημάτων ἢ ὥστε οἱ
Ῥωμαίων τῶν αἰχμαλώτων τινὰς[3] Χοσρόην
16 ἀφεῖναι. ὁ δέ οἱ ἄλλους τε τρισχιλίους ἀφῆκε
καὶ ὅσους πρὸς ὄνομα ἐξητήσατο ἐν τοῖς αἰχμα-
λώτοις λογίμους ὄντας, κλέος τε μέγα ἐκ τοῦ
ἔργου τούτου ἐς πάντας ἀνθρώπους ὁ Τριβοῦνος
ἔσχε. ταῦτα μὲν οὖν τῇδε ξυνηνέχθη γενέσθαι.
17 Ἐπειδὴ δὲ Ἀνασώζαδος τὰ Χοσρόῃ τῷ πατρὶ
ἀμφὶ τῇ νόσῳ ξυμπεσόντα ἔγνω, τῆς βασιλείας
18 ἐπιβατεύων, νεώτερα πράγματα ἔπρασσε. τοῦ
τε πατρός οἱ ῥαΐσαντος, οὐδέν τι ἧσσον τήν τε
πόλιν αὐτὸς ἀποστήσας καὶ ὅπλα ἀντάρας ἐς
19 τὸν πόλεμον ἀκμάζων ᾔει. ταῦτα ὁ Χοσρόης
ἀκούσας στρατιάν τε καὶ στρατηγὸν Φάβριζον
ἐπ᾽ αὐτὸν ἔπεμψε. νικήσας οὖν τῇ μάχῃ ὁ
Φάβριζος ὑποχείριόν τε τὸν Ἀνασώζαδον πε-
ποιημένος παρὰ Χοσρόην οὐ πολλῷ ὕστερον
20 ἤνεγκε. καὶ ὃς τοὺς τοῦ παιδὸς ὀφθαλμοὺς
ἐλωβήσατο, οὐ τὰς ὄψεις ἀφελόμενος, ἀλλὰ
βλέφαρά τε ἄνω καὶ κάτω ἀκοσμίᾳ πολλῇ
21 ἀντιστρέψας. περόνην γὰρ σιδηρᾶν πυρακτώσας
τινὰ καὶ ταύτῃ μύοντοιν τοῖν τοῦ παιδὸς ὀφ-
θαλμοῖν τὰ ἔξω χρίσας, οὕτω δὴ τῶν βλεφάρων

---

[1] ταύτης MSS. : ταύτῃ editors.

with him many and notable gifts from his patient.
When, accordingly, the truce preceding the present
one was made, Chosroes demanded of the Emperor
Justinian that he give him this Tribunus to live with
him for a year. This demand having been granted
him, as stated by me above,[1] Chosroes bade Tribunus
ask for whatever he wanted. And he asked for
nothing else in the world except that Chosroes should
release for him some of the Roman captives. So he
released three thousand for him, and besides these
all whom he requested by name as being notable
men among the captives, and as a result of this
incident Tribunus won great renown among all men.
Thus did these events take place.

When Anasozadus learned of the disease which
had fallen upon his father, he began to stir up a
revolution by way of usurping the royal power.
And though his father recovered, he nevertheless
set the city in revolt himself, and taking up arms
against him went forth fully prepared for battle.
When Chosroes heard this, he sent against him an
army with Phabrizus as general. So Phabrizus
having been victorious in the battle made Anasozadus
captive and brought him before Chosroes not long
afterward. And he caused the eyes of his son to be
disfigured, not destroying their sight but distorting
both the upper and lower lids in a very ugly fashion.
For he heated a sort of iron needle in the fire and
with this seared the outside of his son's eyes when

---

[1] Book II. xxviii. 10.

---

[2] αἰτήσεως K : ξυνδιαιτήσεως L
[3] τινας Maltretus : τινά MSS.

22 τὸν κόσμον λωβήσασθαι[1] ἔσχε. ταῦτα δὲ
Χοσρόης τούτου δὴ ἕνεκα ἐποίει μόνον, ὅπως ἂν
τῷ παιδὶ ἀναστέλληται ἡ ἐπὶ τῇ βασιλείᾳ
ἐλπίς. ἄνδρα γὰρ λώβῃ ἐχόμενον οὐκέτι ὁ
νόμος ἐφίησι βασιλέα καθίστασθαι Πέρσαις,
ὥσπερ κἂν τοῖς ἔμπροσθεν λόγοις ἐρρήθη.

XI

Τῷ μὲν οὖν Ἀνασωζάδῳ τά τε τῆς τύχης καὶ
τοῦ τρόπου ἐς τοῦτο ἐτελεύτα· τὸ δὲ πέμπτον
2 ἔτος τῆς ἐκεχειρίας διήνυστο. καὶ Πέτρον μὲν
ἄνδρα πατρίκιον, τὴν τοῦ μαγίστρου ἀρχὴν
ἔχοντα, παρὰ Χοσρόην Ἰουστινιανὸς βασιλεὺς
ἔστελλεν, ἐφ' ᾧ τὰς σπονδὰς ἀμφὶ τῇ ἑῴᾳ
3 παντάπασι διοικήσονται.[2] ὁ δὲ αὐτὸν ἀπεπέμ-
ψατο, ἕψεσθαί οἱ ἄνδρα οὐκ ἐς μακρὰν ὑποσχό-
μενος τὸν ταῦτα διαθησόμενον, ὅπῃ ἑκατέροις
4 ξυνοίσειν μέλλει. Ἰσδιγούσναν τε αὖθις οὐ
πολλῷ ὕστερον ἔπεμψεν, ὀφρυάζοντά τε καὶ
ἀλαζονείᾳ τινὶ ἀμυθήτῳ ἐχόμενον, οὗ δὴ ὅ τε
τῦφος καὶ τὸ φύσημα φορητὸν εἶναι Ῥωμαίων
5 οὐδενὶ ἔδοξεν. ἐπήγετο δὲ τήν τε γυναῖκα καὶ
τὰς παῖδας καὶ τὸν ἀδελφόν, ἑπομένων τε καὶ
θεραπευόντων[3] πάμπολυ πλῆθος. εἴκασεν ἄν
6 τις ἐς παράταξιν τοὺς ἄνδρας ἰέναι. εἵποντο
δὲ αὐτῷ καὶ δύο τῶν ἐν Πέρσαις λογιμωτάτων,
οἳ δὴ καὶ διαδήματα ἐπὶ τῶν κεφαλῶν χρυσᾶ
7 ἐφόρουν. ἔδακνέ τε τοὺς ἐν Βυζαντίῳ ἀνθρώπους,

---

[1] λωβήσασθαι L : βιάζεσθαι K.
[2] διοικήσονται : διοικήσωνται KH, διοικήσεται L.

they were shut, thus marring the beauty of the lids. Now Chosroes did this with only one end in view, that his son's hope of achieving the royal power might be frustrated. For the law does not permit a man who has a disfigurement to become king over the Persians, as has been stated by me in the preceding narrative also.[1]

XI

As for Anasozadus, then, his fortune and his character brought him to this. And when the fifth year of the truce had now come to an end, the Emperor Justinian sent Petrus, a patrician and holding the office of " Magister," to Chosroes, in order that they might arrange in every detail the treaty for the settlement of the East. But Chosroes sent him away, promising that after no long time he would be followed by the man who would arrange these matters in a manner advantageous to both parties. And not long afterwards he sent Isdigousnas for the second time, a man of pretentious demeanour and filled with a kind of unspeakable villainy, whose pompous puffing and blowing no one of the Romans could bear. And he brought with him his wife and daughters and his brother, and was followed by a huge throng of retainers. One would have supposed that the good men were going out for battle. In his company also were two of the most notable men among the Persians, who actually wore golden diadems on their heads. And it irritated the people

550 A.D.

[1] Book I. xi. 4.

---

[3] θεραπευόντων K : θεραπόντων LW.

ὅτι δὴ αὐτὸν Ἰουστινιανὸς βασιλεὺς οὐ κατὰ
πρεσβευτήν, ἀλλὰ πολλῷ ἔτι μᾶλλον φιλοφρο-
σύνης τε καὶ μεγαλοπρεπείας ἠξίωσε.

8 Βραδούκιος μέντοι ξὺν αὐτῷ ἐς Βυζάντιον
οὐκέτι ἦλθεν, ἐπεὶ Χοσρόην φασὶν αὐτὸν ἐξ
ἀνθρώπων ἀφανίσαι, ἄλλο οὐδὲν τῷ ἀνθρώπῳ
ἐπενεγκόντα, πλήν γε δὴ ὅτι ὁμοτράπεζος τῷ
9 Ῥωμαίων βασιλεῖ γέγονεν. " οὐ γὰρ ἄν," ἔφη,
" ἑρμηνεύς γε ὢν ἐς τοῦτο ἀξιώματος πρὸς βασι-
λέως ἀφίκετο, εἰ μὴ καταπροδοὺς ἔτυχε τὰ
Περσῶν πράγματα." τινὲς δὲ τὸν Ἰσδιγούσναν
αὐτὸν διαβαλεῖν φασίν, ὡς λάθρα Ῥωμαίοις ἐς
10 λόγους ἔλθοι. τὰ δὲ πρῶτα ὁ πρεσβευτὴς οὗτος
βασιλεῖ ἐντυχὼν οὐ μικρὸν ἀμφὶ τῇ εἰρήνῃ, οὐ
μέγα εἶπεν, ἀλλ᾽ ᾐτιᾶτο Ῥωμαίους[1] ἐς τὴν
ἐκεχειρίαν ἠδικηκέναι, Ἀρέθαν τε καὶ Σαρακηνοὺς
τοὺς Ῥωμαίων ἐνσπόνδους Ἀλαμουνδάρῳ ἐν
σπονδαῖς λυμήνασθαι φάσκων, ἄλλα τε οὐκ
ἀξιόλογα ἐπιφέρων[2] ἐγκλήματα, ὧνπέρ μοι
ἐπιμνησθῆναι οὔτι ἀναγκαῖον ἔδοξεν εἶναι.[3]

11 Ἐν μὲν οὖν Βυζαντίῳ ταῦτα ἐπράσσετο.
Βέσσας δὲ παντὶ τῷ Ῥωμαίων στρατῷ Πέτρας
ἐς πολιορκίαν καθίστατο. Ῥωμαῖοι μὲν οὖν[4]
ἀμφὶ τὸ τεῖχος διώρυσσον, ἵνα δὴ καὶ Δαγισθαῖος
τὰ πρότερα τὴν διώρυχα πεποιημένος τὸν περίβο-
λον ταύτῃ καθεῖλεν. ὅτου δὲ δὴ ἕνεκα ἐς τὸν
12 αὐτὸν χῶρον ὤρυσσον, ἐγὼ δηλώσω. οἱ τὴν
πόλιν τὸ ἐξ ἀρχῆς ταύτην δειμάμενοι, ἐπὶ πέτρας
μὲν ἔθεντο ἐκ τοῦ ἐπὶ πλεῖστον τὰ τοῦ περιβόλου

---

[1] Ῥωμαίους Hoeschel : ῥωμαίοις MSS.
[2] ἐπιφέρων W : φέρων KL.
[3] οὔτι ἀναγκαῖον ἔδοξεν εἶναι : οὐκ ἀναγκαῖον W.

of Byzantium that the Emperor Justinian did not receive him simply as an ambassador, but counted him worthy of much more friendly attention and magnificence.

But Braducius[1] did not come again with him to Byzantium, for they say that Chosroes had removed him from the world, laying no other charge against the man than that he had been a table-companion of the Roman emperor. " For," said he, " as a mere interpreter he would not have achieved such high honour from the emperor, unless he had betrayed the cause of the Persians." But some say that Isdigousnas slandered him, asserting that he had conversed secretly with the Romans. Now when this ambassador met the emperor for the first time, he spoke no word either small or great about peace, but he made the charge that the Romans had violated the truce, alleging that Arethas[2] and the Saracens, who were allies of the Romans, had outraged Alamundarus in time of peace, and advancing other charges of no consequence which it has seemed to me not at all necessary to mention.

While these negotiations were going on in Byzantium, Bessas with the whole Roman army was entering upon the siege of Petra. First the Romans dug a trench along the wall just where Dagisthaeus had made his ditch when he pulled the wall down there.[3] Now the reason why they dug in the same place I shall explain. Those who built this city originally placed the foundations of the circuit-wall for the

<hr/>

[1] Cf. Book II. xxviii. 41.   [2] Cf. Book II. i. 3–7.
[3] Book II. xxix. 36.

<hr/>

[4] μὲν οὖν K : τε L.

θεμέλια, ἐνιαχῆ δὲ καὶ ὑπὲρ χώματος αὐτὰ
13 ξυνέβαινε κεῖσθαι. ἦν δέ τις τοῦ τείχους μοῖρα
ἐς τῆς πόλεως τὰ πρὸς ἑσπέραν οὐ λίαν εὐρεῖα,
ἧς δὴ ἑκατέρωθεν ἐπὶ πέτρας τινὸς σκληρᾶς τε
καὶ ἀμηχάνου[1] τοῦ περιβόλου τὰ θεμέλια ἐτεκ-
14 τήναντο. ταύτην τοίνυν τὴν μοῖραν Δαγισθαῖός
τε τὰ πρότερα καὶ τανῦν Βέσσας διώρυσσον
ὁμοίως, οὐκ ἐφιείσης[2] τῆς τοῦ χωρίου φύσεως
σφίσι περαιτέρω ἰέναι, ἀλλὰ τὸ τῆς διώρυχος
μῆκος συμμετρούσης τε αὐτοῖς[3] καὶ πρυτανευού-
σης εἰκότως.

15 Ἡνίκα οὖν Πέρσαι μετὰ τὴν Δαγισθαίου ὑπα-
γωγὴν τὸ καταπεπτωκὸς τοῦτο τοῦ τείχους
ἀνοικοδομήσασθαι ἤθελον, οὐ κατὰ τὰ πρότερα
τὴν οἰκοδομίαν πεποίηνται, ἀλλὰ τρόπῳ τοιῷδε.
16 κάχληκος τὸν κενωθέντα ἐμπλησάμενοι χῶρον
δοκοὺς παχείας αὐτοῦ ὕπερθεν ἔθεντο, ἅσπερ
ἐνδελεχέστατα ξύσαντες ὁμαλάς τε παντάπασι
καταστησάμενοι ἔζευξαν μὲν ἐς ἀλλήλας ἐς
μέγα τι εὖρος, κρηπῖδα δὲ αὐτὰς ἀντὶ θεμε-
λίων ποιησάμενοι τοῦ περιβόλου καθύπερθεν
αὐτῶν ἐτεκτήναντο τὴν οἰκοδομίαν ἐμπείρως.
ὅπερ οὐ ξυνέντες Ῥωμαῖοι ἔνερθεν τῶν θεμελίων
17 ποιεῖσθαι τὴν διώρυχα ᾤοντο. καὶ τὸν χῶρον
κενώσαντες ὅλον ἐκ τῶν δοκῶν ὧνπερ ἐπεμνήσθην
ἀρτίως ἐπὶ πλεῖστον τῆς γῆς τὸν μὲν περίβολον
κατασεῖσαι κατὰ πολὺ ἴσχυσαν, μοῖρά τε αὐτοῦ
ἐξαπιναίως κατεπεπτώκει, οὐ μέντοι οὔτε πῃ ἐπὶ
θάτερα τὸ πεπτωκὸς τοῦτο ἐκλίθη οὔτε τις αὐτῷ
τῶν λίθων ἐπιβολὴ ξυνεταράχθη, ἀλλ' ἀκραιφνὲς

---

[1] ἀμηχάνου L : ἀμηχάνου ὀρύσσεσθαι K.
[2] ἐφιείσης Suidas : ἀφιείσης K, ἐνδιδούσης L.

most part upon rock, but here and there they were allowed to rest upon earth. And there was such a portion of the wall on the west side of the city of no great extent, on either side of which they had constructed the foundations of the circuit-wall upon hard, unyielding rock. This was the portion which Dagisthaeus on the previous occasion and now Bessas likewise undermined, the character of the ground not permitting them to go further, but quite naturally determining the length of the trench for them and controlling it naturally.

Consequently when the Persians, after the withdrawal of Dagisthaeus, wished to build up this part of the wall which had fallen down, they did not follow the previous plan in its construction, but did as follows. Filling the excavated space with gravel, they laid upon it heavy timbers which they had planed very thoroughly, making them entirely smooth, and then they bound them together so as to cover a wide space; these then they used as a base instead of foundation stones, and upon them they skilfully carried out the construction of the circuit-wall. This was not understood by the Romans and they thought they were making their ditch under the foundations. But by excavating the entire space under the timbers which I have just mentioned and carrying their work across most of the ground they did succeed in damaging the wall seriously, and a portion of it had actually dropped down suddenly, but nevertheless this fallen part did not incline at all to either side nor was one of the courses of stone deranged, but the whole section

---

ὅλον εὐθείᾳ τινὶ καταβάσει, ὥσπερ ἐκ μηχανῆς,
ἐς τὸν κενωθέντα χῶρον καταβὰν ἔστη, καὶ τὴν
οἰκείαν ἐφύλασσε χώραν, οὐκ ἐς ὕψος ὅσον τὰ
18 πρότερα, ἀλλ᾽ ἔς τι¹ ἧσσον. κενωθέντος οὖν
παντὸς τοῦ τῶν δοκῶν ἔνερθεν χώρου ὑφιζάνειν
αὐτὰς ἐνταῦθα ξὺν τῇ ὑπὲρ αὐτὰς οἰκοδομίᾳ
πάσῃ ξυνέβη.

19 Τοῖς δὲ Ῥωμαίοις οὐδ᾽ ὡς ἐσβατὸν ἐγεγόνει τὸ
τεῖχος. ὁ γὰρ τῶν Περσῶν ὅμιλος, ἡνίκα πολὺς
ξὺν τῷ Μερμερόῃ ἐνταῦθα ἦλθε, μέγα τι χρῆμα
τῇ πρόσθεν οἰκοδομίᾳ ἐνθέμενοι ὑψηλὸν ἐσάγαν
20 τὸν περίβολον ἐτεκτήναντο. Ῥωμαῖοι μὲν οὖν,
ἐπειδὴ τοῦ περιβόλου τὸ κατασεισθὲν αὖθις
ἑστηκὸς εἶδον, διηποροῦντό τε καὶ ἀμηχανίᾳ
21 πολλῇ εἴχοντο. οὔτε γὰρ διορύσσειν ἔτι ἠδύναντο,
ἐς τοῦτο ἀποκεκριμένης² τῆς κατώρυχος σφίσι,
κριῷ τε χρῆσθαι οὐδαμῇ εἶχον, ἐπεὶ ἐν μὲν τῷ
ἀνάντει ἐτειχομάχουν, ἡ δὲ μηχανὴ αὕτη ἐφέλ-
κεσθαι οὐχ οἵα τέ ἐστιν ὅτι μὴ ἐν χωρίῳ ὁμαλῷ
τε καὶ λίαν ὑπτίῳ.

22 Τύχῃ δέ τινι ξυνεκύρησεν ἐν τούτῳ τῷ Ῥωμαίων
στρατῷ εἶναι βαρβάρων τῶν Σαβείρων ὀλίγους
23 τινὰς ἐξ αἰτίας τοιᾶσδε. οἱ Σάβειροι ἔθνος μέν
ἐστιν Οὐννικόν, ᾤκηνται δὲ ἀμφὶ τὰ Καυκάσια
ὄρη, πάμπολυ πλῆθος μὲν ἐσάγαν ὄντες, ἐς
24 ἀρχὰς δὲ πολλὰς ἐπιεικῶς διῃρημένοι. τούτων
δὲ τῶν ἀρχόντων οἱ μέν τινές εἰσι τῷ Ῥωμαίων
αὐτοκράτορι, οἱ δὲ τῷ Περσῶν βασιλεῖ ἐκ
παλαιοῦ γνώριμοι. τοῖν τε βασιλέοιν ἑκάτερος
χρυσίον εἰώθει τακτὸν τοῖς αὑτοῦ ἐνσπόνδοις
προΐεσθαι, οὐκ ἐπέτειον μέντοι, ἀλλ᾽ ἡνίκα ἂν ἐς
25 τοῦτο αὐτὸν ἡ χρεία ἐνάγοι. τότε οὖν Ἰου-

descended intact in a direct line, as if let down by a machine, into the excavated space and stopped there, keeping its proper position, though not with the same height as before, but somewhat less. So when the whole space under the timbers had been excavated, it came about that they settled into it with the entire wall on them.

But even so the wall did not become accessible to the Romans. For when Mermeroes had come there with his great throng of Persians, they had added a great deal to the earlier masonry and so built the circuit-wall exceedingly high. So the Romans, when they saw the part of the wall which had been shaken down still standing, were at a loss and found themselves involved in great perplexity. For neither could they mine any longer, seeing their digging had brought such a result, nor were they able at all to employ the ram, for they were fighting against a wall on a slope, and this engine cannot be brought up to a wall except on smooth and very flat ground.

Now by some chance it so fell out that there were in this Roman army a small number of the barbarians called Sabiri, for the following reason. The Sabiri are a Hunnic nation and live in the region of the Caucasus, being a very numerous people and properly divided among many different rulers. And some of the rulers from ancient times have had relations with the Roman emperor, and others with the king of Persia. And each of these two sovereigns was accustomed to pay a fixed amount of gold to those in alliance with him, not annually, however, but only as need impelled him to do so. At that time, accord-

---

[1] ἔς τι Haury : ἔτι MSS.
[2] ἀποκεκριμένης Braun : ἀποκεκρυμμένης MSS.

στινιανὸς βασιλεὺς τῶν Σαβείρων τούς οἱ
ἐπιτηδείους ἐς τὴν ὁμαιχμίαν παρακαλῶν ἔστειλέ
26 τινα τὸν τὰ χρήματα παρ' αὐτοὺς κομιοῦντα. ὁ
δὲ (πολεμίων γὰρ μεταξὺ ὄντων ἐς ὄρη τὰ
Καυκάσια ἰέναι ξὺν τῷ ἀσφαλεῖ ἄλλως τε καὶ
χρήματα ἐπαγόμενος οὐδαμῆ εἶχεν) ἀφικνεῖται
μὲν παρά τε τὸν Βέσσαν καὶ τὸ Ῥωμαίων
στρατόπεδον, ὅπερ ἐς τὴν Πέτρας πολιορκίαν
καθίστατο, παρὰ δὲ τοὺς Σαβείρους πέμψας
ἐκέλευσεν αὐτῶν τινὰς ὅτι τάχιστα τοὺς τὰ
χρήματα ληψομένους παρ' αὐτὸν ἥκειν, οἵ τε
βάρβαροι τρεῖς ἀπολεξάμενοι τῶν ἐν σφίσιν
ἀρχόντων, ξὺν ὀλίγοις τισὶν ἐς Λαζικὴν εὐθὺς
ἔπεμψαν· οἳ δὴ ἐνταῦθα γενόμενοι ξὺν τῷ
Ῥωμαίων στρατῷ ἐς τήνδε τὴν τειχομαχίαν
κατέστησαν.

27　　Οὗτοι ἐπειδὴ Ῥωμαίους εἶδον ἀπογνόντας τε
καὶ ἀπορουμένους τὸ παρὸν θέσθαι[1], μηχανήν τινα
ἐπετεχνήσαντο, οἵα οὔτε Ῥωμαίων οὔτε Περσῶν
τινί, ἐξ οὗ γεγόνασιν ἄνθρωποι, ἐς ἔννοιαν ἦλθε·
καίτοι τεχνιτῶν μὲν πολὺς ὅμιλος ἐν ἑκατέρᾳ
28 πολιτείᾳ γέγονέ τε ἀεὶ καὶ τανῦν ἔστιν. ἐς
χρείαν δὲ πολλάκις ἐς τὸν πάντα αἰῶνα κατέστη-
σαν τῆς μηχανῆς ἑκάτεροι ταύτης, ἐς ἐρύματα
τειχομαχοῦντες ἐν χωρίοις σκληροῖς καὶ δυσβάτοις
τισὶ κείμενα· ἀλλ' αὐτῶν οὐδενὶ τὸ ἐνθύμημα
τοῦτο γεγένηται ὅπερ τούτοις δὴ τοῖς βαρβάροις
τανῦν γέγονεν· οὕτως ἀεὶ προϊόντι τῷ χρόνῳ
συννεωτερίζειν τῶν πραγμάτων τὰς ἐπινοίας
29 φιλεῖ τῶν ἀνθρώπων ἡ φύσις. κριὸν γὰρ αὐτο-
σχεδιάζουσιν οἱ Σάβειροι οὗτοι, οὐχ ἧπερ εἰώθει,
30 ἀλλὰ καινουργήσαντες ἑτέρῳ τῳ τρόπῳ. οὐ γὰρ

ingly, the Emperor Justinian, by way of inviting
those of the Sabiri who were friendly to him to a
fighting alliance, had sent a man who was to convey
the money to them. But this man, seeing that, with
enemies between, he could in no wise travel in
safety into the Caucasus region, particularly when
carrying money, went only as far as Bessas and the
Roman army that was engaged in besieging Petra,
and from there he sent to the Sabiri, bidding some
of them who were to receive the money to come to
him with all speed; whereupon the Sabiri selected
three of their leading men and straightway sent
them with a small escort into Lazica. These, then,
were the men who, upon arriving there, had entered
into the attack on the wall with the Roman army.

Now when these Sabiri saw that the Romans were
in despair and at a loss how to handle the situation,
they devised a contrivance, such as had never been
conceived by anyone else of the Romans or of the
Persians since men have existed, although there have
always been and now are great numbers of engineers
in both countries. And though both nations have
often been in need of this device throughout their
history, in storming the walls of fortresses situated
on any rough and difficult ground, yet not to a single
one of them has come this idea which now occurred
to these barbarians. Thus as time goes on human
ingenuity is ever wont to keep pace with it by dis-
covering new devices. For these Sabiri improvised
a ram, not in the customary form, but using a new
method which was their innovation. They did not

---

[1] ἀπογνόντας—θέσθαι K : ἀπογνόντας, ἐς τειχομαχίαν κατέστη-
σαν ἑαυτοὺς καὶ ῥωμαίων ἀπορουμένων καὶ μὴ ἐχόντων εὖ αὐτοῖς
τὸ παρὸν θέσθαι σάβειροι L.

δοκοὺς ἐς τὴν μηχανὴν ταύτην, οὐκ ὀρθάς, οὐκ
ἐγκαρσίας ἐμβέβληνται, ἀλλὰ ῥάβδους παχείας
τινὰς ἐς ἀλλήλας ξυνδέοντες, καὶ αὐτὰς ἀντὶ τῶν
δοκῶν πανταχόθι ἐναρμοσάμενοι, βύρσαις τε τὴν
μηχανὴν καλύψαντες ὅλην τὸ τοῦ κριοῦ διεσώ-
σαντο σχῆμα, μίαν δοκὸν μόνην, ᾗπερ εἴθισται,
κατὰ μέσην τὴν μηχανὴν ἀλύσεσιν ἀναρτήσαντες
χαλαραῖς τισίν, ᾗσπερ τὸ ἄκρον ὀξὺ γεγενημένον
καὶ σιδήρῳ περικαλυφθὲν ὥσπερ βέλους ἀκὶς
ἔμελλε συχνὰ κατὰ τοῦ περιβόλου ἐμβάλλεσθαι.
31 οὕτω δὲ κούφην τὴν μηχανὴν ἀπειργάσαντο,
ὥστε οὐκέτι αὐτὴν πρὸς ἀνδρῶν τῶν ἔνδον ὄντων
ἐφέλκεσθαι ἢ διωθεῖσθαι ἀναγκαῖον ἐγίνετο, ἀλλ᾽
ἄνδρες τεσσαράκοντα, οἳ καὶ τὴν δοκὸν ἀνασύρειν
τε καὶ κατὰ τοῦ περιβόλου ἐμβάλλεσθαι ἔμελλον,
ἔνδον τῆς μηχανῆς ὄντες καὶ ὑπὸ τῶν βυρσῶν
καλυπτόμενοι ἔφερον τὸν κριὸν ἐπὶ τῶν ὤμων
οὐδενὶ πόνῳ.
32 Τρεῖς μὲν οὗτοι οἱ βάρβαροι μηχανὰς τοιαύτας
εἰργάσαντο, τὰς δοκοὺς ξὺν τῷ σιδήρῳ ἐκ τῶν
κριῶν ἀφελόμενοι, οὓς δὴ Ῥωμαῖοι ἐν παρασκευῇ
ἔχοντες οὐχ οἷοί τε ἦσαν ἐς τὸ τεῖχος ἐφέλκειν·
ὑποδύντες δὲ αὐτῶν ἑκάστην οὐχ ἥσσους ἢ κατὰ
τεσσαράκοντα στρατιῶται Ῥωμαῖοι ἀριστίνδην
ἀπολεχθέντες ὡς ἀγχοτάτω τοῦ τείχους ἔθεντο.
33 ἑκατέρωθεν δὲ μηχανῆς ἑκάστης ἕτεροι ἵσταντο,
τεθωρακισμένοι τε καὶ κράνεσι τὰς κεφαλὰς ἐς τὸ
ἀκριβὲς κεκαλυμμένοι καὶ κοντοὺς ἔχοντες, ὧνπερ
τὰ ἄκρα σιδηρίοις ἀγκιστροειδέσιν ἐρήρειστο,
τούτου δὴ παρεσκευασμένων [1] αὐτοῖς ἕνεκα,[2] ὅπως,
ἐπειδὰν ἡ τοῦ κριοῦ ἐς τὸν περίβολον ἐμβολὴ
ξυγχέῃ τὰς τῶν λίθων ἐπιβολάς, τούτοις δὴ τοῖς
158

put any beams into this engine, either upright or
transverse, but they bound together some rather
thick wands and fitted them in place everywhere
instead of the beams; then they covered the entire
engine with hides and so kept the shape of a ram,
and hung a single beam by loose chains, as is custom-
ary, in the centre of the engine, and the head of
this, having been made sharp and covered over with
iron like the barb of a missile, was intended to deal
repeated blows to the circuit-wall. And they made
the engine so light that it was no longer necessary
that it be dragged or pushed along by the men
inside, but forty men, who were also destined to
draw back the beam and thrust it forward against
the wall, being inside the engine and concealed by
the hides, could carry the ram upon their shoulders
with no difficulty.

These barbarians made three such engines, taking
the beams with their iron heads from the rams which
the Romans had in readiness but were unable to
draw up to the wall. And Roman soldiers chosen
for their valour in groups of not less than forty went
inside each one of them and set them down very
close to the wall. And others were standing on
either side of each engine, armed with the corselet
and having their heads carefully covered by helmets
and carrying poles, the ends of which were fitted
with hook-shaped irons; now the purpose for which
these had been provided was this, that as soon as the
impact of the ram on the wall should break up the
courses of the stones, they might be able with these

---

[1] τούτου δὴ παρεσκευασμένων L: τοῦτον δὴ παρεσκευασμένον
K.

[2] ἕνεκα L: ἤνεγκαν K.

κοντοῖς περιαιρεῖν τε τοὺς ξυγχεομένους τῶν λίθων
34 καὶ ἀπορρίπτειν δυνατοὶ εἶεν. Ῥωμαῖοι μὲν οὖν
ἔργου εἴχοντο καὶ τὸ τεῖχος ἤδη συχναῖς ταῖς
ἐμβολαῖς κατεσείετο, οἱ δὲ τῶν μηχανῶν ἐφ'
ἑκάτερα ὄντες τοῖς ἀγκιστροειδέσι κοντοῖς τῶν
λίθων τοὺς ξυνταρασσομένους ἀπὸ τῆς κατὰ τὴν
οἰκοδομίαν ξυνθήκης ἐρρίπτουν, ἁλώσεσθαί τε ἡ
πόλις αὐτίκα δὴ μάλα ἐπίδοξος ἦν.

35 Οἱ δὲ Πέρσαι ἐπενόουν τάδε. ξύλινον πύργον,
ὅσπερ αὐτοῖς ἐκ παλαιοῦ παρεσκεύαστο, καθύ-
περθεν τοῦ περιβόλου ἐτίθεντο, ἀνδρῶν ἔμπλεως
τῶν ἐν σφίσι μαχιμωτάτων, ἥλοις τε σιδηροῖς
καὶ θώραξι τάς τε κεφαλὰς καὶ τὸ ἄλλο σῶμα
36 περιβαλόντων. ἀγγεῖα δὲ θείου τε καὶ ἀσφάλτου
ἐμπλησάμενοι καὶ φαρμάκου ὅπερ Μῆδοι μὲν
νάφθαν καλοῦσιν, Ἕλληνες δὲ Μηδείας ἔλαιον,
πυρί τε ταῦτα ὑφάψαντες ἐπὶ τὰς μηχανὰς τῶν
κριῶν ἔβαλλον, ἅσπερ ὀλίγου ἐμπιπράναι πάσας
37 ἐδέησαν.[1] ἀλλ' οἱ παρὰ ταύτας, ὥσπερ μοι
ἐρρήθη, ἑστῶτες, τοῖς κοντοῖς, ὧνπερ ἐπεμνήσθην
ἀρτίως, ἐνδελεχέστατα περιαιροῦντες τὰ βαλ-
λόμενα καὶ περικαθαίροντες, ἅπαντα ἐς τὸ ἔδαφος
38 ἐκ τῶν μηχανῶν εὐθὺς ἐρρίπτουν. οὐκ ἐπὶ πολὺ
δὲ πρὸς τὸ ἔργον τοῦτο ἀνθέξειν ὑπώπτευον· τὸ
γὰρ πῦρ οὐ προσψαύσειεν ἐνεπίμπρα αὐτίκα, εἰ
μὴ εὐθυωρὸν ἀποβληθείη. ταῦτα μὲν οὖν ἐπράσ-
σετο τῇδε.

39 Βέσσας δὲ αὐτὸς τεθωρακισμένος καὶ ἅπαν
ἐξοπλίσας τὸ στράτευμα κλίμακας πολλὰς ἐς τὸ
40 πεπτωκὸς τοῦ τείχους προῆγε. καὶ λόγῳ τοσοῦ-

---

[1] ἐδέησαν Haury : ἐδέησεν MSS.

poles to loosen and pull down such stones as were dislodged. So the Romans set to work and the wall was already being shaken by frequent blows, while those who were on both sides of the engines, using their hooked poles, were pulling down the stones as they were dislodged from their setting in the masonry, and it seemed certain that the city would be captured instantly.

But the Persians hit on the following plan. They placed on the top of the circuit-wall a wooden tower which had been made ready by them long before, filling it with their most warlike men, who had their heads and the rest of their bodies protected by iron nails and corselets. And they had filled pots with sulphur and bitumen and the substance which the Persians call "naphtha"[1] and the Greeks "Medea's oil," and they now set fire to these and commenced to throw them upon the sheds of the rams, and they came within a little of burning them all. But the men standing beside them, as I have said, by means of the poles which I have just mentioned kept removing these missiles with the greatest determination and clearing them off, so that they hurled everything down to the ground from the engines as soon as it fell. But they could not expect to hold out long in this work; for the fire kindled instantly whatever it touched, unless it was immediately thrown off. Such then was the course of events here.

But Bessas, who had himself donned his corselet and put his whole army under arms, began to move forward many ladders to the part of the wall which had sunk. And after stirring their courage with a

---

[1] Bitumen and naphtha were Persian products.

τὸν παραθαρρύνας, ὅσον μὴ ἀμβλῦναι τοῦ και-
ροῦ τὴν ἀκμήν, ἔργοις τῆς παρακελεύσεως τὰ
λοιπὰ ἔνειμεν. ἀνὴρ γὰρ πλέον ἢ ἑβδομήκοντα
γεγονὼς ἐτῶν καὶ παντάπασιν ἔξωρος ὢν ἤδη
41 πρῶτος ἐπέβη τῆς κλίμακος. ἐνταῦθα μάχη καὶ
ἀρετῆς ἐπίδειξις γίνεται Ῥωμαίοις τε καὶ Πέρσαις
οἵαν ἔγωγε κατὰ τοῦτον τὸν χρόνον οὐδαμῇ οἶμαι
42 ξυνενεχθῆναι. τὸ μὲν γὰρ βαρβάρων πλῆθος εἰς
δισχιλίους καὶ τριακοσίους ξυνήει, Ῥωμαῖοι δὲ ἐς
43 ἑξακισχιλίους ἐτύγχανον ὄντες. καὶ αὐτῶν ἑκα-
τέρωθεν ὅσοι οὐ διεφθάρησαν τραυματίαι σχεδόν
τι γεγόνασι πάντες, ὀλίγοις τε λίαν ἐπ' ἀθῴοις
τοῖς σώμασι περιεῖναι ξυνέβη. Ῥωμαῖοι μὲν οὖν
τὴν ἀνάβασιν ἐβιάζοντο δυνάμει τῇ πάσῃ, Πέρσαι
44 δὲ αὐτοὺς πόνῳ πολλῷ ἀπεκρούοντο. ἀμφοτέρω-
θεν δὲ κτεινομένων πολλῶν οὐ μακράν που
ἐγένοντο τοῦ ἀπεῶσθαι τὸν κίνδυνον Πέρσαι·
ὠθισμοῦ γὰρ πολλοῦ ἐν τῇ τῶν κλιμάκων ὑπερ-
βολῇ γεγενημένου ἄλλοι τε Ῥωμαίων συχνοὶ ἅτε
πολεμίοις καθύπερθεν οὖσι μαχόμενοι ἔθνησκον
καὶ Βέσσας ὁ στρατηγὸς ἐς τὸ ἔδαφος πεσὼν[1]
45 ἔκειτο. καὶ τότε δὴ κραυγῆς ἐξαισίας πρὸς
ἀμφοτέρων γεγενημένης οἱ μὲν βάρβαροι παντα-
χόθεν ξυρρέοντες ἐπ' αὐτὸν ἔβαλον, οἱ δὲ δορυ-
φόροι ξυνέστησάν τε σπουδῇ ἀμφ' αὐτὸν καὶ
κράνη μὲν ἐν ταῖς κεφαλαῖς ἔχοντες, θώρακας
δὲ ἀμπεχόμενοι πάντες, ἔτι μέντοι καθύπερθεν
ταῖς ἀσπίσι φραξάμενοι καὶ ἐν χρῷ ξυνιόντες
ἀλλήλοις, ὀροφῆς αὐτῷ σχῆμα ἐποίουν καὶ τόν τε
στρατηγὸν ὡς ἀσφαλέστατα ἔκρυψαν καὶ τὰ
46 βαλλόμενα παντὶ σθένει ἀπεκρούοντο. καὶ

---

[1] πεσών K : ἐκπεσών L.

speech of only such length as not to blunt the point
of the opportunity, he devoted the remainder of his
exhortation to action. For though he was a man of
more than seventy years and already well past his
prime, he was the first to mount the ladder. There
a battle took place and a display of valour by both
Romans and Persians such as I at least believe has
never once been seen in these times. For while the
number of the barbarians amounted to two thousand
three hundred, the Romans counted as many as six
thousand. And practically all those on both sides
who were not killed received wounds, and it proved
true that exceedingly few survived with their bodies
intact. So the Romans, for their part, were
struggling with all their strength to force the
ascent, while the Persians on their side were beating
them back with great vigour. Thus many were
being slain on both sides and the Persians were not
far from repelling the danger. For at the tops of the
ladders a violent struggle for position took place, and
many of the Romans, fighting as they were with an
enemy above them, were being slain, and Bessas the
general also fell to the ground and lay there. And
at that point a tremendous shout arose from both
armies as the barbarians rushed together from all
sides and shot at him, and his bodyguard gathered
hastily about him, all of them having helmets on
the heads and wearing corselets; and by holding
their shields close together over their heads and
crowding in so as to touch one another, they made a
sort of roof over him and concealed their general in
complete safety, and kept fending off the missiles
with all their strength. And a great din arose from

πάταγος μὲν τῶν ἀεὶ πεμπομένων κἂν ταῖς
ἀσπίσιν τε καὶ τοῖς ἄλλοις ὅπλοις ἀποκαυλιζο-
μένων πολὺς ἐγεγόνει, κραυγῇ δὲ καὶ ἄσθματι
47 καὶ ταλαιπωρίᾳ ἕκαστος εἴχετο. Ῥωμαῖοί τε
ἅπαντες τῷ στρατηγῷ ἀμύνειν ἐν σπουδῇ ἔχοντες
ἔβαλλον [1] ἐς τὸ τεῖχος, οὐδένα ἀνιέντες καιρόν,
καὶ ταύτῃ τοὺς πολεμίους ἀνέστελλον.

48 Τότε δὴ ὁ Βέσσας (οὐδὲ γὰρ ἐξανίστασθαι εἶχε,
τῆς ὁπλίσεως ἀντιστατούσης, ἄλλως τε καὶ τοῦ
σώματός οἱ οὐκ εὐσταλοῦς ὄντος, ἦν γὰρ οὗτος
ἀνὴρ εὔσαρκός τε καί, ὅπερ ἐρρήθη, ἐσχατογέρων)
οὐκ ἐς ἀμηχανίαν ἐξέπεσε, καίπερ ἐς τοσοῦτον
κινδύνου ἥκων, ἀλλὰ βουλεύεταί τι ἐκ τοῦ αἰφνι-
δίου ὅπερ [2] αὐτόν τε καὶ τὰ Ῥωμαίων πράγματα
49 διασώσασθαι ἔσχε. τοῖς γὰρ δορυφόροις ἐπέ-
στελλε σύρειν τε αὐτὸν ἐκ ποδὸς καὶ ὡς ἀπωτάτω
50 τοῦ τείχους ἐφέλκειν. οἱ δὲ κατὰ ταῦτα ἐποίουν.
καὶ αὐτὸν οἱ μὲν ἔσυρον, οἱ [3] δὲ ξὺν αὐτῷ ὑπεχώ-
ρουν, τὰς μὲν ἀσπίδας ὕπερθεν ἐπ᾽ ἀλλήλους ἔχον-
τες, τοσαύτην δὲ ποιούμενοι βάδισιν ὅσον ἐκεῖνος
ἐσύρετο, ὡς μὴ ἀπαρακάλυπτος γεγονὼς πρὸς τῶν
51 πολεμίων βληθείη. ἐπειδὴ δὲ ὁ Βέσσας ἐν τῷ ἀσφα-
λεῖ ἐγεγόνει, ἐξανίστατό τε καὶ παρακελευσάμενος
ἐπὶ τὸ τεῖχος ᾔει, τῆς τε κλίμακος ἐπιβατεύσας
52 αὖθις ἐπὶ τὴν ἀνάβασιν ὥρμητο. ἐπισπόμενοι δὲ
Ῥωμαῖοι πάντες ἔργα ἐς τοὺς πολεμίους ἐπεδείκ-
νυντο ἀρετῆς ἄξια. περίφοβοί τε γενόμενοι
Πέρσαι καιρὸν σφίσι τινὰ τοὺς ἐναντίους διδόναι
ᾔτουν, ὅπως συσκευασάμενοι ἀπαλλάσσωνται
53 τὴν πόλιν ἐνδόντες. Βέσσας δὲ δολώσεις αὐτοὺς

---

[1] ἔβαλλον L : ἔβαλον K.　　　　[2] ὅπερ : ὅπερ K.
[3] κατὰ—ἔσυρον, οἱ K : αὐτὸν μὲν ἔσυρον. καὶ αὐτοί L.

the missiles which were thrown continually and blunted on the shields and other armour, and at the same time each man was shouting and panting and exerting himself to the utmost. Meanwhile all the Romans, in their eagerness to defend their general, were shooting at the wall, stopping not for an instant, seeking thus to check the enemy.

In this crisis Bessas distinguished himself; though he could not get on his feet on account of the impediment of his armour and also because his body was not nimble (for this man was fleshy and, as said, very old), still he did not yield to helpless despair, even when he had come into such great danger, but formed a plan on the spur of the moment by which he succeeded in saving both himself and the Roman cause. For he directed his bodyguards to drag him by the foot and thus pull him very far from the wall, and they carried out this order. And so, while some were dragging him, others were retreating with him, holding their shields above him and toward each other, and walking at the same speed as he was being dragged, so that he might not, through becoming uncovered, be hit by the enemy. Then as soon as Bessas had reached safety, he got on his feet, and urging his men forward went toward the wall, and setting foot on the ladder once more made haste to mount it. And all the Romans following behind him made a display of real heroism against the enemy. Then the Persians became terrified and begged their opponents to give them some time, in order that they might pack up and get out of the way when they handed over the city. But Bessas suspected

ἐπιτεχνάσασθαι[1] ὑποτοπάζων, ὅπως μεταξὺ
κρατύνωνται τὸ τοῦ περιβόλου ὀχύρωμα, τὴν μὲν
ξυμβολὴν καταπαύειν ἔφη οὐχ οἷός τε εἶναι, τοὺς
δὲ ἀμφὶ τῇ ὁμολογίᾳ βουλομένους αὐτῷ ξυγγενέσ-
θαι, τῶν στρατοπέδων μαχομένων, οὐδέν τι ἧσσον
εἰς ἑτέραν τινὰ ξὺν αὐτῷ ἰέναι τοῦ τείχους μοῖραν,
δείξας τι[2] χωρίον αὐτοῖς.

54   Τῶν δὲ οὐκ ἐνδεχομένων τὸν λόγον γίνεται μὲν
αὖθις καρτερά τις μάχη καὶ ὠθισμὸς πολύς, ἔτι
δὲ ἀγχωμάλου τῆς ξυμβολῆς οὔσης ξυνηνέχθη τὸ
τεῖχος ἑτέρωθι, οὗπερ διορύξαντες Ῥωμαῖοι πρό-
τερον ἔτυχον, ἐξαπιναίως καταπεσεῖν. ἐνταῦθα
55 οὖν πολλοὶ ἐξ ἀμφοτέρων ξυνέρρεον. καὶ
Ῥωμαῖοι μὲν πλήθει τοὺς πολεμίους παρὰ πολὺ
ὑπεραίροντες, καίπερ δίχα διῃρημένοι, πολλῷ
ἔτι μᾶλλον βάλλοντές τε καὶ ὠθοῦντες καρτερώ-
56 τατα τοῖς ἐναντίοις ἐνέκειντο. Πέρσαι δὲ οὐκέτι
ὁμοίως ἀντεῖχον, ἑκατέρωθι βιαζόμενοι, ἀλλὰ
διαιρεθεῖσα ἡ ὀλιγανθρωπία ἐς ἄμφω τὰ μέρη
57 διαφανὴς ἦν. οὕτω δὲ πονουμένων[3] ἀμφοτέρων ἔτι
τῶν στρατευμάτων καὶ οὔτε Περσῶν ἀποκρούεσ-
θαι δυναμένων ἐγκειμένους σφίσι τοὺς πολεμίους
οὔτε Ῥωμαίων βιάζεσθαι παντάπασι τὴν εἴσοδον
οἵων τε ὄντων, νεανίας ἀνήρ, Ἀρμένιος γένος, Ἰωάν-
νης ὄνομα, Θωμᾶ υἱὸς ὅνπερ ἐπίκλησιν ἐκάλουν
Γούζην, τὰ μὲν καταπεπτωκότα τοῦ περιβόλου
καὶ τοὺς ἐνταῦθα ὠθισμοὺς εἴασεν, Ἀρμενίων δὲ

---

[1] ἐπιτεχνάσασθαι K : ὑποτεχνᾶσθαι L.
[2] τι Braun : τό MSS.   [3] πονουμένων K : ποιουμένων L.

that they had contrived some trickery, to the end
that in the interval they might increase the strength
of the circuit-wall, and so he said that he was
unable to put a stop to the fighting, but those who
wished to meet him to discuss terms could, while
the armies were fighting, nevertheless proceed with
him to another part of the wall; and he designated
a certain spot to them.

This proposal, however, was not accepted by them,
and once more fierce fighting commenced, involving
a violent tussle; but while the conflict was still
indecisive, it so fell out that the wall at another
point, where the Romans had previously undermined
it, suddenly toppled over. Consequently many from
both armies rushed together at that spot. And now
the Romans shewed their great numerical superiority
over the enemy, though they were divided into two
parts, and they kept pressing the battle against
their opponents, shooting faster than ever and
pushing forward with the greatest force. The
Persians, on the other hand, no longer resisted with
the same strength as before, assailed violently as
they were at both points, and the smallness of their
numbers thus divided between two fronts was
conspicuous. Now while both the armies were still
struggling thus, and the Persians, on the one hand,
could not repulse their enemy as they pressed upon
them, and the Romans, on the other hand, were
unable completely to force their entrance, a young
man of the Armenian race named John, son of
Thomas, whom they were wont to call Guzes,
abandoned the downfallen part of the circuit-wall
and the struggles there, and, taking with him some
few of his Armenian followers, ascended by the

τῶν οἱ ἑπομένων ἐπαγαγόμενος ὀλίγους τινὰς διὰ
τοῦ κρημνώδους, ᾗπερ ἅπαντες τὴν πόλιν ἀνάλω-
τον εἶναι ὑπώπτευον, βιασάμενος ἀνέβη τοὺς
58 ταύτῃ φρουρούς. κατά τε τὰς ἐπάλξεις γενόμενος
ἕνα Περσῶν τῶν τῇδε ἀμυνομένων, ὅσπερ μαχιμώ-
τατος ἐδόκει εἶναι, δόρατι ἔκτεινεν. ἐσβατόν τε
Ῥωμαίοις ξυνηνέχθη τρόπῳ τοιῷδε.

59 Πέρσαι οἳ ἐν πύργῳ τῷ ξυλίνῳ ἑστήκεσαν
μέγα τι χρῆμα τῶν πυρφόρων ἀγγείων ὑφῆψαν,
ὅπως τῶν βαλλομένων τῷ περιόντι καταφλέξαι
αὐτοῖς ἀνδράσι τὰς μηχανὰς οἷοί τε ὦσιν, οὐ
δυναμένων τῶν ἀμυνομένων ἅπαντα τοῖς κοντοῖς
60 διωθεῖσθαι.[1] πνεῦμα δὲ νότου σκληρόν τε καὶ
ὑπερφυὲς ἄγαν ἐξαπιναίως ἐξ ἐναντίας αὐτοῖς
ξὺν πολλῷ πατάγῳ ἐπιπεσόν, τῶν τοῦ πύργου
61 σανίδων ἀμηγέπη μιᾶς ἥψατο. οὐ ξυνιέντων δὲ
αὐτίκα τῶν ἐνταῦθα Περσῶν (πόνῳ γὰρ καὶ
θορύβῳ καὶ δέει καὶ ταραχῇ ἀμέτρῳ εἴχοντο
ἅπαντες, ἥ τε ἀνάγκη αὐτοῖς παρῃρεῖτο τὴν
αἴσθησιν) ἡ φλὸξ κατὰ βραχὺ αἰρομένη τῷ τε τῆς
Μηδείας ἐπωνύμῳ ἐλαίῳ καὶ οἷσπερ ἄλλοις ἐξήρ-
τυτο τὸν πύργον ὅλον καὶ Πέρσας τοὺς ἐνταῦθα
62 ἐνέπρησεν. ἐξηνθρακωμένοι τε ἅπαντες ἔπεσον,
οἱ μὲν ἐντὸς τοῦ περιβόλου, οἱ δὲ τούτου[2] ἐκτός,
ἵνα δὴ αἵ τε μηχαναὶ καὶ οἱ ἀμφ᾽ αὐτὰς Ῥωμαῖοι
ἑστήκεσαν· οὕτω δὲ καὶ οἱ ἄλλοι Ῥωμαῖοι, ὅσοι
δὴ ἐς τοῦ περιβόλου τὰ καταπεπτωκότα ἐμάχοντο,
ἐνδιδόντων σφίσι τῶν πολεμίων ἔς τε ὀλιγωρίαν
ἐμπεπτωκότων, ἐντὸς τοῦ περιβόλου ἐγένοντο, καὶ
κατ᾽ ἄκρας ἡ Πέτρα ἑάλω.

63 Τῶν μὲν οὖν Περσῶν ἐς πεντακοσίους ἐς τὴν

---

[1] διωθεῖσθαι L : διαθεῖσθαι K.   [2] τούτου K : που L.

precipice, where all considered the city to be impregnable, having overpowered the guards at that point. Then, after getting on the parapet, he slew with his spear one of the Persian defenders there, who appeared to be the most warlike. In this manner an entry was made possible for the Romans.

Now the Persians who were posted in the wooden tower had kindled a huge number of fire-bearing pots, in order that they might be able by the very number of their missiles to burn up the engines, men and all, their defenders being unable to push them all aside with their poles. But suddenly there sprang up from the south a wind of extraordinary violence and blew against them with a great roar, and in some way or other it set fire to one of the planks of the tower. But the Persians there did not immediately comprehend this, for they were every man of them working and shouting immoderately, being filled with fear and in the midst of wild confusion, and the urgency of the moment had robbed them of their senses; so the flame rising little by little, fed by the oil which bears Medea's name and all the other things with which the tower was supplied, consumed the whole tower and the Persians who were in it. These were all burned to death, and their charred bodies fell, some inside the wall, others outside where the engines stood with the Romans about them. Then the other Romans also who were fighting at the fallen part of the wall, since the enemy were giving way before them in utter despair and strove no longer to resist, got inside the fortifications, and Petra was captured completely.

So about five hundred of the Persians ran up

ἀκρόπολιν ἀναδραμόντες καὶ τὸ ἐκείνῃ καταλα
βόντες ὀχύρωμα ἡσυχῇ ἔμενον, τοὺς δὲ ἄλλους
Ῥωμαῖοι, ὅσους οὐκ ἔκτειναν ἐν τῇ ξυμβολῇ,
ἐζώγρησαν ἅπαντας ἐς τριάκοντα καὶ ἑπτακοσίους
64 μάλιστα ὄντας. καὶ αὐτῶν ὀκτὼ μὲν καὶ δέκα
ἀκραιφνεῖς εὗρον, οἱ δὲ λοιποὶ ἅπαντες τραυ
ματίαι ὄντες ἐτύγχανον. ἔπεσον δὲ καὶ Ῥωμαίων
πολλοί τε καὶ ἄριστοι, καὶ Ἰωάννης ὁ Θωμᾶ υἱός,
λίθῳ τὴν κεφαλὴν ἐν τῇ ἐς τὴν πόλιν εἰσόδῳ
πρός του τῶν βαρβάρων βληθεὶς ἔργα τε θαυ
μαστὰ ἐς τοὺς πολεμίους ἐπιδειξάμενος.

XII

Τῇ δὲ ἐπιγενομένῃ ἡμέρᾳ Ῥωμαῖοι τῶν βαρ
βάρων τοὺς τὴν ἀκρόπολιν καταλαβόντας[1]
πολιορκοῦντες λόγους προὔφερον, τήν τε σωτηρίαν
αὐτοῖς προτεινόμενοι καὶ τὰ πιστὰ δώσειν ὑπὲρ
τούτων ὁμολογοῦντες, ταύτῃ Πέρσας καραδο
2 κοῦντες σφᾶς αὐτοὺς ἐγχειριεῖν σφίσιν. οἱ δὲ
αὐτῶν οὐκ ἐνδεχόμενοι τοὺς λόγους ἐς ἀντίστασιν
εἶδον, καίπερ οὐκ ἐπὶ πολὺ ἀνθέξειν τῇ ταλαι
πωρίᾳ οἰόμενοι, ἀλλὰ δι᾽ ἀρετὴν θανατῶντες.
3 Βέσσας δὲ αὐτοὺς ἀποστῆσαι τῆς γνώμης ἐθέλων
ἀντικαταστῆσαί τε ἐς τὴν τῆς σωτηρίας ἐπι
θυμίαν, τῶν τινα Ῥωμαίων στρατιωτῶν ὡς
πλησιαίτατα αὐτοῖς ἰέναι κελεύει παραίνεσίν τέ
τινα ἐς τοὺς ἀνθρώπους ποιήσασθαι, δηλώσας
ὅσα δὴ ἐς αὐτοὺς εἰπεῖν βούλοιτο.
4 Καὶ ὃς ἀγχοτάτω γενόμενος ἔλεξε τοιάδε· " Τί
πεπονθότες ἐφ᾽ ὑμῖν αὐτοῖς, ὦ βέλτιστοι Πέρσαι,

to the acropolis, and seizing the stronghold there remained quiet, but the Romans made prisoners of all the others, such as they had not slain in the fighting, amounting to about seven hundred and thirty. And among these they found only eighteen unhurt, all the rest having been wounded. There fell too many of the best of the Romans, and among them John the son of Thomas, who, while entering the city, was hit on the head by a stone thrown by one of the barbarians, but only after he had made a display of marvellous deeds against the enemy.

XII

On the following day the Romans, while besieging those barbarians who had seized the acropolis, made a proposal, offering them personal safety and promising to give them pledges to that effect, thinking that the Persians would submit on this basis. But they did not receive the suggestion and prepared to resist, not thinking that they would hold out long in their desperate situation, but courting a heroic death. But Bessas, wishing to dissuade them from this purpose and to turn them instead to a longing for safety, commanded one of the Roman soldiers to go up as close as he could to them and make a kind of exhortation to the men, and he stated what he wished him to say to them.

This man then came up close to the fortress and spoke as follows : " Most noble Persians, what has

---

¹ καταλαβόντας L : καταλιπόντας K.

τὸν ὄλεθρον διατείνεσθε τοῦτον, ἐπιτηδεύοντες τὰ
θανάσιμα σπουδῇ ἀλογίστῳ καὶ τῆς ἀρετῆς τὰ
ἐπιτηδεύματα διαφανῶς ἀτιμάζοντες; οὐ γάρ
ἐστιν ἀνδρεῖον[1] τὸ τοῖς ἀμηχάνοις ἀντιστατεῖν,
οὐδὲ ξυνετὸν[2] τὸ μὴ βούλεσθαι τοῖς κεκρατηκό-
σιν ὑπείκειν· οὐδὲ μὴν ἄδοξον τὸ τύχῃ τῇ παρούσῃ
5 ἑπομένους βιῶναι. ἀνάγκη γὰρ οὐδὲ ἀγαθῆς
τινος ἐλπίδος τυχοῦσα τὴν ἀτιμίαν ἐκφεύγει
δικαίως, ἣν καὶ τῶν ἔργων περιβάλληται τὰ
αἰσχρότατα· κακῷ γὰρ τῷ ἀμηχάνῳ τὸ σύγγνωμον
6 ἕπεσθαι πέφυκε. μὴ τοίνυν τὴν ἀπόνοιαν ἐν
προὔπτῳ ζηλοῦτε κινδύνῳ, μηδὲ τῆς σωτηρίας
τὴν ἀλαζονείαν ἀλλάξασθε, ἀλλ' ἐνθυμεῖσθε ὡς
ἀναβιώσεσθαι μὲν τοὺς τετελευτηκότας ἀδύνατον,
οἱ δὲ περιόντες καὶ χρόνῳ διαχρήσονται[3] σφᾶς
αὐτοὺς ὕστερον, ἤν γε τοῦτο κρεῖσσον εἶναι δοκῇ.
7 βουλεύσασθε οὖν τὴν ὑστάτην βουλὴν καὶ περι-
σκοπεῖσθε τὰ ξύμφορα, ἐκεῖνο εἰδότες,[4] ὡς ταῦτα
ἂν τῶν βουλευμάτων τὰ βέλτιστα εἴη ἐν οἷς τὸ
μεταμέλειν τοῖς βουλευσαμένοις ἐν ἐξουσίᾳ ἔσται.
8 ὡς ἡμεῖς γε ὑμᾶς καὶ ζυγομαχοῦντας οἰκτείρομεν
καὶ θανατώντων φειδόμεθα καὶ πρὸς τὸν βίον
ἐνδιαθρυπτομένους τε καὶ βλακεύοντας ἐλεεῖν
9 ἀξιοῦμεν, ᾗ Ῥωμαίοις Χριστιανοῖς νόμος. ἄλλο
τε ὑμῖν περιέσται[5] οὐδέν, πλήν γε δὴ ὅτι τὴν
πολιτείαν ἐπὶ τὰ βελτίω μεταβαλόντες Ἰου-
στινιανὸν ἀντὶ Χοσρόου κύριον ἕξετε· ὑπὲρ γὰρ
τούτων ὑμῖν καὶ τὰ πιστὰ δώσειν ὁμολογοῦμεν.

---

[1] ἀνδρεῖον L : ἀνδρείων K.
[2] ξυνετόν L : ξυνετῶν K.
[3] διαχρήσονται K : διαθήσονται L.
[4] εἰδότες L : ἰδόντες K.

come over you that you are stubbornly holding to
this course of destruction, bending your energies
with unreasonable zeal to accomplish a certain death
and conspicuously dishonouring the practice of
valour? For it is not a manly thing to array oneself
against the inevitable, nor a wise thing to refuse
to bow to those who have won the mastery; nor, on
the other hand, is it inglorious to live by falling
in with the situation chance has brought. For man,
in the grip of necessity which is relieved by no
hope of rescue, is thereby justly acquitted of the
charge of dishonour, even if he is involved in the
most shameful actions; for evil, when it is unavoid-
able, is naturally followed by forgiveness. Do not,
therefore, emulate madmen in the midst of obvious
danger, and do not barter your safety for wanton
folly, but rather call to mind that it is impossible
for the dead to come to life, while the living can
destroy themselves at a later time, if indeed this
seems best. Make, then, your final deliberation and
consider well your interests, recalling the fact that
those decisions would be the best in which reversal
shall still be within the power of those who have
made the decision. For we on our part do pity you,
though you are fighting against your own friends,
and spare you when you are courting death, and
we expect, as is customary for Christian Romans, to
feel compassion for you though you throw life to
the winds, and look upon it as a trivial matter.
And the result for you will be simply this, that by
shifting your citizenship for the better you will
have Justinian instead of Chosroes as master; in-

---

⁵ ὑμῖν περιέσται Κ : ὑμῖν περιοῦσι προσέσται L.

10 μὴ τοίνυν ὑμᾶς αὐτοὺς διαχρήσησθε, παρὸν
σώζεσθαι. οὐ γὰρ εὐτυχὲς ἐμφιλοχωρεῖν τοῖς
δεινοῖς ἐπ᾽ οὐδεμιᾷ τὸ παράπαν ὀνήσει, ἐπεὶ οὐκ
ἀνδραγαθίζεσθαι, ἀλλὰ θανατᾶν τοῦτό γε.
11 γενναῖος δὲ ὃς ἂν ἐγκαρτερῇ τὰ δεινότατα, ἡνίκα
τι προσδοκᾷ ἀπ᾽ αὐτοῦ χρήσιμον. οὐ γὰρ
ἐπαινοῦσι τὴν ἑκούσιον τελευτὴν ἄνθρωποι, ἔνθα
δή τις ἐπίκειται κρείσσων τῷ κατ᾽ αὐτὴν κινδύνῳ
ἐλπίς, ἀλλὰ βίου¹ μὲν καταστροφὴ ἄχρηστος²
ἄνοια προπετής, τὸ δὲ εἰς θάνατον ἀνόητον
θράσος τοῦ δραστηρίου πρόσχημα οὐκ εὐπρεπὲς
12 τοῖς γε σώφροσιν εἶναι δοκεῖ. καίτοι καὶ τοῦτο
ἐκλογίζεσθαι χρή, μή τι δόξητε καὶ εἰς τὸ θεῖον
ἀγνωμονεῖν. εἰ γὰρ ἀπολεῖν³ ἐβούλετο, ὦ
ἄνδρες, ὑμᾶς, οὐκ ἄν, οἶμαι, παραδεδώκει τοῖς
13 διασώζειν ἐφιεμένοις. τὰ μὲν οὖν παρ᾽ ἡμῶν
τοιαῦτά ἐστι, βουλεύσεσθε⁴ δὲ ὑμεῖς δηλονότι
ὦνπερ ἀξίοις ὑμῖν ξυμβαίνει εἶναι."
14 Ἡ μὲν παραίνεσις ταύτῃ πη εἶχε. Πέρσαι δὲ
τοὺς λόγους οὐδὲ ὅσον ἀκοῇ δέχεσθαι ἤθελον,
ἀλλ᾽ ἐθελοκωφοῦντες ὅτι δὴ οὐκ ἐπαΐοιεν προ-
15 σεποιοῦντο. καὶ τότε, τοῦ στρατηγοῦ ἐγκελευσα-
μένου, Ῥωμαῖοι πῦρ τῇ ἀκροπόλει ἐμβέβληνται,
τῷ τρόπῳ τούτῳ ἐνδώσειν τὰ σώματα σφίσι τοὺς
16 πολεμίους οἰόμενοι. τῆς δὲ φλογὸς ἐπὶ μέγα
χωρούσης οἱ βάρβαροι, τοῦ πάθους αὐτοῖς ἐν
ὀφθαλμοῖς ὄντος, ἐξεπιστάμενοι ὅτι δὴ σφίσιν
αὐτίκα δὴ μάλα τετεφρῶσθαι ξυμβήσεται, ἐλπίδα

---

¹ βίου K : βίαιος L.
² ἄχρηστος K : ἄχρηστος καί L.
³ ἀπολεῖν Hoeschel : ἀπολλύειν Herwerden, ἀπόλλειν MSS.
⁴ βουλεύσεσθε Dindorf : βουλεύσοισθε K, βουλεύσησθε L.

deed we agree to give you pledges to make this promise binding. Do not then destroy yourselves when it is possible to be saved. For it is not a glorious thing to linger fondly in danger for no advantage whatsoever, since this is not playing the part of brave men, but simply courting death. But noble is he who steels himself to endure the most severe fortune, when he can anticipate from it some benefit. For men do not applaud voluntary death in a situation where even the surrounding danger gives ground for some stronger hope, but a useless destruction of life is downright folly, and senseless daring which leads to death, when held out as a pretence of high seriousness, merits no praise, at least in the judgment of thinking men. Furthermore, you are bound also to take into consideration that you may seem to be shewing some ingratitude toward Heaven. For if God wished to destroy you, my men, he would not, I think, have put you into the hands of those who are striving to preserve you. Seeing then that such is our stand in the matter, it will clearly be for you to decide what it is fitting should befall you."

Such was the exhortation. The Persians, however, were unwilling even to listen to the discourse, but wilfully shutting their ears pretended that they did not understand. Then finally, at the command of the general, the Romans hurled fire into the acropolis, thinking that in this way the enemy would be constrained to surrender themselves. Then, as the flames spread in great volume, the barbarians, with disaster before their eyes, and knowing full well that they would speedily be burned to ashes, and having no hope, nor yet seeing

οὐδεμίαν ἔχοντες, οὐδὲ εἰδότες καθ' ὅ τι σωθή-
σονται ἀμυνόμενοι, οὐδ' ὡς ὑποχείριοι τοῖς πολε-
μίοις γενέσθαι ἤθελον, ἀλλὰ ξὺν τῇ ἀκροπόλει
εὐθὺς ἅπαντες, θαυμάζοντος τὰ ποιούμενα τοῦ
Ῥωμαίων στρατοῦ, καταφλεγόμενοι διεφθάρησαν.

17 δι' ὅσης τε[1] σπουδῆς ὁ Χοσρόης Λαζικὴν ἦγε
τηνικάδε φανερὸν γέγονεν· ὅς γε στρατιώτας μὲν
τοὺς πάντων λογιμωτάτους ἀπολεξάμενος ἐν τῷ
τῆς Πέτρας κατεστήσατο φυλακτηρίῳ, ὅπλα δὲ
κατέθετο τοσαῦτα τὸ πλῆθος, ὥστε λῃσαμένων
αὐτὰ Ῥωμαίων στρατιώτῃ ἑκάστῳ πέντε ἀνδρῶν
ἐπιβαλεῖν σκευήν, καίτοι κἂν τῇ ἀκροπόλει
18 πολλὰ καυθῆναι ξυνέβη. εὕρηται δὲ καὶ σίτου
καὶ τεταριχευμένων κρεῶν μέγα τι χρῆμα καὶ
τῶν ἄλλων ἐπιτηδείων, ὅσα δὴ ἔμελλε πενταετὲς
19 τοῖς πολιορκουμένοις πᾶσιν ἐπαρκέσειν. οἶνον δὲ
οὐκ ἔτυχον ἐνταῦθα καταθέμενοι Πέρσαι, πλήν
20 γε ὅτι τόν τε ὀξίνην καὶ διαρκῆ κύαμον. ἐπεὶ
δὲ καὶ ὕδωρ ἐκ τοῦ ὀχετοῦ ἐπίρρεον ἐνταῦθα
Ῥωμαῖοι εὗρον, ἐν θαύματι μεγάλῳ γενόμενοι
διηποροῦντο, ἕως τὸν πάντα λόγον ἀμφὶ τοῖς
κρυφίοις ὀχετοῖς ἔμαθον. ὅ τι δὲ τοῦτό ἐστιν
αὐτίκα δηλώσω.

21 Ἡνίκα Πέτραν ὁ Χοσρόης ἑλὼν τῇδε τὸ
φυλακτήριον κατεστήσατο, εὖ εἰδὼς ὡς Ῥωμαῖοι
προσεδρεύσουσι μὲν αὐτῇ μηχανῇ πάσῃ, εὐθὺς δὲ
διελεῖν τὴν ὀχεταγωγίαν μελλήσει οὐδεμιᾷ
22 ἐγχειρήσουσιν, ἐπενόει τοιάδε. τοῦτο δὴ τὸ
ὕδωρ ὅπερ ἐς τὴν πόλιν εἰσήγετο ἐς τρεῖς διελὼν
μοίρας κατώρυχά τε βαθεῖαν κομιδῇ ποιησάμενος,

---

[1] δι' ὅσης τε K : διέσεισέ τε (followed by a lacuna of three words) L.

any possibility of saving themselves by fighting, still even in that situation would not consent to fall into the power of their enemy, but they were immediately burned to death, every man of them, together with the acropolis, while the Roman army marvelled at what was taking place. And at that time it became manifest how much importance Chosroes placed upon Lazica ; for he had chosen out the most notable of all his soldiers and assigned them to the garrison of Petra, and deposited there such an abundance of weapons that when the Romans took possession of them as plunder, five men's equipment fell to each soldier, and this too in spite of the fact that many weapons had been burned on the acropolis. There was also found a vast quantity of grain and of cured meat as well as all other provisions, which were indeed sufficient to keep all the besieged adequately supplied for five years. But the Persians had not, as it happened, stored wine there other than sour wine, but they had brought in an ample supply of beans. But when the Romans actually found water there flowing from the aqueduct, they were greatly astonished and perplexed, until they learned the whole truth about the concealed pipes. And I shall now explain what these were.

At the time when Chosroes established the garrison in Petra after capturing it, knowing well as he did that the Romans would assail it with every means in their power, and would straightway attempt without a moment's hesitation to cut the aqueduct, he contrived the following plan. The water which was being carried into the city he divided into three parts and had a very deep trench dug, in which he constructed three pipe-lines, one lying on the very

ὀχετοὺς ἐτεκτήνατο τρεῖς, τὸν ἕνα μὲν κάτω ἐς
τῆς κατώρυχος ταύτης τὰ ἔσχατα, κόπρῳ[1] καὶ
λίθοις καλύψας ἄχρι ἐς τὰ τῆς κατώρυχος μέσα·
ἐνταῦθά τε κρύψας τὸν δεύτερον, ὕπερθεν τὸν
τρίτον ἐδείματο, ὑπὲρ γῆς τε ὄντα καὶ ὁρατὸν
πᾶσιν· ὥστε τριώροφον κεκρυμμένως[2] τὸν ὀχετὸν
23 εἶναι. ὧνπερ οὐ ξυνέντες κατ᾽ ἀρχὰς τῆς πολιορ-
κίας Ῥωμαῖοι τοῦτον δὴ τὸν διαφανῆ ὀχετὸν
διελόντες, ἐπίπροσθέν τε οὐκ ἐπεξαγαγόντες τὸν
ἐπὶ διώρυχι[3] πόνον, ἀλλὰ τοῦ ἔργου πρὸ τῆς
ἐνθένδε ἀπωλείας ἀποπαυσάμενοι, ᾤοντο ἐνδεῖν
τοῖς πολιορκουμένοις τὸ ὕδωρ, σφαλλούσης αὐτοῖς
τὴν διάνοιαν τῆς παρὰ τὸ πονεῖσθαι ὀλιγωρίας.
24 τῆς δὲ προσεδρείας μηκυνομένης, τῶν τινὰς
πολεμίων λαβόντες Ῥωμαῖοι ἔμαθον ἐκ τοῦ ὀχετοῦ
25 τοὺς πολιορκουμένους ὑδρεύεσθαι. κατορύξαντες
τοίνυν τὸν χῶρον εὑρίσκουσι τὸν δεύτερον ὀχετὸν
ἐνταῦθά πη ὄντα, καὶ τοῦτον διελόντες αὐτίκα
ᾤοντο ταύτῃ πᾶσαν κατειργάσθαι τῶν πολεμίων
τὴν δύναμιν, οὐδὲ τοῖς δευτέροις ἐν τῇ ἀπ᾽ αὐτῶν
26 διδασκαλίᾳ παιδευθέντες τὰ πρότερα.[4] ἐπεὶ δὲ
καὶ τὴν πόλιν ἑλόντες ἐπίρρεον, ὥσπερ μοι
ἐρρήθη, ἐκ τοῦ ὀχετοῦ τὸ ὕδωρ εἶδον, ἐθαύμαζόν
27 τε καὶ ἀπορίᾳ πολλῇ εἴχοντο. τὸ δὲ γεγονὸς
παρὰ τῶν αἰχμαλώτων ἀκούσαντες, τῆς τε τῶν
πολεμίων ἐς τὰ ἔργα ἐπιμελείας καὶ τῆς σφετέρας
παρὰ τοὺς πόνους ὀλιγωρίας ὀπίσω τῶν πραγ-
μάτων ᾐσθάνοντο.
28   Τοὺς μὲν οὖν αἰχμαλώτους ἅπαντας ὁ Βέσσας
εὐθὺς βασιλεῖ ἔπεμψε, τὸν δὲ Πέτρας περίβολον

----

[1] κόπρῳ K : κόπρῳ δὲ αὐτόν L.

bottom of this trench, and this he covered with mud
and stones up to the middle of the trench; at that
level he concealed the second pipe-line, and above
it built the third, which was above ground and
visible to all; so the piping was on three levels, but
this fact was concealed. This the Romans at the
beginning of the siege did not understand, and so,
after they had cut this obvious pipe-line, they did
not carry forward their work on the trench, but
gave up the labour before the next pipe-line was
destroyed, and thought that the besieged were in
want of water, their minds being deceived by their
own slipshod methods. But as the siege was pro-
longed, the Romans by capturing some of the enemy
learned that the besieged were drawing water from
the aqueduct. Accordingly they dug down into the
ground and found there the second pipe-line, which
they cut immediately, and they thought that they
had thus crippled the enemy completely, not having
learned even the second time from the lesson before
them the real meaning of their previous experience.
But when they had captured the city and saw, as I
have said, the water flowing in from the pipe, they
began to marvel and were greatly perplexed. And
hearing from their captives what had been done,
they came to realize after the event the care shewn
by the enemy in their work and the futility of their
own feeble efforts.

Bessas now straightway sent all the prisoners to
the emperor and razed the circuit-wall of Petra to

---

[2] κεκρυμμένως : κεκρυμμένος K, ἐγκεκρυμμένως L.

[3] διώρυχι K : τὸν διώρυχα L.

[4] οὐδὲ—πρότερα : om. K.

ἐς ἔδαφος καθεῖλεν, ὡς μὴ πράγματα οἱ πολέμιοι
29 σφίσιν αὖθις παρέχωνται.[1] καὶ αὐτὸν βασιλεὺς
ἀποδεδειγμένης[2] τῆς ἀρετῆς ἐπήνεσεν ἐς τὰ
μάλιστα καὶ τῆς εὐβουλίας, ὅτι δὴ ὅλον καθεῖλε
30 τὸ τεῖχος. γέγονεν οὖν ὁ Βέσσας αὖθις οἷς τε
εὐημέρησεν οἷς τε ἀρετῆς πεποίηται δήλωσιν ἀπό-
31 βλεπτος ἐς πάντας ἀνθρώπους. ἡνίκα μὲν γὰρ
ἐπὶ τῷ Ῥώμης φυλακτηρίῳ ἐτέτακτο, ἐλπίδα
Ῥωμαῖοι πολλὴν ἐπ' αὐτῷ εἶχον ἅτε ἀνδρειο-
32 τάτῳ[3] διαγεγονότι τὰ πρότερα. ἐπεὶ δὲ αὐτῷ
ἐνταῦθα δεδυστυχηκέναι ξυνέπεσε, Ῥώμης τε
οὕτω τοῖς Γότθοις ἁλούσης, ὥσπερ μοι ἐν τοῖς
ἔμπροσθεν λόγοις ἐρρήθη, καὶ διεφθαρμένου ἐκ
τοῦ ἐπὶ πλεῖστον Ῥωμαίων τοῦ γένους, βασιλεὺς
μὲν Ἰουστινιανὸς οὕτω δὴ ἐς Βυζάντιον ἀνα-
στρέψαντα στρατηγὸν κατεστήσατο ἐπὶ Πέρσας
33 αὐτόν. διέσυρον δὲ τὴν πρᾶξιν ὡς εἰπεῖν ἅπαντες
καὶ τὰ βασιλεῖ βεβουλευμένα ἐχλεύαζον, εἰ τῷ
Βέσσᾳ τούτῳ, Γότθων τε ἡσσηθέντι κατὰ κράτος
καὶ τυμβογέροντι γεγενημένῳ, πόλεμον τὸν Μηδι-
34 κὸν ἐγχειρίσειεν ἐπὶ δυσμαῖς βίου. ἀλλὰ τούτων
σχεδόν τι ἅπασι δεδογμένων, εὐτυχία τε καὶ
ἀρετῇ τοιᾷδε τῷ στρατηγῷ τῷδε ξυνηνέχθη
χρῆσθαι. οὕτως ἄρα οὐχ ᾗπερ τοῖς ἀνθρώποις
δοκεῖ, ἀλλὰ τῇ ἐκ θεοῦ ῥοπῇ πρυτανεύεται τὰ
ἀνθρώπεια, ὃ δὴ τύχην εἰώθασι καλεῖν ἄνθρωποι,
οὐκ εἰδότες ὅτου δὴ ἕνεκα ταύτῃ πρόεισι τὰ
35 ξυμβαίνοντα ᾗπερ[4] αὐτοῖς ἔνδηλα[5] γίνεται. τῷ

---

[1] παρέχωνται Dindorf from a late MS. : παρέχονται MSS.
[2] ἀποδεδειγμένης K : ἀποδεξάμενος L.
[3] ἀνδρειοτάτῳ Braun : ἀνδρειότατα MSS.
[4] ᾗπερ : ἥπερ K : εἴπερ Suidas.
[5] ἔνδηλα MSS. : οὐκ ἔνδηλα Suidas.

the ground in order that the enemy might not again
make trouble for them. And the emperor praised
him particularly for the valour he had displayed and
for his wisdom in tearing down the whole wall.
Thus Bessas became once more,[1] both because of
the good fortune he had enjoyed and also because
of the valour he had displayed, an object of respect-
ful admiration among all men. For previously, when
he was appointed to command the garrison of Rome,
the Romans had great hopes of him, since before
that time he had consistently shewn himself a man
of the highest courage. But when it came about
that he met with ill fortune there, Rome being
captured as it was by the Goths, as I have recounted
in the previous narrative,[2] and the race of the
Romans being in large part destroyed, still the
Emperor Justinian, when he returned after this to
Byzantium, appointed him General against the
Persians. Now practically everyone bitterly criti-
cized this act and scoffed at the emperor's decision,
if he was going to entrust the Medic war to this
Bessas in his closing years, after he had been defeated
decisively by the Goths and had now become a
doddering old man. But although this was the
feeling of practically all men, it actually fell out
that this general met with the good fortune and
displayed the valour which I have described. Thus
it is that human affairs proceed not according to the
judgment of men, but are subject to the power and
authority of God, which men are wont to call fortune,
knowing not why in the world events proceed in the
manner in which they manifest themselves to them.

[1] He had previously won distinction in the defence of
Rome under Belisarius. See Book V.
[2] Book VII. xx.

γὰρ παραλόγῳ δοκοῦντι εἶναι φιλεῖ τὸ τῆς τύχης
ὄνομα προσχωρεῖν. ἀλλὰ ταῦτα μὲν ὥς πη
ἑκάστῳ φίλον, ταύτῃ δοκείτω.

XIII

Μερμερόης δέ, δείσας μή τι Πέτρᾳ τε καὶ
Πέρσαις τοῖς τῇδε ἀπολελειμμένοις φλαῦρον διὰ
χρόνου μῆκος ξυμβαίη, ἄρας παντὶ τῷ στρατῷ
ἐνταῦθα ᾔει, ἐπεὶ αὐτὸν ὁ καιρὸς μετὰ τὴν τοῦ
2 χειμῶνος ὥραν ἐς τοῦτο ἐνῆγε. μεταξὺ δὲ τὰ
ξυμπεσόντα μαθὼν ἅπαντα τῆς μὲν ὁδοῦ ταύτης
τὸ παράπαν ἀπέσχετο, εὖ εἰδὼς ὅτι δὴ ἐκτὸς
ποταμοῦ Φάσιδος ἄλλο τι χωρίον Λαζοῖς ὅτι
3 μὴ τὸ ἐν Πέτρᾳ οὐκ ἦν.[1] ἀναστρέψας δὲ καὶ
καταλαβὼν τὰς ἐξ Ἰβηρίας ἐπὶ γῆν τὴν Κολχίδα
εἰσόδους, ἵνα δὴ ὁ Φᾶσις διαβατός ἐστιν, αὐτόν
τε πεζῇ διαμείψας καὶ οὐχ ἥκιστα ποταμόν,
Ῥέοντα ὄνομα, οὐδὲ αὐτὸν ἐκείνῃ ναυσίπορον
ὄντα, τοῦ τε Φάσιδος ἐν δεξιᾷ ταύτῃ γενόμενος
ἐπὶ πόλιν, Ἀρχαιόπολιν ὄνομα, ἣ πρώτη τε καὶ
μεγίστη ἐν Λαζοῖς ἐστίν, ἐπῆγε τὸ στράτευμα.
4 ἦσαν δὲ ὀλίγων χωρὶς ἱππεῖς ἅπαντες, καὶ αὐτοῖς
ἐλέφαντες ὀκτὼ εἵποντο. ἐφ' ὧν δὴ ἔμελλον
ἱστάμενοι[2] Πέρσαι τοὺς πολεμίους ὥσπερ ἐκ
5 πύργων κατὰ κορυφῆς ἐνθένδε βάλλειν. ὥστε
εἰκότως ἄν τις Περσῶν τὴν ἐς τοὺς πολέμους[3]
ταλαιπωρίαν τε καὶ ἐπιτέχνησιν ἀγασθείη, οἵ γε
τὴν ἐξ Ἰβηρίας ἐς τὴν Κολχίδα ὁδὸν φέρουσαν,
κρημνώδεσί τε νάπαις καὶ δυσχωρίαις λοχμώδεσι

---

[1] οὐκ ἦν L : οἰκεῖ K.   [2] ἱστάμενοι K : ἐνιστάμενοι L.
[3] πολέμους MSS. : πόνους Maltretus.

For the name of fortune is wont to attach to that which appears to be contrary to reason. But as regards this matter, let each man think as he wishes.

XIII

Now Mermeroes, fearing that in the course of a long time some mishap should befall Petra and the Persians left there, had set his whole army in motion and marched in that direction, being further influenced to do so by the season, seeing it was now past winter. But in the course of this journey he learned all that had befallen and abandoned this march entirely, knowing well that the Lazi had no fortress beyond the Phasis River excepting only the one at Petra. He then returned and seized the passes from Iberia into the land of Colchis, where the Phasis can be forded, and he not only crossed this river on foot but also another river of no less difficulty, named the Rheon, which is likewise not navigable there, and thus getting on the right of the Phasis, he led his army forward against a city named Archaeopolis, which is the first and greatest city in Lazica. Now this army, apart from a few men, was all cavalry, and they had with them eight elephants, upon which the Persians were to stand and shoot down upon the heads of their enemy just as from towers. Indeed one might be led with good reason to marvel at the assiduity and resourcefulness of the Persians in the prosecution of their wars; for it was they who took in hand the road leading from Iberia into Colchis, which was everywhere impeded by precipitous ravines and difficult

πανταχόθι ξυνεχομένην, ὕλαις τε οὕτως ἀμφι-
λαφέσι καλυπτομένην, ὡς καὶ ἀνδρὶ εὐζώνῳ
δοκεῖν ἀπόρευτον τὰ πρότερα εἶναι, οὕτως ὁμαλῆ
κατεστήσαντο ὥστε οὐχ ὅσον τὴν ἵππον αὐτῶν
ὅλην πόνῳ οὐδενὶ ἐνθένδε ἰέναι, ἀλλὰ καὶ τῶν
ἐλεφάντων ὅσους[1] βούλοιντο ἐπαγομένους ταύτῃ
6 στρατεύειν. ἦλθον δὲ αὐτοῖς καὶ σύμμαχοι
Οὖννοι ἐκ τῶν Σαβείρων καλουμένων δισχίλιοί
7 τε καὶ μύριοι. ἀλλὰ δείσας ὁ Μερμερόης μὴ
ἐς πλῆθος τοσοῦτον ὄντες οἱ βάρβαροι οὗτοι
μήτε τι αὐτῷ ὑπακούειν ἐπαγγέλλοντι ἐθελήσω-
σιν, ἀλλὰ καί τι ἀνήκεστον ἐς τὸ Περσῶν
στράτευμα δράσωσι, τετρακισχιλίους μὲν ξυστρα-
τεύεσθαι σφίσιν εἴασε, τοὺς δὲ λοιποὺς χρήμασι
πολλοῖς δωρησάμενος ἐς τὰ πάτρια ἤθη ἀφῆκεν
ἰέναι.
8 Ὁ δὲ Ῥωμαίων στρατὸς δισχίλιοι μὲν καὶ
μύριοι ἦσαν, οὐ μὴν ἀγηγερμένοι ἐς ταὐτὸ ἅπαντες,
ἀλλ' ἐν μὲν τῷ ἐν Ἀρχαιοπόλει φυλακτηρίῳ
τρισχίλιοι ἦσαν, ὧν Ὀδόναχός τε καὶ Βάβας
9 ἦρχον, ἄμφω ἀγαθοὶ τὰ πολέμια· οἱ δὲ δὴ ἄλλοι
ἐντὸς τῶν ἐκβολῶν ποταμοῦ Φάσιδος ἐνστρατο-
πεδευσάμενοι ἔμενον, ἐκεῖνο διανοούμενοι, ὥστε
ἤν πη ἐπισκήψῃ ὁ τῶν πολεμίων στρατός, αὐτοὶ
ἐνθένδε ἐξανιστάμενοι βοηθοῖεν δυνάμει τῇ πάσῃ.
10 ἦρχον δὲ αὐτῶν Βενίλός τε καὶ Οὐλίγαγος· ξυνῆν
δὲ αὐτοῖς καὶ Οὐαράζης ὁ Περσαρμένιος, ἄρτι
ἐξ Ἰταλίας ἥκων, ᾧ δὴ Τζάνοι ὀκτακόσιοι εἵποντο.
11 Βέσσας γάρ, ἐπειδὴ τάχιστα τὴν Πέτραν εἷλε,
πονεῖν μὲν ἔτι οὐδαμῆ ἤθελεν, ἐς δὲ Ποντικοὺς
καὶ Ἀρμενίους ἀποχωρήσας ἐπεμελεῖτο ὡς ἔνι

---

[1] ὅσους Hoeschel : ὅσοις MSS.

ground covered with brush, and concealed by forests of wide-spreading trees, so that even for an unencumbered traveller the way had seemed impassable previously, and they made it so smooth that not only did their entire cavalry pass that way with no difficulty, but they also actually marched over that road taking with them as many of their elephants as they wished. And Huns also came to them as allies from the nation of the Sabiri, as they are called, to the number of twelve thousand. But Mermeroes, fearing lest these barbarians, being in such numbers, would not only be altogether unwilling to obey his commands, but would actually do some terrible thing to the Persian army, permitted only four thousand to march with him, while he sent all the rest away to their homes after making them a generous present of money.

Now the Roman army numbered twelve thousand; they were not, however, all concentrated in one place, for there were only three thousand in the garrison at Archaeopolis under command of Odonachus and Babas, both able warriors, while all the rest were waiting in camp on the other side of the Phasis River, having in mind that, if the enemy's army should make an attack at any point, they themselves would move out from there and go to the rescue in full force. These were commanded by Venilus and Uligagus; and Varazes the Persarmenian was also with them, having recently returned from Italy and having eight hundred Tzani under his command. As for Bessas, as soon as he had captured Petra, he was quite unwilling to continue the struggle, but withdrew to the Pontici and the Armenians and was giving the closest possible atten-

μάλιστα τῶν ἀπὸ τῆς ἀρχῆς αὐτοῦ πόρων, ταύτῃ
τε τῇ σμικρολογίᾳ τὰ Ῥωμαίων αὖθις πράγματα
12 ἔσφηλεν. εἰ γὰρ εὐθὺς τότε νενικηκώς, ᾗπέρ μοι
εἴρηται, καὶ τὴν Πέτραν ἑλὼν ἔς τε τὰ Λαζῶν τε
καὶ Ἰβήρων ὅρια ἦλθε καὶ τὰς ἐκείνῃ δυσχωρίας
ἐφράξατο, οὐκ ἄν, μοι δοκεῖ, ἔτι Περσῶν στρά-
13 τευμα ἐς Λαζικὴν ᾔει. νῦν δὲ ὁ στρατηγὸς οὗτος
τοῦ πόνου τούτου ὀλιγωρήσας μόνον οὐχὶ τοῖς
πολεμίοις Λαζικὴν αὐτοχειρὶ παραδέδωκε, τῆς ἐκ
14 βασιλέως ὀργῆς ὀλίγα φροντίσας. εἰώθει γὰρ
Ἰουστινιανὸς βασιλεὺς ἐπιχωρεῖν τὰ πολλὰ τοῖς
ἄρχουσιν ἁμαρτάνουσι, καὶ ἀπ' αὐτοῦ ἔς τε τὴν
δίαιταν καὶ τὴν πολιτείαν ἐκ τοῦ ἐπὶ πλεῖστον
παρανομοῦντες ἡλίσκοντο.
15 Ἦν δὲ Λαζῶν φρούρια δύο πρὸς αὐτοῖς μάλιστα
τοῖς Ἰβηρίας ὁρίοις, Σκάνδα τε καὶ Σαραπανίς.
ἅπερ ἐν δυσχωρίαις κείμενα χαλεπαῖς τισι καὶ
ὅλως δυσκόλοις δυσπρόσοδα ὑπερφυῶς ὄντα
16 ἐτύγχανε. ταῦτα Λαζοὶ μὲν τὸ παλαιὸν πόνῳ
πολλῷ ἐφρούρουν, ἐπεὶ ἐνταῦθα τῶν ἐδωδίμων
τὸ παράπαν οὐδὲν φύεται, ἀλλὰ φέροντες ἄνθρω-
ποι ἐπὶ τῶν ὤμων[1] τὰ ἐπιτήδεια ἐσεκομίζοντο.
17 βασιλεὺς δὲ Ἰουστινιανὸς κατ' ἀρχὰς τοῦδε τοῦ
πολέμου Λαζοὺς ἀναστήσας ἐνθένδε Ῥωμαίων
18 φρουρὰν στρατιωτῶν κατεστήσατο. οἳ δὴ οὐ
πολλῷ ὕστερον, πιεζόμενοι τῶν ἀναγκαίων τῇ
ἀπορίᾳ, τὰ φρούρια ταῦτα ἐξέλιπον, ἐπεὶ αὐτοὶ
μὲν ἐλύμοις ἀποζῆν ὥσπερ οἱ Κόλχοι ἐς πλείω
χρόνον, οὐκ εἰωθὸς σφίσιν,[2] ὡς ἥκιστα εἶχον,
Λαζοὶ δὲ αὐτοῖς μακρὰν ὁδὸν πορευόμενοι φέροντές

[1] ἐπὶ τῶν ὤμων K : ἀνὰ τὸν ὦμον L.

tion to the revenues from his territory, and by this niggardly policy he again wrecked the cause of the Romans. For if, straightway after that victory which I have described and his capture of Petra, he had gone to the boundaries of Lazica and Iberia and barricaded the passes there, never again, as it seems to me, would a Persian army have entered Lazica. But in fact this general, by slighting this task, all but surrendered Lazica to the enemy with his own hand, paying little heed to the emperor's wrath. For the Emperor Justinian was accustomed to condone, for the most part, the mistakes of his commanders, and consequently they were found very generally to be guilty of offences both in private life and against the state.

Now there were two fortresses of the Lazi almost exactly on the boundary of Iberia, Scanda and Sarapanis. These, being situated in extremely rugged and difficult country, were extraordinarily hard of access. They used to be garrisoned by the Lazi in ancient times with great difficulty, for no food at all grows there, and supplies had to be brought in by men who carried them on their shoulders. But the Emperor Justinian at the beginning of this war had removed the Lazi from these fortresses and substituted a garrison of Roman soldiers. These soldiers, then, not long afterwards, being hard pressed by the lack of necessary supplies, abandoned these fortresses because they were quite unable to live for any considerable time on millet, as the Colchians did, since it was not familiar to them, and the Lazi no longer persevered in travel-

---

[1] σφίσιν L : φύσει K.

19 τε τὰ ἐπιτήδεια πάντα οὐκέτι ἀντεῖχον. Πέρσαι
δὲ αὐτὰ καταλαβόντες ἔσχον, ἔν τε ταῖς σπονδαῖς
αὐτὰ Ῥωμαῖοι ἀπέλαβον τὰς ἀντιδόσεις Βώλου¹
τε τοῦ φρουρίου καὶ τοῦ Φαραγγίου² πεποιη-
μένοι, ὥσπερ μοι ταῦτα ἐν τοῖς ἔμπροσθεν λόγοις

20 πάντα ἐρρήθη. Λαζοὶ μὲν οὖν ταῦτα τὰ φρούρια
ἐς ἔδαφος καθεῖλον, ὡς μὴ αὐτὰ Πέρσαι ἐπιτειχίσ-
ματα κατὰ σφῶν ἔχοιεν. Πέρσαι δὲ αὐτοῖν
θάτερον, ὅπερ Σκάνδα καλοῦσιν, αὖθις οἰκοδομη-
σάμενοι ἔσχον, ὅ τε Μερμερόης ἐπίπροσθεν ἦγε
τὸν Μήδων στρατόν.

21 Ἦν δὲ πόλις ἐν τῷ πεδίῳ, Ῥοδόπολις ὄνομα,
ἥπερ ὑπηντίαζε πρώτη τοῖς ἐς τὴν Κολχίδα ἐξ
Ἰβηρίας ἐσβάλλουσιν, εὐέφοδός τε καὶ ἐπιμαχω-

22 τάτη ἐς τὰ μάλιστα. διὸ δὴ αὐτὴν πολλῷ πρό-
τερον δείσαντες Λαζοὶ τὴν Περσῶν ἔφοδον ἐς
ἔδαφος καθεῖλον. ὅπερ ἐπεὶ οἱ Πέρσαι ἔμαθον,

23 εὐθὺ Ἀρχαιοπόλεως ᾖσαν. γνοὺς δὲ ὁ Μερ-
μερόης τοὺς πολεμίους ἀμφὶ τὰς ἐκβολὰς ἐνστρα-
τοπεδεύεσθαι ποταμοῦ Φάσιδος ἐπ᾽ αὐτοὺς ἤλαυ-

24 νεν. ἄμεινον γάρ οἱ ἔδοξεν εἶναι τούτους πρότερον
ἐξελόντι οὕτω δὴ ἐς τῆς Ἀρχαιοπόλεως τὴν πο-
λιορκίαν καθίστασθαι, ὡς μὴ ὄπισθεν αὐτοὶ ἰόντες

25 κακουργήσωσι τὸ Περσῶν στράτευμα. ὡς ἀγχο-
τάτω δὲ τοῦ Ἀρχαιοπόλεως περιβόλου γενόμενος
ἠσπάσατο ἐρεσχελῶν τε τοὺς ταύτῃ Ῥωμαίους,
καί τι νεανιευσάμενος ὡς αὐτίκα δὴ μάλα³

26 ἐπανήξει σφίσι. βουλομένῳ γάρ οἱ αὐτῷ ἔφασκεν
εἶναι Ῥωμαίους τοὺς ἄλλους προσειπεῖν πρότερον,
οἳ δὴ ἐνστρατοπεδεύονται ἀμφὶ ποταμὸν Φᾶσιν.

---

¹ Βώλου Maltretus : βόλον K, Βώλων L.

ing the long journey to bring them all their supplies.
Whereupon the Persians occupied and held them, but
in the treaty the Romans got them back in exchange
for the fortress of Bolum and Pharangium, as I have
told in detail in the preceding narrative.[1] The Lazi
accordingly razed these fortresses to the ground, in
order that the Persians might not hold them as out-
posts against them. But the Persians rebuilt and
held the one of the two which they call Scanda,
and Mermeroes led the Medic army forward.

There had been a city in the plain called Rhodo-
polis, which lay first in the way of those invading
Colchis from Iberia, so situated as to be easily
accessible and altogether open to attack. For this
reason the Lazi had long before, in fear of the
Persian invasion, razed it to the ground. When the
Persians learned this, they proceeded straight for
Archaeopolis. But Mermeroes learned that his
enemy was encamped near the mouth of the Phasis
River, and he advanced upon them. For it seemed
to him better first to capture this force and then to
undertake the siege of Archaeopolis, in order that
they might not come from the rear and do harm to
the Persian army. And he went close by the
fortifications of Archaeopolis and gave a mocking
salutation to the Romans there, and with something
of a swagger said that he would come back to them
at the earliest moment. For, said he, he wished to
address his greetings to the other Romans first who
were encamped near the Phasis River. And the

[1] Book I. xxii. 18.

---

[2] τε τοῦ—Φαραγγίου L : τε τὸ φρούριον καὶ τὸ φραγγίον K.
[3] μάλα L : μᾶλλον K.

27 οἱ δὲ ἀποκρινάμενοι ἰέναι μὲν αὐτὸν ἐκέλευον
ὅπη βούλοιτο, ἰσχυρίσαντο μέντοι ὡς, ἢν τοῖς
ἐκείνῃ Ῥωμαίοις ἐντύχῃ, οὐ μή ποτε αὐτοῖς
28 ἐπανήξει. ταῦτα ἐπεὶ οἱ τοῦ Ῥωμαίων στρατοῦ
ἄρχοντες ἔμαθον, κατωρρώδησάν τε καὶ ἥσσους
οἰόμενοι εἶναι ἢ φέρειν τῶν ἐπιόντων τὴν δύναμιν
ἐς τὰς σφίσι παρεσκευασμένας ἀκάτους ἐμβάντες
ποταμὸν Φᾶσιν διεπορθμεύσαντο ἅπαντες, τῶν
σφίσι παρόντων ἐπιτηδείων, ὅσα μὲν διακομίζειν
οἷοί τε ἦσαν, ἐν ταῖς ἀκάτοις ἐνθέμενοι, τὰ δὲ
ἄλλα ἐς τὸν ποταμὸν ἐμβεβλημένοι, ὅπως μὴ
29 αὐτοῖς οἱ πολέμιοι τρυφᾶν δύνωνται. γενόμενος
οὖν ἐνταῦθα παντὶ τῷ στρατῷ ὁ Μερμερόης οὐ
πολλῷ ὕστερον, ἔρημόν τε παντάπασιν[1] ἰδὼν
τὸ τῶν πολεμίων στρατόπεδον ἤσχαλλέ τε καὶ
30 ἀπορούμενος ἐδυσφορεῖτο. καύσας τε τὸ Ῥωμαίων
χαράκωμα καὶ τῷ θυμῷ ζέων ἀνέστρεφεν αὐτίκα
καὶ τὸ στράτευμα ἐπὶ τὴν Ἀρχαιόπολιν ἦγε.

XIV

Κεῖται δὲ Ἀρχαιόπολις ἐπὶ λόφου τινὸς σκλη-
ροῦ ἐσάγαν, καὶ ποταμὸς αὐτὴν παραρρεῖ ἐξ
ὀρῶν κατιὼν ἅπερ τῆς πόλεως καθύπερθέν ἐστι.
2 πύλαι δὲ αὐτῇ αἱ μὲν κάτω εἰσί, φέρουσαι παρὰ
τοῦ λόφου τὴν ὑπώρειαν, οὐκ ἀπρόσοδοι μέντοι,
ἀλλ' ὅσον ἄνοδον ἐκ τοῦ πεδίου τινὰ ἐς αὐτὰς
οὐχ ὁμαλῆ εἶναι· αἱ δὲ ἄνω ἐς τὸ κρημνῶδες
ἐξάγουσαι[2] δυσπρόσοδοι ἐσάγαν εἰσί· χῶροι γὰρ
λοχμώδεις πρὸ τούτων τῶν πυλῶν εἰσίν, ἐπὶ
3 πλεῖστον διήκοντες. ἐπεί τε ὕδατος ἄλλου τοῖς

---

[1] παντάπασιν L : πάντη παντάπασιν K

Romans, by way of answer, bade him go wherever he wished, but they declared that if he came upon the Romans there he would never return to them. When the commanders of the Roman army learned this, they became thoroughly frightened and, thinking themselves too few to withstand the force of their assailants, embarked on the boats which they had ready and ferried across the Phasis River, every man of them, placing their supplies of provisions on the boats, as much at least as they were able to carry, and throwing the rest into the river in order that the enemy might not be able to revel in them. So when Mermeroes arrived there with his whole army not long afterward, and saw the enemy's camp entirely abandoned, he was vexed and filled with resentment at the baffling situation. He then fired the Roman stockade, and boiling with fury turned back immediately and led his army against Archaeopolis.

XIV

THE city of Archaeopolis is situated on an exceedingly rugged hill, and a river flows by, coming down from the mountains which are above the city. And it has two gates, one of which is below, opening on the base of the hill, but this one is not inaccessible except in so far that the ascent to it from the plain is not smooth; but the upper gate leads out to the steep slope and is extremely difficult to approach; for the ground before this gate is covered with brush which extends to an indefinite distance. And since

---

[2] ἐξάγουσαι Braun : ἐξάγουσαι αὐτάς MSS.

τῇδε ᾠκημένοις οὐδαμῇ μέτεστι, τείχη δύο ἐν-
θένδε οἱ τὴν πόλιν δειμάμενοι ἄχρι ἐς τὸν ποτα-
μὸν ἐτεκτήναντο, ὅπως ἂν σφίσιν ἐν τῷ ἀσφαλεῖ
τὸ τοῦ ποταμοῦ ὕδωρ ἀρύεσθαι δυνατὰ εἴη.

Μερμερόης οὖν παντὶ σθένει τειχομαχεῖν
ἐνταῦθα σπουδάζων τε καὶ διατεινόμενος ἐποίει
4 τάδε. πρῶτα μὲν τοῖς Σαβείροις ἐπήγγειλε
κριοὺς παμπληθεῖς ἐργάζεσθαι, οἵους ἂν φέρειν
ἄνθρωποι ἐπὶ τῶν ὤμων δυνατοὶ εἶεν, ἐπεὶ μηχανὰς
μὲν τὰς συνειθισμένας τρόπῳ οὐδενὶ ἐς Ἀρχαιο-
πόλεως τὸν περίβολον ἐπάγεσθαι εἶχε, κατὰ τὸν
τοῦ ὄρους πρόποδα κείμενον, ἠκηκόει δὲ ὅσα τοῖς
Ῥωμαίων ἐνσπόνδοις Σαβείροις ἀμφὶ τὸ Πέτρας
τεῖχος ἐργασθείη οὐ πολλῷ ἔμπροσθεν, καὶ τοῖς
ἐπινενοημένοις ἑπόμενος τὴν ἐκ τῆς πείρας ὠφέ-
λειαν μετῄει. οἱ δὲ τὰ ἐπαγγελλόμενα ἐποίουν.
5 κριούς τε αὐτίκα συχνοὺς ἐτεκτήναντο, ᾗπέρ μοι
ἔναγχος Ῥωμαίοις εἰργάσθαι Σαβείρους ἐρρήθη.
ἔπειτα δὲ τοὺς μὲν Δολομίτας καλουμένους κατὰ
τῆς πόλεως τὰ κρημνώδη στέλλει ἐνοχλεῖν ἐπι-
στείλας τοὺς ταύτῃ πολεμίους δυνάμει τῇ πάσῃ.
6 οἱ δὲ Δολομῖται οὗτοι βάρβαροι μέν εἰσιν, ᾠκη-
μένοι ἐν Πέρσαις μέσοις, οὐ μὴν κατήκοοι γεγόνασι
7 βασιλέως τοῦ Περσῶν πώποτε. ἱδρυμένοι γὰρ
ἐν ὄρεσιν ἀποτόμοις τε καὶ ὅλως ἀβάτοις αὐτό-
νομοι ὄντες ἐκ παλαιοῦ διαγεγόνασιν ἐς τόδε
τοῦ χρόνου· μισθαρνοῦντες δὲ ἀεὶ συστρατεύουσι
8 Πέρσαις ἐπὶ πολεμίους τοὺς σφετέρους ἰοῦσι. καὶ
πεζοὶ μέν εἰσιν ἅπαντες, ξίφος τε καὶ ἀσπίδα
φέρων ἕκαστος καὶ ἀκόντια ἐν ταῖς χερσὶ τρία.

the inhabitants of this city can get no other water, those who built it constructed two walls which extend from the city all the way to the river, in order that it might be possible for them to draw water from it in safety.

Mermeroes, consequently, being eager and determined to assault the wall there with his whole strength, did as follows. He first commanded the Sabiri to built a great number of rams, of the sort which men would be able to carry on their shoulders, because he was quite unable to bring up the customary engines to the circuit-wall of Archaeopolis, lying as it did along the lower slopes of the hill; for he had heard what had been achieved by the Sabiri who were allies of the Romans at the wall of Petra not long before, and he sought by following out the method discovered by them to reap the advantage of their experience. And they carried out his orders, constructing immediately a large number of rams, such as I have said were recently made for the Romans by the Sabiri. Next he sent the Dolomites, as they are called, to the precipitous parts of the city, directing them to harass the enemy there with all their strength. These Dolomites are barbarians who live indeed in the middle of Persia, but have never become subject to the king of the Persians. For their abode is on sheer mountainsides which are altogether inaccessible, and so they have continued to be autonomous from ancient times down to the present day; but they always march with the Persians as mercenaries when they go against their enemies. And they are all foot-soldiers, each man carrying a sword and shield and three javelins in his hand. But they shew extra-

9 θεῖν δὲ λίαν ἔν τε τοῖς κρημνοῖς καὶ τῶν ὀρῶν
ταῖς ὑπερβολαῖς ἐξεπίστανται, ὥσπερ ἐν πεδίῳ
10 ὑπτίῳ. καὶ διὰ τοῦτο Μερμερόης αὐτοὺς τῇδε
τειχομαχεῖν ἔταξεν, αὐτὸς δὲ παντὶ τῷ ἄλλῳ
στρατῷ ἐπὶ πύλας τὰς κάτω τούς τε κριοὺς καὶ
11 τοὺς ἐλέφαντας ἐπαγόμενος ᾔει. οἱ μὲν οὖν
Πέρσαι ξὺν τοῖς Σαβείροις ἐς τὸ τεῖχος συχνὰ
βάλλοντες, τοῖς τε τοξεύμασι καλύψαντες τὸν
ταύτῃ ἀέρα, οὐ μακράν που ἐγένοντο ἀναγκάσαι
τοὺς ἐνταῦθα Ῥωμαίους ἐκλιπεῖν τὰς ἐπάλξεις.
12 οἱ δὲ Δολομῖται τὰ δοράτια ἐκ τῶν κρημνῶν
ἐκτὸς τοῦ περιβόλου ἐσακοντίζοντες πολλῷ ἔτι
μᾶλλον τοὺς κατ᾽ αὐτοὺς πολεμίους ἐλύπουν.
13 πανταχόθι τε Ῥωμαίοις τὰ πράγματα πονηρά τε
καὶ κινδύνων ἔμπλεα ἐγεγόνει, ἔσχατα ἐσχάτων
κακὰ πάσχουσι.

14 Τότε δὴ Ὀδόναχός τε καὶ Βάβας, εἴτε ἀρετὴν
ἐνδεικνύμενοι εἴτε τῶν στρατιωτῶν ἀποπειρᾶσθαι
βουλόμενοι, ἢ καί τι αὐτοὺς θεῖον ἐκίνησεν,
εἴασαν μὲν τῶν στρατιωτῶν ὀλίγους τινάς, οἷς
δὴ ἐπέστελλον ἀπὸ τῶν ἐπάλξεων τοὺς τειχο-
μαχοῦντας ἀμύνασθαι,[1] τοὺς πλείστους δὲ
ξυγκαλέσαντες βραχεῖάν τινα παρακέλευσιν
ἐποιήσαντο καὶ ἔλεξαν τάδε· "Τὸν μὲν παρόντα
κίνδυνον, ἄνδρες συστρατιῶται, καὶ τὴν περιλα-
15 βοῦσαν ἡμᾶς ἀνάγκην ὁρᾶτε. δεῖ δὲ ἡμᾶς τού-
τοις δὴ τοῖς κακοῖς ὡς ἥκιστα εἴκειν. τοὺς γὰρ
εἰς ἀπόγνωσιν σωτηρίας ἐλθόντας τοῦτο ἂν
διασώσασθαι δύναιτο μόνον, τὸ μὴ τῆς σωτηρίας
ἐφίεσθαι· ἐπεὶ τῷ φιλοψύχῳ τὸ διαφθείρεσθαι
16 ἐκ τοῦ ἐπὶ πλεῖστον ἔπεσθαι πέφυκε. καὶ τόδε
δὲ ὑμᾶς ἐννοεῖν ἐν τοῖς παροῦσι δεινοῖς δεήσει, ὡς

ordinary nimbleness in running over cliffs and peaks of mountains, just as on a level plain. For this reason Mermeroes assigned them to attack the wall there, while he with the rest of the army went against the lower gate, bringing up the rams and the elephants. So then the Persians and Sabiri together, by shooting rapidly at the wall so that they filled the air round about it with their arrows, came not far from compelling the Romans there to abandon the parapet. And the Dolomites, hurling in their javelins from the crags outside the circuit-wall, were inflicting still more harm upon the Romans facing them. On every side, indeed, the situation of the Romans had become bad and full of danger, for they were in an extremely evil plight.

At that point Odonachus and Babas, either as making a display of valour or wishing to test the soldiers, or it may even be that some divine influence moved them, left only a few of the soldiers where they were, directing them to ward off the assailants of the wall from the parapet, and meanwhile called together the greater part of them and made a short exhortation, speaking as follows. "Fellow-soldiers, you perceive the danger which is upon us and the necessity in which we are involved. But it is incumbent upon us not to yield in the least to these evils. For those who come into a situation where safety is despaired of could be saved only by not courting safety; for a fondness for life is wont in most cases to be followed by destruction. And you will be obliged to consider this fact also in our

---

[1] ἀμύνασθαι K : ἀμύνεσθαι L.

ἐκ τῶν ἐπάλξεων τῶνδε ἀμυνομένοις τοὺς πολε-
μίους[1] οὐκ ἐν βεβαίῳ τὰ τῆς σωτηρίας ἡμῖν
κείσεται, ἢν καὶ τὴν ἀγωνίαν ὡς προθυμότατα
17 διενέγκωμεν. μάχη γὰρ ἐκ διεστηκότων ξυνιστα-
μένη ἀνδραγαθίζεσθαι οὐδενὶ ξυγχωρεῖ, ἀλλ' ἐς
τὸ τῆς τύχης[2] ὡς τὰ πολλὰ περιίσταται κράτος.
18 ἢν μέντοι ἡ ξυμβολὴ ξυσταδὸν γένηται, τά τε
τῆς προθυμίας ἐκ τοῦ ἐπὶ πλεῖστον κρατήσει καὶ
19 μετὰ τῆς ἀνδρίας ἡ νίκη χωρήσει. ἄνευ δὲ τού-
των εὐημερήσαντες μὲν ἐν τῇ ξυμβολῇ οἱ ἀπὸ τοῦ
περιβόλου μαχόμενοι οὐδὲν ἄν τι τῆς εὐημερίας
ἀπόναιντο μέγα, ἐπεὶ ἐν μὲν τῷ παραυτίκα τοὺς
πολεμίους σφίσιν ἀπεῶσθαι ξυμβαίνει, ἐς δὲ τὴν
ὑστεραίαν ὁ κίνδυνος αὖθις ἐν ἀκμῇ γίνεται, καὶ
κατὰ μικρὸν δὲ σφαλέντες αὐτοῖς, ὡς τὸ εἰκός,
20 συνδιαφθείρονται τοῖς ὀχυρώμασιν. ἐκ χειρὸς
δὲ τοὺς ἐναντίους νενικηκότες ἐν τῷ ἀσφαλεῖ τὴν
σωτηρίαν τὸ λοιπὸν ἕξουσιν. ὧν ἐνθυμηθέντες
ἴωμεν ἐπὶ τοὺς πολεμίους προθυμίᾳ τῇ πάσῃ,
τὴν ἄνωθεν ἐπικουρίαν ἐπαγαγόμενοι, εὐέλπιδές
τε τῇ προσπεσούσῃ τανῦν ἀπογνώσει γεγενημένοι.
21 τοὺς γὰρ ἐλπίδα σωτηρίας τινὸς ἐν σφίσιν αὐτοῖς
οὐδαμῆ ἔχοντας τὸ θεῖον ἀεὶ διασώζεσθαι μάλιστα
εἴωθε."
22   Τοσαῦτα Ὀδόναχός τε καὶ Βάβας παρακε-
λευσάμενοι τάς τε πύλας ἀνέῳγον καὶ τὸ στρά-
τευμα δρόμῳ ἐξῆγον, ὀλίγων ἀπολελειμμένων
23 ἐνταῦθά τινων ἐξ αἰτίας τοιᾶσδε. τῶν τις Λαζῶν
τῇ προτεραίᾳ, λόγιμος μὲν ὢν ἐν τούτῳ τῷ ἔθνει,
ἐν Ἀρχαιοπόλει δὲ ᾠκημένος, ἔπρασσε πρὸς
24 Μερμερόην ἐπὶ τῇ πατρίδι προδοσίας πέρι. ὁ δέ

---

[1] τοὺς πολεμίους Haury : τοῖς πολεμίοις MSS.

present stress, that by simply warding off the enemy
from this parapet your safety will by no means be
firmly established, even though we carry forward
the struggle with the greatest zeal. For a battle
which is waged between armies standing apart gives
no one opportunity to shew himself a brave man,
but the issue as a general thing is determined by
chance. If, however, the conflict becomes a hand-
to-hand struggle, enthusiasm will in most cases pre-
vail, and victory will appear where valour lies. And
apart from this, even in the case of success in the
conflict, men fighting from the wall would reap no
great benefit from this success, because, while they
have for the moment succeeded in repulsing the
enemy, the danger will again be acute on the
morrow, and, on the other hand, if they fail even
by a little, they are naturally destroyed along with
their defences. But once having conquered their
opponents in hand-to-hand combat they will there-
after have their safety assured. Let us then with
these thoughts in mind advance against the enemy
with all zeal, calling to our aid the assistance from
above, and with our hopes raised high by that
desperate situation which has now fallen to us.
For God is ever wont to save those men above all
others who find no hope of safety in themselves."

After Odonachus and Babas had thus encouraged
the soldiers, they opened the gates and led the
army forth on the run, leaving a few men behind
for the following reason. One of the Lazi, who
was a man of note in this nation, an inhabitant of
Archaeopolis, had on the previous day negotiated
with Mermeroes for the betrayal of his native land.

---

² τύχης Maltretus : ψυχῆς MSS.

οἱ ἄλλο οὐδὲν ἐπήγγελλε χαρίζεσθαι Πέρσαις,
πλήν γε δὴ ὅπως, ἡνίκα ἐς τειχομαχίαν καθισ-
τῶνται, τὰ οἰκία ἐμπρήσῃ λάθρα, ἔνθα[1] ὅ τε
σῖτος καὶ τὰ λοιπὰ τῶν ἐπιτηδείων ἀπέκειτο.[2]
25 ἐπέστελλε δὲ ταῦτα, δυοῖν γενήσεσθαι τὸ ἕτερον
λογισάμενος· ἢ γὰρ Ῥωμαίους περὶ τὸ πῦρ τοῦτο
σπουδάζοντάς[3] τε καὶ διατριβὴν ποιουμένους
ἐνδώσειν σφίσι κατ᾿ ἐξουσίαν ἐπιβατεύειν τοῦ
περιβόλου, ἢ τειχομαχοῦντας ἀποκρούεσθαι βου-
λομένους Πέρσας ταῦτα δὴ τὰ οἰκία ἐν ὀλιγωρίᾳ
26 ποιήσεσθαι·[4] καιομένων δὲ τῷ τρόπῳ τούτῳ τοῦ
τε σίτου καὶ τῶν ἄλλων ἐπιτηδείων πόνῳ σφᾶς
οὐδενὶ πολιορκίᾳ ἐν χρόνῳ ὀλίγῳ Ἀρχαιόπολιν
27 ἐξαιρήσειν. τοιαύτη μὲν γνώμη ὁ Μερμερόης
τούτῳ δὴ τῷ Λαζῷ ταῦτα ἐπέστελλεν· ὁ δέ οἱ
τὴν ἐπίταξιν ὡμολόγει ἐπιτελῆ δράσειν, ἡνίκα[5]
τὴν τειχομαχίαν ἀκμάζουσαν ἴδη,[6] πῦρ ὡς λαθ-
28 ραιότατα τοῖς δωματίοις τούτοις ἐνάψας.[7] αἰρο-
μένην δὲ τὴν φλόγα ἐξαπιναίως Ῥωμαῖοι ἰδόντες
ὀλίγοι μέν τινες ἐβοήθουν ἐνταῦθα, καὶ πόνῳ
πολλῷ τὸ πῦρ ἔσβεσαν ἀμηγέπη λυμηνάμενον,
οἱ δὲ λοιποὶ ἅπαντες, ὥσπερ ἐρρήθη, ἐπὶ τοὺς
πολεμίους ἐχώρησαν.
29 Ἐμπεσόντες δὲ αὐτοῖς ἐκ τοῦ αἰφνιδίου καὶ τῷ
ἀπροσδοκήτῳ ἐκπλήξαντες πολλοὺς ἔκτεινον,
οὔτε ἀμυνομένους οὔτε χεῖρας αὐτοῖς ἀνταίρειν
30 τολμῶντας. Πέρσαι γὰρ ὀλίγους κομιδῇ τοὺς
πολεμίους ὄντας ἐπεξιέναι σφίσιν ἐν ἐλπίδι
οὐδεμιᾷ ἔχοντες ἀλλήλων διεστηκότες ὡς ἐς

---

[1] ἔνθα Haury : ἦν δέ K, οἷς δή L.   [2] ἀπέκειτο L : om. K.
[3] σπουδάζοντας K : σφαδάζοντας L.
[4] ποιήσεσθαι Hoeschel : ποιήσασθαι MSS.

Now Mermeroes had sent word to him to render the Persians only this service, that, whenever they began the assault on the wall, he should secretly set fire to the buildings where the grain and the rest of the provisions were stored. And he directed him to do this, reasoning that one of two things would happen, either that the Romans being concerned about this fire and devoting their attention to it would give his men opportunity to scale the circuit-wall unmolested, or that in their eagerness to repulse the Persians storming the wall they would pay no attention to these buildings; and if in this way the grain and other provisions were burned, he would with no difficulty capture Archaeopolis in a short time. With such purpose did Mermeroes give these instructions to this Laz; and he, for his part, agreed to carry out the order when he saw the storming of the wall at its height, by setting fire as secretly as possible to these buildings. And when the Romans saw the flames rising suddenly, some few of them went to the rescue and with great difficulty quenched the fire, which had done a certain amount of damage, but all the rest, as stated, went forth against the enemy.

This force, by falling upon them suddenly and terrifying them by the unexpectedness of their attack, slew many, for the Persians offered no resistance; indeed they did not even dare raise a hand against them. This was because the Persians, having no expectation that their enemy, who were few in number, would make a sally against them, had taken up positions apart from one another with a view to

---

⁵ ἡνίκα K : ἡνίκα γοῦν L.
⁶ ἴδη K : εἶδε L.   ⁷ ἐνάψας K : ἐνῆψε L.

31 τειχομαχίαν ἐτετάχατο ξὺν ἀκοσμίᾳ. καὶ οἱ μὲν
ἐπὶ τῶν ὤμων τοὺς κριοὺς φέροντες ἄνοπλοί τε
καὶ τὰ ἐς μάχην ἀπαράσκευοι, ὡς τὸ εἰκός, ἦσαν,
οἱ δὲ δὴ ἄλλοι τὰ τόξα ἐντεταμένα ἐν χερσὶν
ἔχοντες συσταδὸν ἐγκειμένους τοὺς πολεμίους
32 ἀμύνεσθαι μηχανῇ οὐδεμιᾷ εἶχον. οὕτω δὴ
κόπτοντες Ῥωμαῖοι ἐπιστροφάδην αὐτοὺς διε-
χρῶντο. ξυνέβη δὲ τότε καὶ τῶν ἐλεφάντων
ἕνα πληγέντα,[1] ὡς ἔνιοί φασιν, ἢ ἀπὸ ταυτο-
μάτου ξυνταραχθέντα, περιστρέφεσθαί τε οὐδενὶ
κόσμῳ καὶ ἀναχαιτίζειν, καὶ τοὺς μὲν ἐπιβάτας
33 ῥίπτειν, τῶν δὲ δὴ ἄλλων τὴν τάξιν ἐκλύειν.
καὶ ἀπ᾿ αὐτοῦ οἱ μὲν βάρβαροι ἀνεπόδιζον,
Ῥωμαῖοι δὲ ἀδεέστερον τοὺς ἐν ποσὶν ἀεὶ διε-
34 χρῶντο. θαυμάσειε δ᾿ ἄν τις ἐνταῦθα δικαίως,
εἰ Ῥωμαῖοι μέν, ἐξεπιστάμενοι καθ᾿ ὅ τι χρὴ
ἀποκρούσασθαι τῶν πολεμίων τὴν διὰ τῶν
ἐλεφάντων ἐπίθεσιν, τῶν δεόντων οὐδὲν ἔδρασαν,
τοῖς παροῦσι δηλονότι ξυνταραχθέντες, ἀπὸ
ταυτομάτου δὲ τὸ τοιοῦτον σφίσι ξυνηνέχθη
γενέσθαι. ὅ τι δὲ τοῦτό ἐστιν, αὐτίκα δηλώσω.
35 Ἡνίκα Χοσρόης τε καὶ ὁ Μήδων στρατὸς
ἐτειχομάχουν ἀμφὶ τὸν Ἐδέσσης περίβολον, τῶν
τις ἐλεφάντων, ἐπιβεβηκότος οἱ ὁμίλου πολλοῦ
τῶν ἐν Πέρσαις μαχιμωτάτων, ἀγχοῦ τοῦ περι-
βόλου γενόμενος ἐπίδοξος ἦν ὅτι δὴ δι᾿ ὀλίγου
βιασάμενος τοὺς ἀπὸ τοῦ ἐκείνῃ πύργου ἀμυνο-
μένους ἅτε κατὰ κορυφὴν συχνὰ βαλλομένους
36 τὴν πόλιν αἱρήσει.[2] ἐδόκει γάρ τις μηχανῇ τὸ
τοιοῦτον ἐλέπολις εἶναι. ἀλλὰ Ῥωμαῖοι χοῖρον

---

[1] πληγέντα K : πληγῆναι L

storming the wall and so were not in battle array.
And those who were carrying the rams upon their
shoulders were quite naturally both unarmed and
unprepared for battle, while the others, with only
strung bows in their hands, were entirely unable to
ward off an enemy pressing upon them in close
array. Thus the Romans, slashing and turning
from side to side, kept destroying them. At that
moment also it so happened that one of the
elephants, because he was wounded, some say, or
simply because he became excited, wheeled round
out of control and reared up, thus throwing his
riders and breaking up the lines of the others. As
a result of this the barbarians began to retreat,
while the Romans continued without fear to destroy
those who from time to time fell in their way. And
one might wonder at this point that the Romans,
though knowing well by what means they ought to
repel a hostile attack by elephants, did none of the
necessary things, being obviously confused by the
situation, and yet this result was achieved without
effort on their part. And what this is I shall now
make clear.

When Chosroes and the Medic army were storm-
ing the fortifications of Edessa, one of the elephants,
mounted by a great number of the most warlike
men among the Persians, came close to the circuit-
wall and made it seem that in a short space he
would overpower the men defending the tower at
that point, seeing they were exposed to missiles
falling thickly from above, and would thus take the
city. For it seemed that this was, in fact, an engine
for the capture of cities. The Romans, however, by

ἐκ τοῦ πύργου ἐπικρεμάσαντες τὸν κίνδυνον τοῦ-
37 τον διέφυγον. κραυγμὸν[1] γάρ τινα, ὧν, ὡς τὸ
εἰκός, ἠρτημένος, ὁ χοῖρος ἐνθένδε ἠφίει, ὅπερ[2]
ὁ ἐλέφας ἀχθόμενος ἀνεχαίτιζε καὶ κατὰ βραχὺ
ἀναποδίζων ὀπίσω ἐχώρει. ἐκεῖνο μὲν οὖν ταύτῃ
38 ἐχώρησε. νῦν δὲ τὸ παρειμένον τῇ Ῥωμαίων
ὀλιγωρίᾳ ἡ τύχη ἐπλήρου. ἀλλ᾽ ἐπειδὴ Ἐδέσσης
ἐμνήσθην, οὐ σιωπήσομαι τὸ ἐκείνῃ τέρας πρὸ
39 τοῦδε τοῦ πολέμου ξυνενεχθέν. ἡνίκα γὰρ ὁ
Χοσρόης λύειν ἔμελλε τὰς ἀπεράντους καλου-
μένας σπονδάς, γυνή τις ἐν πόλει βρέφος ἐκύει
τὰ μὲν ἄλλα ἐπιεικῶς ἀνθρωπόμορφον, δύο δέ τοι
κεφαλὰς ἔχον. ὃ δὴ τοῖς ἀποβεβηκόσι φανερὸν
40 γέγονεν. Ἐδεσσά τε γὰρ καὶ ἡ ἑῴα σχεδόν τι
πᾶσα καὶ πρὸς βορρᾶν ἄνεμον[3] ἡ πολλὴ Ῥω-
μαίων ἀρχὴ βασιλεῦσι περιμάχητος δυοῖν γέγονε.
ταῦτα μὲν οὖν τῇδε ξυνέπεσεν. ἐγὼ δὲ ὅθενπερ
ἐξέβην ἐπάνειμι.

41 Τῆς δὲ ταραχῆς οὕτως ἐπιπεσούσης τῷ Μήδων
στρατῷ, ὅσοι δὴ αὐτῶν ὄπισθεν ἐτετάχατο, τὴν
μὲν ταραχὴν τῶν ἔμπροσθεν ὄντων θεώμενοι, τὸ
δὲ ξυμβεβηκὸς οὐδαμῇ πεπυσμένοι, κατωρρώ-
δησαν, ἔς τε ὑπαγωγὴν ξὺν πολλῇ ἀκοσμίᾳ
42 ἐτράποντο. ταὐτὸ δὲ τοῦτο καὶ οἱ Δολομῖται
παθόντες (ἐξ ὑπερδεξίων γὰρ μαχόμενοι τὰ
ποιούμενα πάντα ἑώρων) αἰσχράν τινα φυγὴν
43 ἔφευγον, ᾗ τε τροπὴ λαμπρὰ[4] ἐγεγόνει. καὶ
τετρακισχίλιοι μὲν τῶν βαρβάρων αὐτοῦ ἔπεσον,
ἐν τοῖς καὶ τῶν ἀρχόντων τρεῖς τετύχηκεν εἶναι,

---

[1] κραυγμὸν—εἰκός L: καὶ κραυγῆς γάρ τινος. καὶ ὧν ὡς
εἰκός K.
[2] ὅπερ L: om. K.

suspending a pig from the tower escaped this peril.
For as the pig was hanging there, he very naturally
gave vent to sundry squeals, and this angered the
elephant so that he got out of control and, stepping
back little by little, moved off to the rear. Such
was the outcome of that situation. But in the
present case the omission due to the thoughtlessness
of the Romans was made good by chance. But now
that I have mentioned Edessa, I shall not be silent
as to the portent which appeared there before this
present war. When Chosroes was about to break
the so-called endless peace, a certain woman in the
city gave birth to an infant which in other respects
was a normally formed human being, but had two
heads. And the meaning of this was made clear by
the events which followed; for both Edessa and
practically the whole East and the greater part of
the Roman empire to the north came to be fought
for by two sovereigns. Thus did these things happen.
But I shall return to the point from which I strayed.

When confusion thus fell upon the Medic army,
those stationed in the rear, seeing the confusion of
those before them, but having no real knowledge
of what had happened, became panic-stricken and
turned to retreat in great disorder. And the
Dolomites also experienced a like panic (for they
were fighting from the higher positions and could
see everything which transpired), and they too began
to flee in a disgraceful manner, so that the rout
became decisive. Four thousand of the barbarians
fell there, among whom, as it happened, were three

---

[3] πρὸς βορρᾶν ἄνεμον Haury: πρός MSS.
[4] λαμπρά K: om. L.

τέσσαρα δὲ τῶν Περσικῶν σημείων Ῥωμαῖοι
εἷλον, ἅπερ εὐθὺς ἐς Βυζάντιον βασιλεῖ ἔπεμψαν.
44 ἵππους δέ φασιν αὐτῶν οὐχ ἥσσους ἢ ἐς δισ-
μυρίους ἀπολωλέναι, οὐ βληθέντας οὐδὲ πλη-
γέντας πρὸς τῶν πολεμίων, ἀλλὰ μακρὰν μὲν
ὁδὸν πορευθέντας, κόπῳ δὲ ὡμιληκότας ἐν ταύτῃ
πολλῷ, τροφῶν δέ, ἐπεὶ ἐν Λαζικῇ ἐγένοντο, ὡς
ἥκιστα ἐς κόρον ἐλθόντας, οὕτω τε λιμῷ καὶ
ἀσθενείᾳ πιεζομένους πολλῇ διεφθάρθαι.

45   Ταύτης δὲ τῆς πείρας ὁ Μερμερόης ἀποτυχὼν
παντὶ τῷ στρατῷ ἐς Μοχήρησιν ἀπεχώρησεν,
ἐπεὶ καὶ Ἀρχαιοπόλεως ἀποτυχόντες, Λαζικῆς
τῆς ἄλλης τὴν ἐπικράτησιν ἐκ τοῦ ἐπὶ πλεῖστον
46 οἱ Πέρσαι εἶχον. Ἀρχαιοπόλεως δὲ ἡ Μο-
χήρησις ἡμέρας μιᾶς ὁδῷ ἀπέχει, πολλὰς καὶ
πολυανθρώπους κώμας ἔχουσα—καὶ γῆς τῆς
Κολχίδος αὕτη μάλιστα ἡ ἀρίστη ἐστίν· ἐπεὶ
καὶ οἶνος ἐνταῦθα καὶ οἱ ἄλλοι καρποὶ ἀγαθοὶ
φύονται, καίτοι τά γε ἄλλα τῆς Λαζικῆς οὐ ταύτῃ
47 ἔχει. ταύτην παραρρεῖ τὴν χώραν ποταμός,
Ῥέων ὄνομα, οὗ δὴ καὶ¹ φρούριον ᾠκοδομήσαντο
ἐκ παλαιοῦ Κόλχοι, οὗπερ ὕστερον αὐτοὶ τὸ
πλεῖστον ἐς ἔδαφος καθεῖλον, ἐπεὶ ἐν πεδίῳ
κείμενον ἐσάγαν ὑπτίῳ εὐέφοδον σφίσιν ἔδοξεν
48 εἶναι. Κοτιάϊον δὲ τότε τὸ φρούριον ὠνομάζετο
τῇ Ἑλλήνων φωνῇ, νῦν μέντοι Κόταϊς αὐτὸ
καλοῦσι Λαζοὶ τῇ τῆς φωνῆς ἀγνοίᾳ τὴν τοῦ
ὀνόματος διαφθείροντες ἁρμονίαν. ταῦτα μὲν
49 Ἀριανὸς οὕτως ἱστόρησεν. ἕτεροι δέ φασι πόλιν
τε γεγονέναι ἐν τοῖς ἄνω χρόνοις τὸ χωρίον

¹ δὴ καὶ K: δὴ τό L.

of the commanders, and the Romans captured four
of the Persian standards, which they immediately
sent to Byzantium for the emperor. They say,
moreover, that not less than twenty thousand of
their horses perished, not from wounds inflicted by
their enemy's missiles or swords, but because in
travelling a great distance they had become utterly
exhausted and then had found no sufficiency of
fodder since the time they had come into Lazica;
and so, they say, under the stress of both starvation
and weakness they succumbed.

Having thus failed in this attempt, Mermeroes
withdrew with his whole army to Mocheresis; for,
even though they had failed of getting Archaeopolis,
the Persians still held the mastery of the greater
part of the rest of Lazica. Now Mocheresis is one
day's journey distant from Archaeopolis, a district
which includes many populous villages. And this is
really the best land in Colchis; for both wine and
the other good things are produced there, though
the rest of Lazica, to be sure, is not of such a sort.
Along by this district flows a river called Rheon, and
on it the Colchians in ancient times built a fortress,
but in later times they themselves razed the greater
part of it to the ground, because, lying as it did in a
very flat plain, it seemed to them easy of access. In
those times the fortress was named Cotiaion in the
Greek language, but now the Lazi call it Cotais,[1]
having corrupted the true sound of the name
because of their ignorance of the language. Such is
the account given by Arrian.[2] But others say that
the place was a city in ancient times and was called

---

[1] Probably Cytaea, modern Cutais.
[2] This statement is not found in the extant works of Arrian.

καὶ Κοίταιον καλεῖσθαι· ἔνθεν τε τὸν Αἰήτην
ὡρμῆσθαι,[1] καὶ ἀπ' αὐτοῦ τοὺς ποιητὰς αὐτόν
τε Κοιταῖέα καὶ γῆν τὴν Κολχίδα Κοιταῖδα
καλεῖν.

50 Τοῦτο Μερμερόης τανῦν ἀνοικοδομήσασθαι[2]
ἐν σπουδῇ ἔχων, ἐπεὶ οὐδεμίαν παρασκευὴν τοῦ
ἔργου εἶχεν, ἅμα δὲ καὶ ὁ χειμὼν ἤδη ἐνέκειτο,
ξύλινα τοῦ φρουρίου ὅσα καταπεπτώκει ὡς
51 τάχιστα ποιησάμενος αὐτοῦ ἔμενε. τοῦ δὲ
Κόταϊς ἄγχιστα φρούριον ἐχυρώτατόν ἐστιν,
Οὐθιμέρεος ὄνομα· ἐν ᾧ δὴ φυλακτήριον ἐς τὸ
52 ἀκριβὲς οἱ Λαζοὶ εἶχον. μετεῖχον δὲ σφίσι τῆς
τοῦ φρουρίου φυλακῆς καὶ Ῥωμαῖοι στρατιῶται
53 ὀλίγοι τινές. ὁ μὲν οὖν Μερμερόης τῷ παντὶ
στρατῷ ἐνταῦθα καθῆστο, γῆς τε τῆς Κολχίδος
τὰ κάλλιστα ἔχων, ἐμπόδιός τε τοῖς ἐναντίοις
γινόμενος ἐς τὸ Οὐθιμέρεος φρούριον τῶν ἐπιτη-
δείων τι ἐσκομίζεσθαι, ἢ ἐς χώραν τήν τε
Σουανίαν καὶ τὴν Σκυμνίαν καλουμένην ἰέναι,
54 καίπερ σφίσιν αὐτῆς κατηκόου οὔσης. πολεμίων
γὰρ ἐν Μοχηρήσιδι ὄντων, Λαζοῖς τε καὶ
Ῥωμαίοις ὁδοῦ ἀποκεκλεῖσθαι τῆς εἰς τὰ ταύτῃ
χωρία ξυμβαίνει. τὰ μὲν οὖν στρατόπεδα ἐπὶ
Λαζικῆς ἐφέρετο τῇδε.

XV

Ἐν δὲ Βυζαντίῳ ὁ Χοσρόου πρεσβευτὴς Ἰσδι-
γούσνας ἀμφὶ τῇ εἰρήνῃ ἐς λόγους Ἰουστινιανῷ
βασιλεῖ ξυνιὼν πολύ τι χρόνου κατέτριψε μῆκος.

---

[1] ὡρμῆσθαι Maltretus from an inferior MS. : ὁρμᾶσθαι KL.

Coetaeon; and that Aeetes was born there, and as a result of this the poets both called him a Coetaean and applied the same name to the land of Colchis.

This place Mermeroes was now eager to rebuild, but, since he had no equipment for the task, and because at the same time the winter was already setting in, he replaced with wood as quickly as possible such parts of the fortress as had fallen down and remained there. But very close to Cotais is an exceedingly strong fortress, Uthimereos by name; in this the Lazi were maintaining strict guard. And a small number of Roman soldiers also were sharing with them the defence of the fortress. So Mermeroes settled there with his whole army, holding the fairest part of the land of Colchis, and preventing his opponents from carrying any provisions into the fortress of Uthimereos, or from going into the district of Suania and Scymnia, as it is called, though this was subject to them. For when an enemy is in Mocheresis, the road into this region is thereby cut off for both Lazi and Romans. Thus were the armies engaged in Lazica.

XV

In Byzantium, meanwhile, Chosroes' envoy Isdigousnas, in conferring with the Emperor Justinian regarding the peace, wasted a vast amount of time.

---

² ἀνοικοδομήσασθαι Haury : οἰκοδομήσασθαι MSS.

2 πολλά τε διαφιλονεικήσαντες ἐν ὑστάτῳ ξυνέ-
βησαν, ἐφ' ᾧ πενταετῆ μὲν τὴν ἐκεχειρίαν ἐν τῇ
ἑκατέρου βασιλέως ἐπικρατείᾳ εἶναι, φοιτῶντας
δὲ παρ' ἀλλήλους ἑκατέρωθεν καὶ ἀδεῶς ἐπι-
κηρυκευομένους ἐν τούτῳ τῷ χρόνῳ[1] τά τε ἀμφὶ
Λαζικῇ καὶ Σαρακηνοῖς διάφορα[2] διοικήσασθαι.
3 ξυνέκειτο δὲ Πέρσας πρὸς Ῥωμαίων λαβεῖν ὑπὲρ
μὲν τῆς ἐκεχειρίας τῶν πέντε τούτων ἐνιαυτῶν
κεντηνάρια χρυσοῦ εἴκοσιν, ὑπὲρ δὲ μηνῶν
ὀκτωκαίδεκα,[3] οὓς δὴ μετὰ τὴν προτέραν ἐκε-
χειρίαν ἐς ταύτην διαδραμεῖν μεταξὺ ἔτυχεν,
ἕως ἑκάτεροι παρ' ἀλλήλους ἐπρέσβευον, ἕτερα
4 κεντηνάρια ἕξ. ἐπὶ τούτῳ γὰρ ἔφασκον Πέρσαι
καὶ τοὺς ὑπὲρ τῶν σπονδῶν λόγους ξυγκεχωρη-
5 κέναι γενέσθαι. ταῦτα δὲ τὰ εἴκοσι κεντηνάρια
Ἰσδιγούσνας μὲν αὐτόθεν ἠξίου κομίζεσθαι,
βασιλεὺς δὲ ἤθελεν ἐς ἕκαστον ἔτος τέτταρα
δοῦναι, τούτου δὴ ἕνεκα, τοῦ μὴ παραβῆναι τὰς
6 ξυνθήκας Χοσρόην ἐνέχυρον ἔχειν. ὕστερον
μέντοι τὸ ξυγκείμενον ἅπαν χρυσίον Ῥωμαῖοι
Πέρσαις εὐθὺς ἔδοσαν, τοῦ μὴ δοκεῖν δασμοὺς
7 ἀνὰ πᾶν ἔτος αὐτοῖς ἀποφέρειν. τὰ γὰρ αἰσχρὰ
ὀνόματα, οὐ τὰ πράγματα, εἰώθασιν ἄνθρωποι ἐκ
τοῦ ἐπὶ πλεῖστον αἰσχύνεσθαι.
8 Ἦν δέ τις ἐν Πέρσαις Βερσαβοῦς ὄνομα,
λόγιμός τε διαφερόντως καὶ Χοσρόῃ βασιλεῖ
9 ἐς τὰ μάλιστα φίλος. ὅνπερ ποτὲ Βαλεριανὸς
ἐν Ἀρμενίοις παραπεπτωκότα ἐν ξυμβολῇ δο-
ρυάλωτον εἷλεν, ἔς τε Βυζάντιον αὐτίκα βασιλεῖ

---

[1] ἐν τούτῳ τῷ χρόνῳ KL : om. W.
[2] τά—διάφορα K : τάς—διαφοράς L, τά W.
[3] ὀκτωκαίδεκα KL : δώδεκα W.

And it was only after long-continued debates that
they finally reached an agreement that for five years
the truce should be observed in the realms of both
sovereigns, while envoys passed back and forth from
each country to the other, fearlessly carrying on
negotiations for peace during this period until they
should settle the points of disagreement regarding
both Lazica and the Saracens.   It was further agreed
that the Persians receive from the Romans for this
five-year truce twenty centenaria [1] of gold, and for
eighteen months which had elapsed between the
expiration of the former truce and the time when
they had commenced negotiations with each other
in the present case, six centenaria more.   For the
Persians declared that only on this understanding
had they permitted negotiations for the treaty to
proceed.   Isdigousnas further demanded that he
should receive these twenty centenaria on the spot,
but the emperor wished to give four each year, his
purpose, of course, being that he might have surety
that Chosroes would not violate the agreement.
Later, however, the Romans gave the Persians out-
right the entire amount of gold agreed upon, in
order not to appear to be paying them tribute each
year.   For it is the disgraceful name, and not the fact,
which men are wont as a general thing to be
ashamed of.

Now there was a certain man among the Persians
named Bersabus, a person of especial note and a
very close friend of King Chosroes.   Valerian had
once happened upon this man in a battle in Armenia,
and he took him prisoner and immediately sent him

[1] See Book III. vi. 2, note.

10 ἔπεμψε. καὶ αὐτῷ χρόνος πολὺς φυλασσομένῳ
ἐνταῦθα ἐτρίβη. βουλομένῳ τε ἦν τῷ Χοσρόῃ
χρημάτων ὑπὲρ αὐτοῦ προΐεσθαι πλῆθος, ὅπως
τὸν Βερσαβοῦν ἐπανήκοντα ἴδη ἐς τὰ Περσῶν
11 ἤθη. ἀλλὰ νῦν ἐξαιτησαμένου αὐτὸν Ἰσδι-
γούσνα Ἰουστινιανὸς βασιλεὺς τὸν ἄνδρα ἀφῆ-
κεν· [1] ἐπηγγέλλετο γὰρ βασιλεῖ ὁ πρεσβευτὴς
οὗτος ἀναπείσειν Χοσρόην ἐκ τῆς Λαζικῆς ἀνα-
12 στῆσαι τὸ Περσῶν στράτευμα. ἐγένετο δὲ ἡ
ἐκεχειρία ἥδε Ῥωμαίοις τε καὶ Πέρσαις, πέμπτον
τε καὶ εἰκοστὸν ἐνιαυτὸν Ἰουστινιανοῦ βασιλέως
13 τὴν αὐτοκράτορα ἀρχὴν ἔχοντος. ταύταις δὲ
ταῖς σπονδαῖς Ῥωμαίων οἱ πλεῖστοι ἐπιεικῶς
ἤχθοντο. καὶ εἰ μὲν δικαίαν τινὰ ἢ ἀλόγιστον
ἐποιοῦντο τὴν μέμψιν, οἷά γε τὰ τῶν ἀρχομένων,
οὐκ ἔχω εἰπεῖν.
14 Ἔλεγον δὲ ὅτι δὴ Λαζικῆς βεβαιότατα πρὸς
Περσῶν ἀρχομένης [2] αἱ ξυνθῆκαι αὗται γεγό-
νασιν, ὡς μή τις πενταετὲς αὐτοὺς ἐνοχλήσῃ,
ἀλλ' ἀδεέστερόν τε καὶ ἀπονώτερον γῆς τῆς
Κολχίδος τὰ κάλλιστα πάντα τοῦτον τὸν χρόνον
15 ἐνοικεῖν δύνωνται. ὅθεν αὐτοὺς τὸ λοιπὸν ἐξε-
λάσαι οὐδεμιᾷ Ῥωμαῖοι ἐς ἅπαντα τὸν αἰῶνα
μηχανῇ [3] ἕξουσιν, ἀλλὰ καὶ τὸ Βυζάντιον ἐν-
θένδε Πέρσαις εὐέφοδον τὸ λοιπὸν ἔσται. ταῦτα
οὖν ἀποσκοποῦντες οἱ πολλοὶ ἤσχαλλον καὶ
16 δυσφορούμενοι διηποροῦντο· καὶ ὅτι Πέρσαι τὸ
ἐκ παλαιοῦ μὲν σφίσιν ἐν σπουδῇ γεγονός, δόξαν
δὲ οὔτε πολέμῳ κρατήσειν [4] οὔτε τῳ ἄλλῳ τρόπῳ

---

[1] ἀφῆκεν W : ἐφῆκεν KL.
[2] ἀρχομένης KL : ἐχομένης W.
[3] οὐδεμιᾶ—μηχανῆ LW : οὐδεμίαν—μηχανὴν K.

to the emperor at Byzantium. And a long time passed while he was being kept under guard there. Now Chosroes was willing to advance a great amount of money for him, in order that he might see Bersabus returned to the land of Persia. But on the present occasion the Emperor Justinian released the man at the request of Isdigousnas; for this ambassador promised the emperor to persuade Chosroes to remove the Persian army from Lazica. Thus this armistice was arranged by the Romans and Persians in the twenty-fifth year of the reign of the Emperor Justinian. Now the majority of the Romans were thoroughly displeased with this treaty ; but whether the reproach they made was in some measure justified or as unreasonable as the complaints of subjects commonly are, I am unable to say. _{552-553 A.D.}

These objectors kept saying that this peace had been made while Lazica was most firmly in the power of the Persians, whose purpose was that for five years no one might molest them, but that during this time they might be able without fear or hardship to occupy all the fairest parts of the land of Colchis ; and the Romans thereafter would be utterly unable to dislodge them from there in all time, but thenceforth Byzantium itself would be easily accessible to the Persians from that point. Such was the general view, and the people were consequently vexed and irritated and utterly pessimistic. They were also moved by the fact that the very thing which the Persians had been striving for from ancient times, but which had seemed impossible of achievement either by war or by any other

---

⁴ κρατήσειν W : κρατεῖν KL.

δυνατὸν ἔσεσθαι, λέγω δέ, ὅπως ἐς δασμοῦ ἀπα-
γωγὴν ὑπόφοροι αὐτῶν Ῥωμαῖοι ἔσονται, ἰσχυ-
ρότατα ἐν τῷ παρόντι τῷ τῆς ἐκεχειρίας ὀνόματι
17 ἐκρατύναντο. τάξας γὰρ ὁ Χοσρόης Ῥωμαίοις
κεντηναρίων ἐπέτειον τεσσάρων δασμόν, οὗπερ
γλιχόμενος τὸ ἐξ ἀρχῆς διαφανὴς ἦν, ἐς ἕνδεκα
ἔτη τανῦν καὶ μῆνας ἓξ εὐπρεπεῖ λόγῳ ἓξ καὶ τεσ-
σαράκοντα κεντηνάρια τῇ τῆς ἐκεχειρίας κεκόμισ-
ται[1] σκήψει, ὄνομα τῷ δασμῷ τὰς σπονδὰς θέμε-
νος, καίπερ ἐπὶ Λαζικῆς μεταξὺ[2] βιαζόμενός τε
18 καὶ πολεμῶν, ᾗπερ ἐρρήθη. ὧνπερ Ῥωμαῖοι σφᾶς
αὐτοὺς ῥύσασθαι ἐς τὸν ἔπειτα χρόνον ἐν ἐλπίδι[3]
τὸ λοιπὸν οὐδεμιᾷ εἶχον, ἀλλὰ φόρου ὑποτελεῖς
Πέρσαις ᾔσθοντο οὐ κεκρυμμένως γεγενημένοι.
19 ταῦτα μὲν οὖν ταύτῃ ἐπέπρακτο.

Ἰσδιγούσνας δὲ χρήματά τε περιβαλόμενος
ὅσα οὐδεὶς πρέσβεων πώποτε, καὶ πάντων, οἶμαι,
πλουσιώτατος Περσῶν γεγονὼς ἐπ' οἴκου ἀπε-
κομίσθη, ἐπεὶ αὐτὸν Ἰουστινιανὸς βασιλεὺς
ἐτετιμήκει τε[4] ἐν τοῖς μάλιστα καὶ χρήμασι
20 μεγάλοις δωρησάμενος ἀπεπέμψατο. μόνος δὲ
πρέσβεων ἁπάντων οὗτος ἐς πεῖραν φυλακῆς
οὐδεμιᾶς ἦλθεν, ἀλλ' αὐτός τε καὶ ὅσοι αὐτῷ
βάρβαροι εἵποντο πολλοὶ ἐσάγαν ὄντες ἐν πολλῇ
ἐξουσίᾳ ἐγένοντο ἐπὶ χρόνου μῆκος ἐντυγχάνειν
τε καὶ ξυγγίνεσθαι οἷς ἂν βούλοιντο, καὶ
τῆς πόλεως πανταχόσε περιπάτους ποιεῖσθαι,[5]
ὠνεῖσθαί τε καὶ ἀποδίδοσθαι ὅσα ἦν βουλομένοις

---

[1] κεκόμισται LW: κεκόσμηται K.
[2] μεταξύ W: om. KL.
[3] ἐν ἐλπίδι—οὐδεμιᾷ Haury: ἐλπίδι—οὐδεμιᾷ MSS.: ἐλπίδα
—οὐδεμίαν editors.

means,—that is to say, having the Romans subject
to the payment of tribute to them—this had been
most firmly achieved at the present juncture in the
name of an armistice. For Chosroes, by imposing
upon the Romans an annual tribute of four cente-
naria, the very thing he had clearly been bent upon
having from the first, has up to the present time in
a space of eleven years and six months speciously
gathered in forty-six centenaria on the pretext of
the armistice, giving to the tribute the name of
treaty, although in the meantime he has, as stated,
been carrying on a campaign of violence and war in
Lazica. From this plight the Romans had not the
least hope of rescuing themselves in the future, but
they perceived that they had in no hidden sense
become tributary to the Persians. Thus were these
things done.

But Isdigousnas, in possession of money such as
no envoy ever carried, and having become, I suppose,
the wealthiest of all the Persians, departed on the
homeward way, for the Emperor Justinian had
honoured him in a signal manner and presented
him with huge sums of money before his dismissal.
And this man, unlike all other ambassadors, did not
have the experience of being under guard in any
sense, but both he himself and all who followed
him—and they were an exceedingly numerous
company—enjoyed complete freedom for a long
period of time in meeting and associating with
whom they wished, walking about in every part
of the city, buying and selling whatever they

---

[4] ἐτετιμήκει τε LW : τετίμηκεν K.
[5] περιπάτους ποιεῖσθαι KW : περιιών L.

σφίσι, καὶ ξυμβόλαια ποιεῖσθαι πάντα[1] ἐργασίᾳ
τε τῇ περὶ ταῦτα[2] ἐνδιατρίβειν ξὺν πάσῃ ἀδείᾳ,
καθάπερ ἐν πόλει αὐτῶν ἰδίᾳ, Ῥωμαίων αὐτοῖς
οὐδενὸς ἑπομένου ἢ ξυνόντος ὅλως ἢ τηρεῖν
ἀξιοῦντος, ᾗπερ εἰώθει.

21 Ἐν τούτῳ τῷ χρόνῳ τετύχηκέ τι τῶν οὔπω
πρότερον, ὅσα γε ἡμᾶς εἰδέναι, γεγονότων ξυνε-
νεχθῆναι. τοῦ μὲν γὰρ ἔτους μετόπωρον ἦν, αὐχ-
μὸς δὲ καὶ πνιγμὸς ὥσπερ θέρους μέσου ἐγένετο
θαυμαστὸν ὅσον· ὥστε ἀμέλει ῥόδων μὲν πλῆθος
ἅτε ἦρος ὄντος ἐφύη, τῶν εἰωθότων οὐδενὶ τὸ
22 παράπαν διαλλασσόντων. καρποὺς δὲ τὰ δέν-
δρα σχεδόν τι ἅπαντα νέους τινὰς αὖθις ἤνεγκε,
κἂν ταῖς ἀμπέλοις οὐδέν τι ἧσσον ἐγένοντο
βότρυες, καίπερ τοῦ τρυγήτου γεγενημένου ἡμέ-
23 ραις ἤδη οὐ πολλαῖς ἔμπροσθεν. οἷς δὴ οἱ ταῦτα
δεινοὶ τεκμηριούμενοι προὔλεγον ἀπροσδόκητον
μέγα τι ἔσεσθαι, οἱ μὲν ἀγαθόν, οἱ δὲ τοὐναντίον.
24 ἐγὼ δὲ ταῦτα μὲν κατά τι ξυμβεβηκὸς γεγονέναι
οἶμαι, νότων ἐπὶ πλεῖστον ἀνέμων, ᾗπερ εἰώθει,
ἐπιπεσόντων καὶ θέρμης ἐνθένδε παρὰ τὰ ξυ-
νειθισμένα πολλῆς τε καὶ οὐ κατὰ φύσιν τῆς
25 ὥρας ἐπιγενομένης τῇ χώρᾳ. εἰ δέ τι, ὥσπερ
οὗτοί φασι, καὶ σημαίνει παρὰ δόξαν ἐσόμενον,
βεβαιότατα ἐκ τῶν ἀποβησομένων εἰσόμεθα.

---

[1] πάντα KL : ταῦτα W.   [2] ταῦτα KL : πάντα W.

pleased, and carrying on all manner of transactions and devoting themselves with complete unconcern to the business connected therewith, just as they would in a city of their own, with not a Roman following or accompanying them at all or deigning to watch them, as is customary.

At this time an event occurred which has never happened before, as far at least as we know. For though the season of the year was late autumn, there was a very remarkable period of drought and hot weather as in the middle of summer, so that a great quantity of roses actually came out, as if it were spring, differing in no way at all from ordinary roses. And practically all the trees brought forth new fruit again, while the clusters likewise appeared on the vines, although the vintage had already been gathered not many days before. From these things those that are clever in such matters drew sundry conclusions, saying that some great and unexpected thing would take place, some that it would be good and others the opposite. But I for my part think that this was the result of a sort of coincidence, the usual south winds having prevailed for a very long period, and great heat having consequently come upon the land beyond what is customary and not in keeping with the season. But if it really does, as they say, indicate that some unexpected event will happen, we shall know most certainly from the future outcome.

XVI

Ἐν ᾧ δὲ τάδε ἀμφὶ ταῖς σπονδαῖς Ῥωμαίοις τε καὶ Πέρσαις ἐν Βυζαντίῳ ἐπράσσετο, ἐν τούτῳ ἐπὶ Λαζικῆς[1] τάδε ξυνηνέχθη γενέσθαι.

2 Γουβάζης ὁ Λαζῶν βασιλεὺς Ῥωμαίοις εὐνοϊκῶς ἔσχεν, ἐπεί οἱ Χοσρόην, ὥσπερ μοι ἐν τοῖς ἔμπροσθεν λόγοις ἐρρήθη, ἐπιβουλεύειν θάνατον

3 ᾔσθετο. τῶν δὲ ἄλλων Λαζῶν οἱ πλεῖστοι ἀνήκεστα πρὸς τῶν Ῥωμαίων στρατιωτῶν δεινὰ πάσχοντες καὶ διαφερόντως τοῖς ἄρχουσι τοῦ στρατοῦ ἀχθόμενοι ἐμήδιζον ἐκ τοῦ ἐπὶ πλεῖστον, οὐ τὰ Περσῶν ἀσπαζόμενοι, ἀλλ᾽ ἀπαλλαξείοντες τῆς Ῥωμαίων ἀρχῆς καὶ τῶν δυσ-

4 χερῶν τὰ τέως μὴ παρόντα αἱρούμενοι. ἦν δέ τις ἐν Λαζοῖς οὐκ ἀφανὴς ἀνὴρ Θεοφόβιος ὄνομα, ὅσπερ τῷ Μερμερόῃ λαθραιότατα ἐς λόγους ξυμμίξας φρούριον ἐνδώσειν τὸ Οὐθιμέρεος

5 ὡμολόγησεν. ὁ δὲ αὐτὸν ἐλπίσι μεγάλαις ἐπάρας ἐς τὴν πρᾶξιν ὥρμησε ταύτην, φίλον μὲν αὐτὸν ἐν τοῖς μάλιστα Χοσρόῃ βασιλεῖ[2] ἐκ τοῦ ἔργου τούτου ἰσχυρισάμενος ἔσεσθαι, Πέρσαις δὲ ἀνάγραπτον ἐπ᾽ εὐεργεσίᾳ ἐς τὸν πάντα αἰῶνα, καὶ ἀπ᾽ αὐτοῦ δόξῃ τε καὶ πλούτῳ καὶ δυνάμει αὐτὸν γενήσεσθαι μέγαν. οἷς δὴ Θεοφόβιος ἐπαρθεὶς πολλῷ ἔτι μᾶλλον εἰς τὸ ἔργον ἠπείγετο.

6 Καὶ ἦν γὰρ οὐδεμία ἐπιμιξία Ῥωμαίοις τε καὶ Λαζοῖς τότε, ἀλλ᾽ οἱ μὲν Πέρσαι πολλῇ ἐξουσίᾳ πανταχόσε περιήρχοντο τῶν ταύτῃ

---

[1] Λαζικῆς Hoeschel: λαζικῇ K: λαζικοῖς L.
[2] χοσρόῃ βασιλεῖ L: χοσρόην βασιλέα K.

XVI

WHILE these negotiations were taking place in Byzantium between the Romans and Persians regarding the treaty, meantime the following took place in Lazica. Gubazes, the king of the Lazi, was well disposed toward the Romans, for he perceived that Chosroes, as I have stated in the previous narrative,[1] was plotting his death. But the most of the other Lazi, being subjected to outrageous treatment at the hands of the Roman soldiers, and being particularly angry with the commanders of the army, began to favour the Medes as a general thing, not because they preferred the cause of the Persians, but because they wished to be rid of the Roman rule and preferred those difficulties which were not for the moment present. Now there was a man of no mean station among the Lazi, Theophobius by name, who conferred very secretly with Mermeroes and promised to put the fortress of Uthimereos into his hands. And he filled the man with great hopes and urged him to accomplish this, declaring that as a result of this deed he would not only be a very close friend of King Chosroes, but would also be inscribed by the Persians as a benefactor for all time, and consequently would become great in renown and in wealth and power. Theophobius was elated by these promises and kept working still more eagerly for the accomplishment of his purpose.

Now there was at that time no free movement of the Romans and Lazi, but, while the Persians were going about everywhere in that country with

[1] Book II. xxix. 2.

χωρίων, Ῥωμαίων δὲ καὶ Λαζῶν οἱ μὲν παρὰ
ποταμὸν Φᾶσιν ἐλάνθανον, οἱ δὲ Ἀρχαιόπολιν
ἢ ἄλλο τι τῶν ἐκείνῃ ὀχυρωμάτων καταλαβόντες
ἐκρύπτοντο· καὶ Γουβάζης αὐτός, ὁ Λαζῶν
βασιλεύς, ἐς τῶν ὁρῶν τὰς ὑπερβολὰς ἡσυχῇ

7 ἔμενε. πόνῳ γοῦν ὁ Θεοφόβιος οὐδενὶ ἴσχυσε
τὴν ὑπόσχεσιν τῷ Μερμερόῃ ἐπιτελέσαι. ἐν
γὰρ τῷ φρουρίῳ γενόμενος ἔφασκε Λαζοῖς τε
καὶ Ῥωμαίοις οἳ τὸ ἐνταῦθα φυλακτήριον εἶχον
ὡς ἅπας μὲν ὁ Ῥωμαίων στρατὸς ἀπολώλει,
Γουβάζῃ δὲ βασιλεῖ καὶ Λαζοῖς τοῖς ἀμφ᾽ αὐτὸν
ἅπασι διαφθαρείη τὰ πράγματα, Κολχὶς δὲ
ξύμπασα πρὸς Περσῶν ἔχοιτο, καὶ οὐδέ τις
ἐλπὶς Ῥωμαίοις[1] ποτὲ ἢ τῷ Γουβάζῃ[2] ἀνα-

8 σωθήσεσθαι τῆς χώρας τὸ κράτος. τὰ μὲν γὰρ
πρότερα κατὰ μόνας ταῦτα τὸν Μερμερόην δια-
πεπρᾶχθαι, μυριάδας τε πλέον ἑπτὰ ἐπαγαγό-
μενον Περσῶν μαχίμων ἀνδρῶν καὶ βαρβάρους
Σαβείρους παμπληθεῖς· νῦν δὲ καὶ βασιλέα
Χοσρόην στρατῷ ἀμυθήτῳ ἐνθάδε ἥκοντα ἐξα-
πιναίως αὐτοῖς ἀναμεμίχθαι καὶ οὐκ ἂν τὸ λοιπὸν
οὐδὲ αὐτὴν Κόλχων τῇ στρατιᾷ ταύτῃ τὴν γῆν

9 ἐπαρκέσειν. ταῦτα τερατευσάμενος Θεοφόβιος
ἐς δέος μέγα καὶ ἀμηχανίαν κατεστήσατο τοὺς

10 ἐνταῦθα φρουρούς. καὶ αὐτὸν ἐλιπάρουν πρὸς
θεοῦ τοῦ πατρῴου ἱκετεύοντες τὰ παρόντα ὅσῃ

11 δύναμις εὖ θέσθαι σφίσι. καὶ ὃς αὐτοῖς[3] ὡμο-
λόγει πρὸς τοῦ Χοσρόου ἀμφὶ τῇ σωτηρίᾳ τὰ
πιστὰ οἴσειν, ἐφ᾽ ᾧ τὸ φρούριον ἐνδώσουσι
Πέρσαις.

---

[1] ῥωμαίοις K : ἐς ῥωμαίους L.
[2] τῷ γουβάζῃ K : τὸν γουβάβην L.

complete liberty, some of the Romans and Lazi were hiding by the Phasis River, while others had seized Archaeopolis or some other one of the strongholds there and were concealing themselves therein. Meanwhile Gubazes himself, the king of the Lazi, was remaining quietly at the summit of the mountains. Consequently Theophobius was able with no difficulty to make good his promise to Mermeroes. For he went inside the fortress and stated to the Lazi and Romans who were keeping guard there that the whole Roman army had perished, that the cause of King Gubazes and of all the Lazi about him had been utterly lost, and that all Colchis was held by the Persians, and there was not one single hope for the Romans or Gubazes ever to win back the rule of the land. For formerly, he pointed out, Mermeroes had accomplished this alone, bringing with him more than seventy thousand fighting men of the Persians and vast numbers of barbarian Sabiri ; but now, he said, King Chosroes himself had actually come there with an unnumbered host and suddenly joined forces with them, and henceforth not even the whole land of the Colchians would suffice for this army. With these high-flown words Theophobius reduced the guards there to a state of terror and helplessness. And they besought him with entreaties in the name of their ancestral god to use all his power to turn the present situation to their advantage. He then promised them that he would bring from Chosroes pledges for their safety, on condition that they surrender the fortress to the Persians.

---

³ καὶ ὃς αὐτοῖς L : καὶ αὐτός K.

Ἐπεί τε τοὺς ἀνθρώπους ταῦτα ἤρεσκεν,
αὐτίκα ἐνθένδε ἀπαλλαγεὶς αὖθίς τε τῷ Μερμε-
12 ρόῃ ἐς ὄψιν ἥκων ἅπαντα ἔφραζεν. ὁ δὲ Περσῶν
ἄνδρας τοὺς δοκιμωτάτους [1] ἀπολεξάμενος ξὺν
αὐτῷ ἐς τὸ Οὐθιμέρεος ἔπεμψε, τά τε πιστὰ
παρεξομένους ἀμφί τε τοῖς χρήμασι καὶ τῇ
σωτηρίᾳ τοῖς τῇδε φρουροῖς καὶ τὸ φρούριον
13 τοῦτο καθέξοντας. οὕτω μὲν Πέρσαι τὸ Οὐ-
θιμέρεος φρούριον ἔσχον καὶ Λαζικῆς τὴν ἐπι-
14 κράτησιν ἰσχυρότατα ἐκρατύναντο. οὐ μόνην
δὲ Λαζικὴν ταύτην [2] οἱ Πέρσαι ὑποχειρίαν πε-
ποίηνται, ἀλλὰ καὶ Σκυμνίαν τε καὶ Σουανίαν,
ἐκ δὲ [3] Μοχηρήσιδος ἄχρι ἐς Ἰβηρίαν ἄβατα
Ῥωμαίοις τε καὶ τῷ Λαζῶν βασιλεῖ ξύμπαντα
τὰ ἐκείνῃ χωρία τῷ τρόπῳ τούτῳ ἐγένετο.
15 ἀμύνεσθαι δὲ τοὺς πολεμίους οὔτε Ῥωμαῖοι οὔτε
Λαζοὶ εἶχον, ἐπεὶ οὐδὲ καταβαίνειν ἐκ τῶν
ὀρῶν ἢ τῶν ὀχυρωμάτων ἐτόλμων οὐδέ πη τοῖς
πολεμίοις [4] ἐπεξιέναι.

16   Μερμερόης δὲ τῆς τοῦ χειμῶνος ἐγκειμένης
ὥρας ξύλινον μὲν τεῖχος ἐν Κόταϊς ἐτεκτήνατο,
φρουράν τε Περσῶν τῶν μαχίμων οὐχ ἧσσον
ἢ τρισχιλίων ἐνταῦθα καταστησάμενος, ἔν τε τῷ
17 Οὐθιμέρεος ἄνδρας αὐτάρκεις ἀπολιπών. οἰκο-
δομησάμενος δὲ καὶ τὸ ἄλλο Λαζῶν φρούριον,
ὃ δὴ καλοῦσι Σαραπανίν, πρὸς αὐτοῖς μάλιστα
τοῖς ἐσχάτοις ὁρίοις Λαζικῆς κείμενον, αὐτοῦ
18 ἔμενεν. ἔπειτα δὲ Ῥωμαίους τε καὶ Λαζοὺς
ἀγείρεσθαί τε μαθὼν καὶ ἀμφὶ τὰς ἐκβολὰς
ἐνστρατοπεδεύεσθαι ποταμοῦ Φάσιδος, παντὶ τῷ
19 στρατῷ ἐπ᾽ αὐτοὺς ᾔει. ὅπερ ἐπεὶ Γουβάζης
τε καὶ οἱ τοῦ Ῥωμαίων στρατοῦ ἄρχοντες ἔμαθον,

The men were delighted with these terms and he immediately departed from the place, and coming again before Mermeroes explained everything. Then Mermeroes selected the most notable men of the Persians and sent them with him to Uthimereos, for the purpose of arranging pledges both for the money and for the lives of the guards of the place and so taking possession of that fortress. Thus did the Persians gain the fortress of Uthimereos and thereby secured the mastery of Lazica most firmly. But not only did the Persians bring this land of Lazica under their sway, but also Scymnia and Suania, and in this way the whole territory from Mocheresis as far as Iberia became inaccessible to the Romans and the king of the Lazi. And neither the Romans nor the Lazi were able to ward off the enemy, for they did not even dare to descend from the mountains or their strongholds, nor to make any advances against the enemy.

Mermeroes, as the winter season came on, built a wooden wall at Cotais and established there a guard of warlike Persians no less than three thousand strong, and he also left a sufficient force of men in Uthimereos. And he also built up the other fortress of the Lazi which they call Sarapanis, situated at the very limit of the territory of Lazica, and remained there. But later, upon learning that the Romans and Lazi were gathering and making camp at the mouth of the Phasis River, he moved against them with his whole army. When Gubazes and the commanders of the Roman army learned this, re-

---

[1] ἄνδρας τοὺς δοκιμωτάτους K: τοὺς δοκιμωτάτους ἅπαντας L.

[2] ταύτην L: ταύτη K.　　[3] ἐκ δέ Maltretus: ἐκ MSS.

[4] οὐδέ πη τοῖς πολεμίοις L: οὐδ' ἐπὶ τοὺς πολεμίους K.

οὐχ ὑποστάντες τῶν πολεμίων τὴν ἔφοδον διε-
λύθησάν τε καὶ διεσώθησαν[1] ὥς πη ἑκάστῳ
20 δυνατὰ γέγονεν. ὅ τε Γουβάζης ἀναδραμὼν ἐς
τῶν ὀρῶν τὰς ὑπερβολὰς διεχείμαζε ξύν τε τοῖς
παισὶ καὶ τῇ γυναικὶ καὶ τοῖς ἐς τὰ μάλιστα
ἐπιτηδείοις, τῇ μὲν ἀμηχανίᾳ τῶν παρόντων
κακῶν διαμαχόμενος πρὸς τὴν ἀπὸ τῆς ὥρας
ἀνάγκην, ἐλπίδι δὲ τοῦ Βυζαντίου ἐς τὸν μέλ-
λοντα χρόνον θαρσῶν, ταύτῃ τε τὴν τύχην
παρηγορῶν τὴν τότε παροῦσαν, οἷά γε τὰ ἀν-
21 θρώπεια, καὶ καραδοκῶν τὰ βελτίω. καὶ οἱ
ἄλλοι δὲ Λαζοὶ τῇ πρὸς βασιλέα Γουβάζην
αἰδοῖ τὴν τοῦ χειμῶνος ὥραν οὐδέν τι ἧσσον
ἐν τοῖς σκοπέλοις κατέτριβον, δύσκολον μὲν
ἐνταῦθα οὐδὲν πρὸς τῶν πολεμίων δειμαίνοντες,
ἐπεὶ τοῖς ἐπιβουλεύουσιν, ἄλλως τε καὶ κατὰ τὸν
χειμῶνα, ταῦτα τὰ ὄρη ἀμήχανά τε καὶ ὅλως
ἀπρόσοδα ξυμβαίνει εἶναι, λιμῷ δὲ καὶ ψύχει
καὶ τῇ ἄλλῃ κακοπαθείᾳ δυσθανατῶντες.
22 Ὁ δὲ Μερμερόης οἰκία τε πολλὰ κατ' ἐξουσίαν
ᾠκοδομήσατο ἐν ταῖς κατὰ τὴν Μοχήρησιν
κώμαις καὶ τὰ ἐπιτήδεια πανταχόθι καταστη-
σάμενος τῶν τῇδε χωρίων, τῶν τε αὐτομόλων
περιπέμπων τινὰς ἐς τῶν ὀρῶν τὰς ἀκρωρείας
καὶ τὰ πιστὰ παρεχόμενος ἐπαγαγέσθαι πολ-
λοὺς ἴσχυσεν· οἷς δὴ καὶ τῶν ἀναγκαίων ἀπο-
ρουμένοις ἐχορήγει συχνὰ καὶ ὡς οἰκείων ἐπε-
μελεῖτο, τά τε ἄλλα διῳκεῖτο ξὺν ἀδείᾳ πολλῇ
23 ἅτε τῆς χώρας γεγονὼς κύριος. καὶ πρὸς Γου-
βάζην ἔγραψε τάδε· "Δύο ταῦτα ῥυθμίζει τοῖς
ἀνθρώποις τὸν βίον, δύναμίς τε καὶ φρόνησις.
οἱ μὲν γὰρ τῷ δυνατῷ περιόντες τῶν πέλας

fusing to withstand the enemy's attack they dispersed
and saved themselves as each found it possible. As
for Gubazes, he ran up to the summit of the
mountains and there proceeded to pass the winter
along with his children and his wife and those
particularly intimate with him, putting up with the
rigours of winter because of the hopelessness of his
present evil situation, but confident of the future
because of his hope in Byzantium, and in this way
finding consolation for the fortune then present, as
men are wont to do, and looking for a better day.
And the rest of the Lazi likewise, ashamed to be
outdone by King Gubazes, were passing the winter
as well as he among the crags, fearing indeed no
difficulty from the enemy there, for these mountains
are at all times impracticable and wholly inaccessible
for an attacking force, and particularly during the
winter, but forced to endure mortal suffering through
hunger, cold, and the other hardships.

Meanwhile Mermeroes at his leisure built many
houses in the villages throughout Mocheresis and
established stores of supplies everywhere among
these places; then by sending some of the deserters
to the heights of the mountains and offering pledges
he succeeded in winning over many; these were
naturally in want of provisions, and he supplied
them in generous measure and cared for them as his
own; indeed he carried on the whole administration
with an air of complete security, as having become
lord of the land. And he wrote the following letter
to Gubazes: "Two things there are which harmonize
the lives of men, power and wisdom. For some,
who, by reason of their power, are superior to their

---

[1] διεσώθησαν K : διεσώζοντο L.

αυτοι τε βιοτεύουσι κατ᾽ ἐξουσίαν καὶ ὅπη
βούλονται τοὺς καταδεεστέρους ἐσαεὶ ἄγουσιν,
οἱ δὲ διὰ τὴν ἀσθένειαν δεδουλωμένοι τοῖς κρείτ-
τοσι, τῷ ξυνετῷ τὴν ἀδυναμίαν ἰώμενοι, θωπείᾳ
τοὺς κρατοῦντας μέτιασι καὶ οὐδέν τι ἧσσον ἐν
τοῖς οἰκείοις βιοῦν δύνανται, πάντων ἀπολαύον-
τες[1] τῇ κολακείᾳ ὧνπερ αὐτοῖς διὰ τὴν ἀ-
24 σθένειαν στερεῖσθαι[2] ξυμβαίνει. καὶ ταῦτα οὐ
παρὰ μὲν τῶν ἐθνῶν τισὶ σφίσι φέρεται οὕτως,
παρὰ δὲ τοῖς ἄλλοις οὐ ταύτῃ πη ἔχει, ἀλλὰ
ἀνθρώποις ὡς εἰπεῖν ἅπασι πανταχόθι γῆς τῆς
οἰκουμένης ὥσπερ ἄλλο τι ἐμπέπηγε φύσει.
25 καὶ σὺ τοίνυν, ὦ φίλε Γουβάζη, ἢν μὲν οἴει
περιέσεσθαι Περσῶν τῷ πολέμῳ, μήτε μέλλε
26 μήτε σοι ἐμπόδιον γινέσθω μηδέν.[3] εὑρήσεις γὰρ
ἡμᾶς τῆς Λαζικῆς ἔνθα ἂν βούλοιο ὑφισταμένους
τε τὴν σὴν ἔφοδον καὶ ἀντιπαραταττομένους
ὑπὲρ χώρας τῆσδε ὅση δύναμις· ὥστε παρέσται
σοι διαγωνιζομένῳ ἀνδραγαθίζεσθαι πρὸς ἡμᾶς.
27 εἰ μέντοι ἀδύνατος ὢν[4] Περσῶν τῇ δυνάμει
ἀντιτάσσεσθαι καὶ αὐτὸς οἶδας, σὺ δέ, ὦ ᾿γαθέ,
τὸ δεύτερον διαχείριζε, τὸ γνῶθι σαυτόν, καὶ
προσκύνει τὸν σαυτοῦ δεσπότην Χοσρόην ἅτε
28 βασιλέα καὶ νενικηκότα καὶ κύριον. αἴτει τέ
σοι τῶν πεπραγμένων ἵλεων εἶναι, ὅπως ἂν τὸ
λοιπὸν δυνατὸς εἴης τῶν ἐνοχλούντων ἀπηλ-
29 λάχθαι κακῶν. ὡς ἔγωγε ἀναδέχομαι βασιλέα
Χοσρόην ἵλεών τέ σοι γενήσεσθαι καὶ τὰ πιστὰ

---

[1] ἀπολαύοντες K : ἀπολάβοντες L.
[2] στερεῖσθαι L : τηρεῖσθαι K.
[3] μήτε σοι—μηδέν K : om. L.

neighbours, both live themselves according to their
own desires and also never fail to lead where they
wish those less powerful than themselves, while
others, though enslaved to the stronger through
their weakness, can still remedy their impotence
by discretion, and by courting the powerful with
flattery are still able to live with their own pos-
sessions, enjoying by means of their conciliatory
attitude everything of which they are deprived by
their weakness. And this does not hold only for
some of the nations of men, while it is otherwise
in other nations, but one might say that this is
implanted in human experience universally in every
part of the inhabited world like any other natural
characteristic. Do you, accordingly, my dear Gubazes,
if you think you are going to overcome the Persians
in the war, neither hesitate nor let anything stand
in your way. For you will find us in any part of
Lazica you may choose ready to meet your attack
and prepared in battle-array to fight for this land
with all our might; so that in waging a decisive
struggle you will have the opportunity to display
your valour against us. If, however, even you your-
self realize that you are unable to array yourself
against the might of the Persians, then do you,
good Sir, take the second alternative and 'know
thyself,' and bow down before your master Chosroes
as king and victor and lord. And beg that he be
merciful to you in spite of your acts, in order that
you may be able henceforth to escape the evils
which harass you. For I personally promise that
King Chosroes will be merciful to you and will give

---

⁴ εἰ μέντοι ἀδύνατος ὤν K : ὡς μὲν γὰρ ἀδύνατος εἰ L.

δώσειν, ὁμήρους σοι παρεχόμενον[1] παῖδας τῶν
ἐν Πέρσαις λογίμων ἀρχόντων, ὡς τά τε ἄλλα
καὶ τὴν σωτηρίαν καὶ τὴν βασιλείαν τὴν σὴν
30 τὸν πάντα αἰῶνα ἐν ἀσφαλείᾳ ἕξεις. εἰ δέ σοι
τούτων οὐδέτερον βουλομένῳ ἐστίν, ἀλλὰ σὺ ἔς
τινα ἑτέραν ἀπιὼν χώραν δὸς τοῖς διὰ τὴν σὴν
ἀβουλίαν ταλαιπώροις γενομένοις Λαζοῖς ἀνα-
πνεῦσαί ποτε καὶ ἀπὸ δυσκόλων τῶν αὐτοῖς
ἐγκειμένων ἀνενεγκεῖν, μηδὲ αὐτοῖς ἀπέραντον
ὄλεθρον τόνδε προστρίβεσθαι βούλου ἐπὶ σφα-
λερᾶς τῆς ἐλπίδος ὀχούμενος· λέγω δὲ τῆς
31 Ῥωμαίων ἐπικουρίας. οὐ γάρ σοι τιμωρεῖν ποτὲ
δυνατοὶ ἔσονται, ὥσπερ οὐδὲ ἄχρι ἐς τὴν ἡμέραν
δεδύνηνται τήνδε." Μερμερόης μὲν ταῦτα ἔ-
32 γραψε. Γουβάζην δὲ οὐδ' ὡς ἔπειθεν, ἀλλ' ἐν
τοῖς τῶν ὀρῶν κολωνοῖς ἔμενε, καραδοκῶν τὴν
ἐκ Ῥωμαίων ἐπικουρίαν καὶ τῷ ἐς τὸν Χοσρόην
ἔχθει ὡς ἥκιστα ἐς τὴν Ῥωμαίων ἀπόγνωσιν
33 ἐγκλίνειν[2] ἐθέλων. οἱ γὰρ ἄνθρωποι τὴν διά-
νοιαν ἐκ τοῦ ἐπὶ πλεῖστον πρὸς τὴν τοῦ βου-
λήματος ἁρμόζονται χρείαν, καὶ λόγῳ μὲν τῷ
ἀρέσκοντι αὐτοὺς ἀεὶ προσχωροῦσι, καὶ προ-
σίενται τὰ ἐξ αὐτοῦ πάντα, οὐ διασκοπούμενοι
μὴ ψευδὴς εἴη, τῷ δὲ λυποῦντι χαλεπῶς ἔχοντες
ἀπιστοῦσιν, οὐ διερευνώμενοι μὴ ἀληθὴς εἴη.

XVII

Ὑπὸ τοῦτον τὸν χρόνον τῶν τινὲς μοναχῶν
ἐξ Ἰνδῶν ἥκοντες, γνόντες τε ὡς Ἰουστινιανῷ

---

[1] ὁμήρους σοι παρεχόμενον K: καὶ ὁμήρους σοι παρέχομαι L.
[2] ἐγκλίνειν L: ἐκκλίνειν K.

pledges, furnishing you as hostages sons of the notable rulers in Persia, that you will have your safety and your kingdom and everything else in security for all time. But if neither of these things meets your wish, do you at least go off to some other land and thus grant to the Lazi, who have been reduced to wretchedness through your folly, recovery at length and respite from the difficulties which press upon them, and do not wish to inflict upon them this lingering destruction, being carried on by a deceptive hope, by which I mean assistance from the Romans. For they will never be able to defend you, just as they have not been able up to the present day." Thus wrote Mermeroes. But even so he did not persuade Gubazes, who remained among the summits of the mountains, awaiting the assistance to come from the Romans and, by reason of his hostility to Chosroes, absolutely unwilling to incline to despair of the Romans. For men as a general thing adapt their decisions to the dictates of their desire, and while, on the one hand, they incline toward the argument which pleases them and espouse all its consequences, not investigating to see whether it may be false, they, on the other hand, are outraged by the one which annoys them and they distrust it, never searching out to see whether it may not be true.

XVII

[1] At about this time certain monks, coming from India and learning that the Emperor Justinian

---

[1] Cf. Gibbon, *Decline and Fall of the Roman Empire*, chap. xl.

βασιλεῖ διὰ σπουδῆς εἴη μηκέτι πρὸς Περσῶν
τὴν μέταξαν ὠνεῖσθαι Ῥωμαίους, ἐς βασιλέα
γενόμενοι οὕτω δὴ τὰ ἀμφὶ τῇ μετάξῃ διοική-
σεσθαι[1] ὡμολόγουν, ὡς μηκέτι Ῥωμαῖοι ἐκ
Περσῶν τῶν σφίσι πολεμίων ἢ ἄλλου του
2 ἔθνους τὸ ἐμπόλημα τοῦτο ποιήσωνται· χρόνου
γὰρ κατατρῖψαι μῆκος ἐν χώρᾳ ὑπὲρ Ἰνδῶν ἔθνη
τὰ πολλὰ οὔσῃ, ἥπερ Σηρίνδα ὀνομάζεται, ταύτῃ
τε ἐς τὸ ἀκριβὲς ἐκμεμαθηκέναι ὁποία ποτὲ
μηχανῇ γίνεσθαι τὴν μέταξαν ἐν γῇ τῇ Ῥωμαίων
3 δυνατὰ εἴη. ἐνδελεχέστατα δὲ διερευνωμένῳ τῷ βα-
σιλεῖ καὶ ἀναπυνθανομένῳ εἰ ὁ λόγος ἀληθὴς[2] εἴη
ἔφασκον οἱ μοναχοὶ σκώληκάς τινας τῆς μετάξης
δημιουργοὺς εἶναι, τῆς φύσεως αὐτοῖς διδασκάλου
τε οὔσης καὶ διηνεκῶς ἀναγκαζούσης ἐργάζεσθαι.
4 ἀλλὰ τοὺς μὲν σκώληκας ἐνθάδε ζῶντας διακο-
μίζειν ἀμήχανα εἶναι, τὸν δὲ αὐτῶν γόνον εὔπορόν
τε καὶ ῥᾴδιον ὅλως. εἶναι δὲ τῶν σκωλήκων
5 τῶνδε τὸν γόνον ᾠὰ ἑκάστου ἀνάριθμα. ταῦτα
δὲ τὰ ᾠὰ χρόνῳ πολλῷ τῆς γονῆς ὕστερον κόπρῳ
καλύψαντες ἄνθρωποι ταύτῃ τε διαρκῆ θερμή-
6 ναντες χρόνον[3] ζῷα ποιοῦσι. ταῦτα εἰπόντας ὁ
βασιλεὺς μεγάλοις τοὺς ἄνδρας ἀγαθοῖς δωρή-
σασθαι ὁμολογήσας τῷ ἔργῳ πείθει ἐπιρρῶσαι
7 τὸν λόγον. οἱ δὲ γενόμενοι ἐν Σηρίνδῃ[4] αὖθις τά
τε ᾠὰ μετήνεγκαν ἐς Βυζάντιον, ἐς σκώληκάς τε
αὐτὰ τρόπῳ ᾧπερ[5] ἐρρήθη μεταπεφυκέναι δια-
πραξάμενοι τρέφουσί τε συκαμίνου φύλλοις, καὶ

---

[1] διοικήσεσθαι K : διοικήσασθαι L.
[2] ἀληθής K : ὑγιής L.
[3] διαρκῆ—χρόνον K : διαρκῶς—χρόνῳ L.
[4] Σηρίνδῃ : συρίνδη K, ἰνδία L.

entertained the desire that the Romans should no
longer purchase their silk from the Persians, came
before the emperor and promised so to settle the
silk question that the Romans would no longer
purchase this article from their enemies, the Persians,
nor indeed from any other nation; for they had,
they said, spent a long time in the country situated
north of the numerous nations of India—a country
called Serinda—and there they had learned accurately
by what means it was possible for silk to be pro-
duced in the land of the Romans. Whereupon the
emperor made very diligent enquiries and asked
them many questions to see whether their state-
ments were true, and the monks explained to him
that certain worms are the manufacturers of silk,
nature being their teacher and compelling them to
work continually. And while it was impossible to
convey the worms thither [1] alive, it was still practi-
cable and altogether easy to convey their offspring.
Now the offspring of these worms, they said, con-
sisted of innumerable eggs from each one. And
men bury these eggs, long after the time when they
are produced, in dung, and, after thus heating them
for a sufficient time, they bring forth the living
creatures. After they had thus spoken, the emperor
promised to reward them with large gifts and urged
them to confirm their account in action. They then
once more went to Serinda and brought back the
eggs to Byzantium, and in the manner described
caused them to be transformed into worms, which
they fed on the leaves of the mulberry; and thus

------

[1] To Byzantium.

ἀπ' αὐτοῦ γίνεσθαι μέταξαν τὸ λοιπὸν κατεστή-
8 σαντο ἐν Ῥωμαίων τῇ γῇ. τότε μὲν οὖν τά τε
κατὰ τὸν πόλεμον πράγματα Ῥωμαίοις τε καὶ
Πέρσαις καὶ τὰ ἀμφὶ μετάξῃ ταύτῃ πῃ ἔσχε.

9 Μετὰ δὲ τὴν τοῦ χειμῶνος ὥραν ἀφικόμενος
παρὰ Χοσρόην σὺν τοῖς χρήμασιν Ἰσδιγούσνας
τὰ ξυγκείμενα σφίσιν ἐσήγγελλε. καὶ ὃς τὰ
μὲν χρήματα κεκομισμένος τὴν ἐκεχειρίαν μελ-
λήσει οὐδεμιᾷ ἐπεσφράγισε, Λαζικῆς δὲ μεθίεσ-
10 θαι οὐδαμῆ ἤθελεν. ἀλλὰ καὶ τοῖς χρήμασι τού-
τοις Οὔννων τῶν Σαβείρων ἑταιρισάμενος μέγα
τι χρῆμα ξὺν Πέρσαις τισὶ τῷ Μερμερόῃ εὐθὺς
ἔπεμψεν. ᾧ δὴ ἐπέστελλεν ἔργου ἔχεσθαι
δυνάμει τῇ πάσῃ, καὶ μὴν καὶ ἐλέφαντάς οἱ
πολλοὺς ἔστειλε.

11 Μερμερόης δὲ παντὶ τῷ Περσῶν τε καὶ Οὔννων
στρατῷ ἐκ Μοχηρήσιδος ἀναστὰς ἐπὶ τὰ Λαζῶν
ὀχυρώματα ᾔει, τοὺς ἐλέφαντας ἐπαγόμενος.
12 Ῥωμαῖοι δὲ οὐδαμῆ ὑπηντίαζον, ἀλλ' ἀμφὶ τὰς
ἐκβολὰς Φάσιδος ποταμοῦ, Μαρτίνου ἡγουμένου
σφίσι, χωρίου ἰσχύι σφᾶς αὐτοὺς ὡς ἀσφαλέσ-
13 τατα κρατυνάμενοι ἡσυχῇ ἔμενον. ξυνῆν δὲ
αὐτοῖς καὶ Γουβάζης ὁ Λαζῶν βασιλεύς. οὗτος
δὲ ὁ Μήδων στρατός, τύχης αὐτῷ ξυμβάσης
τινός, οὐδὲν ἄχαρι οὔτε Ῥωμαίων οὔτε Λαζῶν
14 τινά¹ ἔδρασε. τὰ μὲν γὰρ πρῶτα ὁ Μερμερόης ἐν
φρουρίῳ τῳ μαθὼν τὴν Γουβάζου ἀδελφὴν εἶναι
ἐπ' αὐτὸ² ἐπῆγε τὸ στράτευμα ὡς ἐξαιρήσων

¹ τινά K : τινί L.　　　² αὐτό K : αὐτῇ L.

they made possible from that time forth the production of silk in the land of the Romans.[1] At that time then matters stood thus between the Romans and the Persians, both as touching the war and in regard to silk.

After the winter season Isdigousnas arrived at the court of Chosroes with the money and announced the terms agreed upon by them. And Chosroes, upon receiving the money, confirmed the armistice without any hesitation, but he was utterly unwilling to relinquish Lazica. In fact he actually used this money to purchase the alliance of a vast horde of the Sabiri Huns, and he sent them immediately with some Persians to Mermeroes, whom he directed to pursue his task with all the power at his disposal; and he sent him, furthermore, a large number of elephants.

Mermeroes, accordingly, accompanied by the whole army of Persians and Huns, departed from Mocheresis and moved against the strongholds of the Lazi, taking the elephants with him. The Romans, however, offered no resistance whatever, but under the leadership of Martinus they made themselves as secure as possible in a naturally strong position near the mouth of the Phasis River and there remained quiet. And Gubazes, the king of the Lazi, was also with them. But this Medic army, because of a certain chance which befell it, did no harm to anyone either of the Romans or of the Lazi. For in the first place Mermeroes, learning that the sister of Gubazes was in a certain fortress, led his army against this with the intention of capturing it

---

[1] Silk has been manufactured in Asia Minor, notably at Broussa (Prusa), up to the present day.

15 μηχανῇ πάσῃ. καρτερώτατα δὲ ἀμυνομένων τῶν
ταύτῃ φρουρῶν καὶ χωρίου σφίσι ξυλλαμβανούσης
τῆς φύσεως ὀχυρότητι[1] ἄπρακτοι ἐνθένδε ἀπο-
κρουσθέντες οἱ βάρβαροι ἀνεχώρησαν· ἔπειτα
16 ἐπὶ Ἀβασγοὺς σπουδῇ ἵεντο. Ῥωμαῖοι δὲ οἱ ἐν
Τζιβιλῇ φρουρὰν ἔχοντες τὴν δίοδον κατα-
λαμβάνοντες στενοτάτην τε καὶ κρημνώδη οὖσαν,
ᾗπέρ μοι ἔμπροσθεν εἴρηται, τὸ παράπαν τε
17 ἀδιέξοδον, ἐμπόδιοι σφίσιν ἐγένοντο. διὸ δὴ οὐκ
ἔχων ὁ Μερμερόης καθ' ὅ τι τοὺς ἀνθισταμένους
βιάζηται, ὑπῆγεν ὀπίσω τὸ στράτευμα ἐπί τε
Ἀρχαιόπολιν ὡς πολιορκήσων αὐτίκα ᾔει. τοῦ
τε περιβόλου ἀποπειρασάμενος, ἐπεὶ οὐδὲν
18 προύχώρει, ἀνέστρεφεν αὖθις. Ῥωμαῖοι δὲ
ἀναχωροῦσιν ἐπισπόμενοι τοῖς πολεμίοις ἐν
δυσχωρίᾳ πολλοὺς ἔκτεινον, ἐν τοῖς καὶ τῶν
19 Σαβείρων τὸν ἄρχοντα ξυνηνέχθη πεσεῖν. μάχης
τε καρτερᾶς ἀμφὶ τῷ νεκρῷ[2] γενομένης ὕστερον
Πέρσαι περὶ λύχνων ἁφὰς βιασάμενοι τοὺς
ἐναντίους ἐτρέψαντο, ἐπί τε Κόταϊς καὶ Μοχή-
ρησιν ἀπεχώρησαν· ταῦτα μὲν οὖν Ῥωμαίοις τε
καὶ Πέρσαις ἐπέπρακτο τῇδε.

20 Τὰ μέντοι ἐπὶ Λιβύης ἅπαντα Ῥωμαίοις εὖ τε
καὶ καλῶς καθειστήκει. τῷ γὰρ Ἰωάννῃ, ὅνπερ
ἐνταῦθα βασιλεὺς Ἰουστινιανὸς στρατηγὸν κατε-
στήσατο, εὐτυχήματα λόγου τε καὶ ἀκοῆς κρείσσω
21 ξυνηνέχθη γενέσθαι. ὃς δὴ ἕνα τῶν ἐν Μαυ-
ρουσίοις ἀρχόντων ἑταιρισάμενος, Κουτζίναν
ὄνομα, τά τε πρότερα μάχῃ τοὺς ἄλλους ἐνίκησε
καὶ οὐ πολλῷ ὕστερον Ἀντάλαν τε καὶ Ἰαύδαν,

---

[1] ὀχυρότητι K : om. L.   [2] τῷ νεκρῷ K : τὸν νεκρόν L.

at all hazards. But because the guards of that place offered a most valiant resistance and also because the naturally strong position gave them material assistance, the barbarians were repulsed from the town without accomplishing their purpose and withdrew; whereupon they hastily directed their course against the Abasgi. But the Romans keeping guard in Tzibile seized the pass, which was very narrow and precipitous, as I have stated previously,[1] and quite impossible to force, and thus they blocked their way. Consequently Mermeroes, having no means of dislodging his opponents by force, led his army back and straightway moved on Archaeopolis with the purpose of besieging it. But, upon making trial of the circuit-wall, he met with no success and consequently turned back again. But the Romans followed up the retreating enemy and in a dangerous pass began to slay many of them, among those who fell being, as it chanced, the commander of the Sabiri. And a fierce battle taking place over the corpse, the Persians finally, at dusk, forced back their opponents and routed them, after which they retired to Cotaïs and Mocheresis. Such then were the fortunes of the Romans and the Persians.

In Libya, on the other hand, affairs had taken an altogether favourable turn for the Romans. For it so fell out that John, whom the Emperor Justinian had appointed General there, met with a number of incredible pieces of good fortune, since after securing the allegiance of one of the Moorish rulers, Cutzinas by name, he first defeated the others in battle, and not long afterwards reduced to subjection

[1] Chap. x. 1, above.

οἳ Μαυρουσίων τῶν ἐν Βυζακίῳ τε καὶ Νουμιδίᾳ
τὸ κράτος εἶχον, ὑποχειρίους πεποίηται, εἵποντό
22 τε αὐτῷ ἐν ἀνδραπόδων λόγῳ. καὶ ἀπ᾽ αὐτοῦ
πολέμιον Ῥωμαίοις οὐδεὶ ὑπὸ τοῦτον τὸν χρόνον
ἕν γε Λιβύῃ ἐγένετο. τοῖς μέντοι φθάσασι
πολέμοις τε καὶ στάσεσιν ἔρημος ἀνθρώπων ἡ
χώρα ἐκ τοῦ ἐπὶ πλεῖστον οὖσα διέμεινεν.

XVIII

Ἐν ᾧ δὲ ταῦτα ἐπράσσετο τῇδε, ἐν τούτῳ τάδε
ξυνηνέχθη ἐν Εὐρώπῃ γενέσθαι. Γήπαιδες μέν,
ὥσπερ μοι ἐν τοῖς ἔμπροσθεν λόγοις ἐρρήθη, τὰς
σπονδὰς θέμενοι πρὸς Λαγγοβάρδας τοὺς σφίσι
2 πολεμίους ὄντας ἐτύγχανον. παντάπασι δὲ οὐχ
οἷοί τε ὄντες τὰ διάφορα πρὸς αὐτοὺς διαλῦσαι
πολεμητέα σφίσιν οὐ πολλῷ ὕστερον ᾤοντο εἶναι.
3 Γήπαιδες μὲν οὖν καὶ Λαγγοβάρδαι πανδημεὶ
ἐπ᾽ ἀλλήλους τῷ πολέμῳ ἀκμάζοντες ᾖεσαν.
4 ἡγεῖτο δὲ τῶν μὲν Γηπαίδων Θορισίν, τῶν δὲ
Λαγγοβαρδῶν Αὐδουὶν ὄνομα, καὶ αὐτῶν ἑκατέρῳ
ἀνδρῶν μυριάδες πολλαὶ εἵποντο. ἤδη μὲν οὖν
ἄγχιστά πη ἀμφότεροι ἦλθον, οὔπω δὲ τὰ
5 στρατόπεδα πρὸς ἀλλήλων καθεωρῶντο. δείματα
δὲ τὰ πανικὰ καλούμενα ἐξαπιναίως ἑκατέροις
ἐπιπεσόντα φεύγοντας ἀπ᾽ αἰτίας οὐδεμιᾶς
ἅπαντας ὀπίσω ἀπήνεγκε, μόνων τῶν ἀρχόντων
6 αὐτοῦ ἀπολελειμμένων ξὺν ὀλίγοις τισίν. οἵπερ
αὐτοὺς ἀνθέλκειν τε καὶ τῆς ὑπαγωγῆς ἀναχαι-
τίζειν ἀποπειρασάμενοι οὐδὲν ἤνυον οὔτε θωπείαις
οἰκτραῖς οὔτε ἀπειλαῖς φοβεραῖς χρώμενοι.

Antalas and Iaudas, who held the sovereignty over the Moors of Byzacium and Numidia, and they joined his train in the position of slaves. And as a result of this the Romans had for the time no enemy in Libya at any rate. But by reason of the previous wars and insurrections the land remained for the most part destitute of human habitation.

XVIII

WHILE these events were taking place as described, meanwhile the following transpired in Europe. The Gepaedes had in the first place, as I have stated in the previous narrative,[1] confirmed a treaty with their enemies the Lombards. But being utterly unable to compose their differences with them, they decided not much later that they must make war. So the Gepaedes and the Lombards advanced in full force against each other, both being fully prepared for the war. And the commanders were, on the side of the Gepaedes, Thorisin, and on that of the Lombards, Auduin, each of them being followed by many myriads of men. Now they had already come close to one another, but the two armies could not yet see each other. But that fright which is called panic suddenly fell upon both armies and carried the men all backward in a flight which had no real cause, only the commanders being left where they were with a small number of men. And though they strove to draw their men back and check the retreat, they could accomplish nothing either by the use of abject entreaty or by fearful threats.

[1] Book VII. xxxiv. 45.

7   Περιδεὴς οὖν γεγονὼς Αὐδουὶν ὁρῶν διασκε-
δαννυμένους ἀκόσμως [1] οὕτως (οὐ γὰρ ᾔδει τοὺς
πολεμίους τὴν ὁμοίαν κεκληρῶσθαι τύχην) τῶν
οἱ ἑπομένων τινὰς ἐπὶ πρεσβείᾳ παρὰ τοὺς
ἐναντίους εὐθὺς ἔπεμψε τὴν εἰρήνην αἰτησο-
8   μένους. οἵπερ, ἐπεὶ παρὰ τὸν ἄρχοντα τῶν
Γηπαίδων Θορισὶν ἀφικόμενοι τὰ πρασσόμενα
εἶδον, ἔκ τε τῶν ἐν σφίσιν αὐτοῖς τετυχηκότων
κατενόησαν τὰ τοῖς πολεμίοις ξυνενεχθέντα καὶ
τῷ Θορισὶν ἐς ὄψιν ἐλθόντες ἀνεπυνθάνοντο
αὐτοῦ ὅπη ποτέ οἱ γῆς τῶν ἀρχομένων τὸ πλῆθος
9   εἴη. καὶ ὃς τῶν ξυμπεπτωκότων οὐδὲν ἀρνηθεὶς
" Φεύγουσιν [2] οὐδενὸς διώκοντος" ἔφη. οἱ δὲ
ὑπολαβόντες "Ταὐτὸ τοῦτο," φασί, " Λαγγο-
βάρδαι πεπόνθασιν. ἀληθιζομένῳ γάρ σοι, ὦ
βασιλεῦ, οὐδέν τι τῶν ἡμετέρων ἀποκρυψόμεθα.
10   οὐκοῦν ἐπειδὴ τὰ γένη ταῦτα διολωλέναι ὡς
ἥκιστα βουλομένῳ τῷ θεῷ ἐστὶ καὶ ἀπ' αὐτοῦ
διέλυσε τὴν παράταξιν, σωτήριον ἀμφοτέροις
ἐπιβαλὼν δέος, φέρε δὴ καὶ ἡμεῖς ἐπιχωρήσωμεν
τῇ τοῦ θεοῦ γνώμῃ, τὸν πόλεμον καταλύοντες."
""Εστω, γινέσθω ταῦτα," ὁ Θορισὶν ἔφη. δυοῖν
11   τε οὕτως ἐνιαυτοῖν ἐκεχειρίαν πεποίηνται, ὅπως
μεταξὺ ἐπικηρυκευόμενοί τε καὶ παρ' ἀλλήλους
ἀεὶ φοιτῶντες ἅπαντα ἐς τὸ ἀκριβὲς τὰ διάφορα
διαλύσωσι. τότε μὲν οὖν οὕτως ἑκάτεροι ἀνεχώ-
ρησαν.
12   Ἐν δὲ τῇ ἐκεχειρίᾳ ταύτῃ οὐχ οἷοί τε γεγενη-
μένοι ἐς τῶν ἀντιλεγομένων τὴν διάλυσιν ἀλλή-

---

[1] ὁρῶν διασκεδαννυμένους ἀκόσμως K : οἷς οἱ περί τε αὐτῶ
διασκεδαννύμενοι ἀκόσμως ᾔεσαν L.

So Auduin became thoroughly frightened at seeing the men taking to their heels in this disorderly manner (for he did not know that the enemy had shared the same fate), and straightway sent some of his followers on an embassy to his opponents to beg for peace. But these men, when they came to Thorisin, the commander of the Gepaedes, and observed what was taking place and understood from their own experience what had befallen their enemies, enquired of Thorisin, when they came into his presence, where in the world the host of his subjects was. And he, for his part, without making any denial of what had happened, said, "They are fleeing, though no man pursues." Thereupon the envoys said to him in reply, "This is the very thing which has happened to the Lombards also. For seeing that you speak the truth, O king, we shall conceal nothing on our side. Accordingly, since it is not at all the will of God that these nations should utterly perish, and since for this reason He dissolved the battle lines, smiting both armies with a saving fear, come now, let us too yield to the will of God by putting an end to the war." "Very well, let it be so," said Thorisin. Thus they made a two years' truce, to the end that by maintaining diplomatic relations and keeping constantly in communication with one another in the interval, they might make a thorough settlement of all their differences. So at that time they each withdrew with this understanding.

But finding themselves unable during this truce to come to such terms with each other as to reach a

---

² φεύγουσιν Κ : πεφεύγασιν L.

λοις ξυμβῆναι, αὖθις ἐπὶ τὰ πολέμια ἔργα χωρεῖν
13 ἔμελλον. δειμαίνοντές τε Γήπαιδες τὴν Ῥωμαίων
ἀρχὴν (ἐπίδοξοι γὰρ ἦσαν ὡς Λαγγοβάρδαις
ξυντάξονται) τῶν τινὰς Οὔννων ἐς τὴν ὁμαιχμίαν
14 ἐπάγεσθαι διενοοῦντο. ἔπεμψαν οὖν παρὰ τῶν
Κουτριγούρων τοὺς ἄρχοντας, οἳ δὴ ἐνθένδε
ᾤκηνται Λίμνης τῆς Μαιώτιδος, καὶ αὐτῶνἐ-
δέοντο πόλεμον τὸν πρὸς Λαγγοβάρδας ξυνδιε-
15 νεγκεῖν σφίσιν. οἱ δὲ αὐτοῖς δισχιλίους τε καὶ
μυρίους εὐθὺς ἔπεμψαν, ὧν ἄλλοι τε ἡγοῦντο καὶ
Χινιαλών, ἀνὴρ διαφερόντως ἀγαθὸς τὰ πολέμια.[1]
16 Γήπαιδες δὲ τούτων δὴ τῶν βαρβάρων τῇ
παρουσίᾳ ἐν τῷ παρόντι ἀχθόμενοι, ἐπεὶ οὔπω
ὁ τῆς μάχης ἐνειστήκει καιρός, ἀλλ' ἐνιαυτὸς ταῖς
ξυνθήκαις ἔτι ἐλέλειπτο,[2] πείθουσιν αὐτοὺς
καταθεῖν μεταξὺ τὴν βασιλέως γῆν,[3] πάρεργον
τῆς σφετέρας ἀκαιρίας πεποιημένοι τὴν ἐς
17 Ῥωμαίους ἐπιβουλήν. ἐπεὶ δὲ Ῥωμαῖοι τὴν
διάβασιν ποταμοῦ Ἴστρου ἐς τὸ ἀκριβὲς ἔν τε
Ἰλλυριοῖς καὶ τοῖς ἐπὶ Θρᾴκης χωρίοις ἐφρούρουν,
αὐτοὶ τούτους δὴ τοὺς Οὔννους ἐν χώρᾳ τῇ κατ'
αὐτοὺς[4] διαπορθμεύσαντες ποταμὸν Ἴστρον ἐς τὰ
18 Ῥωμαίων ἤθη ἀφίεσαν.
    Καὶ οἱ μὲν[5] πάντα σχεδόν τι[6] ἐληΐσαντο τὰ
ἐκείνη χωρία, βασιλεὺς δὲ Ἰουστινιανὸς ἐπενόει
τάδε. πέμψας παρὰ Οὔννων τῶν Οὐτιγούρων
τοὺς ἄρχοντας, οἳ δὴ ἐπέκεινα Λίμνης ᾤκηνται τῆς

----

[1] ὧν ἄλλοι—τὰ πολέμια KL: om. H.
[2] ἀλλ'—ἐλέλειπτο KL: om. H.
[3] τὴν β. γῆν LH: τῆς β. γῆς K, τὴν Ῥωμαίων χώραν
Suidas.
[4] τούτους—κατ' αὐτούς L; om. K.

settlement of the disputed points, they were once
more on the point of resorting to warfare. But the
Gepaedes, fearing the Roman power (for it was
expected that the Romans would array themselves
with the Lombards), were purposing to invite some
of the Huns to an offensive and defensive alliance.
They sent, accordingly, to the rulers of the Cutrigurs,
who live on the western side of the Maeotic Lake,
and begged that they assist them in carrying on
the war against the Lombards. And these Huns
straightway sent them twelve thousand men, under
different commanders, among whom was Chinialon,
an especially capable warrior. But the Gepaedes
were for the moment embarrassed by the presence
of these barbarians, since the time had not yet
arrived when a battle could be fought, for the truce
still had a year to run, and so they persuaded them
to overrun the emperor's land in the interval, thus
turning their embarrassment to their profit by
delivering this attack on the Romans. But since the
Romans were guarding carefully the crossing of the
Ister River both in Illyricum and in the land of
Thrace, they themselves ferried these Huns across
the Ister at the point where their own territory
touched the river and turned them loose in the
Roman domain.

And they had indeed plundered practically the
whole country there, when the Emperor Justinian hit
upon the following plan. Sending to the rulers of
the Utigur Huns, who live on the eastern side of the
Maeotic Lake, he reproached them and branded as

---

⁵ διαπορθμεύσαντες—οἱ μέν L: διεπόρθμευσάν τε ποταμὸν
Ἴστρον καί K.

⁶ ἐπεὶ δὲ—σχεδόν τι: οἱ δέ H.

Μαιώτιδος, ἐμέμφετό τε καὶ ἄδικον αὐτῶν ἀπε-
κάλει [1] τὴν ἐς Κουτριγούρους ἀπραγμοσύνην, εἴπερ
τὸ τοὺς φίλους διαφθειρομένους περιορᾶν ἐν τοῖς
τῶν ἔργων ἀδικωτάτοις καταλέγειν δεήσει. αὐτῶν
19 γὰρ Κουτρίγουροι, ἔφη, πλησιοχώρων [2] ὄντων [3]
ἀφροντιστήσαντες, καὶ ταῦτα ἐκ Βυζαντίου
χρήματα μεγάλα κομιζόμενοι ἀνὰ πᾶν ἔτος,
τρόπῳ οὐδενὶ τῆς ἐς Ῥωμαίους ἀδικίας οὐ θέλου-
σιν ἀποπαύεσθαι, ἀλλ᾽ ὁσημέραι καταθέουσί τε
20 καὶ ληΐζονται αὐτοὺς οὐδενὶ λόγῳ. τούτων δὲ
αὐτοὶ [4] οὐδὲν τὸ μέρος κερδαίνοντες, οὐδὲ τῆς
λείας Κουτριγούροις διαλαγχάνοντες, οὐ προσ-
ποιοῦνται κακουμένους Ῥωμαίους, καίπερ αὐτοῖς [5]
21 φίλοι ἐκ παλαιοῦ ἐς τὰ μάλιστα ὄντες. ταῦτα
σημήνας τοῖς Οὐτιγούροις Ἰουστινιανὸς βασιλεὺς
καὶ χρήμασι μὲν αὐτοὺς [6] δωρησάμενος, ὑπομνή-
σας δὲ ὅσων δώρων καὶ πρότερον πολλάκις
πρὸς αὐτοῦ ἔτυχον, ἀναπείθει σφᾶς ἔφοδον
αὐτίκα ἐς τῶν Κουτριγούρων τοὺς ὑπολελειμ-
μένους ποιήσασθαι.
22 Οἱ δὲ Γότθων τῶν σφίσι προσοίκων, οἳ δὴ
Τετραξῖται καλοῦνται, δισχιλίους ἐς ξυμμαχίαν
ἐπαγόμενοι διέβησαν πανδημεὶ [7] ποταμὸν Τάναϊν.
23 ἦρχε δὲ αὐτῶν Σάνδιλ, ἀνὴρ ξυνετώτατος μὲν
καὶ πολέμων πολλῶν ἔμπειρος, ἐς ἀλκὴν δὲ καὶ
24 ἀνδρίαν ἱκανῶς πεφυκώς. [8] ἐπεὶ δὲ τοῦ ποταμοῦ
τὴν διάβασιν ἐποιήσαντο, τῶν Κουτριγούρων

[1] ἀπεκάλει LH Suidas: ἐπεκάλει K.
[2] πλησιοχώρων KH: πλησιόχωροι L.
[3] ὄντων H: ὄντες KL.
[4] αὐτοί H: οὗτοι K, οὗτοι L.
[5] αὐτοῖς K: οἱ αὐτῷ LH, αὐτῶν Suidas.

unjust their inactivity with regard to the Cutrigurs,
if indeed one ought to consider the act of watching
without protest the destruction of one's friends as
the height of injustice. "For the Cutrigurs," he
said, "paying no heed to their neighbours, the
Utigurs, and that too though they receive great
sums of money every year from Byzantium, are
unwilling in any degree to cease from their injustice
toward the Romans, but they are every day raiding
and plundering them for no good reason. And
though the Utigurs themselves gain no portion of
this plunder nor share in the booty with the
Cutrigurs, they are not taking the side of the
Romans who are being wronged, though they have
been on terms of close friendship with them from
ancient times." Thus the Emperor Justinian, by
sending this message to the Utigurs, and not only
making a gift of money to them but also reminding
them of all the gifts they had previously received
from him on many occasions, persuaded them
immediately to make an attack upon those of the
Cutrigurs who had been left behind.

So they first drew into alliance with them two
thousand of the Goths called Tetraxitae, who are
their neighbours, and then crossed the Tanais River
in full force. And they were commanded by Sandil,
a man of the greatest cleverness and experienced in
many wars, and one, moreover, well endowed with
prowess and fortitude. So after they had made the
crossing of the river, they engaged with a large

---

[6] χρήμασι μὲν αὐτούς H : χρήματα μὲν αὐτοῖς K, χρήμασι μὲν
αὐτοῖς L.
[7] πανδημεί K : om. L.   [8] μὲν—πεφυκώς : τὰ πολέμια H.

πολλοῖς ὑπαντιάσασιν ἐς χεῖρας ἦλθον. ὦνπερ
ἰσχυρότατα τοὺς ἐπιόντας ἀμυνομένων ἐπὶ μακρό-
τατον μὲν ἡ μάχη ἐγεγόνει, μετὰ δὲ Οὐτίγουροι
τρεψάμενοι τοὺς ἐναντίους πολλοὺς ἔκτειναν.
ὀλίγοι δέ τινες φεύγοντες, ὅπη αὐτῶν ἑκάστῳ
δυνατὰ γέγονε,[1] διεσώθησαν. καὶ αὐτῶν οἱ
πολέμιοι παῖδάς τε καὶ γυναῖκας ἀνδραποδίσαντες
ἐπ᾽ οἴκου ἀπεκομίσθησαν.

XIX

Τούτων δὲ τῶν βαρβάρων τότε πρὸς ἀλλήλους[2]
διαμαχομένων ᾗπέρ μοι εἴρηται, τοῦ τε κινδύνου
σφίσι κατὰ τὴν ἀγωνίαν ἀκμάζοντος,[3] εὐτυχίᾳ
2 χρῆσθαι[4] Ῥωμαίοις ξυνηνέχθη πολλῇ. ὅσοι γὰρ
αὐτῶν ὑπὸ Κουτριγούροις ἐν αἰχμαλώτων λόγῳ
ὄντες ἐτύγχανον,[5] ἐς μυριάδας, ὥς φασι, ξυνιόντες
πολλάς, ἐν τῷ πόνῳ τούτῳ διαλαθόντες[6] ἐνθένδε
τε κατὰ τάχος ἐξαναστάντες οὐδενὸς σφίσιν
ἐπισπομένου ἐς τὰ πάτρια ἤθη ἀφίκοντο, καὶ
νίκης ἀλλοτρίας ἐν τοῖς ἀναγκαιοτάτοις ἀπώναντο.
3 βασιλεὺς δὲ Ἰουστινιανὸς Ἀράτιον στρατηγὸν
στείλας παρά τε Χινιαλὼν καὶ Οὕννους τοὺς
ἄλλους,[7] ἀγγεῖλαι μὲν ἐκέλευε τὰ σφίσιν ἐν γῇ
τῇ σφετέρᾳ αὐτῶν ξυνενεχθέντα, χρήματα δὲ
αὐτοῖς προϊέμενον πεῖσαι ἀπαλλάσσεσθαι ὅτι
4 τάχιστα ἐκ Ῥωμαίων τῆς γῆς. οἱ δὲ τῶν τε Οὐτι-
νούρων τὴν ἔφοδον γνόντες καὶ χρήματα μεγάλα

---

[1] ὅπη—γέγονε: μόλις H.
[2] τῶν βαρβάρων—ἀλλήλους: οὕτω H.
[3] τοῦ τε—ἀκμάζοντος KH: om. L.
[4] χρῆσθαι KH: om. L.

number of the Cutrigurs who disputed their advance. And since this force offered a most vigorous resistance to their assailants, the battle continued for a very long time, but finally the Utigurs routed their opponents and slew many. And only a small number of them, by fleeing wherever each man found it possible, saved themselves. Then their enemy made slaves of their women and children and so departed on their homeward way.

XIX

WHILE these barbarians were fighting it out with each other in the manner described, and when the struggle was now at the most violent point, it so fell out that great good fortune came to the Romans. For all those Romans who chanced to be among the Cutrigurs in the status of slaves, amounting, as they say, to many tens of thousands, during this struggle departed hastily from there without being detected, and, since no one followed them up, they reached their native land, thus profiting by another nation's victory at the time of their sorest need. The Emperor Justinian now sent to Chinialon and the other Huns the general Aratius, bidding him announce to them what had befallen in their own land and, by offering them money, persuade them to depart with all possible speed from the territory of the Romans. So these Huns, upon learning the inroad of the Utigurs and receiving at the same time

---

⁵ ἐν αἰχμαλώτων—ἐτύγχανον KL: αἰχμάλωτοι ἦσαν H.
⁶ διαλαθόντες KH: διαλυθέντες L.
⁷ παρά τε—ἄλλους: παρὰ τοὺς οὔννους ἦρχε χινιάλων H.

πρὸς τοῦ Ἀρατίου κεκομισμένοι ξυνέβησαν μήτε
φόνον ἔτι ἐργάσεσθαι μήτε ἀνδραποδιεῖν Ῥωμαίων
μηδένα μήτε τι ἄλλο ἄχαρι δράσειν, ἀλλὰ τὴν
ἀναχώρησιν ἅτε διὰ φίλων ποιήσεσθαι τῶν τῇδε
5 ἀνθρώπων. ξυνέκειτο δὲ καὶ τοῦτο, ὥστε, εἰ μὲν
δυνατοὶ εἶεν οἱ βάρβαροι οὗτοι ἐν γῇ τῇ πατρῴᾳ
ἐπανιόντες ἱδρύεσθαι, μένειν τε αὐτοῦ καὶ πίστεως
τῆς ἐς Ῥωμαίους τὸ λοιπὸν ἔχεσθαι· ἢν δέ γε
αὐτοῖς ἐν ταύτῃ[1] μένειν ἀδύνατα ᾖ, ἐπανιέναι μὲν
αὖθις αὐτοὺς ἐς γῆν τὴν Ῥωμαίων, βασιλέα δὲ
σφᾶς δωρήσασθαί τισι τῶν ἐπὶ Θρᾴκης χωρίων,
ἐφ' ᾧ ἐνταῦθα ἐνοικησάμενοι ἔνσπονδοί τε τὸν
πάντα αἰῶνα Ῥωμαίοις ἔσονται καὶ τὴν χώραν ἐς
τὸ ἀκριβὲς ξυμφυλάξουσιν ἐκ πάντων βαρβάρων.
6 Ἤδη δὲ καὶ Οὔννων τῶν ἡσσημένων ἐν τῇ ξυμ-
βολῇ καὶ διαφυγόντων τοὺς Οὐτιγούρους δισχίλιοι
ἦλθον ἐς Ῥωμαίων τὴν γῆν, παῖδάς τε καὶ γυναῖ-
7 κας ἐπαγόμενοι· ἡγοῦντο δὲ αὐτῶν ἄλλοι τε
καὶ Σιννίων, ὅσπερ ξὺν Βελισαρίῳ πολλῷ πρό-
τερον ἐπί τε Γελίμερα καὶ Βανδίλους ἐστράτευσε
γίνονταί τε Ἰουστινιανοῦ βασιλέως ἱκέται.[2] καὶ
ὃς αὐτοὺς ὑπεδέξατο προθυμίᾳ τῇ πάσῃ, ἔν τε
χωρίοις ἱδρύσασθαι τοῖς ἐπὶ Θρᾴκης ἐκέλευσεν.
3 ἅπερ ἐπεὶ Σανδίλ, ὁ τῶν Οὐτιγούρων βασιλεύς,
ἔμαθε, παρωξυσμένος τε καὶ περιωργισμένος, εἰ
αὐτὸς μὲν Κουτριγούρους ὁμογενεῖς ὄντας ἀδικίας
τῆς ἐς Ῥωμαίους τιννύμενος ἐξ ἠθῶν ἀναστήσειεν
αὐτοὺς τῶν πατρίων, οἱ δὲ βασιλέως σφᾶς ἐν-
δεξαμένου ἐνοικησάμενοι ἐν Ῥωμαίων τῇ γῇ

---

[1] ἐν ταύτῃ ΚΗ: ἐνταῦτα L.
[2] ἱκέται Κ corr., W: οἰκέται Κ pr. π L.

a large sum of money from Aratius, made an agreement that they would commit no further bloodshed nor enslave any one of the Romans nor do any other harm, but would make their withdrawal, treating the people on the way as friends. And this also was agreed upon, that if, on the one hand, these barbarians should be able to return and settle in their own country, they would both remain there and hold fast for the future their allegiance to the Romans; but if, on the other hand, it should be impossible for them to remain in that land, they were to return once more to Roman territory, and the emperor would confer upon them some district in Thrace, to the end that they should establish their homes there and be for ever at peace with the Romans while they assisted in guarding the land carefully against all barbarians.

By this time two thousand of the Huns who had been defeated in the battle and escaped the Utigurs had entered the Roman empire, bringing their wives and children; and among their several leaders was Sinnion, who long before[1] had marched with Belisarius against Gelimer and the Vandals, and they now made themselves suppliants of the Emperor Justinian. He received them with all kindness and bade them settle on Thracian soil. But when Sandil, the king of the Utigurs, learned this, he was exasperated and filled with anger, seeing that, while he himself, by way of punishing the Cutrigurs who were his kinsmen for the wrong they had done the Romans, had driven them from their ancestral abode, they for their part had been received by the emperor, had settled in the land of the Romans, and were going to

[1] Cf. Book III. xi. 12.

πολλῷ ἄμεινον βιοτεύσουσιν, ἔπεμψε[1] πρέσβεις
ἐς βασιλέα τὰ πεπραγμένα ὀνειδιοῦντας, οὐκ
ἐπιστολὴν αὐτοῖς τινα ἐγχειρίσας (ἐπεὶ γραμμά-
των παντάπασιν Οὖννοι ἀνήκοοί τε καὶ ἀμελέτη-
τοι ἐς τόδε εἰσὶ καὶ οὔτε γραμματιστήν τινα
ἔχουσιν οὔτε τῳ περὶ τὰ γράμματα πόνῳ συναύ-
ξεται αὐτοῖς τὰ παιδία),[2] βαρβαρικώτερον δὲ
ἅπαντα ἀποστοματιοῦντας ὅσα δὴ αὐτὸς ἐπι-
στείλειε σφίσιν.

9   Ἀφικόμενοι οὖν οἱ πρέσβεις ἐς ὄψιν Ἰουστινιανῷ
βασιλεῖ λέγειν οἱ ἔφασαν δι' αὐτῶν ὡς ἐν ἐπι-
στολῇ τάδε βασιλέα Σανδίλ· "Παροιμίαν τινὰ ἐκ
παιδὸς ἀκηκοὼς οἶδα, καὶ εἴ τι μὴ αὐτῆς ἐπιλέλησ-
10   μαι, τοιαύτη τις ἡ παροιμία τυγχάνει οὖσα.   τὸ
θηρίον ὁ λύκος τῆς μὲν τριχός, φασίν, ἴσως ἄν τι
καὶ παραλλάξαι οὐκ ἀδύνατος εἴη, τὴν μέντοι
γνώμην οὐ μεταστρέφει,[3] οὐκ ἀφιείσης αὐτῷ
11   μεθαρμοσαμένῳ ταύτην τῆς φύσεως.   ταῦτα μέν,"
παροιμιαζόμενός φησιν[4] ὁ Σανδίλ, "τῶν πρεσ-
βυτέρων ἀκήκοα, πλαγίῳ τινὶ παραδηλούντων
τὰ ἀνθρώπινα λόγῳ.   οἶδα δέ τι καὶ ἀπὸ τῆς
πείρας μαθών, οἷα εἰκὸς ἦν ἀγροικιζόμενον βάρ-
12   βαρον ἐκμαθεῖν· τοὺς κύνας οἱ ποιμένες ἐπιτιτθίους[5]
ὄντας ἀναιρούμενοι οὐκ ἀπημελημένως οἴκοι
ἐκτρέφουσιν, εὔγνωμον δὲ τοῖς σιτίζουσι ζῷον ὁ
κύων καὶ τὰ ἐς χάριν μνημονικώτατον.   πράσ-
σεται οὖν ταῦτα τοῖς ποιμέσι τούτου δὴ ἕνεκα,

---

[1] ἔπεμψε L: ἔπεμψεν οὖν K, ἔπεμψε τε W.
[2] καὶ οὔτε—παιδία : om. W.
[3] μεταστρέφει K : μετατρέψει L, μεταστρέψαι W.
[4] ἀφιείσης—φησιν W : ἀφιείσης αὐτῷ μεθαρμοσαμένῳ τῆς
φύσεως οὕτως K, ἀφυῶς αὐτὸ μεθαρμοσαμένων φησίν L.

live much more comfortably; he accordingly sent envoys to the emperor to remonstrate at what had been done, not putting any letter into their hands (for the Huns are absolutely unacquainted with writing and unskilled in it up to the present time, and they neither have any writing-master nor do the children among them toil over their letters at all as they grow up), but instructing them rather to deliver by word of mouth in the barbarian fashion everything which he enjoined upon them.

So when these envoys came into the presence of the Emperor Justinian, they stated that their king Sandil spoke through them as by a letter as follows: "I know a certain proverb which I have heard from my boyhood, and if I have not forgotten it, the proverb runs somewhat as follows. That wild beast, the wolf, might, they say, possibly not be unable actually to change in some degree the colour of his fur, but his character he doth not transform, nature not permitting him to change this. This proverb," says Sandil, "have I heard from my elders, who thus hinted at the ways of men by means of a dark saying.[1] And I know something also which I have learned from experience, one of those things which it would be natural that a rough barbarian should learn: the shepherds take dogs when they are still suckling and rear them with no lack of care in the house, and the dog is an animal grateful to those who feed it and most mindful of kindness. Now this is obviously done by the shepherds with this purpose, that

---

[1] Literally "a slanting, or indirect, statement."

[5] ἐπιτιτθίους KW : ἐπιτηδείους L.

τοῦ τῶν λύκων ἐπιόντων ποτὲ διακρούεσθαι τὰς
ἐκείνων ἐφόδους τοὺς κύνας παραστάτας τε καὶ
σωτῆρας τοῖς προβατίοις καθισταμένους. καὶ

13 ταῦτα ἐν γῇ τῇ πάσῃ γίνεσθαι οἴομαι. τεθέαται
γὰρ τῶν πάντων οὐδεὶς οὔτε ποίμνῃ κύνας
ἐπιβουλεύσαντας οὔτε λύκους ἀμυνομένους αὐτῆς[1]
πώποτε, ἀλλ᾽ ὥσπερ τινὰ τοῦτον ἡ φύσις θεσμὸν
κυσί τε καὶ προβάτοις καὶ λύκοις νομοθετήσασα

14 ἔθετο. οἶμαι δὲ κἂν τῇ βασιλείᾳ τῇ σῇ, οὗ δὴ[2]
πραγμάτων ἐκ τοῦ ἐπὶ πλεῖστον ἁπάντων, τάχα
δέ που καὶ τῶν ἀμηχάνων, περιουσίαν ξυμβαίνει
εἶναι, παράλλαξιν τούτων τινὰ οὐδαμῇ γίγνεσθαι.

15 ἢ γοῦν τοῖς πρέσβεσι τοῖς ἐμοῖς δείξατε ὅπως ἄν τι
καὶ τῶν οὐκ εἰωθότων ἐπὶ γήραος οὐδῷ μάθοιμεν·
εἰ δὲ ἀραρότως ταῦτα πανταχῇ πέφυκεν, οὐ
καλόν σοί ἐστι Κουτριγούρων τὸ γένος ξεναγεῖσ-
θαι, οἶμαι, τεθολωμένον ἐπαγαγομένῳ γειτόνημα,
καὶ οὓς ὄντας ὑπερορίους οὐκ ἤνεγκας, τανῦν[3]

16 ἐνδήμους πεποιημένῳ. αὐτοί τε γὰρ τρόπον ἐς
Ῥωμαίους τὸν οἰκεῖον ἐνδείξονται οὐ πολλῷ
ὕστερον, καὶ τούτου χωρὶς οὔτε πολέμιος ἐπι-
λείψει διαφθείρων τὴν Ῥωμαίων ἀρχήν, ἐλπίδι
τοῦ ἡσσηθεὶς ἀμείνων ἔσεσθαι παρὰ σοί, οὔτε
φίλος περιέσται Ῥωμαίοις, ἐμπόδιός ποτε τοῖς
καταθέουσι γῆν τὴν ὑμετέραν ἐσόμενος, δέει τοῦ
μή, ἐπειδὰν φέρηται παρὰ τῆς τύχης τὰ κράτιστα,
τοὺς ἡσσημένους ἐπιδεῖν ἐπιφανέστερον αὐτοῦ[4]
παρ᾽ ὑμῖν πράσσοντας, εἴ γε ἡμεῖς μὲν ἐν χώρᾳ
ἐρήμῳ τε[5] καὶ ἄλλως ἀγόνῳ τὰ διαιτητήρια

---

[1] αὐτῆς W : αὐτήν K, αὐτοῖς L.
[2] οὗ δή W : οὐ δή K, εἰ καί L.   [3] τανῦν KW : τούτους L.
[4] αὐτοῦ Haury : αὐτούς KL, αὐτοῦ W.

when the wolves attack the flock at any time, the
dogs may check their attacks, standing over the
sheep as guardians and saviours. And I think this
takes place throughout the whole world. For no
man in the world has at any time seen dogs attack-
ing a flock nor wolves defending it, but nature as a
law-maker has established this as a kind of ordinance,
as it were, for dogs and sheep and wolves. And I
think that even in your empire, where practically
everything is found in abundance, including doubt-
less even impossible things, there is not the slightest
variation from this rule. Otherwise make a demon-
stration to my envoys in order that on the threshhold
of old age we may actually learn something
new to our experience. But if these things are
by nature everywhere fixed, it is not, I think, a
fair thing for you to receive hospitably the nation
of the Cutrigurs, inviting in a foul set of neighbours,
and making people at home with you now whom
you have not endured beyond your boundaries. For
they will, after no long delay, shew their own true
character toward the Romans, and apart from this,
neither will an enemy be lacking who will prey
upon the Roman domain in the hope that, if
defeated, he will be better off at your hands, nor
will a friend be left the Romans who some day
will stand in the way of those who would overrun
your land, through fear lest, when he gains the
mastery by the gift of fortune, he may see the
vanquished faring more splendidly than himself at
your hands, seeing that while *we* eke out our ex-
istence in a deserted and thoroughly unproductive

---

⁶ εἴ γε—ἐρήμῳ τε KW : om. L.

249

ἔχομεν, τοῖς δὲ¹ Κουτριγούροις σιτωνεῖν τε καὶ
τοῖς οἰνῶσι κατακραιπαλᾶν ἐν ἐξουσίᾳ ἐστὶ καὶ
17 παροψίδας αἱρεῖσθαι πάσας. πάντως δέ πη
καὶ βαλανείων αὐτοῖς μέτεστι, καὶ χρυσοφο-
ροῦσιν οἱ πλανῆται καὶ ἱματίων οὐκ ἀμοιροῦσι
λεπτῶν τε καὶ πεποικιλμένων καὶ καταληλειμ-
μένων² χρυσῷ. καίτοι Κουτρίγουροι μὲν Ῥωμαίων
18 ἀνάριθμα πλήθη ἐξηνδραποδικότες τὰ πρότερα
19 μετήνεγκαν ἐς γῆν τὴν σφετέραν. οἷς δὴ τὰ
ἀνδραποδώδη πάντα ἐπέχειν οὐ πάρεργον τοῖς
καταράτοις ἐγίνετο, ἀλλὰ καὶ μάστιγας οὐχ
ἡμαρτηκόσιν ἐντεῖναι καὶ θανατοῦν ἴσως πρόχειρον
ἦν, καὶ ὅσα ἄλλα δεσπότῃ βαρβάρῳ ὅ τε τρόπος
20 καὶ ἡ ἐξουσία ἐφίησιν. ἡμεῖς δὲ πόνοις τε
ἡμετέροις καὶ κινδύνοις ἐς ψυχὴν φέρουσι
τύχης αὐτοὺς ἀπαλλάξαντες τῆς τότε κρατούσης
τοῖς γειναμένοις ἀπέδομεν, διαπονήματα ἡμῖν τοῦ
21 πολέμου γεγενημένους. ὧν δὴ τὰς ἀμοιβὰς πρὸς
ὑμῶν ἀπ' ἐναντίας ἑκάτεροι κεκομίσμεθα, εἴ γε
ἡμεῖς μὲν ἀπολαύομεν³ ἔτι τῶν πατρίων κακῶν,
οἱ δὲ τοῖς δι' ἀρετὴν ἡμετέραν ἀποφυγοῦσι τὴν
αὐτῶν δούλωσιν χώρας τῆς ἐκείνων ἰσομοιροῦντες
22 διαλαγχάνουσι." τοσαῦτα μὲν Οὐτιγούρων οἱ
πρέσβεις εἶπον. βασιλεὺς δὲ αὐτοὺς πολλὰ
τιθασσεύσας καὶ δώρων πλήθει παρηγορήσας οὐκ
ἐς μακρὰν ἀπεπέμψατο. ταῦτα μὲν οὖν τῇδε
ξυνηνέχθη γενέσθαι.

¹ δέ KW : γάρ L.
² καταληλειμμένων K : κατακεκαλυμμένων L, κατειλημμένων
W.
³ ἀπολαύομεν KW : ἀπολάβομεν L.

land, the Cutrigurs are at liberty to traffic in corn and to revel in their wine-cellars and live on the fat of the land. And doubtless they have access to baths too and are wearing gold—the vagabonds—and have no lack of fine clothes embroidered and overlaid with gold. Yet another point: the Cutrigurs had previously enslaved countless thousands of Romans and carried them off to their own land. And these cursed rascals have been at no slight pains to impose all the indignities of slavery upon these victims, for they were doubtless ever ready even to apply the lash to those who had done no wrong or to put them to death, and they practised such other cruelties as natural inclination and opportunity suggest to a barbarian master. We, on the other hand, by our struggles and perils which involved our lives in danger, delivered them from the fate which then enchained them and restored them to their parents, so that they came to represent for us the object, it proves, of all our labours in the war. And for these things we and they have each of us received from you for these different actions rewards of an opposite nature, if it is true that *we*, on the one hand, still partake of our ancestral woes, but they are allotted an equal share in the land of those who by our valour escaped from being their slaves.'' Thus spoke the envoys of the Utigurs. But the emperor, after wheedling them with many words and comforting them with a quantity of gifts, sent them away not long afterward. Such was the course of these events.

XX

Κατὰ δὲ τὸν χρόνον τοῦτον τῷ τε Οὐάρνων
ἔθνει καὶ στρατιώταις νησιώταις οἳ δὴ ἐν νήσῳ
τῇ Βριττίᾳ καλουμένῃ ᾤκηνται, πόλεμος καὶ
2 μάχη ἐγένετο ἐξ αἰτίας τοιᾶσδε. Οὐάρνοι μὲν
ὑπὲρ Ἴστρον ποταμὸν ἵδρυνται, διήκουσι δὲ
ἄχρι ἐς Ὠκεανὸν τὸν ἀρκτῷον καὶ ποταμὸν
Ῥῆνον, ὅσπερ αὐτούς τε διορίζει καὶ Φράγγους
3 καὶ τὰ ἄλλα ἔθνη ἃ ταύτῃ ἵδρυνται. οὗτοι
ἅπαντες, ὅσοι τὸ παλαιὸν ἀμφὶ Ῥῆνον ἑκατέρω-
θεν ποταμὸν ᾤκηντο, ἰδίου μέν τινος ὀνόματος
ἕκαστοι μετελάγχανον,[1] ἐπὶ κοινῆς δὲ Γερμανοὶ
4 ἐκαλοῦντο ἅπαντες. Βριττία δὲ ἡ νῆσος ἐπὶ τούτου
μὲν Ὠκεανοῦ κεῖται, τῆς ἠϊόνος οὐ πολλῷ ἄποθεν,
ἀλλ᾽ ὅσον ἀπὸ σταδίων διακοσίων καταντικρὺ
τῶν τοῦ Ῥήνου ἐκβολῶν μάλιστα, Βρεττανίας δὲ
5 καὶ Θούλης τῆς νήσου μεταξύ ἐστιν. ἐπεὶ Βρετ-
τανία μὲν πρὸς δύοντά που κεῖται ἥλιον κατὰ τῆς
Ἰσπανῶν τὰ ἔσχατα χώρας, ἀμφὶ σταδίους οὐχ
ἧσσον ἢ ἐς τετρακισχιλίους τῆς ἠπείρου διέχουσα,
Βριττία δὲ ἐς τῆς Γαλλίας τὰ ὄπισθεν, ἃ δὴ πρὸς
Ὠκεανὸν τετραμμένα, Ἰσπανίας δηλονότι καὶ
6 Βρεττανίας πρὸς βορρᾶν ἄνεμον. Θούλη δέ, ὅσα
γε ἀνθρώπους εἰδέναι, ἐς Ὠκεανοῦ τοῦ πρὸς τῇ
ἄρκτῳ τὰ ἔσχατα κεῖται. ἀλλὰ τὰ μὲν ἀμφὶ
Βρεττανίᾳ καὶ Θούλῃ ἐν[2] τοῖς ἔμπροσθέν μοι
λόγοις ἐρρήθη· Βριττίαν δὲ τὴν νῆσον ἔθνη τρία
πολυανθρωπότατα ἔχουσι, βασιλεύς τε εἷς αὐτῶν

---

[1] μετελάγχανον Christ : μετελάγχανον ὧν δὴ ἔθνος ἐν Γερμανοὶ
ὀνομάζονται L ; μετελάγχανον ὃ δὴ ἔθνος γερμανοὶ ὀνομάζονται
ἐπίκοινον εἰληχότες τὸ ὄνομα K : Haury proposes, following
K, ὅλον δὲ ἔθνος Γερμανοὶ κτλ.

XX

At about this time war and fighting sprang up between the nation of the Varni and soldiers who live on the island called Brittia;[1] and it came about from the following cause. The Varni dwell beyond the Ister River, and extend as far as the northern ocean along the river Rhine, which separates them from the Franks and the other nations who dwell in that region. Now among all these nations which in ancient times dwelt on both sides of the Rhine river each people had its own particular name, but the whole group was called in common Germans. The island of Brittia lies in this part of the ocean not far from the coast, being about two hundred stades off and approximately opposite the mouth of the Rhine, and between the islands of Britain and Thule. For while Britain lies to the west about in line with the extreme end of Spain,[2] separated from the continent by a distance which at the least is about four hundred stades, Brittia is towards the rear of Gaul, that side namely which faces the ocean, being, that is, to the north of both Spain and Britain. And Thule, as far as men know at any rate, is situated towards the extremity of the northern ocean. But the description of Britain and of Thule has been set down by me in the preceding narrative.[3] The island of Brittia is inhabited by three very

---

[1] Probably modern Denmark.
[2] Procopius imagines England roughly five degrees too far to the west.
[3] See Book VI. xv. 4 ff.

---

[2] ἐν Hoeschel: om. MSS.

7 ἑκάστῳ ἐφέστηκε. καὶ ὀνόματα κεῖται τοῖς
  ἔθνεσι τούτοις Ἀγγίλοι τε καὶ Φρίσσονες καὶ οἱ
8 τῇ νήσῳ ὁμώνυμοι Βρίττωνες. τοσαύτη δὲ ἡ
  τῶνδε τῶν ἐθνῶν πολυανθρωπία φαίνεται οὖσα,
  ὥστε ἀνὰ πᾶν ἔτος κατὰ πολλοὺς ἐνθένδε μετανισ-
  τάμενοι ξὺν γυναιξὶ καὶ παισὶν ἐς Φράγγους
9 χωροῦσιν. οἱ δὲ αὐτοὺς ἐνοικίζουσιν ἐς γῆς τῆς
  σφετέρας τὴν ἐρημοτέραν δοκοῦσαν εἶναι, καὶ ἀπ'
10 αὐτοῦ τὴν νῆσον προσποιεῖσθαί φασιν. ὥστε ἀμέ-
  λει οὐ πολλῷ πρότερον ὁ Φράγγων βασιλεὺς ἐπὶ
  πρεσβείᾳ τῶν οἱ ἐπιτηδείων τινὰς παρὰ βασιλέα
  Ἰουστινιανὸν ἐς Βυζάντιον στείλας ἄνδρας αὐτοῖς
  ἐκ τῶν Ἀγγίλων ξυνέπεμψε, φιλοτιμούμενος ὡς
  καὶ ἡ νῆσος ἥδε πρὸς αὐτοῦ ἄρχεται. τὰ μὲν
  οὖν κατὰ τὴν Βριττίαν καλουμένην νῆσον τοιαῦτά
  ἐστι.

11   Τῶν δὲ Οὐάρνων ἀνήρ τις οὐ πολλῷ πρότερον,
  Ἑρμεγίσκλος ὄνομα, ἦρχεν. ὅσπερ τὴν βασιλείαν
  κρατύνασθαι διὰ σπουδῆς ἔχων, τὴν Θευδιβέρτου
  ἀδελφὴν τοῦ Φράγγων ἄρχοντος γυναῖκα γαμετὴν
12 ἐποιήσατο. τετελευτήκει γὰρ αὐτῷ ἔναγχος ἡ
  πρότερον ξυνοικοῦσα γυνή, παιδὸς ἑνὸς γενομένη
  μήτηρ ὃν καὶ ἀπέλιπε τῷ πατρὶ Ῥάδιγιν ὄνομα,
  ᾧ δὴ ὁ πατὴρ παρθένου κόρης, γένους Βριττίας,
  ἐμνήστευσε γάμον, ἧσπερ ἀδελφὸς βασιλεὺς ἦν
  τότε Ἀγγίλων τοῦ ἔθνους, χρήματα μεγάλα τῷ
13 τῆς μνηστείας αὐτῇ δεδωκὼς λόγῳ. οὗτος ἀνὴρ
  ξὺν Οὐάρνων τοῖς λογιμωτάτοις ἐν χωρίῳ τῳ
  ἱππευόμενος ὄρνιν τινὰ ἐπὶ δένδρου τε καθήμενον
14 εἶδε καὶ πολλὰ κρώζοντα. εἴτε δὲ τοῦ ὄρνιθος
  τῆς φωνῆς ξυνεὶς εἴτε ἄλλο μέν τι ἐξεπιστάμενος,
  ξυνεῖναι δὲ τοῦ ὄρνιθος μαντευομένου τερατευ-

numerous nations, each having one king over it.
And the names of these nations are Angili, Frissones,
and Brittones, the last being named from the island
itself. And so great appears to be the population
of these nations that every year they emigrate thence
in large companies with their women and children
and go to the land of the Franks. And the Franks
allow them to settle in the part of their land which
appears to be more deserted, and by this means they
say they are winning over the island. Thus it
actually happened that not long ago the king of the
Franks, in sending some of his intimates on an
embassy to the Emperor Justinian in Byzantium,
sent with them some of the Angili, thus seeking to
establish his claim that this island was ruled by
him. Such then are the facts relating to the island
that is called Brittia.

The Varni, not long ago, were ruled by a man
named Hermegisclus. He, being eager to strengthen
his kingdom, had made the sister of Theudibert,
ruler of the Franks, his wedded wife. For his
previous wife had died recently, having been the
mother of one child, Radigis by name, whom she left
to his father; and he sought a marriage for this
child with a maiden born in Brittia, whose brother
was then king of the nation of the Angili, and had
given her a large sum of money because of his
wooing. Now this man,[1] while riding with the
most notable of the Varni in a certain place, saw a
bird sitting in a tree and croaking loudly. And
whether he really comprehended the bird's voice, or,
possessing some other knowledge, simply made a
mysterious pretence of comprehending the bird's

[1] The king.

σάμενος, τοῖς παροῦσιν εὐθὺς ἔφασκεν ὡς τε-
15 θνήξεται τεσσαράκοντα ἡμέραις ὕστερον. τοῦτο
γὰρ αὐτῷ τὴν τοῦ ὄρνιθος δηλοῦν πρόρρησιν.
" Ἐγὼ μὲν οὖν προορώμενος " ἔφη " ὅπως δὴ ὡς
ἀσφαλέστατα ξὺν τῇ ἀπραγμοσύνῃ βιώσεσθε,[1]
τοῖς τε Φράγγοις ἐς κῆδος συνῆλθον, γυναῖκα
ἐνθένδε τὴν ἐμοὶ ξυνοικοῦσαν ἐπαγαγόμενος, καὶ
τῷ παιδὶ τῷ ᾿μῷ περιβέβλημαι τὴν Βριττίαν
16 μνηστήν. ἀλλὰ νῦν, ἐπεὶ ἐγὼ μὲν τεθνήξεσθαι
ὑποτοπάζω αὐτίκα δὴ μάλα, εἰμὶ δὲ ἄπαις
ἄρσενός τε καὶ θήλεος γόνου, ὅσα γε τὰ γυναικὸς
τῆσδε, πρὸς δὲ καὶ ὁ παῖς ἀνυμέναιός τε καὶ
ἄνυμφος ἔτι νῦν ἐστί, φέρε ὑμῖν ἐπικοινώσομαι
τὴν ἐμὴν διάνοιαν, καὶ εἴ τι ὑμῖν οὐκ ἀσύμφορον
δόξειεν εἶναι, ὑμεῖς δὲ αὐτήν, ἐπειδὰν ἀφίκωμαι
τάχιστα ἐς τὸ μέτρον τοῦ βίου, τύχῃ ἀγαθῇ
17 κατακυροῦντες διαπεραίνετε. οἶμαι τοίνυν Οὐάρ-
νοις ξυνοίσειν τὴν κηδείαν ἐς Φράγγους μᾶλλον ἢ
18 ἐς τοὺς νησιώτας ποιεῖσθαι. Βρίττιοι μὲν γὰρ
οὐδὲ ὅσον ἐπιμίγνυσθαι ὑμῖν οἷοί τέ εἰσιν, ὅτι μὴ
ὀψέ τε καὶ μόλις· Οὔαρνοι δὲ καὶ Φράγγοι τουτὶ
μόνον τοῦ Ῥήνου τὸ ὕδωρ μεταξὺ ἔχουσιν, ὥστε
αὐτοὺς ἐν γειτόνων μὲν ὡς πλησιαίτατα ὄντας
ὑμῖν, ἐς δυνάμεως δὲ κεχωρηκότας μέγα τι χρῆμα,
ἐν προχείρῳ ἔχειν εὖ ποιεῖν τε ὑμᾶς καὶ λυ-
μαίνεσθαι, ἡνίκα ἂν αὐτοῖς βουλομένοις εἴη·
19 λυμανοῦνται δὲ πάντως, ἢν μὴ τὸ κῆδος αὐτοῖς
ἐμπόδιον ἔσται. βαρεῖα γὰρ φύσει τοῖς ἀνθρώποις
ὑπερβάλλουσα αὐτοὺς τῶν πλησιοχώρων δύναμις
γίνεται καὶ πρὸς ἀδικίαν ἑτοιμοτάτη, ἐπεὶ γείτονι
δυνατῷ ῥάδιον ἐπὶ τοὺς πέλας οὐδὲν ἀδικοῦντας

---

[1] βιώσεσθε Dindorf : βιώσησθε MSS.

prophecy, he at any rate immediately told those
with him that he would die forty days later. For
this, he said, was revealed to him by the pronounce-
ment of the bird. "Now I," he said, "making
provision that you should live most securely and at
your ease, have related myself with the Franks by
taking from their country the wife who is now my
consort, and I have bestowed Brittia upon my son
by betrothal. But now, since I expect to die very
shortly, and, as far as this wife is concerned, I am
without issue male or female, and my son further-
more is still unwed and without his bride, come now,
let me communicate my thought to you, and, if it
should seem to you not without some profit, do you,
as soon as I reach the term of my life, put upon it the
seal of your approval and execute it. I think, then,
that it will be more to the advantage of the Varni to
make the alliance by marriage with the Franks than
with the islanders. For the men of Brittia, on the
one hand, are not even able to join forces with you
except after a long and difficult journey, while the
Varni and Franks, on the other hand, have only
yonder water of the Rhine between them, so
that they, being very close neighbours to you, and
having achieved an enormous power, have the means
ready at hand both to help you and to harm you
whenever they wish; and they will undoubtedly harm
you if the said marriage alliance shall not prevent
them. For men naturally find a neighbouring state's
power, when it surpasses their own, grievous and a
most ready cause of injustice, for a powerful neigh-
bour may with comparative ease secure causes of war
against his neighbours who are doing no wrong.
Since, then, the facts are these, let the island girl

20 ἐκπορίζεσθαι πολέμου αἰτίας. ὅτε τοίνυν ταῦτα
οὕτως ἔχει, παρείσθω μὲν ὑμῖν τοῦ παιδὸς
τοῦδε νησιῶτις μνηστή, χρήματα πάντα ὅσα
παρ' ἡμῶν κεκομισμένη τούτου δὴ ἕνεκα ἔτυχε
τῆς ὕβρεως ἀπενεγκαμένη μισθόν, ἢ νόμος
ἀνθρώπων ὁ κοινὸς βούλεται· Ῥάδιγις δὲ ὁ παῖς
ξυνοικιζέσθω τῇ μητρυιᾷ τὸ λοιπὸν τῇ αὐτοῦ,
καθάπερ ὁ πάτριος ἡμῖν ἐφίησι νόμος."

21 Ὁ μὲν ταῦτα εἰπὼν τῇ τεσσαρακοστῇ ἀπὸ τῆς
προρρήσεως ἡμέρᾳ νοσήσας τὴν πεπρωμένην
ἀνέπλησεν. ὁ δὲ τοῦ Ἑρμεγίσκλου υἱός, Οὐάρ-
νων τὴν βασιλείαν παραλαβών, γνώμῃ τῶν ἐν
βαρβάροις τοῖσδε λογίμων ἀνδρῶν ἐπιτελῆ ἐποίει
τὴν τοῦ τετελευτηκότος βουλὴν καὶ τὸν γάμον
αὐτίκα τῇ μνηστῇ ἀπειπὼν¹ τῇ μητρυιᾷ ξυνοι-

22 κίζεται. ἐπειδὴ δὲ ταῦτα ἡ τοῦ Ῥαδίγιδος μνη-
στῇ ἔμαθεν, οὐκ ἐνεγκοῦσα τὴν τοῦ πράγματος
συμφοράν, τίσασθαι αὐτὸν τῆς εἰς αὐτὴν ὕβρεως

23 ὥρμητο. τίμιον γὰρ οὕτω τοῖς ἐκείνῃ βαρβάροις
σωφροσύνη νομίζεται εἶναι, ὥστε δὴ μόνον παρ'
αὐτοῖς ξυντετυχηκότος ὀνόματος γάμου, μὴ ἐπιγε-
νομένου τοῦ ἔργου, δοκεῖ πεπορνεῦσθαι γυνή.

24 τὰ μὲν οὖν πρῶτα πέμψασα πρὸς αὐτὸν ἐπὶ
πρεσβείᾳ τῶν οἱ ἐπιτηδείων τινὰς ἀνεπυνθάνετο
ὅτου δὴ ὑβρίσειεν ἐς αὐτὴν ἕνεκα, οὔτε πεπορνευ-
μένην οὔτε τι ἄλλο εἰργασμένην εἰς αὐτὸν² ἄχαρι.

25 ἐπεὶ δὲ ἀνύτειν οὐδὲν ταύτῃ³ ἐδύνατο, τὸ ἀρρενω-
πὸν ἀνελομένη ἐπὶ πολέμια ἔργα ἐχώρει.

26 Ναῦς οὖν αὐτίκα τετρακοσίας ἀγείρασα
στράτευμά τε αὐταῖς ἐνθεμένη οὐχ ἧσσον ἢ

---

¹ ἀπειπών K : ἀπεῖπε καί L.   ² εἰς αὐτόν K : αὐτῷ L.
³ οὐδὲν ταύτῃ L : ταῦτα οὐδαμῶς K.

who has been wooed for this boy [1] be given up by you, and all the money which she has received from us for this purpose,[2] let her retain as remuneration for the indignity, as the common law of mankind has it; but let my son Radigis be married to his own stepmother thenceforth, just as our ancestral law permits us."

So he spoke, and on the fortieth day from the pronouncement he fell sick and fulfilled his destiny. Then the son of Hermegisclus, after taking over the kingdom of the Varni, by the will of the notable men among these barbarians, carried out the counsel of the dead king, and straightway renouncing his marriage with his betrothed, became wedded to his step-mother. But when the betrothed of Radigis learned this, she could not bear the indignity of her position and undertook to secure revenge upon him for his insult to her. For so highly is virtue regarded among those barbarians, that when merely the name of marriage has been mentioned among them, though the fact has not been accomplished, the woman is considered to have lost her maiden-hood. First, then, she sent an embassy to him of some of her kinsmen and inquired for what reason he had insulted her, though she had neither been unfaithful nor done him any other wrong. But since she was unable to accomplish anything by this means, she took up the duties of a man and proceeded to deeds of war.

She accordingly collected four hundred ships immediately and put on board them an army of not fewer

---

[1] *i.e.* Radigis.
[2] *i.e.* as a dowry which she would bring to Radigis.

μυριάδων δέκα μαχίμων ἀνδρῶν, αὐτὴ ἐξηγεῖτο
27 ἐπὶ τοὺς Οὐάρνους τῇ στρατιᾷ ταύτῃ. ἐπήγετο
δὲ καὶ τῶν ἀδελφῶν τῶν ἑαυτῆς ἕνα, ξυνδιοικη-
σόμενον αὐτῇ τὰ παρόντα, οὐχ ὡς[1] μέντοι τὴν
βασιλείαν ἔχειν,[2] ἀλλ᾽ ἔτι[3] ἐν ἰδιώτου τελοῦντα
28 μοίρᾳ. ἄλκιμοι δέ εἰσι πάντων μάλιστα βαρ-
βάρων ὧν ἡμεῖς ἴσμεν οἱ νησιῶται οὗτοι, ἔς τε
29 τὰς ξυμβολὰς πεζοὶ ἴασιν. οὐ γὰρ ὅσον εἰσὶ τοῦ
ἱππεύεσθαι ἀμελέτητοι, ἀλλ᾽ οὐδὲ ἵππον ὅ τι
ποτέ ἐστιν ἐπίστασθαι σφίσι ξυμβαίνει, ἐπεὶ
ἵππον ἐν ταύτῃ τῇ νήσῳ οὐδὲ ὅσα κατ᾽ εἰκόνα
θεῶνται·[4] οὐ γάρ ποτε τὸ ζῷον τοῦτο ἔν γε
30 Βριττίᾳ γεγονὸς φαίνεται. εἰ δέ ποτε αὐτῶν
τισιν ἐπὶ πρεσβείᾳ ἢ ἄλλου του ἕνεκα Ῥωμαίοις
ἢ Φράγγοις ἢ ἄλλῳ τῳ ἵππους ἔχοντι ἐπιχω-
ριάσασθαι ξυμβαίη, ἐνταῦθά τε ἵπποις ὀχεῖσθαι
αὐτοῖς ἐπάναγκες εἴη, ἀναθρώσκειν μὲν ἐπ᾽ αὐτοὺς
οὐδεμιᾷ μηχανῇ ἔχουσιν, ἕτεροι δὲ αὐτοὺς μετεω-
ρίζοντες ἄνθρωποι ἐπὶ τοὺς ἵππους ἀναβιβάζουσιν,
ἀπαλλάσσεσθαί τε βουλομένους ἐνθένδε αὖθις
31 αἴροντες ἐπὶ τῆς γῆς κατατίθενται. οὐ μὴν οὐδὲ
Οὔαρνοι ἱππόται εἰσίν, ἀλλὰ πεζοὶ καὶ αὐτοὶ
ἅπαντες. οὗτοι μὲν οὖν οἱ βάρβαροι τοιοίδε
εἰσί. περίνεως δὲ οὐκ ἦν ἐν τούτῳ τῷ στόλῳ,
ἀλλ᾽ αὐτερέται πάντες. οὐδὲ ἱστία τούτοις δὴ
τοῖς νησιώταις τυγχάνει ὄντα, ἀλλ᾽ ἐρέσσοντες
ἀεὶ ναυτίλλονται μόνον.
32 Ἐπειδὴ δὲ κατέπλευσαν εἰς τὴν ἤπειρον,
παρθένος μὲν ἥπερ αὐτῶν ἦρχε, χαράκωμα
ἐχυρὸν πηξαμένη παρ᾽ αὐτὴν μάλιστα τὴν
ἐκβολὴν ποταμοῦ Ῥήνου, ξὺν ὀλίγοις τισὶν αὐτοῦ

[1] ὡς K: ὅς L.　　　　[2] ἔχειν K: εἶχεν L.

than one hundred thousand fighting men, and she in
person led forth this expedition against the Varni.
And she also took with her one of her brothers who
was to assist her in settling the situation, not that
he was holding the kingship, for he was still living
in the position of a private citizen. Now these
islanders are valiant beyond any of the barbarians
we know, and they enter battle on foot. And
this is not merely because they are unpractised
in horsemanship, but the fact is that they do not
even know what a horse is, since they never see so
much as a picture of a horse on that island; for it is
clear that this animal has in no time lived in Brittia.
And whenever it happens that some of them on an
embassy or some other mission make a visit among
the Romans or the Franks or any other nation which
has horses, and they are there constrained to ride on
horseback, they are altogether unable to leap upon
their backs, but other men lift them in the air and
thus mount them on the horses, and when they wish
to get off, they are again lifted and placed on the
ground. Nor, in fact, are the Varni horsemen either,
but they too all march on foot. Such, then, are these
barbarians. And there were no supernumeraries in
this fleet, for all the men rowed with their own
hands. Nor do these islanders have sails, as it
happens, but they always navigate by rowing alone.

When they came to land on the continent, the
maiden who commanded them, having established a
strong stockade close by the mouth of the Rhine
River, remained there with a small number, but

---

³ ἀλλ' ἔτι K : ἀλλά γε τόν L.
⁴ θεῶνται K : τεθέανται L.

ἔμενε,[1] παντὶ δὲ τῷ ἄλλῳ στρατῷ τὸν ἀδελφὸν
33 ἐπὶ τοὺς πολεμίους ἐξηγεῖσθαι κελεύει. ἐστρα-
τοπεδεύοντο δὲ Οὔαρνοι τότε τῆς τε Ὠκεανοῦ
ἠϊόνος καὶ Ῥήνου ἐκβολῆς οὐ πολλῷ ἄποθεν.
οὗ δὴ ἀφικομένων κατὰ τάχος Ἀγγίλων ξυνέμιξαν
μὲν ἀμφότεροι ἐς χεῖρας ἀλλήλοις, ἡσσῶνται δὲ
34 κατὰ κράτος Οὔαρνοι. καὶ αὐτῶν πίπτουσι μὲν
πολλοὶ ἐν τούτῳ τῷ πόνῳ, οἱ λοιποὶ δὲ ξὺν τῷ
βασιλεῖ ἐς ὑπαγωγὴν τρέπονται ἅπαντες, οἵ τε
Ἀγγίλοι τὴν δίωξιν ἐπ' αὐτοὺς δι' ὀλίγου πεποιη-
μένοι, ᾗ θέμις πεζοῖς, ἐς τὸ στρατόπεδον ἀπε-
35 χώρησαν. οὕσπερ ἐκάκιζεν ἐπανήκοντας ἐς
αὐτὴν ἡ παρθένος, τῷ τε ἀδελφῷ ἐλοιδορεῖτο
πικρότατα, οὐδὲν τῇ στρατιᾷ λόγου ἄξιον ἰσχυ-
ριζομένη πεπρᾶχθαι, ἐπεὶ μὴ ἀγάγοιεν αὐτῇ
ζῶντα Ῥάδιγιν.
36   Καὶ αὐτῶν ἀπολεξαμένη τοὺς μάλιστα μαχιμω-
τάτους εὐθὺς ἔστειλεν, ἀπαγγείλασα δορυάλωτον
37 ἀγαγεῖν τὸν ἄνδρα μηχανῇ πάσῃ. οἱ δὲ τὴν
αὐτῆς ἐπιτελοῦντες [2] ἐπίταξιν περιήρχοντο διερευ-
νώμενοι ξύμπαντα ἐς τὸ ἀκριβὲς τὰ ἐκείνῃ χωρία,
ἕως ἐν ὕλῃ ἀμφιλαφεῖ κρυπτόμενον Ῥάδιγιν
εὗρον· δήσαντές τε αὐτὸν τῇ παιδὶ ἀπεκόμισαν.
38 καὶ ὁ μὲν αὐτῆς ἐν ὀφθαλμοῖς εἱστήκει, τρέμων τε
καὶ τεθνήξεσθαι αὐτίκα δὴ μάλα ὑποτοπάζων
θανάτῳ οἰκίστῳ· ἡ δὲ αὐτὸν ἐκ τοῦ παραδόξου
οὔτε ἀπέκτεινεν οὔτε τι ἄλλο ἄχαρι ἔδρασεν, ἀλλὰ
ὀνειδίσασα τὴν ἐς αὐτὴν ὕβριν ἀνεπυνθάνετο τοῦ
ἀνθρώπου ὅτου δὴ ἕνεκα ἠλογηκὼς τὰ ξυγκείμενα
ἑτέρᾳ γυναικὶ ἐς εὐνὴν ξυνέλθοι, καὶ ταῦτα οὐ πε-

---

[1] ἔμενε K : ἀπέμεινε L.

commanded her brother to lead forward all the rest of the army against the enemy. Now the Varni at that time were encamped not far from the shore of the ocean and the mouth of the Rhine. So when the Angili reached that place, marching swiftly, the two armies engaged in combat with one another, and the Varni were defeated decisively. And many of them fell in this struggle, while the entire number of those remaining, together with the king, turned to retreat, and the Angili, after keeping up the pursuit for only a short distance, as is customary for infantry, retired to their camp. But the maiden rebuked them when they returned to her and inveighed most vehemently against her brother, declaring that nothing worthy of mention had been achieved by the army, because they had not brought her Radigis alive.

She then selected the most warlike men among them and sent them off straightway, instructing them to bring the man captive without fail. Then, by way of carrying out her mission, these men went about searching that whole country thoroughly, until they found Radigis hiding in a dense wood; then they bound him and took him back to the girl. So he stood before her eyes trembling and expecting to die instantly by the most cruel death; she, however, contrary to his expectations, neither killed him nor inflicted any other harm upon him, but by way of reproaching him for his insult to her, enquired of the fellow why in the world he had made light of the agreement and allied himself to another woman, and that too though his betrothed had not been

---

² ἐπιτελοῦντες L : ὑποτελοῦντες K.

39 πορνευμένης αὐτῷ τῆς μνηστῆς. καὶ ὃς τὴν αἰτίαν
ἀπολογούμενος τὰς τοῦ πατρὸς ἐντολὰς καὶ τὴν
τῶν ἀρχομένων¹ σπουδὴν προύφερεν, ἱκεσίους τε
προύτείνετο λόγους καὶ λιταῖς ἀνέμισγε τὴν
ἀπολογίαν πολλαῖς, ἐς τὴν ἀνάγκην ἀναφέρων
40 τὸ ἔγκλημα. βουλομένῃ τε αὐτῇ ξυνοικισθή-
σεσθαι ὡμολόγει καὶ τὰ οὐκ ἐν δίκῃ τὸ πρότερον
οἱ αὐτῷ πεπραγμένα τοῖς ἐπιγενησομένοις ἰάσε-
41 σθαι.² ἐπεὶ δὲ τὴν παῖδα ταῦτα ἤρεσκε, τῶν τε
δεσμῶν ἀφεῖτο Ῥάδιγις τῆς τε ἄλλης φιλοφρο-
σύνης ἠξίωτο, ἀποπέμπεται μὲν τὴν Θευδιβέρτου
εὐθὺς ἀδελφήν, τὴν δὲ Βριττίαν ἐγήματο. ταῦτα
μὲν τῇδε κεχώρηκεν.
42 Ἐν ταύτῃ δὲ τῇ Βριττίᾳ νήσῳ τεῖχος ἐδείμαντο
μακρὸν οἱ πάλαι ἄνθρωποι, δίχα τέμνον αὐτῆς
πολλήν τινα μοῖραν· τοῦ δὲ τείχους ὅ τε ἀὴρ καὶ
ἡ γῆ καὶ τὰ ἄλλα³ πάντα οὐχ ὁμοίως ἐφ' ἑκάτερά
43 ἐστι. τὰ μὲν γὰρ τοῦ τείχους πρὸς ἀνίσχοντα
ἥλιον εὐεξία τε ἀέρων ἐστὶ συμμεταβαλλομένη
ταῖς ὥραις, θέρους μὲν μετρίως ἀλεεινή, ψυχεινὴ
44 δὲ χειμῶνος· καὶ ἄνθρωποι μὲν πολλοὶ ᾤκηνται
κατὰ ταὐτὰ βιοτεύοντες τοῖς ἄλλοις ἀνθρώποις,
τά τε δένδρα καρποῖς ἐν ἐπιτηδείῳ γινομένοις
ὡραίοις ἀνθεῖ, τά τε λήϊα τῶν ἄλλων οὐδὲν κατα-
45 δεέστερον τέθηλεν· ἀλλὰ καὶ ὕδασιν ἡ χώρα
ἐναβρυνομένη διαρκῶς φαίνεται. πρὸς δύοντα
δὲ πᾶν τοὐναντίον, ὥστε ἀμέλει ἀνθρώπῳ μὲν
οὐδὲ ἡμιώριον δυνατόν ἐστιν ἐνταῦθα βιῶναι,
ἔχις δὲ καὶ⁴ ὄφεις ἀνάριθμοι καὶ ἄλλων θηρίων
παντοδαπὰ⁵ γένη διακεκλήρωται τὸν χῶρον

¹ ἀρχομένων K : ἀρχόντων L.

unfaithful. And he, seeking to defend himself against the charge, brought forward the commands of his father and the zeal of his subjects, and he uttered words of supplication and mingled many prayers with his defence, excusing his action by the stress of necessity. And if it was her will that they should be married he promised that what he had done unjustly in the past would be repaired by his subsequent conduct. Now when this was approved by the girl, and Radigis had been released from his bonds and received kind treatment in all other matters, he straightway dismissed the sister of Theudibert and wedded the girl from Brittia. Thus did these events take place.

Now in this island of Brittia the men of ancient times built a long wall, cutting off a large part of it; and the climate and the soil and everything else is not alike on the two sides of it. For to the east of the wall there is a salubrious air, changing with the seasons, being moderately warm in summer and cool in winter. And many people dwell there, living in the same fashion as other men, and the trees abound with fruits which ripen at the fitting season, and the corn-lands flourish as abundantly as any; furthermore, the land seems to display a genuine pride in an abundance of springs of water. But on the west side everything is the reverse of this, so that it is actually impossible for a man to survive there even a half-hour, but countless snakes and serpents and every other kind of wild creature occupy this area as their own. And, strangest of

---

2 ἐπιγενησομένοις ἰάσεσθαι K : ἐπιγινομένοις ἰάσασθαι L.

3 τοῦ—τὰ ἄλλα K : ὅτι ἡ γῆ καὶ ὁ ἀὴρ καὶ τἄλλα L.

4 δὲ καί K : ἐπεὶ καί L.   5 παντοδαπά K : παντοδαπῶν L.

46 ἐκεῖνον. καί, τὸ δὴ παραλογώτατον, οἱ ἐπι-
χώριοι λέγουσιν ὡς, εἴ τις ἄνθρωπος τὸ τεῖχος
ἀμείψας ἐπὶ θάτερα ἴοι, εὐθυωρὸν θνήσκει, τὸ
λοιμῶδες τῶν ἐκείνη ἀέρων ὡς ἥκιστα φέρων,
τοῖς τε θηρίοις ἐνθάδε ἰοῦσιν ὁ θάνατος εὐθὺς
ὑπαντιάζων ἐκδέχεται.

47 Ἐνταῦθα δέ μοι γενομένῳ τῆς ἱστορίας
ἐπάναγκές ἐστι λόγου μυθολογίᾳ ἐμφερεστάτου
ἐπιμνησθῆναι, ὃς δή μοι οὔτε πιστὸς[1] τὸ παράπαν
ἔδοξεν[2] εἶναι, καίπερ ἀεὶ πρὸς ἀνδρῶν ἐκφε-
ρόμενος ἀναρίθμων οἳ δὴ τῶν μὲν πρασσομένων
αὐτουργοί, τῶν δὲ λόγων αὐτήκοοι ἰσχυρίζοντο
γεγονέναι, οὔτε παριτέος παντάπασιν, ὡς μὴ τά
γε ἀμφὶ Βριττίᾳ τῇ νήσῳ ἀναγραφόμενος ἀγνοίας
τινὸς τῶν τῇδε ξυμβαινόντων διηνεκῶς ἀπενέγ-
κωμαι δόξαν.

48 Λέγουσιν οὖν τὰς τῶν ἀποβιούντων ἀνθρώπων
ψυχὰς ἐς τοῦτο ἀεὶ διακομίζεσθαι τὸ χωρίον.
ὅντινα δὲ τρόπον, αὐτίκα δηλώσω, σπουδαιότατα
μὲν ἀπαγγελλόντων ἀκηκοὼς πολλάκις τῶν τῇδε
ἀνθρώπων, ἐς ὀνείρων δέ[3] τινα δύναμιν ἀποκε-

49 κρίσθαι νενομικὼς τὰ θρυλλούμενα. παρὰ τὴν
ἀκτὴν τοῦ κατὰ τὴν Βριττίαν Ὠκεανοῦ νῆσον
κώμας παμπληθεῖς ξυμβαίνει εἶναι. οἰκοῦσι δὲ
αὐτὰς ἄνθρωποι σαγηνεύοντές τε καὶ γῆν γεωρ-
γοῦντες καὶ ἐπ’ ἐμπορίαν ναυτιλλόμενοι ἐς τήνδε
τὴν νῆσον, τὰ μὲν ἄλλα Φράγγων κατήκοοι ὄντες,
φόρου μέντοι ἀπαγωγὴν οὐπώποτε παρασχόμενοι,
ὑφειμένου αὐτοῖς ἐκ παλαιοῦ τοῦδε τοῦ ἄχθους,
ὑπουργίας τινός, ὥς φασιν, ἕνεκα, ἥ μοι ἐν τῷ
παρόντι λελέξεται.

----

[1] οὔτε πιστός K : οὔτ’ ἐπί L.

all, the inhabitants say that if any man crosses this wall and goes to the other side, he dies straightway, being quite unable to support the pestilential air of that region, and wild animals, likewise, which go there are instantly met and taken by death.

Since I have reached this point in the history, it is necessary for me to record a story which bears a very close resemblance to mythology, a story which did not indeed seem to me at all trustworthy, although it was constantly being published by countless persons who maintained that they had done the thing with their own hands and had heard the words with their own ears, and yet it cannot be altogether passed over, lest, in writing an account of the island of Brittia, I gain a lasting reputation for ignorance of what takes place there.

They say, then, that the souls of men who die are always conveyed to this place. And as to the manner in which this is done, I shall presently explain, having many a time heard the people there most earnestly describe it, though I have come to the conclusion that the tales they tell are to be attributed to some power of dreams. Along the coast of the ocean which lies opposite the island of Brittia there are numerous villages. These are inhabited by men who fish with nets or till the soil or carry on a sea-trade with this island, being in other respects subject to the Franks, but never making them any payment of tribute, that burden having been remitted to them from ancient times on account, as they say, of a certain service, which will here be described by me.

---

² ἔδοξεν K : ἀληθὴς ἔδοξεν L.
³ ὀνείρων δέ : ὀνείρων δή K, ὀνειρώδη δέ L.

50 Λέγουσιν οἱ ταύτῃ ἄνθρωποι ἐκ περιτροπῆς
ἐπικεῖσθαι τὰς τῶν ψυχῶν παραπομπὰς σφίσιν.
ὅσοις[1] οὖν τῇ ἐπιγενησομένῃ νυκτὶ ἐς τὸ ἐπι-
τήδευμα τοῦτο τῇ τῆς ὑπουργίας διαδοχῇ ἰτέον
ἐστίν, οὗτοι δή, ἐπειδὰν τάχιστα ξυσκοτάζῃ, ἐς
τὰς οἰκίας τὰς αὐτῶν ἀναχωροῦντες καθεύδουσι,
προσδεχόμενοι τὸν συναγωγέα τοῦ πράγματος.
51 ἀωρὶ δὲ τῶν νυκτῶν[2] τῶν μὲν θυρῶν σφίσιν
ἀρασσομένων αἰσθάνονται, φωνῆς δέ τινος ἀφα-
νοῦς[3] ἐπαΐουσιν ἐπὶ τὸ ἔργον αὐτοὺς ξυγκα-
52 λούσης. αὐτοί τε ὀκνήσει οὐδεμιᾷ ἐκ τῶν
στρωμάτων ἐξανιστάμενοι ἐπὶ τὴν ἠϊόνα βαδί-
ζουσιν, οὐ ξυνιέντες μὲν ὁποία ποτὲ ἀνάγκη
αὐτοὺς ἐς τοῦτο ἐνάγει, ἀλλ' ὅμως ἀναγκαζόμενοι.
53 ἐνταῦθα δὲ ἀκάτους παρεσκευασμένας ὁρῶσιν
ἐρήμους τὸ παράπαν ἀνθρώπων, οὐ τὰς σφετέρας
μέντοι, ἀλλ' ἑτέρας τινάς, ἐς ἃς δὴ ἐσβάντες τῶν
54 κωπῶν ἅπτονται. καὶ τῶν βάρεων αἰσθάνονται
ἀχθομένων μὲν ἐπιβατῶν πλήθει, ἄχρι δὲ ἐς
σανίδας τε ἄκρας καὶ τῶν κωπῶν τὴν χώραν τῷ
ῥοθίῳ βεβαπτισμένων, ἀποδεουσῶν τε τοῦ ὕδατος
ὅσον[4] οὐδὲ δάκτυλον ἕνα, αὐτοὶ μέντοι οὐδένα
θεῶνται, ἀλλὰ καὶ μίαν ἐρέσσοντες ὥραν ἐς τὴν
55 Βριττίαν καταίρουσι. καίτοι ταῖς ἀκάτοις ἡνίκα
ταῖς αὐτῶν ἰδίαις ναυτίλλονται, οὐχ ἱστίοις
χρώμενοι, ἀλλ' ἐρέσσοντες,[5] ἐς νύκτα τε καὶ
ἡμέραν μόλις ἐνταῦθα διαπορθμεύονται. ἐς τὴν
νῆσον δὲ καταπλεύσαντες ἀποφορτιζόμενοι ἀπαλ-
λάσσονται αὐτίκα δὴ μάλα, τῶν βάρεων σφίσι
κούφων γινομένων ἐκ τοῦ αἰφνιδίου κἀκ τοῦ
ῥοθίου ἐπαιρομένων ἔν τε τῷ ὕδατι καταδυομένων
οὐδέν τι ἄλλο, πλήν γε ὅσα ἐς τὴν τρόπιν αὐτήν.[6]

The men of this place say that the conduct of souls is laid upon them in turn. So the men who on the following night must go to do this work relieving others in the service, as soon as darkness comes on, retire to their own houses and sleep, awaiting him who is to assemble them for the enterprise. And at a late hour of the night they are conscious of a knocking at their doors and hear an indistinct voice calling them together for their task. And they with no hesitation rise from their beds and walk to the shore, not understanding what necessity leads them to do this, but compelled nevertheless. There they see skiffs in readiness with no man at all in them, not their own skiffs, however, but a different kind, in which they embark and lay hold of the oars. And they are aware that the boats are burdened with a large number of passengers and are wet by the waves to the edge of the planks and the oarlocks, having not so much as one finger's breadth above the water; they themselves, however, see no one, but after rowing a single hour they put in at Brittia. And yet when they make the voyage in their own skiffs, not using sails but rowing, they with difficulty make this passage in a night and a day. Then when they have reached the island and have been relieved of their burden, they depart with all speed, their boats now becomig suddenly light and rising above the waves, for they sink no further in the water than the keel itself.

---

¹ ὅσοις Braun : ὅσους MSS. ² τῶν νυκτῶν K : νύκτωρ L.
³ ἀφανοῦς L : διαφανῶς K. ⁴ ὅσον K : om. L.
⁵ ἐρέσσοντες K : om. L. ⁶ ἔν τε—αὐτήν L : om. K.

56 Καὶ αὐτοὶ μὲν ἀνθρώπων οὐδένα ὁρῶσιν οὔτε
ξυμπλέοντα οὔτε ἀπαλλασσόμενον τῆς νηός,
φωνῆς δὲ ἀκούειν τινὸς ἐνθένδε φασὶ τοῖς ὑπο-
δεχομένοις ἀπαγγέλλειν δοκούσης πρὸς ὄνομα
τῶν συμπεπλευκότων αὐτοῖς ἕκαστον, τά τε
ἀξιώματα ἐπιλεγούσης οἷς πρώην ἐχρῶντο καὶ
57 πατρόθεν αὐτοὺς ἀνακαλούσης. ἦν δὲ καὶ
γυναῖκες ξυνδιαπορθμευσάμεναι αὐτοῖς τύχωσι,
τῶν ἀνδρῶν ἀποστοματίζουσι τὰ ὀνόματα οἷσπερ
58 ξυνοικοῦσαι ἐβίων.[1] ταῦτα μὲν οὖν οἱ τῇδε
ἄνθρωποι ξυμβαίνειν φασίν. ἐγὼ δὲ ἐπὶ τὸν
πρότερον λόγον ἐπάνειμι.

XXI

Οὕτω μὲν οὖν τὰ[2] κατὰ τοὺς πολέμους ἐν
χώρᾳ ἑκάστῃ ξυνηνέχθη γενέσθαι. ὁ δὲ Γοτθικὸς
πόλεμος ἐφέρετο ὧδε. Βελισάριον μὲν ἐς Βυζάν-
τιον μεταπεμψάμενος[3] βασιλεύς, ᾗπέρ μοι ἐν
τοῖς ἔμπροσθεν λόγοις ἐρρήθη, διὰ τιμῆς ἦγε, καὶ
οὐδὲ Γερμανοῦ τετελευτηκότος πέμπειν αὐτὸν ἐς
τὴν Ἰταλίαν διενοεῖτο, ἀλλὰ καὶ στρατηγὸν τῆς
ἑῴας ὄντα, τῶν βασιλικῶν σωματοφυλάκων
2 ἄρχοντα καταστησάμενος, αὐτοῦ κατεῖχεν. ἦν
τε τῷ ἀξιώματι πρῶτος ὁ Βελισάριος Ῥωμαίων
ἀπάντων, καίτοι τινὲς αὐτῶν πρότεροι ἀνάγρα-
τοί τε ἐς πατρικίους γεγόνασι καὶ ἐς αὐτὸν
3 ἀναβεβήκεσαν τῶν ὑπάτων τὸν δίφρον. ἀλλὰ

---

[1] ἦν δὲ—ἐβίων L: om. K.
[2] οὕτω μὲν οὖν τά L: τὰ μὲν οὖν K.

And they, for their part, neither see any man either sitting in the boat with them or departing from the boat, but they say that they hear a kind of voice from the island which seems to make announcement to those who take the souls in charge as each name is called of the passengers who have come over with them, telling over the positions of honour which they formerly held and calling out their fathers' names with their own. And if women also happen to be among those who have been ferried over, they utter the names of the men to whom they were married in life. This, then, is what the men of this country say takes place. But I shall return to the previous narrative.

XXI

SUCH was the progress of the wars in each land. And the Gothic War continued as follows. After the emperor had summoned Belisarius to Byzantium as stated in the preceding narrative,[1] he held him in honour, and not even at the death of Germanus did he purpose to send him to Italy, but he actually appointed him commander of the imperial guards as being General of the East, and detained him there. And Belisarius was first of all the Romans in dignity, although some of them had been enrolled before him among the patricians and had actually ascended to the seat of the consuls. But even so they all yielded first place to him, being

[1] Book VII. xxv. 1.

---

³ μεταπεμψάμενος K : παραπεμψάμενος L.

καὶ ὡς αὐτῷ τῶν πρωτείων ἐξίσταντο πάντες,
αἰσχυνόμενοι κατὰ τῆς ἀρετῆς τῷ νόμῳ χρῆσθαι
καὶ τὸ ἀπ' αὐτοῦ δικαίωμα περιβάλλεσθαι.
4 ταῦτά τε βασιλέα κομιδῆ ἤρεσκεν. Ἰωάννης δὲ
ὁ Βιταλιανοῦ διεχείμαζεν ἐν Σάλωσι. προσ-
δεχόμενοί τε αὐτὸν ἐν Ἰταλίᾳ τοῦτον δὴ τὸν
χρόνον οἱ τοῦ Ῥωμαίων στρατοῦ ἄρχοντες ἄπρακ-
τοι ἔμενον. καὶ ὁ χειμὼν ἔληγε, καὶ τὸ ἑκκαι-
δέκατον¹ ἔτος ἐτελεύτα τῷ Γοτθικῷ πολέμῳ
τῷδε, ὃν Προκόπιος ξυνέγραψε.
5 Τῷ δὲ ἐπιγενομένῳ ἐνιαυτῷ Ἰωάννης μὲν διε-
νοεῖτο ἐκ Σαλώνων τε ἐξανίστασθαι καὶ τῷ
στρατῷ ἐξηγεῖσθαι ὅτι τάχιστα ἐπὶ Τουτίλαν
6 τε καὶ Γότθους. βασιλεὺς δὲ αὐτὸν διεκώλυεν,
αὐτοῦ τε μένειν ἐπέστελλεν, ἕως Ναρσῆς ὁ
εὐνοῦχος ἀφίκηται. αὐτὸν γὰρ τοῦδε αὐτοκρά-
τορα καταστήσασθαι² τοῦ πολέμου ἐβούλευσεν.
7 ὅτου δὲ δὴ ἕνεκα ταῦτα βουλομένῳ βασιλεῖ εἴη
διαρρήδην μὲν τῶν πάντων οὐδενὶ φανερὸν
γέγονε· βασιλέως γὰρ βούλευμα ἔκπυστον ὅτι
μὴ αὐτοῦ ἐθελουσίου ἀμήχανά ἐστιν·³ ἃ δὲ
ὑποπτεύοντες ἄνθρωποι ἔλεγον, ἐγὼ δηλώσω.
8 ἔννοια Ἰουστινιανῷ βασιλεῖ γέγονεν ὡς οἱ ἄλλοι
τοῦ Ῥωμαίων στρατοῦ ἄρχοντες Ἰωάννου ἐπα-
κούειν ὡς ἥκιστα ἐθελήσουσιν, οὐκ ἀξιοῦντες
9 καταδεέστεροί τι αὐτοῦ τὸ⁴ ἀξίωμα εἶναι. καὶ
ἀπ' αὐτοῦ ἔδεισε μὴ διχοστατοῦντες τῇ γνώμῃ
ἢ ἐθελοκακοῦντες τῷ φθόνῳ ξυγχέωσι τὰ
πρασσόμενα.
10 Ἤκουσα δὲ⁵ καὶ τόνδε τὸν λόγον ἀπαγγέλ-
λοντος Ῥωμαίου ἀνδρός, ἡνίκα ἐπὶ Ῥώμης δια-

____
¹ ἑκκαιδέκατον L : ἑπτακαιδέκατον K.

ashamed in view of his achievements to take advantage of the law and to claim the right which it conferred, a circumstance which pleased the emperor exceedingly. Meanwhile John, the nephew of Vitalian, was passing the winter in Salones. And during all this time the commanders of the Roman army, expecting him in Italy, remained inactive. And the winter drew to its close and the sixteenth year ended in this Gothic War, the history of which 551 A.D. Procopius has written.

When the following year opened, John was minded to depart from Salones and lead his army as quickly as possible against Totila and the Goths. But the emperor prevented him, bidding him remain there until Narses the eunuch should arrive. For he had decided to appoint him commander-in-chief for this war. But the reason why this was the wish of the emperor was explicitly evident to no one in the world; for it is impossible that an emperor's purpose be discovered except by his own will; but the surmises which people expressed I shall here set down. The thought had occurred to the Emperor Justinian that the other commanders of the Roman army would be quite unwilling to take orders from John, not consenting to be in any way inferior to him in rank. And consequently he feared lest by being at cross purposes or by playing the coward through envy they might make havoc of their operations.

And I also heard the following account of the matter given by a Roman gentleman when I was

² καταστήσασθαι L : καταστήσεσθαι K.
³ ἐστιν K : ἐστι γενέσθαι L.
⁴ αὐτοῦ τό K : αὐτοῖς τό L.   ⁵ δέ K : δέ ποτε L.

τριβὴν εἶχον· ἦν δὲ οὗτος ἀνὴρ τῶν ἀπὸ τῆς
11 συγκλήτου βουλῆς. ἔλεγεν οὖν ὁ Ῥωμαῖος
οὗτος ὡς ἄρχοι μὲν Ἰταλίας ποτὲ Ἀταλάριχος
ὁ Θευδερίχου θυγατριδοῦς, βοῶν δέ τις ἀγέλη
ἐς Ῥώμην ὑπὸ τοῦτον τὸν χρόνον ἀμφὶ δείλην
ὀψίαν ἐξ ἀγροῦ ἥκει διὰ τῆς ἀγορᾶς ἣν Φόρον
12 Εἰρήνης καλοῦσι Ῥωμαῖοι· ἐνταῦθα γάρ πη ὁ
τῆς Εἰρήνης νεὼς κεραυνόβλητος γενόμενος ἐκ
παλαιοῦ κεῖται. ἔστι δέ τις ἀρχαία πρὸ ταύτης
δὴ τῆς ἀγορᾶς κρήνη, καὶ βοῦς ἐπὶ ταύτης
χαλκοῦς ἔστηκε, Φειδίου, οἶμαι, τοῦ Ἀθηναίου
13 ἢ Λυσίππου ἔργον. ἀγάλματα γὰρ ἐν χώρῳ
τούτῳ πολλὰ τούτοιν δὴ τοῖν ἀνδροῖν ποιήματά
ἐστιν. οὗ δὴ καὶ Φειδίου ἔργον ἕτερον· τοῦτο
14 γὰρ λέγει τὰ ἐν τῷ ἀγάλματι γράμματα. ἐν-
ταῦθα καὶ τὸ τοῦ Μύρωνος βοΐδιον. ἐπιμελὲς
γὰρ ἐγεγόνει τοῖς πάλαι Ῥωμαίοις τῆς Ἑλλάδος
τὰ κάλλιστα πάντα ἐγκαλλωπίσματα Ῥώμης
15 ποιήσασθαι. ἕνα δὲ ταῦρον ἔφη τῶν τηνικάδε
παριόντων εὐνοῦχον[1] τῆς τε ἀγέλης ἀπολειπό-
μενον καὶ ταύτης δὴ τῆς κρήνης ἐπιβατεύσαντα
16 καθύπερθεν βοὸς τοῦ χαλκοῦ στῆναι. τύχῃ
δέ τινι παριόντα τινά, Τοῦσκον γένος, κομιδῇ
ἄγροικον δόξαντα εἶναι, ξυμβάλλοντα τὸ ποιού-
μενον φάναι (εἰσὶ γὰρ μαντικοὶ καὶ ἐς ἐμὲ[2]
Τοῦσκοι) ὡς εὐνοῦχός ποτε καταλύσει τὸν
17 ἄρχοντα Ῥώμης. καὶ τηνικάδε μὲν ὅ τε Τοῦσκος
ἐκεῖνος καὶ ὁ παρ' αὐτοῦ λόγος γέλωτα ὦφλε.
πρὸ γὰρ τῆς πείρας ἀεὶ ἄνθρωποι τὰς προρρήσεις
φιλοῦσι χλευάζειν, οὐκ ἀναχαιτίζοντος αὐτοὺς
τοῦ ἐλέγχου, τῷ μήτε ἀποβεβηκέναι τὰ πράγ-

---

[1] εὐνοῦχον L : εὐνούχων K.   [2] καὶ ἐς ἐμὲ K : οἶμαι L.

sojourning in Rome; and this man was a member
of the senate.   This Roman said that once, during
the time when Atalaric the grandson of Theoderic
ruled Italy, a herd of cattle came into Rome in
the late evening from the country through the
forum which the Romans call the Forum of Peace;
for in that place has been situated from ancient
times the temple of Peace, which was struck by
lightning.   And there is a certain ancient fountain
before this forum, and a bronze bull stands by it,
the work, I think, of Pheidias the Athenian or of
Lysippus.   For there are many statues in this
quarter which are the works of these two men.
Here, for example, is another statue which is
certainly the work of Pheidias; for the inscription
on the statue says this.   There too is the calf of
Myron.[1]   For the ancient Romans took great pains
to make all the finest things of Greece adornments
of Rome.   And he said that one of the cattle then
passing by—a steer—left the herd and mounting
this fountain stood over the brazen bull.   And by
some chance a certain man of Tuscan birth was
passing by, one who appeared to be a very rustic
fellow, and he understood the scene which was
being enacted and said (for the Tuscans even down
to my day are gifted with prophecy) that one day
a eunuch would undo the ruler of Rome.   And then
indeed that Tuscan and the words he uttered earned
only laughter.   For before actual experience comes
men are ever wont to mock at prophecies, whilst
proof does not upset them, because the events

[1] This famous statue (*Greek Anthology* IX. 713–742, 793–
798) stood in the market-place of Athens originally (Cic.
Verr. IV. 60).

ματα μήτε τὸν περὶ αὐτῶν λόγον[1] εἶναι πιστόν,
ἀλλὰ μύθῳ τινὶ γελοιώδει ἐμφερῆ φαίνεσθαι.

18 Νῦν δὲ δὴ ἅπαντες τὸ ξύμβολον τοῦτο τοῖς
19 ἀποβεβηκόσιν ὑποχωροῦντες θαυμάζουσι. καὶ
διὰ τοῦτο ἴσως ἐπὶ Τουτίλαν ἐστρατήγει Ναρσῆς,
ἢ στοχαζομένης τοῦ ἐσομένου τῆς βασιλέως
20 γνώμης, ἢ πρυτανευούσης τὸ δέον τῆς τύχης. ὁ
μὲν οὖν Ναρσῆς στράτευμά τε λόγου ἄξιον καὶ
χρήματα μεγάλα πρὸς βασιλέως κεκομισμένος
21 ἐστέλλετο. ἐπειδὴ δὲ ξὺν τοῖς ἑπομένοις ἐν
μέσῃ Θρᾴκῃ ἐγένετο, χρόνον τινὰ ἐν Φιλιππου-
22 πόλει ἀποκεκλεισμένος τῆς ὁδοῦ ἔμεινε. στρά-
τευμα γὰρ Οὐννικὸν ἐπισκήψαν τῇ Ῥωμαίων
ἀρχῇ ἅπαντα ἦγόν τε καὶ ἔφερον, οὐδενὸς σφίσιν
ἀντιστατοῦντος. ἐπειδὴ δὲ αὐτῶν οἱ μέν τινες
ἐπὶ Θεσσαλονίκην, οἱ δὲ τὴν ἐπὶ τὸ Βυζάντιον
ᾔεσαν, μόλις ἐνθένδε ἀπαλλαγεὶς ἐπίπροσθεν ᾔει.

XXII

Ἐν ᾧ δὲ ὁ μὲν Ἰωάννης ἐπὶ Σαλώνων Ναρσῆν
ἔμενε, Ναρσῆς δὲ Οὔννων τῇ ἐφόδῳ συμποδιζό-
μενος σχολαίτερον[2] ᾔει, ἐν τούτῳ ὁ Τουτίλας
προσδεχόμενος τὴν Ναρσοῦ στρατιὰν ἐποίει τάδε.
2 ἄλλους τε Ῥωμαίους καὶ τινας τῶν ἀπὸ τῆς
συγκλήτου βουλῆς ἐν Ῥώμῃ καθίστη, τοὺς λοι-
3 ποὺς ἐπὶ Καμπανίας ἐάσας. καὶ αὐτοὺς ἐκέλευεν
ὅσῃ δύναμις ἐπιμελεῖσθαι τῆς πόλεως, ἐνδεικνύ-
μενος[3] ὅτι δὴ αὐτῷ μεταμέλει τῶν οἱ ἐς Ῥώμην
εἰργασμένων τὰ πρότερα, ἐπεὶ ἐμπρήσας αὐτῆς

[1] λόγον K : om. L.
[2] σχολαίτερον Hoeschel : σχολαίτερος K, σχολαιότερον L.

276

have not come about and the tale of them is not credible, but seems akin to some ridiculous myth.

But now all men, yielding to the arguments of actual events, marvel at this sign. And it was perhaps for this reason that Narses marched as general against Totila, the emperor's judgment penetrating the future, or chance ordaining the inevitable thing. So Narses, receiving a notable army and great sums of money from the emperor, set forth. But when he came with his command to the midst of Thrace, he spent some time at Philippopolis, having been cut off from his road. For an army of Huns had made a descent upon the Roman domain and were plundering and pillaging everything with no man to stand in their way. But after some of them had advanced against Thessalonice and the rest took the road to Byzantium, Narses finally departed thence and marched forward.

XXII

Now while John, on the one hand, was at Salones awaiting Narses, and Narses, on the other hand, was travelling rather slowly, being hindered by the inroad of the Huns, meantime Totila, while awaiting the army of Narses, was engaged as follows. He placed a part of the Romans and some of the members of the senate in Rome, leaving the rest in Campania. And he commanded them to look after the city as well as they could, shewing plainly thereby that he felt repentance for what he had done to Rome previously; for he had, as it hap-

---

³ ἐνδεικνύμενος K : om. L.

πολλὰ ἔτυχεν, ἄλλως τε καὶ ὑπὲρ Τίβεριν πο-
4 ταμόν. οἱ δὲ καθεστῶτες ἐν αἰχμαλώτων λόγῳ
καὶ περιῃρημένοι χρήματα πάντα, μὴ ὅτι τῶν
κοινῶν, ἀλλ' οὐδὲ τῶν ἰδίᾳ σφίσι προσηκόντων
δυνατοὶ ἦσαν μεταποιεῖσθαι.

5 Καίτοι ἀνθρώπων μάλιστα πάντων ὧν ἡμεῖς
ἴσμεν φιλοπόλιδες Ῥωμαῖοι τυγχάνουσιν ὄντες,
περιστέλλειν τε τὰ πάτρια πάντα καὶ διασώ-
ζεσθαι ἐν σπουδῇ ἔχουσιν, ὅπως δὴ μηδὲν
6 ἀφανίζηται Ῥώμη τοῦ παλαιοῦ κόσμου. οἵ γε[1]
καὶ πολύν τινα βεβαρβαρωμένοι αἰῶνα τάς τε
πόλεως διεσώσαντο οἰκοδομίας καὶ τῶν ἐγκαλλω-
πισμάτων τὰ πλεῖστα, ὅσα οἷόν τε ἦν χρόνῳ
τε τοσούτῳ τὸ μῆκος καὶ τῷ ἀπαμελεῖσθαι δι'
7 ἀρετὴν τῶν πεποιημένων ἀντέχειν.[2] ἔτι μέντοι
καὶ ὅσα μνημεῖα τοῦ γένους ἐλέλειπτο ἔτι, ἐν
τοῖς καὶ ἡ ναῦς Αἰνείου, τοῦ τῆς πόλεως οἰκιστοῦ,
καὶ εἰς τόδε κεῖται, θέαμα παντελῶς ἄπιστον.
8 νεώσοικον γὰρ ποιησάμενοι ἐν μέσῃ τῇ πόλει,
παρὰ τὴν τοῦ Τιβέριδος ὄχθην, ἐνταῦθά τε αὐτὴν
καταθέμενοι, ἐξ ἐκείνου τηροῦσιν. ἥπερ ὁποία
ποτέ ἐστιν αὐτὸς θεασάμενος ἐρῶν ἔρχομαι.

9 Μονήρης τε ἡ ναῦς ἥδε καὶ περιμήκης ἄγαν
τυγχάνει οὖσα, μῆκος μὲν ποδῶν εἴκοσι καὶ ἑκα-
τόν, εὖρος δὲ πέντε καὶ εἴκοσι, τὸ δέ γε ὕψος
τοσαύτη ἐστὶν ὅσον αὐτὴν ἐρέσσεσθαι μὴ ἀδύ-
10 νατα εἶναι. ξύλων δὲ κόλλημα οὐδὲ ἓν τὸ
παράπαν ἐνταῦθά ἐστιν οὐδὲ σιδήρων ἄλλῃ τινὶ
μηχανῇ τὰ ξύλα τοῦ πλοίου εἰς ἄλληλά πη
ἐρήρεισται, ἀλλὰ μονοειδῆ ξύμπαντά ἐστι λόγου

---

[1] οἵ γε—ἔχει (§ 16) L : om. K.

pened, burned large parts of it, particularly on the
further side of the Tiber River. But these Romans,
being reduced to the state of slaves and stripped
of all their money, were not only unable to lay
claim to the public funds, but could not even secure
those which belonged to them personally.

Yet the Romans love their city above all the
men we know, and they are eager to protect all
their ancestral treasures and to preserve them, so
that nothing of the ancient glory of Rome may
be obliterated. For even though they were for a
long period under barbarian sway, they preserved
the buildings of the city and the most of its adorn-
ments, such as could through the excellence of their
workmanship withstand so long a lapse of time and
such neglect. Furthermore, all such memorials of
the race as were still left are preserved even to
this day, and among them the ship of Aeneas,
the founder of the city, an altogether incredible
sight. For they built a ship-house in the middle
of the city on the bank of the Tiber, and depositing
it there, they have preserved it from that time. And
I shall now explain what sort of a ship this is, having
seen it myself.

The ship is one with a single bank of oars and
is very long, being one hundred and twenty feet
in length and twenty-five feet wide, and its height
is all that it can be without becoming impossible to
row. But there is nowhere in the boat any piecing
together of timbers at all nor are the timbers
fastened together by any device of iron, but all the
timbers are of one piece, a thing strange and un-

---

¹ ἀντέχειν Haury : ἀντέχει L.

τε καὶ ἀκοῆς κρείσσω καὶ μόνῳ γεγονότα, ὅσα
11 γε ἡμᾶς εἰδέναι, ἐν τῷδε τῷ πλοίῳ. ἥ τε γὰρ
τρόπις μονοφυὴς οὖσα ἐκ πρύμνης ἄκρας ἄχρι ἐς
τὴν πρῷραν διήκει, κατὰ βραχὺ μὲν θαυμασίως
ἐπὶ τὸ κοῖλον ὑποχωροῦσα, καὶ αὖ πάλιν ἐνθένδε
κατὰ λόγον εὖ μάλα ἐπὶ τὸ ὀρθόν τε καὶ διατετα-
12 μένον ἐπανιοῦσα. τά τε παχέα ξύμπαντα ξύλα
ἐς τὴν τρόπιν ἐναρμοσθέντα (ἅπερ οἱ μὲν ποιηταὶ
δρυόχους ¹ καλοῦσιν, ἕτεροι δὲ νομέας) ἐκ τοίχου
μὲν ἕκαστον θατέρου ἄχρι ἐς τῆς νεὼς διήκει τὸν
13 ἕτερον τοῖχον. ὑφιζάνοντα δὲ καὶ αὐτὰ ἐξ
ἑκατέρας ἄκρας καμπὴν ποιεῖται διαφερόντως
εὐπρόσωπον, ὅπως ἂν τὴν νῆα μάλιστα κοίλην
ἀποτετορνεῦσθαι ξυμβαίη, εἴτε τῆς φύσεως κατὰ
τὴν τῆς χρείας ἀνάγκην τά τε ξύλα διακοψάσης
καὶ ξυναρμοσαμένης τὰ πρότερα τὸ κύρτωμα
τοῦτο εἴτε χειροποιήτῳ τέχνῃ τε καὶ μηχανῇ
ἄλλῃ τῆς τῶν νομέων ἀνωμαλίας ἐν ἐπιτηδείῳ
14 γεγενημένης. σανὶς τε πρὸς ἐπὶ τούτοις ἑκάστη
ἐκ πρύμνης ἄκρας ἐς τῆς νηὸς ἐξικνεῖται τὴν
ἑτέραν ἀρχήν, μονοειδὴς οὖσα καὶ κέντρα σιδηρᾶ
τούτου ἕνεκα προσλαβοῦσα μόνον, ὅπως δὴ ταῖς
15 δοκοῖς ἐναρμοσθεῖσα τὸν τοῖχον ποιῇ. οὕτω μὲν
ἡ ναῦς ἥδε πεποιημένη κρείσσω παρέχεται τοῦ
λόγου τὴν ὄψιν, ἐπεὶ τῶν ἔργων τὰ πλεῖστω
παραλόγῳ ξυμβαίνοντα οὐκ εὐδιήγητα τίθεται
τοῖς ἀνθρώποις ἀεὶ τῶν πραγμάτων ἡ φύσις,
ἀλλὰ ταῖς ἐπινοίαις τὰ ξυνειθισμένα νικῶσα καὶ
16 τοῦ λόγου κρατεῖ. τούτων δὲ δὴ τῶν ξύλων
οὐδὲν οὔτε σέσηπεν οὔτε τι ὑποφαίνει ὡς σαπρὸν
εἴη, ἀλλ᾽ ἀκραιφνὴς πανταχόθι οὖσα ἡ ναῦς,
ὥσπερ ὑπόγυον τῷ τεχνίτῃ τῷ αὐτῆς, ὅστις ποτ᾽

heard of and true only, as far as we know, of this one boat. For the keel, which is a single piece, extends from the extreme stern to the bow, gradually sinking to the middle of the ship in a remarkable way and then rising again thence properly and in due order until it stands upright and rigid. And all the heavy timbers[1] which fit into the keel (these the poets call "oak-stays," but others call them "shepherds") extend each and every one from one side all the way to the other side of the ship. These, too, sinking from either end, form a remarkably shapely bend, in order that the ship may be fashioned with a very wide hull, whether nature under the constraint of their future use originally carved out the timbers and fashioned this arch or the sweep of the ribs was properly adjusted by craftsmen's skill and other devices. Each plank, furthermore, extends from the very stem to the other end of the ship, being of one piece and pierced by iron spikes only for this purpose, that by being fastened to the timbers[1] they may form the side of the ship. This ship thus constructed makes an impression when seen which transcends all description, for the nature of things always makes those works which are most cunningly built not easy for men to describe, but by means of her innovations so prevails over our usual habits of mind as to check even our power of speech. Now none of these timbers has either rotted or given the least indication of being unsound, but the ship, intact throughout, just as if newly constructed by the hand of the builder,

[1] The ribs.

---

[1] δρυόχους Maltretus : διόχους L.

ἦν, νεναυπηγημένη, ἔρρωται καὶ ἐς ἐμὲ θαυμαστὸν
ὅσον. τὰ μὲν οὖν ἀμφὶ τῇ τοῦ Αἰνείου νηὶ
ταύτῃ ἔχει.

17 Τουτίλας δὲ πλοῖα μακρὰ ἐς τριακόσια Γότθων
πληρώσας ἐς τὴν Ἑλλάδα ἐκέλευεν ἰέναι, ληΐ-
ζεσθαι τοὺς παραπίπτοντας ἐπιστείλας δυνάμει
18 τῇ πάσῃ. οὗτος δὲ ὁ στόλος ἄχρι ἐς τὴν Φαιά-
κων χώραν,[1] ἣ νῦν Κέρκυρα ἐπικαλεῖται, οὐδὲν
19 ἄχαρι ἐργάζεσθαι ἔσχε. νῆσον γὰρ οὐδεμίαν ἐν
τῷδε τῷ διάπλῳ οἰκουμένην ξυμβαίνει εἶναι ἐκ
τοῦ κατὰ τὴν Χάρυβδιν πορθμοῦ μέχρι ἐς τὴν
Κέρκυραν, ὥστε πολλάκις ἐγὼ ἐνταῦθα γενόμενος
διηπορούμην ὅπη ποτὲ ἄρα τῆς Καλυψοῦς ἡ
20 νῆσος εἴη. ταύτης γὰρ τῆς θαλάσσης οὐδαμῆ
νῆσον τεθέαμαι, ὅτι μὴ τρεῖς, οὐ πολλῷ ἄποθεν
τῆς Φαιακίδος, ἀλλ᾽ ὅσον ἀπὸ σταδίων τριακο-
σίων, ἄγχιστά πη ἀλλήλων οὔσας, βραχείας
κομιδῇ καὶ οὐδὲ ἀνθρώπων οἰκία ἐχούσας οὔτε
ζῴων οὔτε ἄλλων[2] τὸ παράπαν οὐδέν. Ὀθονοὶ
21 δὲ καλοῦνται τανῦν αἱ νῆσοι αὗται. καὶ φαίη
ἄν τις τὴν Καλυψὼ ἐνταῦθα[3] γενέσθαι, καὶ ἀπ᾽
αὐτοῦ τὸν Ὀδυσσέα γῆς τῆς Φαιακίδος ὄντα οὐ
πολλῷ ἄποθεν ἢ σχεδίᾳ, ὥς φησιν Ὅμηρος, ἢ
ἄλλῳ τῳ τρόπῳ νεώς τινος χωρὶς ἐνθένδε δια-
πορθμεύσασθαι. ἀλλὰ ταῦτα ἡμῖν ὅσον τεκμη-
22 ριοῦσθαι εἰρήσθω. τοῖς γὰρ παλαιοτάτοις ἐς τὸ
ἀκριβὲς ἐναρμόσασθαι τὸν ἀληθῆ λόγον οὐ
ῥᾴδιον, ἐπεὶ ὁ πολὺς χρόνος τά τε τῶν χωρίων
ὀνόματα καὶ τὴν ἀμφ᾽ αὐτοῖς δόξαν ἐκ τοῦ ἐπὶ
πλεῖστον μεταβάλλειν φιλεῖ.

---

[1] χώραν K : om. L.　　[2] ἄλλων K : om. L.

whoever he was, has preserved its strength in a marvellous way even to my time. Such are the facts relating to the ship of Aeneas.

Totila now manned with Goths as many as three hundred ships of war and ordered them to go to Greece, instructing them to make every effort to capture those who fell in their way. But this fleet, as far as the land of the Phaeacians, which is now called Cercyra,[1] was able to do no damage. For it so happens that there is no inhabited island in that part of the sea which extends from the strait of Charybdis[2] as far as Cercyra, so that many a time, in passing that way, I have been at a loss to know where in the world the island of Calypso was. For nowhere in that sea have I seen an island with the exception of three not far from Phaeacia, and only about three hundred stades distant, huddled close together and very small and having no habitations either of men or of animals or anything else at all. These islands are now called Othoni.[3] And one might say that Calypso lived there, and that Odysseus, consequently, being not far from the land of Phaeacia, ferried himself over from here on a raft, as Homer says, or by some other means without any ship. But let this be ventured by us only as a possible interpretation. For it is not easy to reconcile the actual facts precisely with the very ancient records, since the long passage of time is wont very generally to change the names of places and the beliefs concerning them.

---

[1] Modern Corfu.   [2] Modern Strait of Messina.
[3] Modern Othonian Islands.

---

[3] ἐνταῦθα K : ἐντεῦθεν L.

23 Τὸ πλοῖον ἀμέλει ὅπερ ἐν γῇ τῇ Φαιάκων ἐκ
λίθου λευκοῦ πεποιημένον παρὰ τὴν ταύτης[1]
ἀκτὴν ἔστηκεν,[2] ἐκεῖνό τινες οἴονται εἶναι ὃ[3] τὸν
Ὀδυσσέα ἐς τὴν Ἰθάκην ἐκόμισεν, ἡνίκα ξενα-
24 γεῖσθαι αὐτὸν ἐνταῦθα ξυνέβη. καίτοι οὐ μονοει-
δὲς τὸ πλοῖον τοῦτό ἐστιν, ἀλλὰ ἐκ λίθων ὅτι
25 μάλιστα πολλῶν ξύγκειται. καὶ γράμματα ἐν
αὐτῷ ἐγκεκόλαπται καὶ διαρρήδην βοᾷ τῶν τινα
ἐμπόρων ἐν τοῖς ἄνω χρόνοις ἱδρύσασθαι τὸ
26 ἀνάθημα τοῦτο Διὶ τῷ Κασίῳ. Δία γὰρ Κάσιον
ἐτίμων ποτὲ οἱ τῇδε ἄνθρωποι, ἐπεὶ καὶ ἡ πόλις
ἐν ᾗ τὸ πλοῖον τοῦτο ἔστηκεν ἐς τόνδε τὸν
27 χρόνον[4] Κασώπη ἐπικαλεῖται. τοῦτον[5] δὲ τὸν
τρόπον ἐκ λίθων πολλῶν καὶ ἡ ναῦς ἐκείνη
πεποίηται ἣν Ἀγαμέμνων ὁ τοῦ Ἀτρέως τῆς
Εὐβοίας ἐν Γεραιστῷ ἀνέθηκε τῇ Ἀρτέμιδι,
ἀφοσιούμενος κἂν τούτῳ τὴν ἐς αὐτὴν ὕβριν,
ἡνίκα διὰ τὸ τῆς Ἰφιγενείας πάθος τὸν ἀπόπλουν
28 ἡ Ἄρτεμις ξυνεχώρει τοῖς Ἕλλησιν. ἃ δὴ
γράμματα ἐν πλοίῳ τούτῳ ἢ τηνικάδε ἢ ὕστερον
ξυσθέντα δηλοῖ ἐν ἑξαμέτρῳ. ὧν τὰ μὲν πλεῖστα
ἐξίτηλα χρόνῳ τῷ μακρῷ γέγονε, τὰ δὲ πρῶτα
καὶ ἐς τόδε διαφαίνεται λέγοντα ὧδε·

Νῆά με λαϊνέην[6] ἱδρύσατο τῇδ' Ἀγαμέμνων,
Ἑλλήνων στρατιῆς σῆμα πλοϊζομένης.[7]

29 καὶ ἐν ἀρχῇ ἔχει· "Τύννιχος ἐποίει Ἀρτέμιδι

---

1 ταύτης K : ταύτῃ L.   2 ἔστηκεν L : om. K.
3 ἐκεῖνό—ὃ K : ἐκείνῳ τινὲς εἶναι τὴν ναῦν οἴονται ἢ L.
4 ἐς τόνδε τὸν χρόνον L : om. K.
5 τοῦτον—ὠνόμαζον (§ 29) L : om. K.
6 με λαϊνέην Gomperz : μελαίνην L.
7 πλοϊζομένης Hoeschel : πληϊζομένης L.

Such is the case of the ship which stands by the shore of the island in the land of the Phaeacians, made of white stone and supposed by some to be the very one which carried Odysseus to Ithaca at the time when he had the fortune to be entertained in Phaeacia. And yet this boat is not a monolith, but is composed of a very great number of stones. And an inscription has been cut in it and cries aloud that some merchant in earlier times set up this offering to Zeus Casius. For the men of this place once honoured Zeus Casius, since the very city in which this boat stands is called up to the present time Casope. In the same manner that ship is made of many stones which Agamemnon the son of Atreus set up to Artemis at Geraestus[1] in Euboea, seeking even in this way to blot out the insult to her, at the time when through the suffering of Iphigeneia[2] Artemis permitted the Greeks to set sail. This is declared by an inscription on this boat in hexameters which was engraved either then or later. And though the most of it has disappeared because of the passage of time, the first verses are discernible even to the present and run as follows :—

"Here on this spot Agamemnon did set me, a
    ship made of marble,
A sign of the fleet of the Greeks sailing to Troy
    e'er to be."

And at the end it has the words : "Made by

---

[1] Modern Porto Castri.

[2] Sacrificed by her father, Agamemnon, in order to propitiate Artemis who had detained the Trojan expedition by contrary winds.

Βολοσίᾳ." οὕτω γὰρ τὴν Εἰλείθυιαν ἐν τοῖς ἄνω
χρόνοις ἐκάλουν, ἐπεὶ καὶ βολὰς τὰς ὠδῖνας
ὠνόμαζον.[1] ἐμοὶ δὲ αὖθις ὅθενπερ ἐξέβην
ἰτέον.

30   Ἐπειδὴ ἐς τὴν Κέρκυραν οὗτος ὁ Γότθων
στόλος ἀφίκετο, αὐτήν τε ἦγον καὶ ἔφερον ἐξ
ἐπιδρομῆς καὶ ὅσαι ἄλλαι αὐτῇ νῆσοι ἐπίκεινται,

31 αἱ Συβόται καλοῦνται· διαβάντες δὲ καὶ εἰς τὴν
ἤπειρον ἐξαπιναίως ἅπαντα ἐληΐζοντο τὰ ἀμφὶ
Δωδώνην χωρία καὶ διαφερόντως Νικόπολίν τε
καὶ Ἀγχίαλον, οὗ δὴ Ἀγχίσην, τὸν Αἰνείου
πατέρα, ἐξ Ἰλίου ἁλούσης ξὺν τῷ παιδὶ πλέοντά[2]
φασιν οἱ ἐπιχώριοι ἐξ ἀνθρώπων ἀφανισθῆναι

32 καὶ τὴν ἐπωνυμίαν τῷ χωρίῳ δοῦναι. περιόντες
δὲ τὴν παραλίαν ὅλην καὶ ναυσὶ Ῥωμαίων[3]
ἐντυχόντες πολλαῖς αὐτοῖς φορτίοις ἁπάσας
εἷλον. ἐν ταῖς εἶναι ξυνέβη καὶ τῶν νηῶν τινας
αἳ τῇ Ναρσοῦ στρατιᾷ ἐκ τῆς Ἑλλάδος τὰ ἐπι-
τήδεια ἔφερον. ταῦτα μὲν οὖν τῇδε ξυνηνέχθη
γενέσθαι.

XXIII

Τουτίλας δὲ πολλῷ πρότερον Γότθων στρά-
τευμα ἐς Πικηνοὺς ἐτύγχανε πέμψας, ἐφ' ᾧ δὴ
τὸν Ἀγκῶνα ἐξελοῦσιν· οἷς δὴ ἄρχοντας τοὺς ἐν
Γότθοις[4] δοκιμωτάτους ἐπέστησε, Σκιποῦάρ τε
καὶ Γίβαλ καὶ Γουνδοῦλφ, ὅσπερ Βελισαρίου
2 δορυφόρος ἐγεγόνει ποτέ. τινὲς δὲ αὐτὸν Ἰνδοῦλφ

---

[1] ὠνόμαζον Etym. M. : ἐνόμιζον L.
[2] πλέοντά Maltretus : πλέοντάς MSS.
[3] ναυσὶ ῥωμαίων K : ναυσὶν ἑλλήνων L.

Tynnichus, to Artemis Bolosia "; for thus they used to name Eileithuia in former times, because they called the pains of travail "bolae." But I must return to the point from which I have strayed.

When this Gothic expedition reached Cercyra, they plundered it thoroughly in a sudden raid, and also the other islands called Sybotae[1] which lie near it; then suddenly crossing over to the mainland also they plundered the whole country about Dodona, and particularly Nicopolis and Anchialus, where the natives say Anchises the father of Aeneas passed from the world, while he was sailing from captured Troy with his son, and thus gave the place its name. And going about the whole coast and meeting many Roman ships, they captured every one of them, cargoes and all. Among these happened to be also some of the ships which were carrying provisions from Greece for the army of Narses. Thus then did these things take place.

XXIII

Long before this Totila had sent an army of Goths into Picenum, in order to capture Ancon; and he appointed as commanders over this army the most notable men among the Goths, Scipuar and Gibal and Gundulf, the last named having once been a guardsman of Belisarius. And some called him Indulf.[2] And

---

[1] Modern Sybota Islands.   [2] Cf. Book VII. xxxv. 23 ff.

---

[4] γότθοις K : γότθοις ἅπασι L.

ἐκάλουν.[1] οἷς δὴ καὶ πλοῖα μακρὰ ἑπτὰ καὶ
τεσσαράκοντα ἔδωκεν, ὅπως τὸ φρούριον κατὰ
γῆν τε καὶ θάλασσαν πολιορκοῦντες ῥᾷόν τε καὶ
ἀπονώτερον τὴν αὐτοῦ ἐπικράτειαν θήσονται.
3 χρόνου δὲ ταύτῃ τῇ προσεδρείᾳ τριβέντος συχνοῦ,
συνέβαινε τοὺς πολιορκουμένους τῇ τῶν ἀναγ-
καίων ἀπορίᾳ πιέζεσθαι.

4 Ἅπερ ἐπεὶ Βαλεριανὸς ἔμαθεν, ἐπὶ Ῥαβέννης
διατριβὴν ἔχων, ἀμύνειν τε κατὰ μόνας τοῖς ἐν
τῷ Ἀγκῶνι Ῥωμαίοις οὐχ οἷός τε ὤν, πέμψας
πρὸς Ἰωάννην τὸν Βιταλιανοῦ ἀδελφιδοῦν ἐπὶ
Σαλώνων ὄντα ἔγραψε τάδε· "Μόνος ὁ Ἀγκὼν
ἡμῖν τοῦ κόλπου ἐντὸς ἀπολέλειπται, ὡς αὐτὸς
5 οἶσθα, εἴπερ ἔτι νῦν ἀπολέλειπται,[2] οὕτω γὰρ
τοῖς ἐν τούτῳ Ῥωμαίοις[3] πικρότατα πολιορκου-
μένοις[4] τὰ πράγματα ἔχει ὥστε δέδοικα μὴ
βοηθοῦντες ἔξωροι ὦμεν, ὀπίσω τοῦ καιροῦ τὴν
σπουδὴν ἔχοντες, [5]ἕωλόν τε τὴν ὑπὲρ αὐτοῦ
6 προθυμίαν ποιούμενοι. ἀλλὰ παύσομαι. ἡ γὰρ
τῶν πολιορκουμένων ἀνάγκη μακροτέραν τὴν
ἐπιστολὴν οὐκ ἐᾷ γίνεσθαι, τὸν χρόνον ἐφ᾽ ἑαυτὴν
ἀκριβῶς σφίγγουσα καὶ ὁ κίνδυνος ὀξυτέραν τοῦ
7 λόγου τὴν ἐπικουρίαν ζητῶν." ταύτην Ἰωάννης
ἀναλεξάμενος τὴν ἐπιστολήν, καίπερ αὐτῷ πρὸς
βασιλέως ἀπορρηθέν, αὐτοκέλευστος ἐτόλμα
ἰέναι, τῶν οἱ πρὸς αὐτοκράτορος ἐπηγγελμένων
προὐργιαιτέραν τὴν ἀπὸ τῆς τύχης στενοχωρίαν
8 πεποιημένος. ἄνδρας τε ἀπολεξάμενος οὓς μά-
λιστα πάντων ἀγαθοὺς τὰ πολέμια ᾤετο εἶναι, καὶ
αὐτῶν ὀκτὼ καὶ τριάκοντα πλοῖα μακρὰ ἐμπλη-
σάμενος πλέοντά τε ὡς τάχιστα καὶ πρὸς πόλεμον

[1] τινὲς—ἐκάλουν K : om. L.

he gave them also forty-seven ships of war, in order that, in besieging the fortress by land and sea, they might make the overmastery of it easier and less laborious. And after this siege had been continued a long time it came about that the besieged were hard pressed by the scarcity of provisions.

When this was learned by Valerian, who was waiting at Ravenna, being unable single-handed to succour the Romans in Ancon, he sent a messenger to John the nephew of Vitalian who was at Salones with the following letter. " Ancon is the only city left us to the south of the gulf, as you yourself know, if indeed it is now still left us. For such is the situation of the Romans who are being most closely besieged in this city, that I fear lest we be late with our assistance, shewing zeal after the critical time, and displaying our enthusiasm for it a day too late. But I shall cease. For the constraint imposed upon the besieged does not permit my letter to be made longer, since it strictly appropriates the time to its own uses, while the danger demands assistance more swift than words." When John had read this letter, he dared, though it had been forbidden him by the emperor, to go on his own initiative, considering the straitened condition brought about by chance more weighty than the imperial commands. So selecting men whom he considered the most able fighters of all, and manning thirty-eight ships of war with them—boats of great swiftness and built

----

2 ὡς—ἀπολέλειπται K : om. L.

3 τοῖς—ῥωμαίοις L : τοὺς—ῥωμαίους K.

4 πολιορκουμένοις L : πολιορκουμένους K.

5 ἔωλόν—ζητῶν (§ 6) L : om. K.

τὸν ἐν θαλάσσῃ ὡς ἄριστα πεποιημένα, ἔνιά τε
αὐτοῖς τῶν ἐπιτηδείων ἐνθέμενος, ἄρας ἐκ Σαλώ-
νων τῷ Σκάρδωνι[1] προσέσχεν. οὗ δὴ καὶ
Βαλεριανὸς ξὺν ναυσὶ δώδεκα οὐκ ἐς μακρὰν
ἦλθεν.

9   Ἐπειδὴ δὲ ἀλλήλοις ξυνέμιξαν, κοινολογησά-
μενοί τε καὶ τὰ σφίσι ξύμφορα δόξαντα εἶναι
βεβουλευμένοι, ἐνθένδε μὲν ἀποπλέουσιν, ἐς δὲ
ἤπειρον τὴν ἀντιπέρας κατάραντες ἐς χωρίον
ὁρμίζονται ὃ δὴ Σενογαλλίαν[2] Ῥωμαῖοι καλοῦσι,
10   τοῦ Ἀγκῶνος οὐ πολλῷ ἄποθεν. ὅπερ ἐπεὶ οἱ
Γότθων στρατηγοὶ ἔμαθον, πλοῖα μακρὰ καὶ
αὐτοὶ τὰ σφίσι παρόντα, ἑπτὰ καὶ τεσσαρά-
κοντα ὄντα, Γότθων τῶν λογίμων αὐτίκα ἐπλή-
11   ρουν.   τὸ δὲ ἄλλο στράτευμα ἐπὶ τῇ προσεδρείᾳ
τοῦ φρουρίου ἀπολιπόντες εὐθὺ τῶν πολεμίων
12   ἐχώρουν.   ἡγεῖτο δὲ τῶν μὲν ἐπὶ τῇ πολιορκίᾳ
μεμενηκότων ὁ Σκιπούαρ, τῶν δὲ δὴ ἐν ταῖς
13   ναυσὶν ὄντων Γίβαλ τε καὶ Γουνδούλφ.   ἐπειδή
τε ἄγχιστα[3] ἀλλήλων ἐγένοντο, τάς τε ναῦς
ἑκάτεροι ἀνεκώχευον καὶ ξυναγαγόντες αὐτὰς ἐς
ὀλίγον παραίνεσιν ἐς τοὺς στρατιώτας ἐποιοῦντό
τινα.

14   Πρῶτοί τε Ἰωάννης καὶ Βαλεριανὸς ἔλεξαν
τοιάδε· "Μηδεὶς ὑμῶν, ὦ ξυστρατιῶται, ὑπὲρ
τοῦ Ἀγκῶνος μόνου τούτου καὶ τῶν ἐν αὐτῷ
πολιορκουμένων Ῥωμαίων ἀγωνιεῖσθαι τανῦν
οἰέσθω, μηδὲ ἄχρι τοῦδε ἀποκριθήσεσθαι ἡμῖν
τὴν ξυμβολὴν τήνδε,[4] ἀλλὰ ξύμπαν, ὡς συνελόν-

----

¹ Σκάρδωνι: Σκαρδῶνι Dindorf, στόλῳ Κ, ἀγκῶνι L, Πόλῃ
Maltretus, Αἰώνῃ Comparetti.

with all possible care for warfare on the sea—and putting a few of his provisions aboard, he set sail from Salones and put in at Scardon.[1] And Valerian also came thither not long afterwards with twelve ships.

After joining forces they conferred with each other and considered the plans which seemed to promise them the greatest advantage; then they set sail from there and upon reaching the opposite mainland anchored at a place which the Romans call Senogallia,[2] not far away from Ancon. When the Gothic generals learned this, they too immediately manned with the notable Goths the ships of war which they had with them, forty-seven in number, and leaving the rest of the army engaged in the siege of the fortress they advanced straight against their enemy. Now Scipuar, on the one hand, commanded those who remained to carry on the siege, and Gibal and Gundulf commanded the men on the ships. And when the two forces came near each other, both commanders stopped their ships and drew them close together and made an exhortation to the soldiers.

And John and Valerian spoke first as follows. "Let not one of you, fellow-soldiers, think that on the present occasion you are to struggle in behalf of this city of Ancon and the Romans besieged in it, nor that the result of this struggle will affect that matter only, but you must consider that the

---

[1] Modern Scardona. [2] Sena Gallica, modern Sinigaglia.

[2] ὃ δὴ Σενογαλλίαν Scaliger : ὃ δύσιν ἐς γαλλίας K, ὃ δρησὸν οἱ ἐκ γαλίας L.
[3] ἄγχιστα Maltretus : om. MSS.
[4] τὴν ξυμβολὴν τήνδε K : τὰ τῆς ξυμβολῆς τῆσδε L.

τας εἰπεῖν, τὸ τοῦ πολέμου κεφάλαιον ἐνταῦθα
ἑστάναι, ἔνθα τε ἂν ἀποκλῖναι ξυμβαίη τὴν
μάχην, συγκληροῦσθαι αὐτῇ καὶ τῆς τύχης τὸ
15 πέρας. οὕτωσὶ γὰρ περὶ τῶν παρόντων σκοπεῖσθε·[1]
πολλή τις ἐπὶ ταῖς δαπάναις ἀπόκειται[2] τοῦ
πολέμου ῥοπή, τούς τε τῶν ἐπιτηδείων σπανί-
16 ζοντας ἡττᾶσθαι τῶν πολεμίων ἐπάναγκες. λιμῷ
γὰρ οὐκ οἶδεν ἡ ἀρετὴ ξυνοικίζεσθαι, πεινῆν τε
καὶ ἀνδραγαθίζεσθαι οὐκ ἀνεχομένης τῆς φύσεως.
17 τούτων δὲ τοιούτων ὄντων ἄλλο μὲν οὐδὲν
ὀχύρωμα ἡμῖν ἐκ τοῦ Δρυοῦντος ἐς Ῥάβενναν
ἀπολέλειπται, ὅπη ἂν τὰ ἐδώδιμα ἡμῖν τε καὶ
ἵπποις[3] τοῖς ἡμετέροις ἀποκεῖσθαι δεήσει, οὕτω
τε οἱ πολέμιοι κρατοῦσι τῆς χώρας ὥστε φίλιον
οὐδὲν μεμένηκεν ἡμῖν ἐνταῦθα χωρίον, ὅθεν ἂν
καὶ κατὰ βραχὺ τῶν τι ἐπιτηδείων ἐκπορίζεσθαι
18 χρή. ἐς δὲ τὸν Ἀγκῶνα ἡμῖν ἡ προσδοκία
μεμένηκε πᾶσα τοῦ καὶ τοῖς ἐξ ἠπείρου τῆς
ἀντιπέρας καταίρουσιν ἐνταῦθα προσχεῖν δυνα-
19 τοῖς εἶναι καὶ ἀσφάλειαν[4] ἔχειν. οὐκοῦν εὐημερή-
σαντες ἐν τῇ ξυμβολῇ τήμερον καὶ βασιλεῖ τὸν
Ἀγκῶνα, ὡς τὸ εἰκός, κρατυνάμενοι τάχα ἂν καὶ
τὰ ἄλλα τοῦ πρὸς Γότθους πολέμου ἐν ἐλπίσιν
20 ἀγαθαῖς τὸ λοιπὸν ἕξομεν. σφαλέντες δὲ ἐν
ταύτῃ τῇ μάχῃ, ἄλλο μέντοι πικρὸν οὐκ ἂν
εἴποιμεν, ἀλλὰ δοίη τὴν Ἰταλίας ἐπικράτησιν ὁ
θεὸς Ῥωμαίοις διηνεκῆ εἶναι. κἀκεῖνο δὲ λογί-
ζεσθαι ἡμῖν ἄξιον, ὡς κακοῖς ἐν τῷ ἔργῳ γινο-
21 μένοις ἡμῖν οὐδὲ ἀποφεύγειν ἐξόν. οὔτε γὰρ τὴν
γῆν ἕξετε πρὸς τῶν ἐναντίων κατειλημμένην οὔτε
τὴν θάλασσαν πλώϊμον, οὕτω θαλασσοκρατοῦν-

---

[1] σκοπεῖσθε K: σκοπεῖται L.

main issue of the whole war, to speak comprehensively, is here involved, and to whichever side the battle inclines, there will be bestowed also the final decision of fortune. For you should regard the present situation thus : War depends for its decision in large measure upon the commissary, and those in want of supplies are inevitably bound to be defeated by their enemy. For valour cannot dwell together with hunger, since nature will not permit a man to be starving and to be brave at the same time. This being the case, we have no other stronghold left us from Dryus to Ravenna, where we can deposit the food supplies for ourselves and our horses, and the enemy are so thoroughly masters of the land that not a single town remains there friendly to us, from which we could even in small measure provide ourselves with supplies. And it is on Ancon alone that our whole expectation is based that the army sailing in from the opposite mainland can land here and be in safety. Consequently, if we fare well in to-day's encounter, and secure Ancon, as is probable, for the emperor, we shall perhaps be in a position henceforth to hope that what remains of the Gothic war will likewise go well for us. If, however, we fail in this battle,—but of further calamity we would not speak, only may God grant to the Romans the lasting mastery of Italy. And this too is worthy of our consideration, that, if we shew ourselves cowards in the struggle, even flight will be impossible. For neither will you have the land, seeing it is held fast by our opponents, nor will you be able to sail the sea, since the enemy control it as they do; but

---

² πολλή τις ἐπὶ ταῖς δαπάναις ἀπόκειται K: om. L.
³ ἵπποις K: om. L.   ⁴ καὶ ἀσφάλειαν L: ἐν ἀσφαλεῖ K.

των τῶν πολεμίων,[1] ἀλλὰ περιέστηκεν ἡμῖν ἡ
τῆς σωτηρίας ἐλπὶς ἐν ταῖς χερσὶν οὖσα καὶ
ξυμμεταβαλλομένη τοῖς κατὰ τὴν ἀγώνισιν
22 ἔργοις. ἀνδραγαθίζεσθε τοίνυν ὅση δύναμις,
τοῦτο ἐκεῖνο ἐκλογιζόμενοι, ὡς ἡσσηθέντες μὲν
ἐν τῷ παρόντι τὴν ὑστάτην ἧτταν κληρώσεσθε,
νενικηκότες δὲ μετὰ τῶν ἄγαν εὐδαιμόνων ξὺν τῇ
εὐκλείᾳ τετάξεσθε."

23 Ἰωάννης μὲν καὶ Βαλεριανὸς τοσαῦτα εἶπον.
καὶ οἱ Γότθων δὲ ἄρχοντες τοιάνδε τὴν παράκλη-
σιν ἐποιήσαντο· "Ἐπειδὴ πάσης ἀπεληλαμένοι
τῆς Ἰταλίας καὶ πολύν τινα χρόνον οὐκ ἴσμεν ἐν
ὁποίοις ποτὲ μυχοῖς οἶδε[2] οἱ κατάρατοι τῆς γῆς ἢ
τῆς θαλάσσης διαλαθόντες τανῦν ἡμῖν τετολμή-
κασιν ἐς χεῖρας ἰέναι, καὶ ὡς ἀναμαχούμενοι ἐφ'
ἡμᾶς ἥκουσιν, ἐπάναγκες αὐτοῖς τὸ ἐκ τῆς ἀβουλίας
ἐγγενόμενον θράσος ἀναχαιτίζειν προθυμίᾳ τῇ
πάσῃ, ὡς μὴ ἐνδιδόντων ἡμῶν τὰ τῆς ἀπονοίας
24 αὐτοῖς ἐς μέγα χωροίη. ἀμαθία γὰρ οὐ κατ'
ἀρχὰς ἀναστελλομένη ἀναβαίνει μὲν ἐπ' ἄπειρον
τόλμαν, ἐς ἀνηκέστους δὲ τῶν παραπιπτόντων
25 τελευτᾷ συμφοράς. δείξατε τοίνυν αὐτοῖς ὅτι
τάχιστα ὡς Γραικοί τέ εἰσι καὶ ἄνανδροι φύσει
καὶ ἡσσημένοι θρασύνονται, μηδὲ συγχωρήσητε
26 τὴν διάπειραν αὐτοῖς πρόσω ἰέναι. ἀνανδρία γὰρ
καταφρονηθεῖσα ἐπὶ παρρησίαν ἐξάγεται μείζω,
27 ἐπεὶ τῷ προϊέναι τὸ θάρσος ἄοκνον γίνεται. ἐπὶ
πολὺ δὲ ἀνθέξειν αὐτοὺς ἀνδραγαθιζομένοις ὑμῖν
μηδαμῶς οἴεσθε. φρόνημα γὰρ τῇ δυνάμει τῶν

---

[1] τῶν πολεμίων K in margin, L : ῥωμαίων K in context.
[2] οἶδε K : ἦσαν L.

it has come to this—that our hope of safety lies in our own strength alone and will shape itself in accordance with our performance during the combat. Be valiant, then, as far as in you lies, laying to heart this one thought, that if, on the one hand, you are defeated on the present occasion, you will suffer your last defeat, but if, on the other hand, you are victorious, you will not only win glory but will also be ranked with the very fortunate."

Thus spoke John and Valerian. And the commanders of the Goths made the following exhortation. "Since these accursed rascals, after being driven away from all Italy and hiding for a long time in we know not what corners of the earth or the sea, have now had the hardihood to engage with us and have come against us with the purpose of renewing the fight, it is necessary to check[1] with full determination the daring which their folly has engendered in them, so that it may not happen by reason of our giving way that the result of their madness grows to something great. For foolishness which is not checked in the beginning does mount up to boundless daring, but ends in irreparable calamity to those concerned. Shew them, therefore, as quickly as possible that they are Greeklings and unmanly by nature and are merely putting on a bold front when defeated, and do not consent that this experiment of theirs proceed further. For cowardice, when merely despised, proceeds to flaunt itself still more, because rashness just by continuing comes to be devoid of fear. And do not by any means suppose that they will resist you long if you play the part of brave men. For when a lofty spirit is not matched

---

[1] *Lit.* "pull back by the hair."

αὐτῷ χρωμένων μὴ συμμετρούμενον πρὸ μὲν τοῦ
ἔργου ἐπαιρόμενον ἐν ἀκμῇ φαίνεται, ἀρξαμένης
28 δὲ τῆς ξυμβολῆς καταρρεῖν εἴωθεν. ὅτε τοίνυν
ταῦτα οὕτως ἔχει, ἀναμνήσθητε μὲν ὅντινα
τρόπον οἱ πολέμιοι πολλάκις ἀποπειρασάμενοι
τῆς ἀρετῆς τῆς ὑμετέρας ἀπήλλαξαν, ἐκλογίζεσθε
δὲ ὡς οὐκ ἀμείνους ἐκ τοῦ αἰφνιδίου γεγενημένοι
ἐφ' ἡμᾶς ὥρμηνται, ἀλλὰ τὰ παραπλήσια τοῖς
προλαβοῦσι τετολμηκότες, τὴν ὁμοίαν καὶ νῦν
κληρώσονται τύχην.''

29 Τοσαῦτα καὶ οἱ τῶν Γότθων ἄρχοντες παρα-
κελευσάμενοι καὶ τοῖς πολεμίοις ὑπαντιάσαντες
μελλήσει οὐδεμιᾷ ἐς χεῖρας ἦλθον. ἦν τε ἡ
ναυμαχία ἐσάγαν ἰσχυρά, πεζομαχίᾳ ἐμφερὴς [1]
30 οὖσα. τάς τε γὰρ ναῦς μετωπηδὸν ἀντιπρώρους
ταῖς τῶν ἐναντίων ἑκάτεροι στήσαντες τὰ τοξεύ-
ματα ἐς ἀλλήλους ἀφίεσαν, καὶ αὐτῶν ὅσοι ἀρετῆς
τι μετεποιοῦντο, ἄγχιστά πη ἀλλήλων γινόμενοι
ἐν χρῷ τε ξυνιόντες ἀπὸ τῶν καταστρωμάτων
ξυνέμισγον, ξίφεσί τε καὶ δόρασιν, ὥσπερ ἐν
31 πεδίῳ, μαχόμενοι. καὶ τὰ μὲν προοίμια τοῦ
ἀγῶνος τοῦδε τοιαῦτα ἐγεγόνει.

Ὕστερον δὲ οἱ βάρβαροι ἀπειρίᾳ τοῦ ναυμα-
χεῖν ξὺν πολλῇ ἀταξίᾳ τὴν ξυμβολὴν τήνδε
διέφερον· οἱ μὲν γὰρ αὐτῶν οὕτως [2] ἀπ' ἀλλή-
λων διίσταντο ὥστε διδόναι τοῖς πολεμίοις αὐτοὺς
κατὰ μόνας ἐμβάλλειν, οἱ δὲ συχνοὶ ἐς ταὐτὸ
ξυνιόντες πρὸς ἀλλήλους ἀεὶ τῇ τῶν πλοίων
32 στενοχωρίᾳ ξυνεποδίζοντο. εἴκασεν ἄν τις φορμη-
δὸν αὐτοῖς τὰ τῶν πλοίων ἴκρια ξυγκεῖσθαι.

---

[1] πεζομαχίᾳ ἐμφερής K : πεζομαχίας ἰσχυροτέρα L.
[2] αὐτῶν οὕτως K : αὐτῷ τούτῳ L.

by a commensurate power on the part of those who indulge in it, though before the event it may appear exalted to the highest pitch, yet when the combat begins, it is wont to ebb away. Seeing then that this is true, call to mind in what manner the enemy have fared on many occasions when they have made trial of your valour, and consider that in coming against you they have not become better men on the spur of the moment, but shewing merely a degree of daring similar to that on previous occasions, they will now also achieve the same fortune."

After the Gothic commanders had made this exhortation, they confronted the enemy and without delay came to close quarters with them. And the fighting was exceedingly fierce and resembled a battle on land. For both sides set their ships head on with the bows against those of their opponents and discharged their arrows against each other, and all those who laid some claim to valour brought their ships close enough to touch one another and then engaged from the decks, fighting with sword and spear just as if on a plain. Such was the opening stage of this encounter.

But after this the barbarians, through lack of experience in sea-fighting, began to carry on the combat with great disorder; for some of them became so far separated from one another that they gave their enemy opportunity to ram them singly, while others drew together in large groups and were constantly hindered by one another because of the crowding of the boats. One would have thought that the decks of their boats were built together like a mat. And neither could they shoot

καὶ οὐδὲ τοξεύειν ἐς τῶν ἐναντίων τοὺς διεστῶτας
ἠδύναντο, ὅτι μὴ ὀψέ τε καὶ μόλις, οὐδὲ ξίφεσιν
ἢ δόρασι χρῆσθαι, ἡνίκα ἂν σφίσιν ἐγκειμένους
αὐτοὺς ἴδοιεν, ἀλλὰ κραυγῇ τε καὶ ὠθισμῷ ἐν
σφίσιν αὐτοῖς διηνεκῶς εἴχοντο, ξυγκρούοντές τε
ἀεὶ ἐς ἀλλήλους καὶ τοῖς κοντοῖς αὖθις διωθού-
μενοι οὐδενὶ κόσμῳ, καὶ πὴ μὲν συμφύροντες τῇ
στενοχωρίᾳ τὸ μέτωπον, πὴ δὲ ἀποφοιτῶντες
πολλῷ ἄποθεν ἐπὶ πονηρῷ τῶν σφετέρων[1] ἑκά-
33 τεροι. τάς τε παρακελεύσεις αὐτῶν ἕκαστος ἐς
τοὺς ἄγχιστα ὄντας ξὺν ὀλολυγῇ πολλῇ ἐποιοῦντο,
οὐκ ἐπὶ τοὺς πολεμίους, ἀλλ' ὅπως τὰς διαστάσεις
34 αὐτοὶ ἀπ' ἀλλήλων ἐργάζωνται. ἠσχολημένοι
τε τῇ ἐς ἀλλήλους ἀμηχανίᾳ τῆς κατὰ σφῶν
νίκης αἰτιώτατοι τοῖς πολεμίοις ἐγίνοντο.

Οἱ δὲ Ῥωμαῖοι ἀνδρείως μὲν τὰ ἐς τὴν ξυμβολήν,
ἐμπείρως δὲ τὰ ἐς τὴν ναυμαχίαν διαχειρίζοντες,
τά τε πλοῖα μετωπηδὸν στήσαντες, καὶ οὔτε κατὰ
πολὺ διεστῶτες ἀλλήλων οὔτε μὴν ἄγχιστα
ξυνιόντες περαιτέρω τῆς χρείας, ἀλλὰ συμμέτρους
ἀεὶ τάς τε ξυνόδους καὶ διαστάσεις ποιούμενοι, ἢν
μὲν ναῦν πολεμίαν ἀποσκεδαννυμένην τῶν ἄλλων
θεῶντο,[2] κατέδυον ἐμβάλλοντες οὐδενὶ πόνῳ, εἰ δέ
που ξύγχυσιν ἐς τῶν πολεμίων τινὰς ἴδοιεν,
ἐνταῦθα τά τε τοξεύματα συχνὰ ἔπεμπον καὶ
ἡνίκα σφίσιν ἐπιπέσοιεν, ἀτάκτοις οὖσι καὶ
συντριβέσι γεγενημένοις τῷ τῆς ἀταξίας καμάτῳ,
35 ἐκ χειρὸς αὐτοὺς διεχρῶντο. ἀπειρηκότες οὖν οἱ
βάρβαροι πρός τε τὰ τῆς τύχης ἐναντιώματα καὶ
τὰς κατὰ τὴν μάχην ἁμαρτάδας ξυμπεπτωκυίας,

---

[1] τῶν σφετέρων K: τῷ σφετέρῳ L.
[2] θεῷντο Haury: θεῶνται K, ἐθεῶντο L.

their bows against those of their opponents who were at a distance except late and with difficulty, nor could they use sword or spear whenever they saw them bearing down upon them ; but their attention was constantly engrossed by the shouting and crowding among themselves, as they continually collided with each other and then pushed off again with their poles in a disorderly manner, sometimes pushing their prows into the crowded space, and sometimes backing off to a great distance, thus making trouble for their own side in either case. And each crew kept shouting orders and howling wildly to those nearest them, not to urge them against the enemy, but in order that their own ships might get the proper intervals from each other. And being thus preoccupied by their difficulty with each other, they themselves became the chief cause of victory for their enemy.

The Romans, on the other hand, handled the fighting manfully and their ships with skill, putting their boats head on and neither separating far from one another nor crowding together closer than was necessary, but always keeping their movements toward or from each other properly co-ordinated ; and whenever they observed an enemy ship separated from the rest, they rammed and sunk it with no difficulty, and whenever they saw some of the enemy in a confused mass, there they directed showers of arrows, and, as soon as they fell upon them when in disorder and utterly exhausted by the labour which their confusion entailed, they would destroy them out of hand. So the barbarians giving up the struggle against the adversities of fortune and the errors which they had made during the

οὐκ εἶχον καθ' ὅ τι μαχέσονται, οὐδὲ ναυμαχοῦντες,
οὐ μέντοι οὐδὲ καθάπερ ἐν πεζομαχίᾳ ἐπὶ τῶν
καταστρωμάτων ἑστῶτες, ἀλλὰ ῥίψαντες τὴν
ἀγώνισιν ἐπικινδύνως ἠτρέμιζον, ἐπὶ τῇ τύχῃ
36 καταλιπόντες.[1] διὸ δὴ ἐς ὑπαγωγὴν οἱ Γότθοι
αἰσχρὰν ξὺν πολλῇ ἀκοσμίᾳ ἐτράποντο, καὶ οὔτε
ἀλκῆς οὔτε φυγῆς τινὸς εὐπρεποῦς οὔτε του ἄλλου
ἐς σωτηρίαν αὐτοὺς ἄγοντος ἐμέμνηντο ἔτι, ἀλλὰ [2]
μεταξὺ πλοίων τῶν πολεμίων ὡς τὰ πολλὰ σκε-
37 δαννύμενοι διηποροῦντο. καὶ αὐτῶν τινὲς ναυσὶν
ἔνδεκα διέφυγον καὶ λαθόντες[3] ἐσώθησαν, οἱ δὲ
38 λοιποὶ ἅπαντες ὑπὸ τοῖς πολεμίοις ἐγένοντο. ὧν
δὴ πολλοὺς μὲν αὐτοχειρὶ Ῥωμαῖοι διέφθειρον,
πολλοὺς δὲ αὐταῖς ναυσὶ καταδύοντες ἔκτεινον·
τῶν δὲ στρατηγῶν Γουνδούλφ μὲν ξὺν ταῖς ἔνδεκα
ναυσὶ λαθὼν[4] ἔφυγε, τὸν δὲ δὴ ἕτερον ἐζώγρησαν
Ῥωμαῖοι.
39 Καὶ ἔπειτα οἱ ἐν ταῖς ἔνδεκα ναυσὶν ἐς τὴν
γῆν ἀποβάντες τὰ μὲν πλοῖα εὐθὺς ἔκαυσαν, ὡς
μὴ ὑπὸ τῶν πολεμίων ταῖς χερσὶ γένωνται, αὐτοὶ
δὲ πεζῇ ἐς τὸ στρατόπεδον ἐκομίσθησαν ὃ τοὺς
40 ἐν Ἀγκῶνι ἐπολιόρκουν. φράσαντές τε αὐτοῖς
τὰ ξυμπεσόντα εὐθυωρὸν ξὺν αὐτοῖς τὴν ἀναχώ-
ρησιν ἐποιήσαντο, τὸ στρατόπεδον τοῖς πολεμίοις
ἀπολιπόντες, καὶ δρόμῳ τε καὶ θορύβῳ πολλῷ
ἐς Αὔξιμον πόλιν ἐγγύς πη οὖσαν ἀνέδραμον.
41 Ῥωμαῖοι δὲ ἀφικόμενοι ἐς τὸν Ἀγκῶνα οὐ πολλῷ
ὕστερον τό τε στρατόπεδον τῶν πολεμίων ἀνδρῶν
ἔρημον αἱροῦσι καὶ τὰ ἐπιτήδεια τοῖς ἐν τῷ φρου-
42 ρίῳ ἐσκομίσαντες ἀπέπλευσαν ἐνθένδε. καὶ Βαλε-

battle, knew not how they should continue to fight,
for they neither continued the sea-fight nor yet stood
upon their decks as in a land battle, but abandoning
the struggle they came to a perilous pause, having
now left all to chance. Consequently the Goths in
great disorder turned to a disgraceful retreat, and they
no longer thought of valour or of orderly flight nor of
anything else which would insure their safety, but
scattered as they were for the most part among
their enemy's ships, they were completely helpless.
And some of them fled unobserved with eleven ships
and were saved, but all the rest to a man fell into
the hands of their enemy. Many of these the
Romans slew with their own hands, and many others
they destroyed by sinking them with their ships ;
and of the generals Gundulf escaped unobserved
with the eleven ships, but the other was captured
by the Romans.

After this the men on the eleven ships disembarked
on the land and immediately set the ships on fire so
that they might not fall into the hands of their
enemy, while they themselves proceeded on foot to
the army which was besieging the city of Ancon.
And after they had announced to them what had
taken place, they all made a hasty retreat together,
abandoning their camp to the enemy, and ran as
hard as they could and in great confusion up to the
neighbouring city of Auximus. And the Romans,
coming to Ancon not long afterwards, captured the
enemy's camp without a man in it and then, after
carrying in provisions for those in the fortress, sailed

² ἐς—ἀλλά K : om. L.
³ καὶ λαθόντες K : τε καὶ διαλαθόντες L.
⁴ λαθών K : διαλαθών L.

ριανὸς μὲν ἐπὶ Ῥαβέννης ἐχώρησεν, Ἰωάννης δὲ
ἐς Σάλωνας ἀνέστρεψεν. αὕτη διαφερόντως ἡ
μάχη τό τε φρόνημα καὶ τὴν δύναμιν Τουτίλα
καὶ Γότθων κατέλυσεν.

XXIV

Ὑπὸ δὲ τὸν αὐτὸν χρόνον τῇδε Ῥωμαίοις τὰ
πράγματα εἶχεν ἐν Σικελίᾳ. Λιβέριος μὲν ἐνθένδε
βασιλεῖ ἐς Βυζάντιον μετάπεμπτος ἦλθεν, Ἀρτα-
βάνης δέ, τοῦτο βασιλεῖ δεδογμένον, παντὸς ἦρχε
2 τοῦ ἐν Σικελίᾳ Ῥωμαίων στρατοῦ. ὃς δὴ Γότθους
τοὺς ἐν τοῖς ἐκείνῃ φρουρίοις ἀπολελειμμένους,
ὀλίγους κομιδῇ ὄντας, πολιορκῶν, μάχῃ τε αὐτῶν
τοὺς ἐπεξιόντας νικήσας ἐς πᾶσάν τε ἀπορίαν
τῶν ἀναγκαίων καταστησάμενος ὕστερον ὁμο-
3 λογίᾳ ξύμπαντας εἷλεν. οἷς οἱ Γότθοι περίφοβοί
τε γεγενημένοι καὶ τοῖς κατὰ τὴν ναυμαχίαν
ξυμπεπτωκόσι περιαλγοῦντες τὸν πόλεμον ἀπε-
γίνωσκον, ἤδη δυσέλπιδες τὸ παράπαν γεγενη-
μένοι, λογιζόμενοί τε ὡς ἐν τῷ παρόντι δὴ αἰσχρῶς
ἡσσημένοι τῶν πολεμίων καὶ παντάπασι διεφθαρ-
μένοι, ἤν τις Ῥωμαίοις βοήθεια καὶ κατὰ βραχὺ
ἐπιγένηται, τρόπῳ οὐδενὶ ἀντέχειν αὐτοῖς[1] οὐδὲ
χρόνου ῥοπήν τινα ἱκανοὶ ἔσονται ἢ ἐπὶ τῆς
Ἰταλίας ἑστήξειν. οὐ μὴν οὐδὲ κατὰ πρεσβείαν
διαπράξασθαί τι ἐκ βασιλέως ἐν ἐλπίδι εἶχον.
4 πολλάκις γὰρ ἐς αὐτὸν πρέσβεις ὁ Τουτίλας
ἐτύγχανε πέμψας. οἵ, ἐπεὶ ἐς ὄψιν Ἰουστινιανῷ
βασιλεῖ ἦλθον, ἀνεδίδαξαν μὲν ὡς τῆς Ἰταλίας

---

[1] αὐτοῖς Haury : αὐτούς MSS.

away from there. And Valerian, for his part, proceeded to Ravenna, while John returned to Salones. This engagement especially broke the spirit and weakened the power of Totila and the Goths.

XXIV

At about this same time Roman affairs stood as follows in Sicily. Liberius had been summoned from there by the emperor and had gone to Byzantium, while Artabanes, for thus the emperor had decided, commanded the whole Roman army in Sicily. He had laid siege to those Goths who had been left in the fortresses of the island, a very small number indeed, and whenever they made sallies he had defeated them in battle and had reduced them to a state of absolute destitution as regards the necessities of life, and finally he had taken them all by surrender. At this the Goths became fearful, being deeply moved by the outcome of the naval battle, so that they were beginning to despair of the war, having by now become utterly hopeless; for they reasoned that even in the existing circumstances they had been shamefully defeated by their enemy and completely demoralized, and if any assistance should come to the Romans, even in small measure, they would be unable by any means to hold out against them even for the least space of time or to keep a foothold in Italy. Nor indeed had they any hope of accomplishing anything by negotiation with the emperor. For Totila had, as it happened, sent envoys to him often. These envoys had indeed come before Justinian and explained that the Franks had occupied the greater part of

τὰ μὲν πολλὰ¹ κατέλαβον Φράγγοι, ἡ δὲ λοιπὴ
ἔρημος ἀνθρώπων τῷ πολέμῳ ἐπὶ πλεῖστον
γεγένηται, Σικελίας δὲ καὶ Δαλματίας, αἵπερ
ἀκραιφνεῖς διέμειναν μόναι, Ῥωμαίοις ἐξίστανται
Γότθοι, δασμοὺς δὲ καὶ φόρους ὑπὲρ τῆς ἐρήμου
ἀποφέρειν² ὁμολογοῦσιν ἀνὰ πᾶν ἔτος καὶ συμ-
μαχήσειν ἐφ᾽ οὓς ἂν³ βασιλεὺς⁴ βούλοιτο καὶ
5 τὰ ἄλλα κατήκοοι αὐτῷ ἔσεσθαι· ἀλλὰ βασιλεὺς
μάθησιν οὐδεμίαν τῶν λεγομένων ποιούμενος τοὺς
πρέσβεις ἅπαντας ἀπεπέμπετο, πρὸς τὸ Γότθων
ὄνομα χαλεπῶς ἔχων, ἄρδην τε αὐτὸ τῆς Ῥω-
μαίων ἀρχῆς ἐξελάσαι διανοούμενος. ταῦτα μὲν
οὖν τῇδε ξυνηνέχθη γενέσθαι.

6 Θευδίβερτος δέ, ὁ Φράγγων ἀρχηγός, οὐ πολλῷ
ἔμπροσθεν ἐξ ἀνθρώπων ἠφάνιστο νόσῳ, Λιγου-
ρίας τε χωρία ἄττα καὶ Ἄλπεις Κουτίας καὶ
Βενετιῶν τὰ πολλὰ οὐδενὶ λόγῳ ἐς ἀπαγωγὴν
7 φόρου ὑποτελῆ ποιησάμενος. τὴν γὰρ ἀσχολίαν
τῶν μαχομένων οἰκείαν οἱ Φράγγοι εὐκαιρίαν
πεποιημένοι τοῖς ἐκείνων περιμαχήτοις αὐτοὶ
8 ἀκινδύνως ἐπλούτουν. καὶ Γότθοις μὲν πολίσ-
ματα ὀλίγα ἐν Βενετίοις διέμεινε, τά τε⁵ ἐπι-
θαλασσίδια χωρία Ῥωμαίοις· τὰ δὲ ἄλλα ὑπο-
9 χείρια σφίσιν ἅπαντα πεποίηνται Φράγγοι. Ῥω-
μαίων τε καὶ Γότθων πόλεμον τόνδε ᾗπέρ μοι
εἴρηται πρὸς ἀλλήλους διαφερόντων καὶ πολε-
μίους οὐ δυναμένων ἐπικτᾶσθαι καινούς, Γότθοι
τε καὶ Φράγγοι ἐς λόγους ἀλλήλοις ξυνίασι, καὶ
ξυνέκειτο, μέχρι μὲν ἂν Γότθοι πρὸς Ῥωμαίους
τὸν πόλεμον διαφέροιεν, ἔχοντας ἑκατέρους ὧνπερ

¹ πολλά KW : πλεῖστα L.
² ἀποφέρειν K : ἀποφέρεσθαι L, om. W.

Italy, while the rest of it had become for the most
part deserted on account of the war; yet the Goths
were willing to retire in favour of the Romans from
Sicily and Dalmatia, which alone had remained intact,
and agreed to pay tribute and taxes for the abandoned
land every year and would fight as allies against
whomsoever the emperor should wish and would be
in other respects subject to him. But the emperor
would pay no attention to what they said and
dismissed the envoys one and all, hating as he did
the Gothic name and intending to drive it out
absolutely from the Roman domain. Thus then did
these events take place.

But Theudibert, the ruler of the Franks, had not long
before been taken from the world by disease, having
without justification made some parts of Liguria and
the Cottian Alps and the most of Venetia subject to
the payment of tribute. For the Franks had treated
the preoccupation of the warring nations as their
own opportunity, and without danger were enriching
themselves with the lands for which the combatants
were fighting. And the Goths indeed had a few
fortresses left in Venetia, while the Romans held
the coast towns; but the Franks had brought all the
others under their sway. Now while the Romans
and the Goths were waging this war against each
other as I have described it and were unable to take
on new enemies in addition, the Goths and the Franks
had negotiated with each other and come to an agree-
ment that, as long as the Goths were waging war
against the Romans, both of them should remain

---

³ ἄν KL : ἂν ἀεί W.   ⁴ βασιλεύς KW : om. L.
⁵ τά τε K : τά τε γάρ L : τὰ μὲν γάρ Dindorf.

ἐγένοντο[1] ἐγκρατεῖς ἡσυχῇ μένειν, μηδέν τε σφίσι
10 πρὸς ἀλλήλους πολέμιον εἶναι. ἦν δέ γε βασι-
λέως ποτὲ Ἰουστινιανοῦ περιέσεσθαι Τουτίλαν
τῷ πολέμῳ συμβαίη, τηνικάδε Γότθους τε καὶ
Φράγγους διοικήσασθαι ταῦτα, ὅπῃ ἂν συνοίσειν
ἑκατέροις δοκῇ. ἀλλὰ ταῦτα μὲν τῇδε ξυνέκειτο.
11 τὴν δὲ Θευδιβέρτου ἀρχὴν διεδέξατο Θευδίβαλδος
ὁ παῖς. βασιλεύς τε Ἰουστινιανὸς Λεόντιον, τὸν
Ἀθανασίου γαμβρόν, ἄνδρα ἐκ βουλῆς, πρεσ-
βευτὴν παρ’ αὐτὸν ἔπεμψεν ἔς τε ὁμαιχμίαν
παρακαλῶν ἐπὶ Τουτίλαν τε καὶ Γότθους καὶ
χωρίων ἐκστῆναι τῶν ἐπὶ τῆς Ἰταλίας αἰτού-
μενος ὧνπερ Θευδίβερτος οὐ δέον ἐπιβατεῦσαι
διὰ σπουδῆς[2] ἔσχε.
12 Λεόντιος δέ, ἐπειδὴ παρὰ Θευδίβαλδον ἀφίκετο,
ἔλεξεν ὧδε· “Ἴσως μέν τι καὶ ἄλλοις[3] παρὰ τὰς
ἐλπίδας τισὶ τετυχηκέναι ξυνέπεσεν, ὁποῖον δὲ
Ῥωμαίοις τανῦν πρὸς ὑμῶν γεγονέναι ξυνέβη,
οὐδενί, οἶμαι, ξυνηνέχθη πώποτε[4] τῶν πάντων
13 ἀνθρώπων. βασιλεὺς μὲν γὰρ Ἰουστινιανὸς οὐ
πρότερον κατέστη ἐς πόλεμον τόνδε, οὐδὲ Γότθοις
πολεμησείων ἔνδηλος γέγονεν, ἕως αὐτῷ Φράγγοι
φιλίας τε καὶ ξυμμαχίας ὀνόματι χρήματα μεγάλα
κεκομισμένοι τὴν ἀγωνίαν ξυλλήψεσθαι ὡμο-
14 λόγησαν. οἱ δὲ οὐχ ὅπως τι δρᾶν τῶν ὡμολογη-
μένων ἠξίωσαν, ἀλλὰ καὶ προσηδικήκασι Ῥω-
μαίους τοιαῦτα οἷα οὐδ’ ἄν τις ὑποπτεῦσαι ῥᾳδίως
15 ἔσχεν. ὁ γὰρ πατὴρ ὁ σὸς Θευδίβερτος χώρας
ἐπιβατεῦσαι ὑπέστη, οὐδὲν αὐτῷ προσῆκον,

---

[1] ὧνπερ ἐγένοντο K : ὦν περιεγένοντο L.
[2] ἐπιβατεῦσαι διὰ σπουδῆς KH : ἐπιστρατεύσας ἐν σπονδαῖς L.
[3] ἄλλοις K : ἄλλο LH.

quiet holding what they had secured and there should be no hostilities between them. But if indeed Totila should ever have the fortune to overcome Justinian in the war, the Goths and the Franks should at such time settle these matters in such a way as should seem likely to benefit both of them. So much for this agreement. But Theudibert was succeeded by his son Theudibald. And the emperor sent Leontius, the son-in-law of Athanasius, a member of the senate, as envoy to him, inviting him to an offensive alliance against Totila and the Goths and demanding that he withdraw from the parts of Italy on which Theudibert had set his mind wrongfully to trespass.

Now Leontius, upon coming before Theudibald, spoke as follows. "It may perhaps be true that on other occasions events have gone contrary to the expectations of men, but such a thing as has been done to the Romans in the present case by you has, I think, never happened to anyone else in the world. For the Emperor Justinian, on his part, did not enter into this war, nor did he let it appear that he was about to fight the Goths, until the Franks, in the name of alliance and friendship, had received from him great sums of money and agreed to assist him in the struggle. They, however, have not only seen fit to fulfil none of their promises, but they have further wronged the Romans in a way which no one could have easily imagined. For your father Theudibert undertook to trespass upon territory to which he had no just claim and which the emperor

---

¹ ξυνηνέχθη πώποτε KH : ξυνηνεχθῆναί ποτε L.

ἧσπερ βασιλεὺς πόνῳ τε[1] πολλῷ καὶ κινδύνοις
πολέμου, καὶ ταῦτα Φράγγων ἁπάντων[2] ἐκποδὼν

16 ἱσταμένων, κύριος γέγονε. διόπερ τανῦν ἐς ὑμᾶς
ἥκω, οὐχ ὅπως μέμψομαι ἢ αἰτιάσομαι, ἀλλ'
αἰτησόμενός τε καὶ παραινέσων ὅσα ξυνοίσειν

17 ὑμῖν αὐτοῖς μέλλει. λέγω δὲ ὅπως βεβαιότατα
μὲν διασώζητε τὴν ὑπάρχουσαν ὑμῖν εὐπραξίαν,
συγχωρήσητε δὲ Ῥωμαίους[3] ἔχειν τὰ αὐτῶν ἴδια·

18 τοὺς γὰρ δύναμιν περιβεβλημένους μεγάλην καὶ
βραχέων τινῶν οὐχ ὁσία κτῆσις ἀφαιρεῖσθαι
πολλάκις τὰ παρόντα αὐτοῖς ἐκ παλαιοῦ ἀγαθὰ[4]
ἴσχυσεν, ἐπεὶ τὸ εὔδαιμον τῷ ἀδίκῳ ἐς ταὐτὸ
ξυνιέναι οὐδαμῆ εἴωθε,[5] καὶ μὴν καὶ ὅπως ἡμῖν
τὸν πρὸς Τουτίλαν ξυνδιενέγκητε πόλεμον, τὴν

19 τοῦ πατρὸς ὑποτελοῦντες ὁμολογίαν. τοῦτο γὰρ
ἂν πρέπον γνησίοις παισὶ πάντων μάλιστα,
ἐπανορθοῦν μέν, εἴ τι[6] τοῖς γειναμένοις ἡμαρ-
τῆσθαι ξυμβαίνει, περιστέλλειν δὲ καὶ κρατύ-

20 νεσθαι ὅσα δὴ αὐτοῖς ἄριστα εἴργασται. ἐπεὶ
καὶ τῶν ἀνθρώπων ταῦτα διαφερόντως εὐκτὰ
τοῖς συνετωτάτοις ἂν εἴη, ὅπως δὴ αὐτῶν τὰ
μὲν τῶν ἐπιτηδευμάτων ἄριστα οἱ παῖδες ζηλοῖεν,
εἰ δέ τι[7] αὐτοῖς οὐκ ὀρθῶς πέπρακται, μὴ ὑπ'
ἄλλου του τὸ[8] τοιοῦτον ἢ ὑπὸ τῶν παίδων

21 ἄμεινον ἔσεσθαι. καίτοι ἐχρῆν ὑμᾶς ἀκλήτους
Ῥωμαίοις πόλεμον τόνδε ξυνάρασθαι. πρὸς
Γότθους γὰρ ἡμῖν ὁ ἀγών ἐστιν, οἳ τὸ ἐξ ἀρχῆς
ἐχθροί τε καὶ ὅλως ἄπιστοι γεγόνασι Φράγγοις,

---

[1] πόνῳ τε L : πόνῳ K, χρόνῳ τε H.
[2] ἁπάντων H : om. KL.
[3] ῥωμαίους KH : ῥωμαίοις L.
[4] ἐκ παλαιοῦ ἀγαθά K : om. L, παλαιοῦ ἀγαθοῦ H.

had mastered with great labour by the perils of war, and that too while all the Franks were standing out of the way. Consequently I now come to you, not to reproach you or lay charges against you, but in order to make demands and to counsel you as to what will be of advantage to you yourselves. I say, then, that you, on the one hand, should preserve the prosperity which you now enjoy, and allow the Romans, on the other hand, to have that which is their own ; for when a nation is possessed of great power, the unholy acquisition of even some trifling thing has many a time been of sufficient moment to rob it of the advantages it has enjoyed from of old, since prosperity is by no means wont to associate itself with injustice ; and I demand, furthermore, that you join with us in carrying on the war against Totila, thus fulfilling your father's agreement. For the conduct which above all others would become true-born sons is this—to correct whatever mistakes have been made by their parents, but to continue and confirm whatever deeds of excellence they have done. Indeed this would be a thing most ardently prayed for by the most understanding of men, that their children might emulate the best of their activities, and that whatever has not been well done by them should be corrected by no one else than their children. In fact you ought to have taken up this war with the Romans unsummoned. For our struggle is against the Goths, who have been from the beginning bitter enemies of the Franks and altogether untrustworthy toward them, waging

---

⁵ ἐπεὶ—εἴωθε KL : om. H.   ⁶ μέν, εἴ τι KL : μέντοι ἅ H.
⁷ εἰ δέ τι KL : εἰσέτι H.   ⁸ τοῦ τό L : τό K, τοῦτο H.

ἄσπονδά τε αὐτοῖς καὶ ἀκήρυκτα πολεμοῦντες
22 τὸν πάντα αἰῶνα. οἳ δὴ νῦν μὲν δέει τῷ ἐξ
ἡμῶν οὐκ ἀπαξιοῦσι κολακικοὶ ἐς ὑμᾶς εἶναι·
εἰ δέ ποτε ἡμῶν ἀπαλλαγεῖεν, οὐκ ἐς μακρὰν
23 τὴν ἐς Φράγγους ἐνδείξονται γνώμην. πονηροὶ[1]
γὰρ ἄνθρωποι τὸν αὐτῶν τρόπον ἀμείβειν μὲν
οὐκ εὐτυχοῦντες, οὐ πράσσοντες κακῶς δύνανται,
ἀποκρύπτειν δὲ αὐτὸν ἐκ τοῦ ἐπὶ πλεῖστον ἐν
κακοπαθείαις εἰώθασιν, ἄλλως τε ἢν καὶ τῶν
πέλας τινὸς δέωνται, τῆς χρείας αὐτοὺς συγκα-
24 λύπτειν ἀναγκαζούσης τὴν μοχθηρίαν. ὧν ἐν-
θυμηθέντες ἀνανεοῦτε μὲν τὴν ἐς βασιλέα φιλίαν,
ἀμύνεσθε δὲ τοὺς ἄνωθεν ὑμῖν δυσμενεῖς δυνάμει
τῇ πάσῃ."

25 Λεόντιος μὲν τοσαῦτα εἶπε. Θευδίβαλδος δὲ
ἀμείβεται ὧδε· "Συμμάχους μὲν ἐπὶ Γότθους[2]
ἡμᾶς οὐκ ὀρθῶς οὐδὲ τὰ δίκαια ποιοῦντες καλεῖτε·
φίλοι γὰρ ἡμῖν τανῦν Γότθοι τυγχάνουσιν ὄντες.
εἰ δὲ ἀβέβαιοι Φράγγοι ἐς αὐτοὺς εἶεν, οὐδὲ ὑμῖν
26 ποτε πιστοὶ ἔσονται. γνώμη[3] γὰρ ἅπαξ μοχθηρὰ
ἐς τοὺς φίλους ὀφθεῖσα ἐκτρέπεσθαι τῆς δικαίας
ὁδοῦ ἀεὶ πέφυκεν. ὧν μέντοι ἐπεμνήσθητε χωρίων
ἕνεκα, τοσαῦτα ἐροῦμεν, ὡς ὁ πατὴρ ὁ ἐμὸς Θευδί-
βερτος οὔτε βιάσασθαι πώποτε[4] τῶν ὁμόρων τινὰ
ἐν σπουδῇ ἔσχεν οὔτε κτήμασιν ἀλλοτρίοις ἐπι-
27 πηδᾶν. τεκμήριον δέ· οὐ γάρ εἰμι πλούσιος.
οὐ τοίνυν οὐδὲ τὰ χωρία ταῦτα Ῥωμαίους[5] ἀφε-
λόμενος, ἀλλὰ Τουτίλα ἔχοντος ἤδη αὐτὰ καὶ

---

[1] πονηροὶ—μοχθηρίαν om. H.
[2] Γότθους KH : γότθοις L.
[3] γνώμη—πέφυκεν : om. H.
[4] βιάσασθαι πώποτε LH : βιάζεσθαί ποτε K.
[5] Ῥωμαίους Haury : ῥωμαίοις MSS.

a truceless and implacable [1] war upon them through all the ages. Of course they do not hesitate now, through fear of us, to adopt a wheedling air toward you; but if ever they should get rid of us, they will at no distant time display their real attitude toward the Franks. For evil men cannot change their character either in prosperity or in adversity, though it is true as a general thing that, during periods of ill fortune, they are wont to conceal it, particularly when they need something from their neighbours, their need compelling them to cover up their baseness of heart. Call to mind then these things and renew, on the one hand, your friendship with the emperor, and defend yourselves, on the other hand, against your ancient enemies with all your power."

So spoke Leontius. And Theudibald replied as follows. "You summon us, in the first place, to be allies against the Goths contrary to rectitude and justice; for it so happens that the Goths at the present time are our friends. And if the Franks should be unfaithful to them, neither will they ever be faithful to you. For men whose sentiments have once been seen to be base toward their friends are always of such a nature as to turn aside from the path of justice. And, in the second place, as to the lands you have mentioned, we shall say only this —that my father Theudibert never set his mind upon doing violence to any one of his neighbours or usurping the possessions of others. In proof of this witness the fact that I am not rich. Consequently he did not acquire these lands by robbing the Romans of them, but he took possession of them as a gift from Totila, who already held them and expressly

---

[1] *Lit.* "unheralded"; cf. Demosthenes, *De Corona* 262, ἄσπονδος καὶ ἀκήρυκτος πόλεμος.

διαρρήδην ἐνδιδόντος καταλαβὼν ἔσχεν, ἐφ' ᾧ
χρῆν μάλιστα βασιλέα[1] Ἰουστινιανὸν συνήδεσθαι
28 Φράγγοις. ὁ γὰρ τούς τι ἀφελομένους τῶν αὐτοῦ
κτημάτων ἰδίων ὑφ' ἑτέρων τινῶν βιασθέντας ὁρῶν,
εἰκότως ἂν χαίροι, τὴν δίκην ἐκτετικέναι ὀρθῶς
καὶ δικαίως τοὺς αὐτὸν ἠδικηκότας οἰόμενος, ἢν
μὴ ἐς τοὺς βιασαμένους αὐτὸς[2] φθονερὸς γένηται,
ἐπεὶ τὸ προσποιεῖσθαι τὰ τῶν ἐχθρῶν δικαιώ-
ματα[3] ἐς φθόνον ὡς τὰ πολλὰ περιίστασθαι
29 οἴονται[4] ἄνθρωποι. δικασταῖς μέντοι ἐπιτρέπειν
οἷοί τέ ἐσμεν τὴν περὶ τούτων διάγνωσιν, ὥστε
εἴ τι Ῥωμαίους ἀφελέσθαι τὸν πατέρα τὸν ἐμὸν
φανερὸν γένηται, τοῦτο ἡμᾶς ἀποτιννύναι μελ-
λήσει οὐδεμιᾷ ἐπάναγκες εἴη. ὑπέρ τε τούτων
πρέσβεις ἐς Βυζάντιον σταλήσονται[5] παρ' ἡμῶν
30 οὐ πολλῷ ὕστερον." τοσαῦτα εἰπὼν τόν τε
Λεόντιον ἀπεπέμψατο καὶ πρεσβευτὴν Λεύ-
δαρδον, ἄνδρα Φράγγον, τέταρτον αὐτὸν παρὰ
βασιλέα Ἰουστινιανὸν ἔστειλε.[6] καὶ οἱ μὲν ἐς
Βυζάντιον ἀφικόμενοι ἔπρασσον ὧνπερ[7] ἕνεκα
ἦλθον.

31 Τουτίλας δὲ νήσους τὰς Λιβύῃ προσηκούσας
καταλαβεῖν διὰ σπουδῆς εἶχε. στόλον οὖν αὐτίκα
νηῶν ἀγείρας καὶ στράτευμα τούτῳ ἐνθέμενος
ἀξιόχρεων ἔς τε Κουρσικὴν καὶ Σαρδὼ στέλλει.
32 οἱ δὲ τὰ μὲν πρῶτα ἐς Κουρσικὴν ἀποπλεύσαντες,
οὐδενὸς αὐτῆς[8] ἀμυνομένου, τὴν νῆσον ἔσχον,
33 μετὰ δὲ καὶ Σαρδὼ κατέλαβον. ἄμφω δὲ τὰ

---

[1] χρῆν μάλιστα βασιλέα : χρήματα μάλιστα H.
[2] βιασαμένους αὐτός LH : βιασαμένους K.
[3] δικαιώματα KH : δικαιώματα οἷς L.
[4] οἴονται KH : εἰώθασιν L.

handed them over to him, and upon this the Emperor
Justinian should certainly have congratulated the
Franks. For he who sees men who have robbed him
of some of his private possessions roughly handled by
any others would naturally rejoice, believing that
those who wronged him have rightly and justly
paid the penalty, except in case he be privately
envious of those who have done the violence—
for men feel that the appropriation by others of
property which is claimed by an enemy tends, as
a general thing, to envy. We are, however, able to
leave to arbiters the decision of these matters, with
the understanding that, if it becomes evident that
my father robbed the Romans of anything, it shall
be obligatory for us to restore this without delay.
And envoys will be sent to Byzantium by us in
regard to this matter not long hence." With such
words he dismissed Leontius and despatched
Leudardus, a Frank, with three others to the
Emperor Justinian. And upon their arrival at
Byzantium they treated of the matters for which
they had come.

Totila was now eager to seize the islands which
belong to Libya. He accordingly gathered a fleet
of ships immediately and, putting an adequate army
on board, sent it to Corsica and Sardinia. This fleet
first sailed off to Corsica and, finding no defenders,
took the island, and afterwards took possession of
Sardinia likewise. And Totila made both these

---

5 σταλήσονται KL : ἀποσταλήσονται H.
6 ἔστειλε KL : ἔπεμψεν H.
7 ὅνπερ H : om. K, οὗ L.
8 αὐτῆς Haury : αὐτοῖς MSS.

νήσῳ ὁ Τουτίλας ὑποτελεῖς ἐς ἀπαγωγὴν φόρου
πεποίηται. ὅπερ Ἰωάννης μαθών, ὃς τοῦ ἐν
Λιβύῃ Ῥωμαίων στρατοῦ ἦρχε, στόλον τε νηῶν
34 καὶ στρατιωτῶν πλῆθος ἐς¹ Σαρδὼ ἔπεμψεν.
οἵπερ ἐπειδὴ Καρανάλεως πόλεως ἄγχιστα ἵκοντο,
ἐνστρατοπεδευσάμενοι ἐς πολιορκίαν καθίστασθαι
διενοοῦντο· τειχομαχεῖν γὰρ οὐκ ᾤοντο οἷοί τε
εἶναι, ἐπεὶ Γότθοι ἐνταῦθα φυλακτήριον διαρκὲς
35 εἶχον. ἐπειδὴ δὲ ταῦτα οἱ βάρβαροι ἔγνωσαν,
ἐπεξελθόντες ἐκ τῆς πόλεως καὶ τοῖς πολεμίοις
ἐξαπιναίως ἐπιπεσόντες τρεψάμενοί τε αὐτοὺς
36 οὐδενὶ πόνῳ πολλοὺς ἔκτειναν. οἱ δὲ λοιποὶ
φεύγοντες ἐν μὲν τῷ παραυτίκα ἐς τὰς ναῦς
διεσώθησαν, ὀλίγῳ δὲ ὕστερον ἐνθένδε ἀπάραντες
ἐς Καρχηδόνα παντὶ τῷ στόλῳ ἀφίκοντο. ἐν-
37 ταῦθά τε διαχειμάσαντες ἔμενον, ἐφ᾽ ᾧ δὴ ἅμα
ἦρι ἀρχομένῳ παρασκευῇ πλείονι ἐπί τε Κουρ-
σικὴν καὶ Σαρδὼ αὖθις στρατεύσωσι. ταύτην
38 δὲ τὴν Σαρδὼ τανῦν Σαρδινίαν καλοῦσιν. ἐν-
ταῦθα φύεσθαι ξυμβαίνει πόαν ἧς δὴ ἀπο-
γευομένοις ἀνθρώποις αὐτίκα σπασμὸς θανάσιμος
ἐπιγίνεται, οἳ² δὴ τελευτῶσιν οὐ πολλῷ ὕστερον,
γέλωτα γελᾶν ἀπὸ τοῦ σπασμοῦ δοκοῦντές τινα,
ὅνπερ ὁμωνύμως τῇ χώρᾳ Σαρδόνιον καλοῦσι.
39 τὴν δὲ Κουρσικὴν οἱ πάλαι ἄνθρωποι Κύρνον
ἐκάλουν. ἐνταῦθα, ὥσπερ ἄνθρωποι πίθηκες³
γίνονται, οὕτω δή τινων ἵππων ἀγέλαι εἰσὶ τῶν
προβατίων ὀλίγῳ μειζόνων. ταῦτα μὲν οὖν
τοιαῦτά ἐστι.

---

¹ ἐς Hoeschel in margin : ἐν MSS.   ² οἳ K : ἀφ᾽ οὗ L.

islands subject to the payment of tribute. But
when this was learned by John, who was com-
manding the Roman army in Libya, he sent a fleet
of ships and a strong force of soldiers to Sardinia.
And when they came close to the city of Caranalis,
they made camp with the purpose of instituting a
siege; for they did not consider themselves able to
storm the wall, since the Goths had a sufficient
garrison there. But when the barbarians learned
this, they made a sally against them from the city,
and falling suddenly upon their enemy routed them
with no difficulty and slew many. And the rest
saved themselves for the moment by fleeing to the
ships, but a little later they cast off from there and
went to Carthage with the whole fleet. There they
remained through the winter, in order that at the
opening of spring they might again make an ex-
pedition to Corsica and Sardinia with fuller pre-
paration. Now this island of Sardinia was formerly
called Sardo. In that place there grows a certain
herb such that, if men taste of it, a fatal convulsion
immediately comes over them, and they die not
long afterward, having the appearance of laughing,
as it were, as a result of the convulsion, and this
laughter they call " Sardonic " from the name of the
place. But Corsica was called by men of ancient
times Cyrnus. On that island are found apes just
like men, and there is also a breed of horses only a
little larger than sheep. So much for this.

                                 αι
³ πίθηκες K: νάννοι L in context, γρ: πιτζάδαι L in margin.

XXV

Σκλαβηνῶν δὲ πολὺς ὅμιλος Ἰλλυριοῖς ἐπισκήψαντες πάθη ἐνταῦθα οὐκ εὐδιήγητα εἰργάσαντο.[1] βασιλεὺς δὲ Ἰουστινιανὸς στράτευμα ἐπ᾽ αὐτοὺς ἔπεμψεν, οὗ δὴ ἄλλοι τε καὶ οἱ Γερμανοῦ παῖδες ἡγοῦντο. οἵπερ τῷ πλήθει τῶν
2 πολεμίων παρὰ πολὺ ἐλασσούμενοι χωρῆσαι μὲν αὐτοῖς ὁμόσε[2] οὐδαμῆ ἴσχυσαν, ὄπισθεν δὲ ἀεὶ μένοντες τῶν βαρβάρων τοὺς ἀπολειπομένους
3 ἐσίνοντο. καὶ πολλοὺς μὲν αὐτῶν ἔκτεινον, τινὰς δὲ καὶ ζωγρήσαντες βασιλεῖ ἔπεμψαν. οὐδὲν μέντοι ἦσσον οἱ βάρβαροι οὗτοι τὰ δεινὰ ἔδρα
4 σαν. ἐν ταύτῃ τε τῇ λεηλασίᾳ χρόνου τι μέγα κατατρίψαντες μῆκος τὰς μὲν ὁδοὺς νεκρῶν ἀνέπλησαν ἁπάσας, ἐξανδραποδίσαντες δὲ ἀνάριθμα πλήθη καὶ ληισάμενοι ξύμπαντα, οὐδενὸς σφίσιν ἀντιστατοῦντος, ἐπ᾽ οἴκου ἀπεκομίσθησαν
5 σὺν πάσῃ τῇ λείᾳ. οὐδὲ γὰρ διαπορθμευομένους ποταμὸν Ἴστρον ἴσχυσαν σφᾶς ἐνεδρεῦσαι Ῥωμαῖοι ἢ ἄλλῳ τῳ βιάσασθαι τρόπῳ, ἐπεὶ Γήπαιδες αὐτοὺς μισθαρνήσαντες ὑπεδέξαντο καὶ διεπόρθμευσαν μακρόμισθοι γεγενημένοι.[3] ἐπὶ κεφαλῇ γὰρ ἑκάστῃ κατὰ στατῆρα χρυσοῦν ἡ
6 μίσθωσις ἦν. διόπερ βασιλεὺς ἐδυσφορεῖτο, οὐκ ἔχων τὸ λοιπὸν[4] ὄπῃ ποτὲ αὐτοὺς ἀναστέλλοι διαβαίνοντας ποταμὸν Ἴστρον ἐφ᾽ ᾧ λήισονται τὴν Ῥωμαίων ἀρχήν, ἢ ξὺν ταῖς ὠφελίαις[5] τὴν ἀποπορείαν ποιουμένους ἐνθένδε, ἤθελέ τε τούτων δὴ ἕνεκα Γηπαίδων τῷ ἔθνει ἐς συνθήκας καταστῆναί τινας.[6]

---

[1] εἰργάσαντο K: διειργάσαντο L.   [2] ὁμόσε K: ἀντίον L.
[3] μακρόμισθοι γεγενημένοι K: μικρομισθίους γεγενημένους L.

XXV

A GREAT throng of Sclaveni now descended upon Illyricum and inflicted sufferings there not easily described. And the Emperor Justinian sent an army against them commanded by the sons of Germanus with others. But since this army was far outnumbered by the enemy, it was quite unable to engage with them, but remained always in the rear and cut down the stragglers left by the barbarians. And they slew many of them but took some few prisoners, whom they sent to the emperor. But nevertheless these barbarians continued their work of devastation. And spending as they did a long time in this plundering expedition, they filled all the roads with corpses, and enslaved countless multitudes and pillaged everything without meeting any opposition; then finally they departed on the homeward journey with all their plunder. Nor could the Romans ambuscade them while crossing the Ister River or harm them in any other way, since the Gepaedes, having engaged their services, took them under their protection and ferried them across, receiving large payment for their labour. For the payment was at the rate of one gold stater per head. At this the emperor was grievously vexed, seeing that for the future he had no possible means of checking the barbarians when crossing the Ister River in order to plunder the Roman domain, or when taking their departure from such expeditions with the booty they gained, and he wished for these reasons to enter into some sort of treaty with the nation of the Gepaedes.

---

[4] τὸ λοιπόν KL: om. W.
[5] ἢ ξὺν ταῖς ὠφελίαις W: αἰφνιδίαν L.   [6] ἢ—τινας: om. K.

7 Ἐν τούτῳ δὲ Γήπαιδές τε καὶ Λαγγοβάρδαι
αὖθις πολεμησείοντες ἐπ' ἀλλήλους ᾖεσαν.
Γήπαιδές τε τὴν Ῥωμαίων δειμαίνοντες δύναμιν
(ἀνήκοοι γὰρ οὐδαμῆ ἦσαν ὡς Ἰουστινιανὸς
βασιλεὺς ὁμαιχμίαν διωμότως πρὸς Λαγγοβάρ-
δας πεποίηται) φίλοι καὶ ξύμμαχοι Ῥωμαίοις
8 γενέσθαι ἐν σπουδῇ ἔσχον. πρέσβεις οὖν ἐς
Βυζάντιον εὐθὺς πέμπουσι, βασιλέα καὶ αὐτοὶ
ἐς τὴν ὁμαιχμίαν παρακαλοῦντες. καὶ ὃς αὐτοῖς
μελλήσει οὐδεμιᾷ ἐπὶ τῇ ξυμμαχίᾳ τὰ πιστὰ
9 ἔδωκε. δεηθέντων δὲ τῶν πρέσβεων τῶνδε καὶ
τῶν ἀπὸ τῆς συγκλήτου βουλῆς ἄνδρες δυοκαί-
δεκα[1] ὅρκια δόντες, ταύτας αὐτοῖς τὰς συνθήκας
10 ἐπέρρωσαν. οὐ πολλῷ δὲ ὕστερον Λαγγοβάρ-
δαις κατὰ τὸ ξυμμαχικὸν δεομένοις στρατιὰν
ἐς ξυμμαχίαν ἐπὶ Γήπαιδας Ἰουστινιανὸς βασι-
λεὺς ἔπεμψεν, ἐπενεγκὼν Γήπαισι Σκλαβηνῶν
τινας ἐπὶ πονηρῷ τῶν Ῥωμαίων μετὰ τὰς ξυν-
θήκας διαβιβάσαι ποταμὸν Ἴστρον.

11 Ἡγοῦντο[2] δὲ τῆς στρατιᾶς ταύτης Ἰουστῖνός
τε καὶ Ἰουστινιανὸς οἱ Γερμανοῦ παῖδες Ἀράτιός
τε καὶ Σουαρτούας, ὃς πρὸς Ἰουστινιανοῦ μὲν
ἄρχων[3] Ἐρούλοις κατέστη πρότερον, ἐπανα-
στάντων δέ οἱ τῶν ἀπὸ Θούλης τῆς νήσου ἡκόν-
των, ὥσπερ μοι ἐν τοῖς ἔμπροσθεν λόγοις
ἐρρήθη, ἐς βασιλέα τε ἀφίκετο φεύγων καὶ
Ῥωμαίοις στρατηγὸς τῶν ἐν Βυζαντίῳ κατα-
λόγων εὐθὺς γέγονε, καὶ Ἀμαλαφρίδας, Γότθος
ἀνήρ, Ἀμαλαφρίδης μὲν θυγατριδοῦς, τῆς Θευ-

---

[1] δυοκαίδεκα KL: δώδεκα W.
[2] ἡγοῦντο—γεγράψεται (§ 13) om. W.

Meanwhile the Gepaedes and the Lombards were once more moving against each other determined to make war. But the Gepaedes, fearing the power of the Romans (for they had by no means failed to hear that the Emperor Justinian had made a sworn alliance for offence and defence with the Lombards), were eager to become friends and allies of the Romans. They accordingly straightway sent envoys to Byzantium inviting the emperor to accept an offensive and defensive alliance with them also. So he without any hesitation gave them the pledges of alliance. And at the request of the same envoys twelve members of the senate also furnished them with a sworn statement confirming this treaty. But not long after this, when the Lombards according to the terms of their alliance requested an army to fight with them against the Gepaedes, the Emperor Justinian sent it, laying the charge against the Gepaedes that after the treaty had transported certain of the Sclaveni across the Ister River to the detriment of the Romans.

Now the leaders of this army were, first, Justinus and Justinian, the sons of Germanus; second, Aratius; third, Suartuas, who had previously been appointed by Justinian ruler over the Eruli (but when those who had come from the island of Thule rose against him, as told by me in the previous narrative,[1] he had returned in flight to the emperor, and immediately became general of the Roman forces in Byzantium); and, lastly, Amalafridas, a Goth, grandson of Amalafrida the sister of Theoderic

---

[1] Book VI. xv. 32-36.

---

³ ἄρχων K : ἄρχειν L.

δερίχου τοῦ Γότθων βασιλέως ἀδελφῆς, Ἑρμε-
νεφρίδου δὲ υἱὸς τοῦ Θορίγγων ἡγησαμένου.
12 ὅνπερ Βελισάριος μὲν σὺν Οὐιττίγιδι ἐς Βυζάν-
τιον ἤγαγε, βασιλεὺς δὲ Ῥωμαίων ἄρχοντα
κατεστήσατο, καὶ τὴν αὐτοῦ ἀδελφὴν Αὐδουὶν
13 τῷ Λαγγοβαρδῶν ἄρχοντι κατηγγύησε. τοῦ δὲ
στρατοῦ τούτου οὐδεὶς παρὰ Λαγγοβάρδας ἀφί-
κετο, ὅτι μὴ οὗτος Ἀμαλαφρίδας σὺν τοῖς
ἑπομένοις. οἱ γὰρ ἄλλοι ἐν Ἰλλυριοῖς ἀμφὶ
πόλιν Οὐλπίαναν βασιλέως ἐπαγγείλαντος δια-
τριβὴν ἔσχον, στάσεως ἐνταῦθα πρὸς τῶν οἰκη-
τόρων γεγενημένης, ὧνπερ ἕνεκα σφίσιν αὐτοῖς
οἱ Χριστιανοὶ διαμάχονται, ᾗπέρ μοι ἐν λόγοις
τοῖς ὑπὲρ τούτων γεγράψεται.

14 Οἱ μὲν οὖν Λαγγοβάρδαι πανδημεὶ σὺν τῷ[1]
Ἀμαλαφρίδᾳ ἐς τὰ Γηπαίδων ἤθη ἀφίκοντο,
ὑπαντιασάντων δὲ τῶν Γηπαίδων σφίσι καὶ
μάχης καρτερᾶς γενομένης ἡσσῶνται Γήπαιδες,
καὶ αὐτῶν παμπληθεῖς[2] φασὶν ἐν τῷ πόνῳ
15 τούτῳ ἀποθανεῖν. Αὐδουίν τε, ὁ τῶν Λαγγο-
βαρδῶν βασιλεύς, τῶν οἱ ἑπομένων τινὰς ἐς
Βυζάντιον πέμψας εὐαγγέλια μὲν Ἰουστινιανῷ
βασιλεῖ ἐδήλου, νενικημένων τῶν πολεμίων,
ἐμέμφετο[3] δὲ οὐ παραγενέσθαι οἱ κατὰ τὸ ξυμ-
μαχικὸν τὸν τοῦ βασιλέως στρατόν, καίπερ
Λαγγοβαρδῶν τοσούτων τὸ πλῆθος ἔναγχος
ἐσταλμένων ἐφ᾽ ᾧ Ναρσῇ ξυστρατεύσωσιν ἐπὶ
Τουτίλαν τε καὶ Γότθους. ταῦτα μὲν οὖν
ἐφέρετο τῇδε.

---

[1] σὺν τῷ K: ξὺν τῷ L: ἅμα W.
[2] παμπληθεῖς—ἀποθανεῖν KL: πολλοὶ ἀπέθανον W.

king of the Goths, and son of Hermenefridus the former ruler of the Thuringians. This man had been brought by Belisarius to Byzantium with Vittigis, and the emperor had appointed him a Roman commander and betrothed his sister to Auduin the ruler of the Lombards. But not a man of that army reached the Lombards except this Amalafridas with his command. For the others, by direction of the emperor, stopped at the city of Ulpiana[1] in Illyricum, since a civil war had arisen among the inhabitants of that place concerning those matters over which the Christians fight among themselves, as will be told by me in the treatise on this subject.[2]

So the Lombards in full force and accompanied by Amalafridas came into the lands of the Gepaedes, and when the Gepaedes encountered them a fierce battle ensued in which the Gepaedes were defeated, and they say that a vast number of them perished in this engagement. Whereupon Auduin, the king of the Lombards, sent some of his followers to Byzantium, first to announce the good news to the Emperor Justinian, since the enemy had been vanquished, and, secondly, to reproach him because the emperor's army had not been present in accordance with the terms of their alliance, although such a host of Lombards had recently been sent to march with Narses against Totila and the Goths. Such was the course of these events.

[1] Modern Lipljan.
[2] This promise seems not to have been fulfilled by Procopius.

---

[3] ἐμέμφετο—Γότθους LW : om. K.

16 Ἐν τούτῳ δὲ τῷ χρόνῳ σεισμοὶ κατὰ τὴν Ἑλλάδα ἐπιπεσόντες ἐξαίσιοι τήν τε Βοιωτίαν καὶ Ἀχαΐαν καὶ τὰ περὶ κόλπον τὸν Κρισαῖον 17 κατέσεισαν. καὶ χωρία μὲν ἀνάριθμα, πόλεις δὲ ὀκτὼ ἐς ἔδαφος καθεῖλον, ἐν ταῖς Χαιρώνειά τε καὶ Κορώνεια ἦν καὶ Πάτραι καὶ Ναύπακτος ὅλη, ἔνθα δὴ καὶ φόνος γέγονεν ἀνθρώπων 18 πολύς. καὶ χάος δὲ τῆς γῆς πολλαχῇ ἀποσχισθείσης γεγένηται. τὰ δὲ διαιρεθέντα ἔνια[1] μὲν αὖθις ἐς ταὐτὸ ξυνιόντα τὸ πρότερον τῇ γῇ σχῆμά τε καὶ εἶδος ἀπέδωκεν, ἔστι δὲ οὗ καὶ διεστηκότα μεμένηκεν· ὥστε οὐδὲ ἀλλήλοις ἐπιμίγνυσθαι οἱ τῇδε ἄνθρωποί εἰσι δυνατοὶ ὅτι 19 μὴ περιόδοις πολλαῖς χρώμενοι. ἐν δέ γε τῷ πορθμῷ ὅνπερ μεταξὺ Θεσσαλίας τε καὶ Βοιωτίας ξυμβαίνει εἶναι, γέγονέ τις ἐκ τοῦ αἰφνιδίου τῆς θαλάσσης ἐπιρροὴ ἀμφί τε πόλιν τὴν Ἐχιναίων καλουμένην καὶ τὴν ἐν Βοιωτοῖς 20 Σκάρφειαν. πόρρω τε τῆς ἠπείρου ἀναβᾶσα καὶ κατακλύσασα τὰ ἐκείνῃ χωρία ἐς ἔδαφος καθεῖλεν εὐθύς. χρόνος τε τῇ θαλάσσῃ[2] πολὺς ἐπιχωριαζούσῃ τῇ ἠπείρῳ ἐτρίβη, ὥστε τοῖς ἀνθρώποις πεζῇ ἰοῦσι βατὰς ἐπὶ πλεῖστον γενέσθαι τὰς νήσους αἵπερ ἔντοσθεν τοῦ πορθμοῦ τούτου τυγχάνουσιν οὖσαι, τοῦ τῆς θαλάσσης δηλονότι ῥοθίου ἐκλιπόντος μὲν τὴν αὐτοῦ χώραν, ἐπιπολάζοντος δὲ παρὰ δόξαν τὴν 21 γῆν[3] ἄχρι ἐς τὰ ὄρη ἃ ταύτῃ ἀνέχει. ἡνίκα δὲ τῇ θαλάσσῃ ἐς τὰ οἰκεῖα ἐπανιέναι ξυνέπεσεν, ἰχθύες ἐν τῇ γῇ ἀπελείποντο, ὧνπερ ἡ ὄψις ἀήθης παντάπασιν οὖσα τοῖς τῇδε ἀνθρώποις 22 τερατώδης τις ἔδοξεν εἶναι. οὓς δὴ ἐδωδίμους

It was at this time that extraordinary earthquakes occurred throughout Greece, both Boeotia and Achaea and the country on the Crisaean Gulf[1] being badly shaken. And countless towns and eight cities were levelled to the ground, among which were Chaeronea and Coronea and Patrae and all of Naupactus,[2] where there was also great loss of life. And the earth was rent asunder in many places and formed chasms. Now some of these openings came together again so that the earth presented the same form and appearance as before, but in other places they remained open, with the consequence that the people in such places are not able to intermingle with each other except by making use of many detours. But in the gulf between Thessaly and Boeotia[3] there was a sudden influx of the sea at the city called Echinus and at Scarphea in Boeotia. And advancing far over the land it deluged the towns there and levelled them immediately. And for a long time the sea thus visited the mainland, so that for a very considerable period it was possible for men on foot to walk to the islands which are inside this gulf, since the water of the sea, obviously, had abandoned its proper place, and, strange to say, spread over the land as far as the mountains which rise there. But when the sea returned to its proper place, fish were left on the ground, and since their appearance was altogether unfamiliar to the people of the country, they seemed a kind of prodigy. And thinking them edible they picked them up to

---

[1] A northern arm of the Gulf of Corinth.
[2] Modern Lepanto.   [3] The Maliac Gulf.

---

[1] ἔνια Haury : ἔνια σχῆμα MSS. : ἔνια σχίσματα editors.
[2] τῇ θαλάσσῃ K : om. L.   [3] τὴν γῆν K : τῇ γῇ L.

εἶναι οἰόμενοι ἀνείλοντο μὲν ὡς ἑψήσοντες,
θέρμης δὲ αὐτῶν τῆς ἐκ τοῦ πυρὸς ἀψαμένης
ἐς ἰχῶράς τε καὶ σηπεδόνας οὐ φορητὰς τὸ
23 σῶμα ὅλον ἀποκεκρίσθαι ξυνέπεσεν. ἀμφὶ δὲ
τὰ ἐκείνη χωρία, οὗ δὴ τὸ Σχίσμα[1] ὠνόμασται,
καὶ σεισμὸς ὑπερμεγέθης γενόμενος[2] πλείω φόνον
ἀνθρώπων ἢ ἐν πάσῃ τῇ ἄλλῃ Ἑλλάδι εἰργά-
σατο, μάλιστα ἐπεί[3] τινα ἑορτὴν πανηγυρίζοντες
ἔτυχον[4] ἐκ πάσης τε τῆς Ἑλλάδος ἐνταῦθα
τότε τούτου δὴ ἕνεκα ξυνειλεγμένοι πολλοί.[5]
24 Ἐν δὲ Ἰταλίᾳ τάδε ξυνέπεσε. Κροτωνιᾶται
καὶ στρατιῶται οἱ τὸ φυλακτήριον ταύτῃ ἔχοντες,
ὧν Παλλάδιος ἦρχε, πικρότατα πρὸς Γότθων
πολιορκούμενοι καὶ πιεζόμενοι τῶν ἀναγκαίων
τῇ ἀπορίᾳ, πολλάκις μὲν λαθόντες τοὺς πολε-
μίους ἔπεμψαν ἐν Σικελίᾳ, μαρτυρόμενοι τοὺς
ἐνταῦθα τοῦ Ῥωμαίων στρατοῦ ἄρχοντας καὶ
διαφερόντως τὸν Ἀρταβάνην, ὡς εἰ μὴ βοηθοῖεν
25 ὅτι τάχιστα σφίσιν, οὔτι ἐθελουσίως σφᾶς τε
αὐτοὺς καὶ τὴν πόλιν οὐ πολλῷ ὕστερον τοῖς
πολεμίοις ἐνδώσουσιν. οὐδεὶς δὲ ἐνθένδε αὐτοῖς
ἐπικουρήσων ἦλθε. καὶ ὁ χειμὼν ἔληγε, καὶ τὸ
ἑπτακαιδέκατον ἔτος ἐτελεύτα τῷ πολέμῳ τῷδε
ὃν Προκόπιος ξυνέγραψε.

---

[1] σχίσμα L : σχῆμα K.   [2] γενόμενος K : ἐπιπεσών L.

boil them, but when the heat of the fire touched
them the whole body was reduced to a liquid
putrefaction of an unbearable sort. But in that
locality where the so-called Cleft is located there
was a tremendous earthquake which caused more
loss of life than in all the rest of Greece, particularly
on account of a certain festival which they happened
to be celebrating there and for which many had
gathered in that place from all Greece.

In Italy the following took place. The people of
Croton and the soldiers who constituted the garrison
there, commanded by Palladius, were being very
closely besieged by the Goths; and hard pressed as
they were by scarcity of provisions, they had many
times sent to Sicily without being detected by the
enemy, calling to witness the commanders of the
Roman army there, especially Artabanes, and saying
that, if they did not relieve them at the earliest
possible moment, they would, little as they wished
it, surrender themselves and the city to the enemy
not long thereafter. But no one came from there to
assist them. And the winter drew to a close, and
the seventeenth year ended in this war, the history 552 A.D.
of which Procopius has written.

---

³ ἐπεί K : δὲ ἐπί L.   ⁴ ἔτυχον K : ἔτυχον γάρ L.
⁵ πολλοί L : om. K.

XXVI

Βασιλεὺς δὲ μαθὼν τὰ ἐν Κρότωνι πρασσό-
μενα πέμψας ἐς τὴν Ἑλλάδα ἐκέλευε τοὺς ἐν
Θερμοπύλαις φρουροὺς ἔς τε τὴν Ἰταλίαν πλεῖν
κατὰ τάχος καὶ τοῖς ἐν Κρότωνι πολιορκουμένοις
2 βοηθεῖν δυνάμει τῇ πάσῃ. οἱ δὲ κατὰ ταῦτα
ἐποίουν· ἄραντές τε σπουδῇ πολλῇ καὶ πνεύ-
ματος ἐπιφόρου ἐπιτυχόντες ἀπροσδόκητοι τῷ
Κροτωνιατῶν λιμένι προσέσχον. οἵ τε βάρβαροι
ἐξαπιναίως τὸν στόλον ἰδόντες αὐτίκα δὴ μάλα
ἐς δέος μέγα ἐμπεπτωκότες θορύβῳ πολλῷ τὴν
3 πολιορκίαν διέλυσαν. καὶ αὐτῶν οἱ μέν τινες
ναυσὶν ἐς τὸν Ταραντηνῶν λιμένα διέφυγον, οἱ
δὲ πεζῇ ἰόντες[1] ἐς ὄρος τὸ Σκύλαιον ἀνεχώρησαν.
ἃ δὴ ξυνενεχθέντα πολλῷ ἔτι μᾶλλον ἐδούλωσε
4 Γότθων τὸ φρόνημα. καὶ ἀπ᾽ αὐτοῦ Ῥάγναρίς
τε, Γότθος ἀνὴρ δόκιμος μάλιστα, ὃς τοῦ ἐν
Ταραντηνοῖς φυλακτηρίου ἦρχε, καὶ Μόρας,
ὅσπερ ἐφειστήκει τοῖς ἐν Ἀχερουντίᾳ φρουροῖς,
Πακουρίῳ τῷ Περανίου τῶν ἐν Δρυοῦντι Ῥω-
μαίων ἄρχοντι, γνώμῃ τῶν σφίσιν ἑπομένων, ἐς
λόγους ἦλθον, ἐφ᾽ ᾧ δὴ ἀμφὶ τῇ σωτηρίᾳ τὰ
πιστὰ πρὸς Ἰουστινιανοῦ βασιλέως λαβόντες
Ῥωμαίοις σφᾶς αὐτοὺς ἐγχειρίσουσι ξὺν τοῖς
ἑπομένοις καὶ τὰ ὀχυρώματα ὧνπερ ἐπὶ τῇ
φυλακῇ καταστάντες ἐτύγχανον. ἐπὶ ταύτῃ
μὲν οὖν τῇ ὁμολογίᾳ Πακούριος ἐπὶ Βυζαντίου
κομίζεται.
5 Ναρσῆς δὲ ἐκ Σαλώνων ἄρας ἐπὶ Τουτίλαν
τε καὶ Γότθους ᾔει παντὶ τῷ Ῥωμαίων στρατῷ,
μεγάλῳ ὑπερφυῶς ὄντι· χρήματα γὰρ κεκομισ-

XXVI

BUT the emperor, learning of the situation at Croton, sent to Greece and ordered the garrison of Thermopylae to sail with all speed to Italy and bring all the assistance in their power to the besieged in Croton. And they acted accordingly, setting sail with great haste; and chancing to find a favouring wind, they put in unexpectedly at the harbour of Croton. And the barbarians, upon seeing the fleet all of a sudden, were plunged immediately into great fear and in wild confusion broke up the siege. Now some of them made their escape by ship to the harbour of Tarentum, while others, going by land, withdrew to Mt. Scylaeum. And this event humbled the spirit of the Goths still more. In consequence of this Ragnaris, a Goth of very great note, who commanded the garrison at Tarentum, and Moras, who commanded the guards in Acherontia, opened negotiations, by the wish of their soldiers, with Pacurius son of Peranius, commander of the Romans in Dryus, and agreed that, on condition they should receive pledges for their safety from the Emperor Justinian, they would surrender themselves with their commands to the Romans together with the strongholds they had been set to guard. In order, then, to confirm this agreement Pacurius journeyed to Byzantium.

Narses now set out from Salones and moved against Totila and the Goths with the whole Roman army, which was an extraordinarily large one; for

---

¹ δὲ πεζῇ ἰόντες K : δ' ἐπεξιόντες L.

μένος ἐπιεικῶς μεγάλα πρὸς βασιλέως ἐτύγ-
6 χανεν. ἀφ' ὧν δὴ ἔμελλε στρατιάν τε ἀξιολο-
γωτάτην ἀγεῖραι καὶ ταῖς ἄλλαις ἐπαρκέσειν τοῦ
πολέμου ἀνάγκαις, τοῖς δὲ δὴ ἐπὶ τῆς Ἰταλίας
στρατιώταις ἐκλῦσαι τὰ πρόσθεν ὀφλήματα
πάντα, ἐφ' οἷσπερ αὐτοῖς ὑπερήμερος χρόνου[1]
πολλοῦ βασιλεὺς[2] ἐγεγόνει, οὐ κομιζομένοις ἐκ
τοῦ δημοσίου, ᾗπερ εἴθισται, τὰς σφίσι τεταγ-
μένας συντάξεις· ἔτι μέντοι καὶ αὐτῶν βιά-
σασθαι τῶν παρὰ Τουτίλαν ἀπηυτομοληκότων
τὰς γνώμας, ὥστε δὴ αὐτοὺς τοῖς χρήμασι
τούτοις χειροήθεις γεγενημένους τὴν ἐπὶ τῇ πο-
λιτείᾳ μεταγνῶναι προαίρεσιν.

7   Λίαν γὰρ τὰ πρότερα πόλεμον τόνδε ἀπημε-
λημένως[3] διαφέρων Ἰουστινιανὸς βασιλεὺς ἀξιο-
λογωτάτην αὐτοῦ πεποίηται τὴν παρασκευὴν
8 ἐν ὑστάτῳ. ἐπειδὴ γὰρ αὐτὸν οἱ ὁ Ναρσῆς
ἐγκείμενον εἶδεν,[4] ἐφ' ᾧ ἐς Ἰταλίαν στρατεύοι,
φιλοτιμίαν ἐνδέδεικται στρατηγῷ πρέπουσαν,
οὐκ ἄλλως βασιλεῖ ἐπαγγέλλοντι[5] ὑπηρετήσειν
ὁμολογήσας, ἢν μὴ τὰς δυνάμεις ἀξιομάχους
9 ἐπάγεσθαι μέλλῃ. χρήματά τε οὖν καὶ σώματα
καὶ ὅπλα τῷ τρόπῳ τούτῳ ἐπαξίως πρὸς τοῦ
βασιλέως κεκόμισται τῆς Ῥωμαίων ἀρχῆς, καὶ
προθυμίαν αὐτὸς ἀοκνοτάτην ἐπιδειξάμενος ἀξιό-
10 χρεων στρατιὰν ἐξήγειρεν. ἔκ τε γὰρ Βυζαντίου
ἐπηγάγετο Ῥωμαίων στρατιωτῶν μέγα τι χρῆμα
κἀκ τῶν ἐπὶ Θρᾴκης χωρίων ἔκ τε Ἰλλυριῶν
11 πολλοὺς ἤθροισε. καὶ Ἰωάννης δὲ ξύν τε τῷ
οἰκείῳ στρατεύματι καὶ τῷ πρὸς Γερμανοῦ τοῦ

---

[1] χρόνου L: χρόνος K.   [2] βασιλεύς K: βασιλεῖ L.

he had received from the emperor an exceedingly large sum of money, with which he was, first, to gather a very formidable army and meet the other requirements of the war, and, after that, to pay the soldiers in Italy all the money which was due to them from the past; for the emperor had been delinquent in this matter for a long time, since the soldiers were not receiving from the public treasury, as was usual, the pay assigned to them; furthermore, he was to bring pressure to bear also upon those soldiers who had deserted to Totila, so that they would be rendered tractable by this money and reverse their choice of allegiance.

Indeed, though the Emperor Justinian had previously conducted this war very negligently, he made the most notable preparation for it at the last. For when Narses saw that he urgently desired him to lead an expedition against Italy, he displayed an ambition becoming to a general, declaring that on no other condition would he obey the emperor's command than that he should take with him forces sufficient to the purpose. So by taking this position he obtained from the emperor money and men and arms in quantities worthy of the Roman empire, and he himself displayed a most tireless enthusiasm and so collected an adequate army. For he not only took with him a great number of Roman soldiers from Byzantium, but he also collected many from the lands of Thrace and Illyricum. And John, too, with his own army and that left by his father-

---

12 κηδεστοῦ ἀπολελειμμένῳ ξὺν αὐτῷ ᾔει. καὶ
Αὐδουίν, ὁ Λαγγοβαρδῶν ἡγούμενος, χρήμασι
πολλοῖς ἀναπεισθεὶς Ἰουστινιανῷ βασιλεῖ καὶ
τῇ τῆς ὁμαιχμίας ξυνθήκῃ, πεντακοσίους τε
καὶ δισχιλίους τῶν οἱ ἑπομένων ἀπολεξάμενος
ἄνδρας ἀγαθοὺς τὰ πολέμια ἐς ξυμμαχίαν αὐτῷ
ἔπεμψεν, οἷς δὴ καὶ θεραπεία εἵπετο[1] μαχίμων
13 ἀνδρῶν πλέον ἢ τρισχιλίων. εἵποντο δὲ αὐτῷ
καὶ τοῦ Ἐρούλων ἔθνους πλέον ἢ τρισχίλιοι,
ἱππεῖς ἅπαντες, ὧν ἄλλοι τε καὶ Φιλημοὺθ
ἦρχον, καὶ Οὐννοί τε παμπληθεῖς καὶ Δαγισ-
θαῖος ξὺν τοῖς ἑπομένοις ἐκ τοῦ δεσμωτηρίου
διὰ τοῦτο ἀπαλλαγείς, καὶ Καβάδης, Πέρσας
ἔχων αὐτομόλους πολλούς, ὁ Ζάμου μὲν υἱός,
Καβάδου δὲ τοῦ Περσῶν βασιλέως υἱωνός,
οὗπερ ἐν τοῖς ἔμπροσθεν λόγοις ἐμνήσθην ἅτε
τοῦ χαναράγγου σπουδῇ διαφυγόντος τε Χοσρόην
τὸν θεῖον καὶ πολλῷ πρότερον ἀφικομένου ἐς
τὰ Ῥωμαίων ἤθη· καὶ Ἄσβαδος, νεανίας τις,
Γήπαις γένος, διαφερόντως δραστήριος, ὁμογενεῖς
τετρακοσίους ξὺν αὐτῷ ἔχων, ἄνδρας ἀγαθοὺς
τὰ πολέμια· καὶ Ἀρούθ, Ἔρουλος μὲν τὸ γένος,
ἐκ παιδὸς δὲ Ῥωμαίων τὴν δίαιταν στέρξας καὶ
τὴν Μαυρικίου τοῦ Μούνδου γυναῖκα γαμετὴν
ποιησάμενος,[2] αὐτός τε μαχιμώτατος ὢν καὶ
πολλοὺς τοῦ Ἐρούλων ἔθνους ἑπομένους ἔχων
ἐν πολέμου κινδύνοις ὡς μάλιστα δοκιμωτάτους·
Ἰωάννης τε, ὁ Φαγᾶς τὴν ἐπίκλησιν, οὗπερ ἐν
τοῖς ἔμπροσθεν λόγοις ἐμνήσθην, Ῥωμαίων ἐπα-
γαγόμενος ὅμιλον ἀνδρῶν μαχίμων.

---

[1] εἵπετο: εἶπε K, om. L.   [2] καὶ—ποιησάμενος L: om. K.

in-law Germanus, accompanied him. Moreover, Auduin, ruler of the Lombards, having been won over by the Emperor Justinian by the use of much money and in accordance with the treaty of alliance, selected twenty-five hundred of his followers who were capable warriors and sent them to fight with the Romans ; and these were also attended by more than three thousand fighting men as servants. And he also had with him more than three thousand of the Erulian nation, all horsemen, commanded by Philemuth and others, besides great numbers of Huns. Dagisthaeus too was there with his followers, having been released from prison for this purpose, also Cabades, with many Persian deserters (this man was son of Zames and grandson of Cabades the Persian king, and has been mentioned in the previous narrative [1] as having escaped from his uncle Chosroes by the efforts of the " chanaranges " [2] and having come long before to the land of the Romans). There was also Asbadus, a young man of the race of the Gepaedes and an especially active man, having with him four hundred men of his race who were capable warriors. Besides these there was Aruth of the nation of the Eruli, who from boyhood had admired Roman ways and had made the daughter of Mauricius son of Mundus his married wife, being himself a most valiant fighter, and bringing with him a large number of Eruli who were especially distinguished in the perils of war. Finally there was John surnamed the Glutton, whom I have mentioned in the preceding narrative,[3] bringing a large force of able Roman soldiers.

[1] Book I. xxiii. 7 ff.
[2] A Persian title meaning " general " ; cf. Book I. v. 4.
[3] Book II. xix. 15, etc.

14 Ἦν οὖν μεγαλοδωρότατος ὁ Ναρσῆς καὶ πρὸς
τὸ εὖ ποιεῖν τοὺς δεομένους ὀξὺς ἐσάγαν, δύναμίν
τε πολλὴν περιβεβλημένος ἐκ βασιλέως ἀδεέσ-
15 τερον ἐς τὰ σπουδαζόμενα ἐχρῆτο τῇ γνώμῃ.
καὶ ἀπ᾽ αὐτοῦ πολλοὶ ἐν τοῖς ἔμπροσθεν χρόνοις
ἄρχοντές τε καὶ στρατιῶται[1] εὐεργέτου αὐτοῦ
16 ἔτυχον. ἐπεὶ οὖν ἀποδέδεικτο στρατηγὸς ἐπὶ
Τουτίλαν τε καὶ Γότθους, ὡς ἀσμενέστατα ἕκαστοι
στρατεύεσθαι ὑπ᾽ αὐτῷ ἤθελον, οἱ μὲν ἐκτίνειν οἱ
ἐθέλοντες παλαιὰς χάριτας, οἱ δὲ καραδοκοῦντες,
ὡς τὸ εἰκός, μεγάλων ἀγαθῶν παρ᾽ αὐτοῦ τεύξεσ-
17 θαι. μάλιστα δὲ αὐτῷ Ἔρουλοί τε καὶ οἱ ἄλλοι
βάρβαροι εὐνοϊκῶς εἶχον, διαφερόντως πρὸς τοῦ
ἀνθρώπου εὖ πεπονθότες.
18 Ἐπειδὴ δὲ Βενετίων ὡς ἀγχοτάτω ἐγένοντο,
παρὰ τῶν Φράγγων τοὺς ἡγεμόνας, οἳ τῶν ἐκείνῃ
φυλακτηρίων ἦρχον, ἄγγελον στείλας ᾐτεῖτο τὴν
19 δίοδον σφίσιν ἅτε φίλοις οὖσι παρέχεσθαι. οἱ
δὲ τοῦτο Ναρσῇ ἐπιτρέψειν οὐδεμιᾷ μηχανῇ
ἔφασαν, ἐς μὲν τὸ ἐμφανὲς τὴν αἰτίαν[2] οὐκ
ἐξενεγκόντες, ἀλλ᾽ ὡς ἔνι μάλιστα κατακρυψά-
μενοι,[3] τοῦ Φράγγων ἕνεκα ξυμφόρου ἢ τῆς ἐς
τοὺς Γότθους εὐνοίας τὴν κωλύμην ποιεῖσθαι,
σκῆψιν δέ τινα οὐ λίαν εὐπρόσωπον δόξασαν
εἶναι προβεβλημένοι, ὅτι δὴ Λαγγοβάρδας τοὺς
σφίσι πολεμιωτάτους οὗτος ἐπαγόμενος ἥκει.
20 ἐπὶ τούτοις διαπορουμένῳ τὴν ἀρχὴν τῷ Ναρσῇ
καὶ Ἰταλῶν τῶν οἱ παρόντων ἀμφὶ τῷ πρακτέῳ
πυνθανομένῳ ἐσήγγελόν[4] τινες ὡς εἰ καὶ[5] Φράγ-
γοι παρήσουσι σφᾶς τήνδε τὴν δίοδον ποιεῖσθαι,

---

[1] στρατιῶται L : στρατηγοί K.   [2] τὴν αἰτίαν L : om. K.
[3] κατακρυψάμενοι K : om. L.

Narses, for his part, was a man of princely generosity and extraordinarily eager to help those who needed it, and being clothed with great power by the emperor he exercised his judgment the more freely regarding those matters in which he was interested. Consequently many commanders and soldiers as well had in former times experienced his generosity. Naturally, then, when he was appointed General against Totila and the Goths, each and every one desired most eagerly to serve under him, some wishing to repay him for old favours, and others probably expecting, as was natural, to receive great gifts from his hand. But the Eruli and the other barbarians were particularly well disposed towards him, having been especially well treated by him.

When they had reached a point very close to Venetia, he sent a messenger to the rulers of the Franks who commanded the fortresses there, demanding that they allow his army free passage, as being friends. But they said that they would by no means concede this to Narses, not openly revealing the real reason, but with all possible care concealing the fact that it was in the interest of the Franks or because of their good-will toward the Goths that they were barring his passage, and putting forward a kind of pretext which did not appear very plausible, by saying that he came bringing with him Lombards who were their bitterest enemies. Narses was at first puzzled by this and enquired of the Italians who were with him what should be done, but some men brought the news that, even if the Franks permitted them to pass through this country, they would still

---

⁴ ἐσήγγελλόν L : ἐπήγγελλόν V.   ⁵ εἰ καί L : εἰκῆ V.

ἀλλ' ἐς Ῥάβενναν ἐνθένδε κομίζεσθαι οὐδαμῆ
ἕξουσιν, οὐδὲ τὴν πορείαν ταύτην ποιεῖσθαι ὅτι
21 μὴ ἄχρι ἐς πόλιν Βερώνην. Τουτίλαν γὰρ ἀπο-
λεξάμενον εἴ τι δόκιμον ἦν ἐν τῷ Γότθων στρατῷ,
στρατηγόν τε αὐτοῖς καταστησάμενον Τεΐαν τὸν
Γότθον, ἄνδρα διαφερόντως ἀγαθὸν τὰ πολέμια,
στεῖλαι ἐς πόλιν Βερώνην Γότθων κατήκοον
οὖσαν, ἐφ' ᾧ τῷ Ῥωμαίων στρατῷ διακωλύοι τὴν
πάροδον, ὅσα γε δυνατά. καὶ ἦν δὲ οὕτως.

22 Ἐπειδή τε ὁ Τεΐας ἐγένετο ἐν πόλει Βερώνῃ, τὴν
ἐκείνῃ δίοδον τοῖς πολεμίοις ἀπέφραξε πᾶσαν,
ἀδιέξοδά τε καὶ ὅλως ἄπορα πανταχόσε ἀμφὶ
ποταμὸν Πάδον τὰ χωρία εἶναι ἀνάγκῃ χειρο-
ποιήτῳ σκευωρησάμενος, καὶ πῇ μὲν λόχμας τε
καὶ τάφρους καὶ φάραγγας τεκτηνάμενος, πῇ δὲ
τέλμινάς τε ὡς βαθυτάτας καὶ χώρους τεναγώδεις
τινὰς αὐτὸς τῷ Γότθων στρατῷ ἐφύλασσεν ἐς τὸ
ἀκριβές, ὡς ὁμόσε χωρῆσαι Ῥωμαίοις, ἤν τι ἀπο-
23 πειρῶνται τῆς ἐνθένδε ὁδοῦ. ταῦτα δὲ Τουτίλας
ἐμηχανᾶτο, οἰόμενος διὰ μὲν τῆς παραλίας κόλ-
που τοῦ Ἰονίου Ῥωμαίοις μήποτε δυνατὰ ἔσεσθαι
τὴν πορείαν ποιεῖσθαι, ἐπεὶ ναυσίποροι ποταμοὶ
παμπληθεῖς ἐνταῦθα ἐκβολὰς ἔχοντες ἀπόρευτα
παντάπασι παρέχονται εἶναι τὰ ἐκείνῃ χωρία·
ναῦς δὲ αὐτοὺς τοσαύτας τὸ πλῆθος ὡς ἥκιστα
ἔχειν, ὥστε δὴ ἀθρόους[1] παντὶ τῷ στρατῷ δια-
πορθμεύεσθαι τὸν Ἰόνιον κόλπον, ἢν δέ γε κατ'
ὀλίγους ναυτίλλωνται, αὐτὸς ἂν τῷ καταλοίπῳ
στρατῷ τῶν Γότθων τοὺς ἑκάστοτε ἀποβαίνοντας
24 πόνῳ οὐδενὶ ἀναστείλειε. τοιαύτη μὲν οὖν γνώμῃ
ὅ τε Τουτίλας ἐπήγγελλε ταῦτα καὶ ὁ Τεΐας ἐποίει.

---

[1] ἀθρόους Hoeschel in margin : ἀθρόον MSS.

be utterly unable to get on from there to Ravenna,
nor could he march that way any farther than the
city of Verona. For Totila, they reported, had
gathered whatever was notable in the Gothic army,
and appointing as General over them Teïas the
Goth, a conspicuously able warrior, had sent him
to the city of Verona, which was subject to the Goths,
for the purpose of preventing, as far as in him lay,
the Roman army from passing by. This was in fact
the case.

By the time Teïas entered the city of Verona, he
had shut off entirely the road by which his enemy
must pass, having by artificial means made the land
which borders the Po River such that it was alto-
gether out of the question to travel in it or through
it; for he had in some places constructed brush
entanglements and ditches and gullies, in others
sloughs of the greatest depth and certain expanses
of swampy ground, while he himself with the Gothic
army was maintaining close guard so as to engage
with the Romans if they should make any attempt
to pass by that road. Now Totila had devised these
things with the idea that the Romans would never
be able, on the one hand, to make the march along
the coast of the Ionian Gulf, for a great number of
navigable rivers have their mouths there and make
the route entirely impassable; and, on the other
hand, he thought that they certainly did not have
ships in such numbers as to ferry the whole army in
a body across the Ionian Gulf, while if they should
sail in small groups, he himself with the remainder
of the Gothic army would with no trouble stop the
disembarkation on each occasion. Such was the
purpose of Totila in giving these orders, which were
being duly executed by Teïas.

Ναρσῇ δὲ λίαν ἀμηχανοῦντι Ἰωάννης ὁ
Βιταλιανοῦ, τῶν τῇδε χωρίων ἐμπείρως ἔχων,
παρῄνει παντὶ τῷ στρατῷ μὲν κατὰ τὴν παρα-
λίαν ἰέναι, κατηκόων σφίσιν ὄντων, ὡς προ-
δεδήλωται, τῶν τῇδε ἀνθρώπων, παρακολουθεῖν
25 δὲ τῶν νηῶν τινὰς καὶ ἀκάτους πολλάς. ἐπειδὰν
γὰρ ὁ στρατὸς ἐπὶ ταῖς τῶν ποταμῶν ἐκβολαῖς
γένωνται, γέφυραν ἐκ τῶν ἀκάτων τούτων τῷ τοῦ
ποταμοῦ ῥοθίῳ ἐναρμοσάμενοι, ῥᾷον ἂν καὶ
ἀπονώτερον ποιήσαιντο τὴν διάβασιν. ὁ μὲν
Ἰωάννης ταῦτα παρῄνει, πείθεται δὲ Ναρσῆς,
καὶ τῷ τρόπῳ τούτῳ παντὶ τῷ στρατῷ ἐπὶ
Ῥαβέννης κομίζεται.

XXVII

Ἐν ᾧ δὲ ταῦτα ἐπράσσετο τῇδε, ἐν τούτῳ
τάδε ξυνηνέχθη γενέσθαι. Ἰλδιγισὰλ Λαγγο-
βάρδας ἀνήρ, οὗπερ ἐν τοῖς ἔμπροσθεν λόγοις
ἐμνήσθην ἅτε[1] τοῦ[2] Αὐδουὶν ὄντος ἐχθροῦ, ὃς
τούτων δὴ τῶν βαρβάρων ἡγεῖτο (αὐτῷ γὰρ τὴν
ἀρχὴν κατὰ γένος προσήκουσαν Αὐδουὶν βιασά-
μενος ἔσχεν) ἐξ ἠθῶν ἀποδρὰς[3] τῶν πατρίων ἐπὶ
2 Βυζαντίου κομίζεται. οὗ δὴ αὐτὸν ἀφικόμενον
Ἰουστινιανὸς βασιλεὺς ἐν τοῖς μάλιστα φιλο-
φροσύνης ἠξίωσεν, ἄρχοντά τε κατεστήσατο
ἑνὸς τῶν ἐπὶ τοῦ Παλατίου φυλακῆς τεταγμένων
3 λόχων, οὕσπερ[4] σχολὰς ὀνομάζουσιν. εἵποντο
δὲ αὐτῷ τοῦ Λαγγοβαρδῶν ἔθνους ἄνδρες ἀγαθοὶ

---

[1] ἅτε Haury : αὐτός MSS. : αὐτῷ Maltretus.
[2] τοῦ L : δέ V.
[3] ἀποδράς L: om. V.
[4] οὕσπερ L : οὖπερ V.

Narses thus found himself completely bewildered, but John, the nephew of Vitalian, being familiar with these regions, advised him to proceed with the whole army along the coast, the inhabitants of this district, as previously stated,[1] being subject to them, while some of the ships and a large number of small boats accompanied them. For whenever they should come to the mouth of a river, they would throw a bridge of these boats across the river's current, and thus render the crossing comparatively easy. Such was the advice of John, and Narses was persuaded, and in this way made the journey to Ravenna with the whole army.

XXVII

While these things were going on as described, the following took place. Ildigisal the Lombard has been mentioned in the preceding narrative[2] as a personal enemy of Auduin, who was the ruler of these barbarians (indeed the kingship belonged to this man by birth, but Auduin had taken it from him by violent means); he now escaped from his native land and set out for Byzantium. And when he arrived there the Emperor Justinian treated him with very particular consideration and appointed him commander of one of the companies of guards assigned to the palace, which they call "scholae."[3] And he was followed by no fewer than three hundred

---

[1] Chap. xxiv. 8.
[2] Book VII. xxxv. 19, where he is called Ildiges.
[3] *i.e.* "schools."

τὰ πολέμια οὐχ ἥσσους ἢ τριακόσιοι, οἳ δὴ μίαν
4 πρῶτον ἐπὶ Θρᾴκης δίαιταν εἶχον. τὸν Ἰλδιγισὰλ
οὖν Αὐδουὶν μὲν πρὸς βασιλέως Ἰουστινιανοῦ
ἐξῃτεῖτο ἅτε φίλος τε Ῥωμαίοις καὶ ξύμμαχος ὤν,
μισθὸν τῆς φιλίας τὴν προδοσίαν αὐτῷ τοῦ
5 ἱκέτου[1] εἰσπραττόμενος. ὁ δὲ τρόπῳ οὐδενὶ
ἐδίδου.

Χρόνῳ δὲ ὕστερον Ἰλδιγισάλ, ἐνδεέστερον ἢ
κατὰ τὴν ἀξίαν αὐτοῦ καὶ τὴν Ῥωμαίων δόξαν
ἐπικαλῶν οἱ αὐτῷ τήν τε τιμὴν καὶ τὰ ἐπιτήδεια
εἶναι, δυσφορουμένῳ ἐπὶ πλεῖστον ἐῴκει. ὃ δὴ
Γόαρ κατενόησε, Γότθος ἀνήρ, πάλαι τε δορυάλω-
τος ἐν τῷδε τῷ πολέμῳ ἐκ Δαλματίας ἐνταῦθα
ἥκων, ἡνίκα τὸν πόλεμον Οὐίττιγις ὁ Γότθων
6 βασιλεὺς πρὸς Ῥωμαίους διέφερε· θυμοειδὴς δὲ
ὢν καὶ δραστήριος ἄγαν πρὸς τύχην τὴν παροῦσαν
ζυγομαχῶν διαγέγονεν. ἐπειδὴ δὲ Γότθοι μετὰ[2] τὴν
Οὐιττίγιδος ἐπικράτησιν ἐς ἀπόστασιν εἶδον, βασι-
λεῖ ὅπλα[3] ἀντάραντες, κακουργῶν ἐπὶ τῇ πολιτείᾳ
διαφανῶς ἥλω. φυγῇ δὲ ζημιωθεὶς τῆς Αἰγύπτου
ἐς τὴν Ἀντινόου[4] κομίζεται, καὶ χρόνος αὐτῷ
7 πολὺς ἐν τῇ ποινῇ ταύτῃ ἐτρίβη. ἀλλ' ὕστερον
οἰκτισάμενος βασιλεὺς κατήγαγεν ἐς Βυζάντιον.
οὗτος ὁ Γόαρ τὸν Ἰλδιγισὰλ ἰδὼν ἀσχάλλοντα,
ᾗπέρ μοι εἴρηται, ἐνδελεχέστατα νουθετῶν ἀνα-
πείθει δρασμῷ χρήσασθαι, ξὺν αὐτῷ ὁμολογήσας
8 ἐκ Βυζαντίου ἀπαλλαγήσεσθαι. ἐπειδὴ δὲ
αὐτοῖς ἡ βουλὴ ἤρεσκε, φεύγουσι μὲν ἐξαπιναίως
ξὺν ὀλίγοις τισίν, ἐς δὲ Ἄπρων ἀφικόμενοι τὴν

---

[1] ἱκέτου Maltretus : οἰκέτου MSS.
[2] γότθοι μετά L : γότθων κατά V.
[3] ὅπλα Haury : οἱ πάλαι MSS.

able warriors of the Lombard nation, who at first lived together in Thrace. Auduin accordingly demanded Ildigisal from the Emperor Justinian on the ground that he was a friend and ally of the Romans, claiming as payment for his friendship the betrayal of the suppliant to him. But Justinian refused absolutely to give him up.

Later on, however, Ildigisal began to make the complaint that both his rank and his maintenance were not commensurate with his worth and the good name of the Romans and appeared to be exceedingly dissatisfied. Now this was observed by Goar, a Goth, who had long ago come there from Dalmatia as a captive taken in this war, at the time when Vittigis, king of the Goths, was carrying on the war against the Romans; and being an impetuous and exceedingly active fellow, he was in constant rebellion against the fate which was upon him. But when the Goths, after the overthrow of Vittigis, planned a revolution and took up arms against the emperor, he was clearly caught working against the state. And being condemned to exile, he proceeded to the city of Antinoüs in Egypt, where he spent a long time under this punishment. But later the emperor, moved by pity, brought him back to Byzantium. This Goar, then, seeing Ildigisal in a state of discontent, as I have said, kept after him without interruption and tried to persuade him to take to flight, promising that he would leave Byzantium with him. And since this plan pleased them, they fled suddenly with only a few followers, and upon reaching the Thracian city of Apri, they

---

⁴ τὴν ᾿Αντινόου Haury : ταντόν L, ταυτόν V.

Θρακῶν πόλιν ἀναμίγνυνται Λαγγοβάρδαις τοῖς
τῇδε οὖσι. τοῖς τε βασιλικοῖς ἱπποφορβίοις
κατατυχόντες μέγα τι χρῆμα ἵππων ἐνθένδε
ἐπαγόμενοι πρόσω ἐχώρουν.

9 Ὧνπερ ἐπειδὴ βασιλεὺς ᾔσθετο, ἔς τε Θρᾴκην
ὅλην καὶ Ἰλλυριοὺς στείλας ἄρχουσί τε πᾶσι
καὶ στρατιώταις ἐπέστελλε τοῖς δραπέταις
10 τούτοις σθένει παντὶ ὑπαντιάσαι. καὶ πρῶτα
μὲν Οὕννων [1] τῶν Κουτριγούρων καλουμένων
ὀλίγοι τινὲς (οἳ δὴ ἐξ ἠθῶν τῶν πατρίων ἐξανα-
στάντες, ᾗπέρ μοι οὐ πολλῷ ἔμπροσθεν δεδιήγη-
ται, δόντος βασιλέως ἐπὶ τῆς Θρᾴκης ἱδρύσαντο)
11 τοῖς φεύγουσι τούτοις ἐς χεῖρας ἦλθον. ἡσση-
θέντες δὲ μάχῃ τινὲς μὲν πίπτουσιν, οἱ δὲ λοιποὶ
τραπόμενοι οὐκέτι ἐδίωκον, ἀλλ' αὐτοῦ ἔμενον.
οὕτω τε Θρᾴκην ὅλην διεληλύθασιν Ἰλδίγισάλ
τε καὶ Γόαρ ξὺν τοῖς ἑπομένοις, οὐδενὸς ἐνοχλοῦν-
12 τος. ἐν Ἰλλυριοῖς δὲ γενόμενοι Ῥωμαίων στρατὸν
εὗρον ἐπὶ τῷ σφῶν πονηρῷ ξὺν ἐπιμελείᾳ ξυνει-
13 λεγμένον. τοῦ δὲ στρατοῦ τούτου ἄλλοι τέ τινες
καὶ Ἀράτιός τε καὶ Ῥεκίθαγγος καὶ Λεωνιανὸς
καὶ Ἀριμοῦθ ἦρχον, οἳ δὴ ἐτύγχανον τὴν ἡμέραν
14 ἱππεύσαντες ὅλην. ἔς τε χῶρον ὑλώδη ἀφικόμενοι
περὶ λύχνων ἁφὰς ἔστησαν, ὡς αὐλισόμενοί τε
καὶ διανυκτερεύσοντες ἐνταῦθα τὴν νύκτα ἐκείνην.
15 τοῖς μὲν οὖν στρατιώταις ἐπέστελλον οἱ ἄρχοντες
οὗτοι τά τε ἄλλα καὶ ἵππων τῶν σφετέρων ἐπι-
μελεῖσθαι καὶ παρὰ [2] τὸν ταύτῃ ῥέοντα ποταμὸν
αὐτοὺς ἀναψύχειν, παρηγοροῦντας τὸν τῆς ὁδοῦ
16 κόπον. αὐτοί τε κατὰ τρεῖς ἢ τέτταρας ἕκαστος
δορυφόρους ἐπαγόμενοι ἀποκεκρυμμένως τοῦ ποτα-

_____
[1] Οὕννων L: οὖν V.   [2] παρά L: περί V.

joined forces with the Lombards who were there. Next they came by chance upon the imperial horse pastures and took from them a great number of horses, which they took with them as they proceeded.

But when the emperor learned of this, he sent into all Thrace and Illyricum and instructed all commanders and soldiers to use every means in their power to check these runaways. And first of all a small number of the Huns called Cutrigurs (men who had migrated from their ancestral abodes, as I have stated not long since,[1] and settled in Thrace with the emperor's permission) came to an engagement with these fugitives. But they were defeated in battle and some of them fell, while the rest were routed and did not continue the pursuit, but remained where they were. Thus Ildigisal and Goar with their followers passed through the whole of Thrace, not molested by anyone. But upon reaching Illyricum they found a Roman army carefully gathered to oppose them. Now this army was commanded by Aratius, Rhecithangus, Leonianus, Arimuth, and others, all of whom happened to have been riding the whole day. And upon reaching a wooded place about nightfall they had stopped, intending to bivouac and so pass the night there. So these commanders gave their soldiers the usual orders, instructing them to care for their horses and to refresh themselves beside the river which flowed by, thus repairing the fatigue of the journey. They themselves meanwhile took with them three or four bodyguards each and in a concealed place began to

---

[1] Chap. xix. 7.

μοῦ ἔπινον· δίψει γάρ, ὡς τὸ εἰκός, χαλεπῇ
17 εἴχοντο. οἱ δὲ ἀμφὶ Γόαρ καὶ Ἰλδιγισὰλ ἀγχοῦ
που ὄντες καὶ σκοποὺς πέμψαντες ταῦτα ἔγνω-
σαν. ἀπροσδόκητοί τε πίνουσιν αὐτοῖς ἐπι-
στάντες ἅπαντας ἔκτειναν, καὶ τὸ λοιπὸν
ἀδεέστερον σφίσιν αὐτοῖς τὰ ἐς τὴν πορείαν
18 ᾗπερ ἐβούλοντο διῳκήσαντο. ἄναρχοι γὰρ οἱ
στρατιῶται γενόμενοι διηποροῦντό τε καὶ παν-
τάπασιν ἀμηχανοῦντες ὀπίσω ἀπήλαυνον. Γόαρ
μὲν οὖν καὶ Ἰλδιγισὰλ οὕτω διαφυγόντες ἐς
Γήπαιδας ἦλθον.

19   Ἐτύγχανε δὲ καί τις ἐκ Γηπαίδων, Οὐστρίγοτ-
θος ὄνομα, ἐς Λαγγοβάρδας φυγὼν τρόπῳ τοιῷδε.
Ἐλεμοῦνδος μὲν ὁ Γηπαίδων γεγονὼς βασιλεὺς
οὐ πολλῷ ἔμπροσθεν ἐξ ἀνθρώπων ἠφάνιστο
νόσῳ, τούτου δή οἱ μόνου τοῦ Οὐστριγότθου
ἀπολελειμμένου παιδός, ὅνπερ ὁ Θορισὶν βια-
σάμενος (μειράκιον γὰρ ἦν ἔτι) τὴν ἀρχὴν ἔσχε.
20 διὸ δὴ ὁ παῖς οὐκ ἔχων τὸν ἠδικηκότα καθ᾽ ὅ τι
ἀμύνηται, ἐξ ἠθῶν ἀναστὰς τῶν πατρίων ἐς
Λαγγοβάρδας Γήπαισι πολεμίους ὄντας ἀπιὼν
21 ᾤχετο. ἐγένοντο δὲ Γήπαισιν ὀλίγῳ ὕστερον
πρός τε βασιλέα Ἰουστινιανὸν καὶ τὸ Λαγγο-
βάρδων ἔθνος διαλλαγαί, ὁρκίοις τε ἀλλήλους [1]
δεινοτάτοις κατέλαβον ᾗ μὴν τὸ λοιπὸν φιλίαν
22 τὴν ἐς ἀλλήλους ἀπέραντον διασώσασθαι. ἐπειδὴ
τε αὐτοῖς τὰ ἐς τὰς διαλλαγὰς βεβαιότατα
ξυνετελέσθη, βασιλεύς τε Ἰουστινιανὸς καὶ
Αὐδουὶν ὁ τῶν Λαγγοβαρδῶν ἡγούμενος παρὰ
Θορισὶν τὸν Γηπαίδων ἄρχοντα πέμψαντες τὸν
Ἰλδιγισὰλ ἅτε κοινὸν ἐχθρὸν ἐξῃτοῦντο, τὴν ἐς

───
[1] ἀλλήλους Maltretus : ἀλλήλοις MSS.

drink from the river; for they were naturally suffering from severe thirst. But the men of Goar and Ildigisal who were near by had sent out scouts and found this out. So falling unexpectedly upon them as they drank they slew every man of them, and thereafter they conducted their march as they pleased without further fear. For the soldiers, finding themselves without commanders, fell into a state of perplexity, and being completely at a loss began to withdraw. So Goar and Ildigisal made their escape in this way and came to the Gepaedes.

Now it so happened that a certain man named Ustrigothus had fled from the Gepaedes to the Lombards in the following circumstances. Elemundus, who had been king of the Gepaedes, had been taken from the world by disease not long before, this Ustrigothus being his only surviving child; but Thorisin had forced him aside (for he was still a stripling) and had thus secured the power. Consequently the boy, having no means of defending himself against the aggressor, departed from his native land and made off to the Lombards, who were then at war with the Gepaedes. But a little later a reconciliation was effected by the Gepaedes with both the Emperor Justinian and the Lombard nation, and they bound themselves by the most solemn oaths that from that time forth they would preserve an eternal friendship with each other. And as soon as the details of the agreement had been most firmly fixed, both the Emperor Justinian and Auduin, ruler of the Lombards, sent to Thorisin, the ruler of the Gepaedes, demanding the surrender of Ildigisal as a common enemy, ask-

τὸν ἱκέτην τὸν αὐτοῦ προδοσίαν δεόμενοι δήλωσιν
τῆς ἐς αὐτοὺς φιλίας ποιήσασθαι πρώτην.

23 Καὶ ὃς τοῖς Γηπαίδων λογίμοις κοινολογησάμε-
νος[1] τὰ παρόντα σπουδῇ ἀνεπυνθάνετο εἰ ποιητέα
24 οἱ τὰ πρὸς τοῖν βασιλέοιν αἰτο⸍μενα εἴη. οἱ δὲ
ἄντικρυς μὴ ποιήσειν ἀπεῖπον, κρεῖσσον ἀπισ-
χυρισάμενοι εἶναι Γηπαίδων τῷ ἔθνει αὐταῖς τε
γυναιξὶ καὶ γόνῳ παντὶ διολωλέναι αὐτίκα δὴ
μάλα ἢ ἀνοσίοις ἐπ' ἀσεβήματι γενέσθαι τοιούτῳ.
25 ταῦτα ἀκούσας ὁ Θορισὶν ἐς ἀμηχανίαν ἐξέπιπ-
τεν. οὔτε γὰρ ἀκουσίων[2] τῶν ἀρχομένων ἐπιτε-
λέσαι τὸ ἔργον εἶχεν οὔτε ἀνακυκλεῖν πόλεμον,
πόνῳ τε καὶ χρόνῳ πεπαυμένον πολλῷ, πρός τε
Ῥωμαίους καὶ Λαγγοβάρδας ἔτι ἤθελεν. ὕστερον
26 μέντοι ἐπενόει τάδε. πέμψας παρὰ τὸν Αὐδουὶν
ἐξῃτεῖτο τὸν Ἐλεμούνδου υἱὸν Οὐστρίγοτθον, ἐπὶ
τὴν ὁμοίαν αὐτῷ ἁμαρτάδα ὁρμῶν, τῶν τε ἱκετῶν[3]
ἀνταλλάσσεσθαι[4] τὴν προδοσίαν παρακαλῶν.
27 τῇ γὰρ τῆς ἐμφεροῦς ἀτοπίας ὀκνήσει τὴν ἐπίτα-
ξιν αὐτῶν ἀναχαιτίσειν ἐλπίδα εἶχεν,[5] ἀλλ'
Αὐδουὶν αὐτὸν μηδεμιᾷ μελλήσει τῇ παρανομίᾳ
28 καὶ ὁμολογίᾳ λήψεσθαι. τούτων τε αὐτοῖς
δεδογμένων ἐξεπιστάμενοι ὡς οὔτε Λαγγοβάρδαι
οὔτε Γήπαιδες ἐθέλουσι τοῦ μιάσματος μετα-
λαχεῖν σφίσιν,[6] ἐς μὲν[7] τὸ ἐμφανὲς οὐδὲν ἔδρασαν,
ἑκάτερος δὲ δόλῳ τὸν θατέρου ἐχθρὸν ἔκτεινεν.
29 ὅντινα μέντοι τρόπον, ἀφίημι λέγειν· οὐ γὰρ
ὁμολογοῦσιν ἀλλήλοις οἱ ἀμφ' αὐτοῖν[8] λόγοι,

---

[1] κοινολογησάμενος L : ἐπικοινωσάμενος V.
[2] ἀκουσίων Maltretus : ἀκουσίως MSS.
[3] ἱκετῶν Maltretus : οἰκετῶν MSS.
[4] ἀνταλλάσσεσθαι Maltretus : ἀπαλλάσσεσθαι L, ἀπαλλάσσα-
σθαι V.

ing that he make the betrayal of his suppliant the
first proof of his friendship to them.

He then conferred on the situation with the
notable men of the Gepaedes and eagerly asked
whether he was bound to fulfil the demand of the
two sovereigns. And they forbade him absolutely
to do so, firmly declaring that it was better for the
nation of the Gepaedes to perish forthwith with
their women and their whole stock rather than to
become polluted by such an impiety. Upon hearing
this Thorisin was plunged into uncertainty. For
neither could he perform the deed against the will
of his subjects, nor did he wish to revive once more
a war against the Romans and Lombards which had
been brought to an end with great labour and ex-
penditure of time. Later, however, he thought of
the following plan. He sent to Auduin and de-
manded the surrender of Ustrigothus, son of Ele-
mundus, urging him to commit a sin equal to the
one urged upon himself, and inviting him to betray
one suppliant in exchange for the other. In this way
he hoped that he would frustrate their demand
through dread of a similar transgression and would
immediately catch Auduin himself by the proposed
illicit compact. So when they had reached these
decisions and understood clearly that neither Lom-
bards nor Gepaedes were willing to have any share
in the pollution, they did nothing at all openly, but
each of them put the enemy of the other to death
by stealth. But as to how they did this, I shall not
undertake to tell; for the accounts of this matter

---

[5] ἐλπίδα εἶχεν Herwerden : εἶχεν MSS.
[6] σφίσιν Scaliger : φησιν L, φησί V.
[7] μέν Maltretus : μὲν οὖν MSS.
[8] αὐτοῖν Haury : αὐτῶν MSS.

ἀλλὰ κατὰ πολὺ διαλλάσσουσιν οἶά γε τῶι
πραγμάτων τὰ λαθραιότατα. τὰ μὲν οὖν κατὰ
Ἰλδιγισὰλ καὶ Οὐστρίγοτθον ἐς τοῦτο ἐτελεύτα.

XXVIII

Τοῖς δὲ ἀμφὶ Ναρσῆν ἀφικομένοις ἐς Ῥάβενναν
πόλιν ἀνεμίγνυντο Βαλεριανὸς καὶ Ἰουστῖνος οἱ
στρατηγοί, καὶ εἴ τι ἄλλο στράτευμα Ῥωμαίων
2 ταύτῃ ἐλέλειπτο. ἐπειδὴ δὲ αὐτοῖς ἐννέα ἡμερῶν
χρόνος ἐς Ῥάβενναν ἐτέτριπτο, Οὐσδρίλας,
Γότθος ἀνήρ, διαφερόντως ἀγαθὸς τὰ πολέμια,
τοῦ ἐν Ἀριμίνῳ φυλακτηρίου ἄρχων, πρὸς Βαλε-
ριανὸν ἔγραψε τάδε· "Πάντα ταῖς φήμαις καταλα-
βόντες, τοῖς τε φάσμασιν ἤδη ξύμπασαν Ἰταλίαν
συσχόντες καὶ ὀφρυάσαντες οὐχ ὅσα γε τὰ ἀνθρώ-
πεια, ταύτῃ τε Γότθους, ὥσπερ οἴεσθε, δεδιξάμενοι,
εἶτα κάθησθε νῦν ἐν Ῥαβέννῃ τῷ μὲν ἀποκεκρύφ-
θαι ὡς ἥκιστα τοῖς πολεμίοις ἔνδηλοι,[1] οἶμαι,[2]
ξυμφρουροῦντες ἔτι τὸ φρόνημα τοῦτο, βαρ-
βάρων δὲ παμμίκτῳ ὁμίλῳ τὴν οὐδαμόθεν προ-
3 σήκουσαν ὑμῖν κατατρίβοντες χώραν. ἀλλ'
ἀνάστητε ὅτι τάχιστα καὶ πολεμίων ἔργων τὸ
λοιπὸν ἅπτεσθε, δείξατέ τε ὑμᾶς αὐτοὺς Γότθοις,
μηδὲ ἀναρτήσητε μακροτέραις ἐλπίσιν ἡμᾶς,
4 προσδεχομένους ἐκ παλαιοῦ τὸ θέαμα." ἡ μὲν
γραφὴ τοσαῦτα ἐδήλου.

Ἐπειδὴ δὲ ταῦτα Ναρσῆς ἀπενεχθέντα εἶδε,
Γότθων τῆς ἀλαζονείας γελάσας,[3] καθίστατο

---

[1] ἔνδηλοι Scaliger: ἔνδηλον MSS.
[2] οἶμαι Haury: εἶναι MSS.

do not agree with each other, but differ widely, as is natural in matters of a very secret nature. Such was the end of the story of Ildigisal and Ustrigothus.

XXVIII

WHEN [1] the forces of Narses reached the city of Ravenna, they were joined by the generals Valerian and Justinus and whatever of the Roman army was left in that region. Now when they had spent nine days' time at Ravenna, Usdrilas, a Goth and an exceptionally capable warrior, commander of the garrison at Ariminum, wrote to Valerian as follows. "Though you have filled the world with talk of you and have already captivated the whole of Italy with the visions of your power, and have assumed an air of supercilious pride quite above the level of mortal men, and though you have in this way frightened the Goths, as you fondly imagine, you nevertheless now sit in Ravenna without at all shewing your own forces to your enemy, through your policy of keeping hidden—no doubt as a way of guarding still this proud spirit of yours—but using a heterogeneous horde of barbarians with which to ruin the land which belongs to you in no sense whatever. But arise with all speed and henceforth essay the deeds of war; shew yourselves to the Goths, and do not tantalize us longer with mere hope, since we have been awaiting the spectacle a long time." Such was the message of the letter.

When this was brought to Narses and seen by him, he laughed at the effrontery of the Goths and

[1] The narrative is resumed from chap. xxvi.

---

[2] γελάσας LV: καταγελάσας MS. a corr., Maltretus.

εὐθὺς παντὶ τῷ στρατῷ ἐς τὴν ἔξοδον, φρουρὰν
5 ξὺν Ἰουστίνῳ ἐν Ῥαβέννῃ ἀπολιπών. γενόμενοί
τε πόλεως Ἀριμίνου ἄγχιστα, εὗρον οὐκ εὐπετῆ
σφίσι τὸ ἐνθένδε τὴν δίοδον οὖσαν, Γότθων
περιῃρηκότων τὴν ἐκείνῃ γέφυραν οὐ πολλῷ πρό-
6 τερον. ὁ γὰρ ποταμὸς ὁ τὴν Ἀρίμινον παραρ-
ρέων ἀνδρὶ μὲν ἀόπλῳ ἐνὶ πεζῇ ἰόντι μόλις
διαβατὸς γίνεται διὰ τῆς γεφύρας πόνῳ τε καὶ
ταλαιπωρίᾳ πολλῇ, καὶ ταῦτα μηδενὸς ἐνοχλοῦν-
τος ἢ τὴν δίοδον ἀναστέλλοντος· πλήθει δὲ
ἀνθρώπων καὶ διαφερόντως ἐξωπλισμένων, ἄλλως
τε καὶ πολεμίων ἀντιστατούντων, τρόπῳ ὁτῳοῦν
7 ἐνταῦθα διαπορθμεύσασθαι ἀδύνατά ἐστι. διόπερ
ὁ Ναρσῆς ἐν τῷ γεφύρας χώρῳ γενόμενος ξὺν
ὀλίγοις τισὶν ἀπορούμενος ἐπὶ πλεῖστον διεσκο-
πεῖτο ὁπόθεν ἄν ποτε πόρον τινὰ τῷ πράγματι
8 εὕροι. οὗ δὴ καὶ Οὐσδρίλας τινὰς ἐπαγαγόμενος
ἱππέων ἦλθε, μή τι τῶν πρασσομένων αὐτὸν διαλά-
θοι. τῶν δέ τις Ναρσῇ ἐπισπομένων τὸ τόξον
ἐντείνας ἐπ᾽ αὐτοὺς ἔβαλλεν, ἑνί τε τῶν ἵππων
9 κατατυχὼν εὐθὺς ἔκτεινεν. οἵ τε ἀμφὶ τὸν Οὐσδρί-
λαν τότε μὲν ἐνθένδε κατὰ τάχος ἀπαλλαγέντες
ἐντὸς τοῦ περιβόλου ἐγένοντο, αὐτίκα δὲ καὶ
ἄλλους ἐπαγαγόμενοι τῶν σφίσι μαχιμωτάτων διὰ
πύλης ἑτέρας ἐπ᾽ αὐτοὺς ἵεντο, ὡς ἀπροσδόκητοί
τε αὐτοῖς ἐπιπεσόντες καὶ τὸν Ναρσῆν διαχρησό-
10 μενοι αὐτίκα δὴ μάλα. ἐπὶ θάτερα γὰρ τοῦ
ποταμοῦ διερευνώμενος τῇ στρατιᾷ τὴν διάβασιν
ἤδη ἀφῖκτο. ἀλλὰ τῶν τινες Ἐρούλων τύχῃ
αὐτοῖς[1] τινὶ ἐνταῦθα ὑπαντιάσαντες κτείνουσί τε

---

[1] αὐτοῖς Hoeschel in margin : αὐτούς MSS.

immediately prepared his whole army for departure, leaving a garrison with Justinus at Ravenna. But when they came close to the city of Ariminum, they found that the road from that point was not easy, since the Goths had not long before damaged the bridge there. For the river which flows by Ariminum is scarcely passable for a single unarmed man making his way on foot over the bridge with great labour and difficulty, and that too when no one is harassing him or disputing the passage;[1] but for a large number of men, particularly when under arms, and above all when confronted by an enemy, it is impossible by any means whatever to make that crossing. Consequently Narses went to the site of the bridge accompanied by a few, and being thoroughly perplexed he was considering carefully what solution he could possibly find for the difficulty. And Usdrilas also came thither, bringing some of his horsemen, lest anything that was done should escape him. Then one of the followers of Narses drew his bow and shot at them, and he hit one of their horses and killed it outright. And the company of Usdrilas for the moment departed from there in haste and got inside the fortifications, but immediately rushed out against the Romans through another gate, bringing with them others of their most warlike men, in order to fall upon them unexpectedly and destroy Narses forthwith. For in reconnoitring the crossing for the army he had already reached the other side of the river. But certain of the Eruli by some chance encountered them there and slew

---

[1] The splendid bridge of Augustus over the Marecchia (anc. *Fluvius Ariminus*), which still stands, must have been very much damaged to justify this statement of Procopius.

τὸν Οὐσδρίλαν, καὶ ὅστις ποτὲ ἦν ἐπιγνωσθέντα
παρὰ Ῥωμαίου ἀνδρὸς τὴν κεφαλὴν ἀφαιρού-
μενοι, ἐς τὸ Ῥωμαίων στρατόπεδον ἦλθον, καὶ
Ναρσῇ ἐπιδείξαντες τῇ προθυμίᾳ ἐπέρρωσαν
πάντας, τεκμηριουμένους τῷ ξυμβεβηκότι τὰ ἐκ
τοῦ θεοῦ Γότθοις πολέμια εἶναι· οἵ γε τῶν πολε-
μίων τῷ στρατηγῷ ἐνεδρεύσαντες αὐτοὶ οὐκ ἐξ
ἐπιβουλῆς ἢ προνοίας τινὸς τὸν ἄρχοντα σφῶν
ἐξαπιναίως ἀφῄρηντο.

11 Ναρσῆς δέ, καίπερ Οὐσδρίλα πεπτωκότος, ὃς τοῦ
ἐν Ἀριμήνῳ φυλακτηρίου ἦρχε, πρόσω ἤπειγε[1]
τὸ στράτευμα. οὔτε γὰρ Ἀρίμηνον οὔτε ἄλλο τι
χωρίον πρὸς τῶν πολεμίων ἐχόμενον ἐνοχλεῖν
ἤθελεν, ὡς μή τις αὐτῷ τρίβοιτο χρόνος, μηδὲ τῷ
παρέργῳ τῆς χρείας ἡ σπουδαιοτάτη διείργοιτο
12 πρᾶξις. τῶν δὲ πολεμίων ἅτε πεπτωκότος σφίσι
τοῦ ἄρχοντος ἡσυχαζόντων τε καὶ οὐκέτι ἐμπο-
δίων καθισταμένων ὁ Ναρσῆς ἀδεέστερον γεφύρᾳ
τὸν ποταμὸν ζεύξας διεβίβασε πόνῳ οὐδενὶ τὸν
13 στρατὸν ἅπαντα. ὁδοῦ δὲ τῆς Φλαμηνίας ἐνθένδε
ἀφέμενος ἐν ἀριστερᾷ ἤει. Πέτρας γὰρ τῆς
Περτούσης καλουμένης, ἧσπέρ μοι τὸ τοῦ ὀχυρώ-
ματος καρτερὸν χωρίου φύσει ἐν τοῖς ἔμπροσθεν
δεδιήγηται λόγοις, κατειλημμένης[2] τοῖς ἐναντίοις
πολλῷ πρότερον, ἀπόρευτα Ῥωμαίοις καὶ παντά-
πασιν ἀδιέξοδα, ὅσα γε κατὰ τὴν Φλαμηνίαν ὁδόν,
ὄντα ἐτύγχανεν. ὁδὸν οὖν ὁ Ναρσῆς διὰ ταῦτα
τὴν ἐπιτομωτέραν ἀφεὶς τὴν βάσιμον ἤει.

---

[1] ἤπειγε MSS. : ἐπῆγε Dindorf.
[2] κατειλημμένης Haury : κατειλημμένου MSS., κατειλημμένον
Hoeschel.

Usdrilas, and since he was identified by a Roman they cut off his head, and coming into the Roman camp displayed it to Narses and so strengthened the courage of all; for they inferred from what had happened that Heaven was hostile to the Goths, seeing that in seeking to ambush the general of their enemy they themselves, not through any plot or preconceived plan, had suddenly lost their own commander.

But Narses, in spite of the fall of Usdrilas, commander of the garrison at Ariminum, pushed forward with the army. For he did not wish to trouble Ariminum nor any other place held by the enemy, in order that no time might be wasted by him and the accomplishment of the most important thing be crowded out by that which was incidental to his task. The enemy, for their part, now that their commander had fallen, remained quiet and sought no longer to block his way, so that Narses without a fear spanned the river with a bridge and took the entire army across without any trouble. From there he left the Flaminian Way and went to the left. For the place called Petra Pertusa, whose naturally strong fortress has been described by me in the previous narrative,[1] had been occupied by his opponents long before, and consequently the road was closed to the Romans and it was out of the question to pass through, as far at least as the Flaminian Way was concerned. Narses accordingly left the shorter road on this account and went by the road which could be travelled.

[1] Book VI. xi. 10-14.

XXIX

Τῷ μὲν οὖν Ῥωμαίων στρατῷ τά γε ἀμφὶ τῇ πορείᾳ ταύτῃ πῃ εἶχε. Τουτίλας δὲ πεπυσμένος ἤδη τὰ ἐν Βενετίαις ξυνενεχθέντα Τεΐαν μὲν τὰ πρῶτα καὶ τὴν ξὺν αὐτῷ στρατιὰν προσδεχόμενος
2 ἐν τοῖς ἐπὶ Ῥώμης χωρίοις ἡσυχῇ ἔμενεν. ἐπειδὴ δὲ παρῆσαν, μόνοι τε δισχίλιοι ἱππεῖς ἐλείποντο ἔτι, τούτους δὴ οὐκ ἀναμείνας ὁ Τουτίλας, ἀλλὰ παντὶ ἄρας τῷ ἄλλῳ στρατῷ ὡς τοῖς πολεμίοις
3 ἐν ἐπιτηδείῳ ὑπαντιάσων ᾔει. ἐν δὲ τῇ ὁδῷ ταύτῃ τά τε τῷ Οὐσδρίλᾳ συμπεπτωκότα καὶ Ἀρίμηνον τοὺς πολεμίους διαβεβηκέναι μαθών, ὅλην μὲν Τουσκίαν ἀμείψας, ἐν ὄρει δὲ τῷ Ἀπεννίνῳ καλουμένῳ γενόμενος, αὐτοῦ ἐνστρα-τοπεδευσάμενος, ἔμενεν ἄγχιστα κώμης ἥνπερ οἱ
4 ἐπιχώριοι Ταγίνας καλοῦσιν. ἥ τε Ῥωμαίων στρατιὰ Ναρσοῦ ἡγουμένου οὐ πολλῷ[1] ὕστερον ἐν τῷ ὄρει καὶ αὐτοὶ τῷ Ἀπεννίνῳ ἐνστρατοπε-δευσάμενοι ἔμενον, σταδίους ἑκατὸν μάλιστα τοῦ τῶν ἐναντίων στρατοπέδου διέχοντες, ἐν χωρίῳ ὁμαλῷ μέν, λόφους δὲ ἄγχιστά πῃ περιβεβλημένῳ πολλούς, ἵνα δή ποτε στρατηγοῦντα[2] Ῥωμαίων Κάμιλλον τῶν Γάλλων ὅμιλον διαφθεῖραι μάχῃ
5 νενικηκότα φασί. φέρει δὲ καὶ εἰς ἐμὲ μαρτύριον τοῦ ἔργου τούτου τὴν προσηγορίαν ὁ χῶρος καὶ διασώζει τῇ μνήμῃ τῶν Γάλλων τὸ πάθος, Βουσ-ταγαλλώρων καλούμενος. βοῦστα γὰρ Λατῖνοι
6 τὰ ἐκ τῆς πυρᾶς καλοῦσι λείψανα. τύμβοι τε τῇδε γεώλοφοι τῶν νεκρῶν ἐκείνων παμπληθεῖς εἰσίν.

---

[1] οὐ πολλῷ Maltretus : πολλῶ MSS.
[2] ποτε στρατηγοῦντα A : στρατηγοῦνταί ποτε V.

XXIX

Such were the events of the march of the Roman army. Now Totila, having already learned what had taken place in Venetia, at first remained quiet in the vicinity of Rome awaiting Teïas and his army. But when they had come and only two thousand horsemen were still missing, Totila, without awaiting these, started on the march with all the rest of the army in order to encounter the enemy in a suitable place. But he learned on this march both what had befallen Usdrilas and also that his enemy had passed by Ariminum, whereupon he crossed the whole of Tuscany, and upon reaching the mountains called the Apennines established his camp there and remained close to a village which the inhabitants call Taginae.[1] And the Roman army led by Narses also made camp on the Apennines not long afterward and remained in that position, about one hundred stades distant from the camp of their opponents, in a place which is level but surrounded by many hills close by, the very place where once, they say, Camillus as general of the Romans defeated in battle and destroyed the host of the Gauls.[2] And the place even to my day bears witness to this deed in its name and preserves the memory of the disaster which befell the Gauls, being called Busta Gallorum.[3] For the Latins call the remains of the funeral pyre "busta." And there are great numbers of mounded tombs of their bodies in this place.

[1] More properly Tadinum ; modern Gualdo Tadino.

[2] This statement is quite untrue as it stands.

[3] *I.e.* " Sepulchres of the Gauls." Here again Procopius is far from the truth. The Busta Gallorum of Livy V. xlviii were in the city of Rome.

Αὐτίκα δὲ στείλας ἐνθένδε Ναρσῆς τῶν οἱ
ἐπιτηδείων τινὰς παραίνεσιν ἐπήγγελλε ποιεῖσ-
θαι τῷ Τουτίλᾳ καταθέσθαι μὲν τὰ πολέμια,
βουλεύεσθαι δὲ εἰρηναῖά ποτε, διαριθμουμένῳ ὅτι
δὴ αὐτός, ἀνθρώπων ἄρχων ὀλίγων τέ τινων καὶ
ὑπόγυον νόμῳ οὐδενὶ ξυνειλεγμένων, πάσῃ τῇ
Ῥωμαίων ἀρχῇ ἐπὶ πλεῖστον διαμάχεσθαι οὐκ
7 ἂν δύναιτο. ἔφη δὲ αὐτοῖς καὶ τοῦτο, ὥστε δὴ
αὐτόν, εἰ πολεμησείοντα ἴδοιεν, μελλήσει οὐδεμιᾷ
ἐγκελεύεσθαι τακτὴν[1] διορίσαι τινὰ ἡμέραν τῇ
8 μάχῃ. ἐπειδὴ γοῦν οἱ πρέσβεις οὗτοι τῷ Τουτίλᾳ
ἐς ὄψιν ἦλθον, τὰ ἐπιτεταγμένα ἐποίουν. καὶ ὁ
μὲν νεανιευόμενος ἐκομψεύετο ὡς τρόπῳ αὐτοῖς
παντὶ πολεμητέον εἴη, οἱ δὲ ὑπολαβόντες "Ἀλλ᾽,
ὦ γενναῖε" ἔφασαν "ῥητόν τινα καιρὸν τῇ
ξυμβολῇ τίθει." καὶ ὃς αὐτίκα "ὀκτὼ ἡμερῶν
9 ξυμμίξωμεν" ἔφη. οἱ μὲν οὖν πρέσβεις παρὰ
τὸν Ναρσῆν ἐπανήκοντες τὰ ξυγκείμενα σφίσιν
ἐπήγγελλον, ὁ δὲ Τουτίλαν δολώσεις ὑποτοπάζων
ἐπινοεῖν παρεσκευάζετο ὡς τῇ ὑστεραίᾳ μαχού-
10 μενος. καὶ ἔτυχέ γε τῆς τῶν πολεμίων ἐννοίας.
ἡμέρᾳ γὰρ τῇ ἐπιγενομένῃ αὐτάγγελος παντὶ τῷ
στρατῷ παρῆν ὁ Τουτίλας. ἤδη δὲ ἀλλήλοις
ἑκάτεροι ἀντεκάθηντο, οὐ πλέον ἢ δυοῖν διέχοντες
τοξευμάτων βολαῖν.
11 Ἦν γέ τι[2] γεώλοφον ἐνταῦθα βραχύ, ὃ δὴ
καταλαβεῖν ἀμφότεροι διὰ σπουδῆς εἶχον, ἐν
ἐπιτηδείῳ σφίσιν οἰόμενοι κεῖσθαι, ὅπως τε
βάλλειν τοὺς ἐναντίους ἐξ ὑπερδεξίων ἔχοιεν καὶ
ὅτι χῶροι λοφώδεις, ᾗπέρ μοι δεδήλωται, ἐνταῦθά
πη ἦσαν, ταύτῃ τοι κυκλώσασθαί τινας τὸ
Ῥωμαίων στρατόπεδον κατὰ νώτου ἰόντας ἀμή-

Now Narses immediately sent from there some of his associates, bidding them exhort Totila to lay aside warfare and at last make plans for peace, for he must realize that as ruler of only a small number of men recently banded together by no law, he would not be able to contend for very long with the whole Roman empire. But he told them this also, that, if they saw that Totila was determined to fight, they should immediately urge him to appoint a definite day for the battle. These envoys accordingly came before Totila and carried out their instructions. And he in a spirit of bravado began to boast that by all means they must fight, but the envoys rejoined quickly, "Very well, good Sir, appoint some definite time for the engagement." Whereupon he immediately said, "At the end of eight days let us match our strength." So the envoys returned to Narses and reported their agreement, whereupon he, suspecting that Totila was planning treachery, made preparations to fight on the following day. And in fact he was right in his judgment of the purpose of his enemy. For on the succeeding day Totila was at hand self-announced with his whole army. And immediately the two armies took up positions opposite one another, not more than two bowshots apart.

Now there was a small hill there which both were eager to occupy, thinking that it was favourably situated for their purposes, both in order to shoot at their opponents from a high point of vantage, and also because the ground being hilly thereabout, as I have previously stated, it was impossible for anyone to encircle the Roman camp on that side

---

[1] τακτήν A : ταυτήν V.   [2] τι Maltretus : τοι MSS.

χανον ἦν, ὅτι μὴ διὰ μιᾶς τινος ἀτραποῦ,
12 ἢ παρὰ τὸ γεώλοφον ἐτύγχανεν οὖσα. διὸ
δὴ περὶ πλείονος αὐτὸ ποιεῖσθαι ἀμφοτέροις
ἐπάναγκες ἦν, Γότθοις μέν, ὅπως ἐν τῇ ξυμβολῇ
κυκλωσάμενοι τοὺς πολεμίους ἐν ἀμφιβόλῳ
ποιήσονται, Ῥωμαίοις δέ, ὅπως δὴ ταῦτα μὴ
13 πάθοιεν. ἀλλὰ προτερήσας Ναρσῆς πεντήκοντα
ἐκ καταλόγου πεζοὺς ἀπολέξας ἀωρὶ νύκτωρ ὡς
καταληψομένους τε καὶ καθέξοντας αὐτὸ[1]
14 ἔστειλε. καὶ οἱ μὲν οὐδενὸς σφίσι τῶν πολεμίων
ἐμποδὼν ἱσταμένου ἐνταῦθα γενόμενοι ἡσυχῆ
15 ἔμενον. ἔστι δέ τις χειμάρρους τοῦ γεωλόφου
ἐπίπροσθεν, παρὰ μὲν τὴν ἀτραπὸν ἧς ἄρτι
ἐμνήσθην, τοῦ δὲ χώρου καταντικρὺ οὗ ἐστρατο-
πεδεύσαντο Γότθοι, οὗ δὴ οἱ πεντήκοντα ἔστησαν,
ἐν χρῷ μὲν ξυνιόντες ἀλλήλοις, ἐς φάλαγγα δὲ
ὡς ἐν στενοχωρίᾳ ξυντεταγμένοι.
16 Μεθ᾽ ἡμέραν δὲ τὸ γεγονὸς ἰδὼν Τουτίλας
ἀπώσασθαι αὐτοὺς ἐν σπουδῇ εἶχεν. ἴλην τε
ἱππέων εὐθὺς ἐπ᾽ αὐτοὺς ἔπεμψεν, ἐξελᾶν ὅτι
17 τάχιστα ἐνθένδε αὐτοὺς ἐπιστείλας. οἱ μὲν οὖν
ἱππεῖς θορύβῳ τε πολλῷ καὶ κραυγῇ ἐπ᾽ αὐτοὺς
ἵεντο, ὡς αὐτοβοεὶ ἐξαιρήσοντες, οἱ δὲ εἰς ὀλίγον
ξυντεταγμένοι καὶ ταῖς μὲν ἀσπίσι φραξάμενοι,
18 τὰ δὲ δοράτια ἐπανατεινάμενοι[2] ἔστησαν. εἶτα οἱ
μὲν Γότθοι σπουδῇ ἐπιόντες ξυνταράξαντες
αὐτοὺς ἤλαυνον, οἱ δὲ πεντήκοντα, τῶν τε ἀσπί-
δων τῷ ὠθισμῷ καὶ τῶν δορατίων τῇ ἐπιβολῇ
πυκνοτάτῃ οὔσῃ καὶ οὐδαμῇ ξυγκεχυμένῃ ὡς

---

[1] αὐτό Haury: αὐτούς MSS.
[2] τὰ δὲ δοράτια ἐπανατεινάμενοι A: om. V.

and get behind it except by following a single path which happened to skirt the hill. Consequently both of them were bound to consider it of particular importance; the Goths, in order that they might surround their enemy during the engagement and so place them between two forces, and the Romans, in order that they might not have this thing happen to them. But Narses had anticipated the Goths by choosing fifty infantrymen from a cohort and sending them late at night to occupy and hold the hill. And they, finding none of the enemy in the way, went there and remained quiet. Now there is a certain water-course in front of the hill, running along the path which I have just mentioned and opposite the spot where the Goths had made their camp, and it was at this point that the fifty took up their position, standing shoulder to shoulder and arrayed in the form of a phalanx as well as the limited space permitted.

After day came, Totila saw what had happened and was eager to dislodge them. So he immediately sent a troop of horsemen against them with orders to drive them out from there as quickly as possible. The horsemen accordingly charged upon them with great hubbub and shouting, intending to capture them at the first cry, but the Romans drew up together into a small space and, making a barrier with their shields and thrusting forward their spears, held their ground. Then the Goths came on, charging in haste and thus getting themselves into disorder, while the fifty, pushing with their shields and thrusting very rapidly with their spears, which were nowhere allowed to interfere one with the other, defended themselves most vigorously against

357

καρτερώτατα τοὺς ἐπιόντας ἠμύνοντο, ἐξεπίτηδές
τε πάταγον ταῖς ἀσπίσιν ἐποίουν, ταύτῃ μὲν τοὺς
ἵππους ἀεὶ δεδισσόμενοι, τοὺς δὲ ἄνδρας ταῖς τῶν
19 δορατίων αἰχμαῖς. καὶ οἵ τε ἵπποι ἀνεχαιτίζοντο
τῇ τε δυσχωρίᾳ καὶ τῶν ἀσπίδων τῷ πατάγῳ
λίαν ἀχθόμενοι καὶ διέξοδον οὐδαμῆ ἔχοντες, οἵ
τε ἄνδρες ἀπεκναίοντο, ἀνθρώποις τε οὕτω ξυμ-
φραξαμένοις μαχόμενοι καὶ τρόπῳ οὐδενὶ εἴκουσι,
καὶ ἵπποις ἐγκελευόμενοι ὡς ἥκιστα ἐπαΐου-
σιν. ἀποκρουσθέντες τε τὴν πρώτην ὀπίσω
20 ἐχώρουν. καὶ αὖθις ἀποπειρασάμενοι καὶ ταὐτὰ
πάσχοντες ἀνεπόδιζον. πολλάκις τε οὕτως ἀπαλ-
λάξαντες οὐκέτι ἠνώχλουν, ἀλλ᾽ ἑτέραν ἴλην
21 Τουτίλας ἐς τὸ ἔργον τοῦτο ἀντικαθίστη. ὧνπερ
ὁμοίως τοῖς προτέροις ἀπαλλαγέντων ἕτεροι ἐς
τὴν πρᾶξιν καθίσταντο. πολλάς τε ἴλας ὁ
Τουτίλας οὕτως ἀμείψας ἐπὶ πάσαις τε ἄπρακτος
γεγονὼς εἶτα ἀπεῖπεν.
22 Οἱ μὲν οὖν πεντήκοντα κλέος ὑπὲρ ἀρετῆς ἀπή-
νεγκαν[1] μέγα, δύο δὲ αὐτῶν διαφερόντως ἐν τῷ
πόνῳ τούτῳ ἠρίστευσαν, Παῦλός τε καὶ Ἀνσίλας,
οἳ δὴ ἐκπεπηδηκότες τῆς φάλαγγος δήλωσιν
23 ἀρετῆς μάλιστα πάντων πεποίηνται. τοὺς μὲν γὰρ
ἀκινάκας σπασάμενοι κατέθεντο εἰς τὸ ἔδαφος,
τὰ δὲ τόξα ἐντεινάμενοι ἔβαλλον ἐπικαιριώτατα
24 στοχαζόμενοι τῶν πολεμίων. καὶ πολλοὺς μὲν
ἄνδρας, πολλοὺς δὲ ἵππους διεχρήσαντο, ἕως ἔτι
εἶχον τοὺς ἀτράκτους αὐτοῖς αἱ φαρέτραι. ἐπειδὴ
δὲ ἅπαντα αὐτοὺς τὰ βέλη ἤδη ἐπιλελοίπει, οἱ δὲ
τά τε ξίφη ἀνελόμενοι καὶ τὰς ἀσπίδας προ-
βεβλημένοι κατὰ μόνας τοὺς ἐπιόντας ἠμύνοντο.

---

[1] ἀπήνεγκαν Braun : ὑπήνεγκαν MSS.

their assailants; and they purposely made a din
with their shields, terrifying the horses, on the one
hand, by this means, and the men, on the other,
with the points of their spears. And the horses
became excited, because they were greatly troubled
both by the rough ground and by the din of the
shields, and also because they could not get through
anywhere, while the men at the same time were
gradually worn out, fighting as they were with men
packed so closely together and not giving an inch
of ground, and trying to manage horses that did
not in the least obey their urging. So they were
repulsed in the first attack and rode back. And a
second time they made the attempt and retired with
the same experience. Then, after faring thus many
times, they no longer continued the attack, but
Totila substituted another troop for this work. And
when they fared as their predecessors had, still
others undertook the task. So after Totila had in
this way sent in many troops and had accomplished
nothing with all of them, he finally gave up.

Thus the fifty won great renown for valour, but
two of them distinguished themselves particularly in
this action, Paulus and Ansilas, who had leaped out
from the phalanx and made a display of valour
surpassing all others. For they drew their swords
and laid them on the ground, and then stretched
their bows and kept shooting with a most telling
aim at the enemy. And they destroyed many men
and many horses as well, as long as their quivers
still held arrows. At length, when their missiles had
now entirely failed them, seizing their swords and
holding their shields before them, all by themselves
they warded off the assailants. And whenever any

25 ἐπειδάν τε ἱππευόμενοι τῶν ἐναντίων τινὲς ξὺν
τοῖς δόρασιν ἐπ᾽ αὐτοὺς ἴοιεν, οἱ δὲ τοῖς ξίφεσι
παίοντες ἀπεκαύλιζον τῶν δοράτων εὐθὺς τὰς
26 αἰχμάς. πολλάκις δὲ αὐτῶν οὕτω δὴ ἀναστελ-
λόντων τὰς τῶν πολεμίων ἐπιδρομὰς ξυνηνέχθη
τὸ θατέρου ξίφος (ἦν δὲ οὗτος ἀνὴρ Παῦλος
ὀνόματι) συγκεκάμφθαι[1] τῇ ἐς τὰ ξύλα συνεχεῖ
τομῇ καὶ τὸ παράπαν ἀχρεῖον εἶναι. ὅπερ[2]
27 αὐτίκα μὲν προσουδίζει χαμαί, χερσὶ δὲ ἀμφο-
τέραις ἐπιλαβόμενος τῶν δοράτων ἀφῃρεῖτο τοὺς
ἐπιόντας. τέτταρά τε δόρατα οὕτω τοὺς πολε-
μίους διαφανῶς ἀφελόμενος αἰτιώτατος γέγονε
28 τοῦ τὴν πρᾶξιν αὐτοὺς ἀπογνῶναι. διὸ δὴ αὐτὸν
ὑπασπιστὴν αὐτοῦ ἴδιον ἀπὸ τοῦ ἔργου τούτου
Ναρσῆς τὸ λοιπὸν κατεστήσατο.

XXX

Ταῦτα μὲν οὖν τῇδε κεχώρηκεν. ἑκάτεροι δὲ
παρεσκευάζοντο εἰς παράταξιν. καὶ Ναρσῆς τὸ
στράτευμα ἐν χώρῳ ὀλίγῳ ξυναγαγὼν τοιάδε
παρεκελεύσατο· "Τοῖς μὲν ἐξ ἀντιπάλου τῆς
δυνάμεως ἐς ἀγωνίαν τοῖς πολεμίοις καθιστα-
μένοις παρακελεύσεώς τε ἂν ἴσως δεήσειε πολλῆς
καὶ παραινέσεως ἐς τὴν[3] προθυμίαν ὁρμώσης,
ὅπως δὴ ταύτῃ τῶν ἐναντίων πλεονεκτοῦντες
κατὰ νοῦν μάλιστα τῆς παρατάξεως ἀπαλλά-
ξωσιν· ὑμῖν δέ, ὦ ἄνδρες, οἷς καὶ τῇ ἀρετῇ καὶ
τῷ πλήθει καὶ τῇ ἄλλῃ παρασκευῇ πάσῃ πολλῷ
τῷ διαλλάσσοντι πρὸς καταδεεστέρους ἡ μάχη

---

[1] συγκεκάμφθαι Hoeschel: τῷ συγκεκάφθαι MSS.
[2] ὅπερ Hoeschel: ὅσπερ MSS.

of their opponents on horseback came at them with
their spears, they immediately broke off the heads of
the spears with a blow of their swords. But after
they had in this manner checked the onrushes of the
enemy many times, it came about that the sword
of one of them (this was Paulus) was bent double by
the frequent cutting of the wooden shafts and so
was utterly useless. This then he immediately
threw on the ground, and seizing the spears with
both hands he would wrench them from his as-
sailants. And by wrenching four spears from the
enemy in this way in the sight of all he made
himself the chief cause of their abandoning their
attempt. Wherefore, in consequence of the exploit,
Narses made him a personal guard of his own from
that time on.

XXX

SUCH was the progress of these events. Both
armies now prepared for action. And Narses
gathered his army in a small space and exhorted
them as follows. " When an army is entering the
combat with its strength evenly matched with that
of the enemy, a long speech of exhortation and
encouragement would perhaps be necessary of the
sort which would inspire the men with ardour, in
order that, being superior to the enemy in this
respect they might find the issue of the combat
wholly what they wish. But in your case, my
men, you who have to fight against an army vastly
inferior to you in valour, in numbers, and in
every sort of equipment besides, I think nothing

---

[3] ἐς τήν Haury : τήν MSS.

ἐστίν,[1] οὐδὲν ἄλλο προσδεῖν οἴομαι ἢ τῷ θεῷ
2 ἵλεῳ ἐς ξυμβολὴν τήνδε καθίστασθαι. εὐχῇ
τοίνυν αὐτὸν ἐνδελεχέστατα ἐς ξυμμαχίαν ἐπα-
γόμενοι πολλῷ τῷ καταφρονήματι ἐπὶ τούτων
δὴ τῶν λῃστῶν τὴν ἐπικράτησιν ἵεσθε, οἵ γε
δοῦλοι βασιλέως τοῦ μεγάλου τὸ ἐξ ἀρχῆς ὄντες
καὶ δραπέται γεγενημένοι τύραννόν τε αὑτοῖς
ἀγελαῖόν τινα ἐκ τοῦ συρφετοῦ προστησάμενοι
ἐπικλοπώτερον συνταράξαι τὴν Ῥωμαίων ἀρχὴν
3 ἐπὶ καιροῦ τινὸς ἴσχυσαν. καίτοι τούτους γε
ἡμῖν οὐδὲ ἀντιπαρατάσσεσθαι νῦν τὰ εἰκότα
4 λογιζομένους ὑπώπτευσεν ἄν τις. οἱ δὲ θράσει
θανατῶντες ἀλογίστῳ τινὶ καὶ μανιώδη προ-
πέτειαν ἐνδεικνύμενοι προὖπτον αὑτοῖς θάνατον
ἀναιρεῖσθαι τολμῶσιν, οὐ προβεβλημένοι τὴν
ἀγαθὴν ἐλπίδα, οὐδὲ τί ἐπιγενήσεται σφίσιν
αὐτοῖς ἐκ τοῦ παραλόγου καὶ τοῦ παραδόξου
καραδοκοῦντες, ἀλλὰ πρὸς τοῦ θεοῦ διαρρήδην
ἐπὶ τὰς ποινὰς τῶν πεπολιτευμένων ἀγόμενοι.
ὧν γὰρ ἄνωθέν τι κατεγνώσθη παθεῖν, χωροῦσιν
5 ἐπὶ τὰς τιμωρίας αὐτόματοι. χωρὶς δὲ τούτων
ὑμεῖς μὲν πολιτείας εὐνόμου προκινδυνεύοντες
καθίστασθε εἰς ξυμβολὴν τήνδε, οἱ δὲ νεωτερί-
ζουσιν ἐπὶ τοῖς νόμοις ζυγομαχοῦντες, οὐ παρα-
πέμψειν τι τῶν ὑπαρχόντων ἐς διαδόχους προσ-
δοκῶντές τινας, ἀλλ' εὖ εἰδότες ὡς συναπολεῖται
αὐτοῖς ἅπαντα καὶ μετ' ἐφημέρου βιοτεύουσι τῆς
6 ἐλπίδος. ὥστε καταφρονεῖσθαι τὰ μάλιστά
εἰσιν ἄξιοι. τῶν γὰρ οὐ νόμῳ καὶ ἀγαθῇ πολι-
τείᾳ ξυνισταμένων ἀπολέλειπται μὲν ἀρετὴ πᾶσα,

---

[1] ἐστίν Hoeschel: om. MSS.

further is necessary than that we enter this engagement with God propitious to us. Do you, then, invoke His alliance with unceasing prayer, and so fare forth with great contempt to achieve the overthrow of these robbers, who, being originally slaves of the great emperor and then turning fugitives and setting a tyrant over themselves who was a worthless fellow from the common rabble, have been able for a certain season to work havoc in the Roman empire by their thievish actions. And yet one would have supposed that these men would not even have arrayed themselves against us now, if they had considered the probabilities. Yet they are playing a desperate game with an irrational sort of boldness and displaying the rashness of frenzy, and in this spirit they dare to embrace a death which obviously awaits them, not shielding themselves by a reasonable hope, nor even looking forward to see what will fall to their lot through a strange and unexpected turn of events, but being indisputably led on by God to the punishment earned by their administration of the state. For such men as have been condemned to suffer by the powers above move on to their punishment unaided. But aside from this, while you for your part are entering this combat in defence of a lawful government, they are in revolt against the laws and fighting a battle of desperation, not expecting to transmit anything they hold to any successors, but well assured that it will all perish with them and that the hope on which they live is ephemeral. Consequently they deserve thoroughly to be despised. For those who are not organized under law and good government are bereft of all virtue, and the victory, naturally, is

διακέκριται δέ, ὡς τὸ εἰκός, ἡ νίκη, οὐκ εἰωθυῖα
7 ταῖς ἀρεταῖς ἀντιτάσσεσθαι." τοιαύτην μὲν ὁ
Ναρσῆς τὴν παρακέλευσιν ἐποιήσατο.

Καὶ Τουτίλας δὲ τεθηπότας τὴν Ῥωμαίων
στρατιὰν τούς οἱ ἑπομένους ὁρῶν ξυγκαλέσας
καὶ αὐτὸς ἅπαντας ἔλεξε τάδε. "'Υστάτην ὑμῖν
παραίνεσιν ποιησόμενος ἐνταῦθα ὑμᾶς, ἄνδρες
8 ξυστρατιῶται, ξυνήγαγον. ἄλλης γάρ, οἶμαι,
παρακελεύσεως μετὰ τήνδε τὴν ξυμβολὴν οὐκέτι
δεήσει, ἀλλὰ τὸν πόλεμον ἐς ἡμέραν μίαν ἀπο-
9 κεκρίσθαι ξυμβήσεται πάντως. οὕτω γὰρ ἡμᾶς
τε καὶ βασιλέα Ἰουστινιανὸν ἐκνενευρίσθαι τε-
τύχηκε καὶ περιηρῆσθαι δυνάμεις ἁπάσας, πόνοις
τε καὶ μάχαις καὶ ταλαιπωρίαις ὡμιληκότας ἐπὶ
χρόνου παμμέγεθες μῆκος, ἀπειρηκέναι τε πρὸς
τὰς τοῦ πολέμου ἀνάγκας, ὥστε, ἢν τῇ ξυμβολῇ
τῇ νῦν τῶν ἐναντίων περιεσόμεθα, οὐδαμῶς ἀνα-
ποδιεῖν τὸ λοιπὸν ἕξουσιν, ἢν δὲ ἡμεῖς τι προσ-
πταίσωμεν ἐν ταύτῃ τῇ μάχῃ, ἐλπὶς οὐδεμία εἰς
τὸ ἀναμαχήσεσθαι λελείψεται Γότθοις, ἀλλὰ
τὴν ἧσσαν ἑκατέροις σκῆψιν ἐς τὴν ἡσυχίαν
10 εὐπρόσωπον διαρκῶς ἕξομεν. ἀπολέγοντες γὰρ
ἄνθρωποι πρὸς τῶν πραγμάτων τὰ πονηρότατα
ἐς αὐτὰ ἐπανιέναι οὐκέτι τολμῶσιν, ἀλλὰ καὶ
σφόδρα ἴσως διωθουμένης αὐτοὺς[1] ἐπὶ ταῦτα
τῆς χρείας ταῖς γνώμαις ἀναχαιτίζονται, δεδισσο-
μένης αὐτοῖς τὰς ψυχὰς τῆς τῶν κακῶν μνήμης.
11 τοσαῦτα, ὦ ἄνδρες, ἀκηκοότες ἀνδραγαθίζεσθε
μὲν τῷ παντὶ σθένει, μηδεμίαν ἐς ἄλλον τινὰ
χρόνον ἀποτιθέμενοι τῆς ψυχῆς ἀρετήν, ταλαι-
πωρεῖσθε δὲ ἀλκῇ τῇ πάσῃ, μηδὲ τὸ σῶμα
12 ταμιευόμενοι ἐς κίνδυνον ἄλλον. ὅπλων δὲ ὑμῖν

already decided; for victory is not accustomed to range itself against the virtues." Such was the exhortation which Narses made.

And Totila likewise, seeing his men in abject terror of the Roman army, called them all together and spoke as follows: "Fellow-soldiers, I have brought you together here with the purpose of making a final exhortation. For no other admonition will, I believe, be necessary after this battle, but the result will certainly be that the war will be decided on one day. For so thoroughly have both we and the Emperor Justinian become exhausted and stripped of all power through being subjected to toils and battles and hardships for an exceedingly long time, and so completely have we found ourselves unable to meet the demands of the war, that, if we shall overcome our opponents¹ in this present engagement, they will be utterly unable to come back in the future, while if we meet with any reverse in this battle, no hope will be left the Goths of renewing the fight, but either side will have in defeat a thoroughly sufficient excuse for inaction. For when men once give up the fight against overwhelming obstacles, they no longer have the courage to return to them, but even when they are perhaps strongly impelled to do so by actual need, their hearts rebel, for the memory of their failure makes their spirit quail. Having heard this, my men, play the brave part with all your might, without holding any fighting power in reserve for some other occasion, and put your whole strength into the struggle without trying to save your bodies for another danger. And let there be on your part

---

¹ αὐτούς A: αὐτῆς V.

γινέσθω καὶ ἵππων μηδεμία¹ φειδώ, ὡς οὐκέτι
χρησίμων ἐσομένων ὑμῖν. ἅπαντα γὰρ προ-
κατατρίψασα τὰ ἄλλα ἡ τύχη, μόνην τῆς ἐλπίδος
τὴν κεφαλὴν εἰς τὴν ἡμέραν ἐφύλαξε ταύτην.

13 τὴν εὐψυχίαν τοίνυν ἀσκεῖτε καὶ πρὸς εὐτολμίαν
παρασκευάζεσθε. οἷς γὰρ ἐπὶ τριχὸς ἡ ἐλπίς,
ὥσπερ τανῦν ὑμῖν, ἕστηκεν, οὐδὲ χρόνου τινὰ
βραχυτάτην ῥοπὴν ἀναπεπτωκέναι ξυνοίσει.

14 παρεληλυθυίας γὰρ τῆς ἀκμῆς τοῦ καιροῦ ἀνόνη-
τος ἡ σπουδὴ τὸ λοιπὸν γίνεται, κἂν διαφερόντως
ὑπέρογκος ᾖ, οὐκ ἐνδεχομένης τῶν πραγμάτων
τῆς φύσεως ἀρετὴν ἔωλον, ἐπεὶ παρελθούσης τῆς
χρείας ἔξωρα καὶ τὰ ἐπιγινόμενα ἐπάναγκες

15 εἶναι. οἶμαι τοίνυν προσήκειν ὑμᾶς ἐπικαιριώ-
τατα ἐν ἔργῳ λαβεῖν τὴν ἀγώνισιν, ὡς ἂν δυνή-
σεσθε καὶ τοῖς ἀπ' αὐτῆς ἀγαθοῖς χρῆσθαι.
ἐξεπίστασθέ τε ὡς ἐν τῷ παρόντι² ἀξιώλεθρος

16 μάλιστα ἡ φυγὴ γίνεται. φεύγουσι γὰρ ἄνθρω-
ποι λιπόντες τὴν τάξιν οὐκ ἄλλου του ἕνεκα ἢ
ὅπως βιώσονται· ἢν δὲ θάνατον ἡ φυγὴ πρόϋπτον
ἐπάγεσθαι μέλλῃ, ὁ τὸν κίνδυνον ὑποστὰς τοῦ
φυγόντος πολλῷ ἔτι μᾶλλον ἐν ἀσφαλεῖ ἔσται.

17 τοῦ δὲ τῶν πολεμίων ὁμίλου ὑπερφρονεῖν ἄξιον,
ἐξ ἐθνῶν ξυνειλεγμένων ὅτι μάλιστα πλείστων.
ξυμμαχία γὰρ πολλαχόθεν ἐρανισθεῖσα οὔτε τὴν
πίστιν οὔτε τὴν δύναμιν ἀσφαλῆ φέρεται, ἀλλὰ
σχιζομένη τοῖς γένεσι μερίζεται καὶ ταῖς γνώμαις

18 εἰκότως. μηδὲ γὰρ οἴεσθε Οὔννους τε καὶ Λαγγο-
βάρδας καὶ Ἐρούλους ποτέ, χρημάτων αὐτοῖς
μεμισθωμένους οὐκ οἶδα ὁπόσων, προκινδυνεύσειν

¹ μηδεμία Haury : οὐδεμία MSS.
² παρόντι Maltretus : παρόντι ὡς MSS.

no sparing of arms or of horses, for they will never
again be useful to you. For fortune, having de-
molished everything else, has preserved only the
ultimate hope for this day. Tune your hearts, then,
to a high courage, and make ready for deeds of
noble daring. For when hope hangs by a thread,
as it now does with you, the only safe course will
be not to lose courage for the briefest moment
of time. For after the point of the crisis has passed,
zeal becomes for ever worthless, even though it
be of an altogether immoderate sort, since the nature
of things has no place for valour after the event, for
once the need has passed, everything which follows
must necessarily be too late. I believe, then, that
you should enter the struggle making the best use
of every opportunity which presents itself in action,
so that you may be enabled also to enjoy the
benefits to come from it. And you understand well
that in the present situation he who flees thoroughly
deserves his own destruction. For men abandon
their post and flee for no other reason than that
they may live ; but if flight can be seen to involve
the death of the fugitive, he who faces the danger
will be in much greater safety than the man who
flees. But the vast number of the enemy is worthy
only to be despised, seeing that they present a
collection of men from the greatest possible number
of nations. For an alliance which is patched to-
gether from many sources gives no firm assurance
of either loyalty or power, but being split up in
nationality it is naturally divided likewise in purpose.
And do not think that Huns and Lombards and
Eruli, hired by them with I know not how much
money, will ever endanger themselves for them to

19 αὐτῶν ἄχρι ἐς θάνατον. οὐ γὰρ οὕτως αὐτοῖς ἡ
ψυχὴ ἄτιμος [1] ὥστε καὶ ἀργυρίου τὰ δευτερεῖα
παρ' αὐτοῖς φέρεσθαι, ἀλλ' εὖ οἶδα ὡς μάχεσθαι
τὰ ἐς τὴν ὄψιν ποιούμενοι ἐθελοκακήσουσιν
αὐτίκα δὴ μάλα, ἢ κεκομισμένοι τὴν μίσθωσιν,
ἢ τὴν ἐπίταξιν ὑποτετελεκότες τῶν ἐν σφίσιν
20 ἀρχόντων. τοῖς γὰρ ἀνθρώποις καὶ τὰ τῶν
πραγμάτων τερπνότατα δοκοῦντα εἶναι μὴ ὅτι
πολέμια, ἢν μὴ κατὰ γνώμην αὐτοῖς πράσσηται,
ἀλλὰ βιασθεῖσιν ἢ μισθαρνήσασιν ἢ ἄλλῳ τῳ
ἀναγκασθεῖσιν, οὐκέτι αὐτοῖς [2] ἐπὶ τὸ καταθύ-
μιον ἀποκεκρίσθαι ξυμβήσεται, ἀλλὰ τῷ ἀναγ-
καίῳ μοχθηρὰ φαίνεται. ὧν ἐνθυμηθέντες
προθυμίᾳ τῇ πάσῃ ὁμόσε τοῖς πολεμίοις
χωρήσωμεν."

XXXI

Τοσαῦτα μὲν οὖν καὶ ὁ Τουτίλας εἶπε. τὰ δὲ
στρατεύματα ἐς μάχην ξυνῄει καὶ ἐτάξαντο ὧδε.
μετωπηδὸν μὲν ἀμφοτέρωθεν ἅπαντες ἔστησαν,
ὡς βαθύτατόν τε καὶ περίμηκες τῆς φάλαγγος
2 τὸ μέτωπον ποιησόμενοι. τῶν δὲ Ῥωμαίων κέρας
μὲν τὸ ἀριστερὸν Ναρσῆς τε καὶ Ἰωάννης ἀμφὶ
τὸ γεώλοφον εἶχον καὶ ξὺν αὐτοῖς εἴ τι ἄριστον
3 ἐν τῷ Ῥωμαίων στρατῷ ἐτύγχανεν ὄν· ἑκατέρῳ
γὰρ τῶν ἄλλων χωρὶς στρατιωτῶν, δορυφόρων
τε καὶ ὑπασπιστῶν καὶ βαρβάρων Οὔννων εἵπετο
4 πλῆθος ἀριστίνδην συνειλεγμένων· κατὰ δὲ [3]
δεξιὸν Βαλεριανός τε καὶ Ἰωάννης ὁ Φαγᾶς σὺν
τῷ Δαγισθαίῳ καὶ οἱ κατάλοιποι Ῥωμαῖοι ἐτά-

---

[1] ἄτιμος Hoeschel in margin : ἄτιμον MSS.

the point of death. For life with them is not so cheap as to take second place to silver in their estimation, but I well know that after making an appearance of fighting they will desert with all speed, either because they have received their pay, or as carrying out the orders of their own commanders. For even things that seem most delightful,—to say nothing of what happens in war—if they do not turn out in accordance with men's wishes, but if they are forced or hired or subject to any other compulsion, then such things will come no longer to be accounted pleasant, but by reason of the compulsion appear detestable. Remembering these things let us with all enthusiasm engage with the enemy."

XXXI

THUS then spoke Totila. And the armies drew together for battle and arrayed themselves as follows. All the forces in each army took their stand facing the enemy, making the phalanx as deep as possible and the front very long. And the Roman left wing was held by Narses and John near the hill, and with them was the flower of the Roman army ; for each of them had, apart from the other soldiers, a great following of spearmen and guards and barbarian Huns, all chosen for their valour ; and on the right were arrayed Valerian and John the Glutton along with Dagisthaeus and all the rest

---

² αὐτοῖς Hoeschel : αὐτούς MSS.
³ κατὰ δέ Haury : κατά MSS

5 ξαντο πάντες. πεζοὺς μέντοι τοξότας ἐκ τῶν
καταλόγου στρατιωτῶν ὀκτακισχιλίους μάλιστα
ἔστησαν ἐς ἄμφω τὰ κέρα. κατὰ δὲ τὰ μέσα [1]
τῆς φάλαγγος τούς τε Λαγγοβάρδας καὶ τὸ
Ἐρούλων ἔθνος καὶ πάντας τοὺς ἄλλους βαρβά-
ρους ὁ Ναρσῆς ἔταξεν, ἔκ τε τῶν ἵππων ἀπο-
βιβάσας καὶ πεζοὺς εἶναι καταστησάμενος, ὅπως
ἂν μὴ κακοὶ ἐν τῷ ἔργῳ γενόμενοι ἢ ἐθελοκα-
κοῦντες, ἂν οὕτω τύχῃ, ἐς ὑπαγωγὴν [2] ὀξύτεροι
6 εἶεν. τὸ μέντοι πέρας κέρως τοῦ εὐωνύμου τῶν
Ῥωμαίων μετώπου Ναρσῆς ἐγγώνιον κατεστή-
σατο, πεντακοσίους τε καὶ χιλίους ἱππεῖς ἐνταῦθα
7 στήσας. προείρητο δὲ τοῖς μὲν πεντακοσίοις, [3]
ἐπειδὰν τάχιστα τῶν Ῥωμαίων τισὶ τραπῆναι
ξυμβαίη, ἐπιβοηθεῖν αὐτοῖς [4] ἐν σπουδῇ, τοῖς δὲ
χιλίοις, ὁπηνίκα οἱ τῶν πολεμίων πεζοὶ ἔργου
ἄρχωνται, κατόπισθέν τε αὐτῶν αὐτίκα γενέσθαι
8 καὶ ἀμφιβόλους ποιήσασθαι. καὶ ὁ Τουτίλας δὲ
τρόπῳ τῷ αὐτῷ τοῖς πολεμίοις ἀντίαν τὴν στρα-
τιὰν ξύμπασαν ἔστησε. καὶ περιιὼν τὴν οἰκείαν
παράταξιν τοὺς στρατιώτας παρεθράσυνέ τε καὶ
παρεκάλει ἐς εὐτολμίαν προσώπῳ καὶ λόγῳ.
9 καὶ ὁ Ναρσῆς δὲ ταὐτὸ τοῦτο ἐποίει, ψέλλιά
τε καὶ στρεπτοὺς καὶ χαλινοὺς χρυσοῦς ἐπὶ
κοντῶν μετεωρίσας καὶ ἄλλα ἄττα τῆς ἐς τὸν
κίνδυνον προθυμίας ὑπεκκαύματα ἐνδεικνύμενος.
10 χρόνον δέ τινα μάχης οὐδέτεροι ἦρχον, ἀλλ'
ἡσυχῇ ἀμφότεροι ἔμενον, προσδεχόμενοι τὴν τῶν
ἐναντίων ἐπίθεσιν.

11   Μετὰ δὲ εἷς ἐκ τοῦ Γότθων στρατοῦ, Κόκκας

---

[1] τὰ κέρα. κατὰ δὲ τὰ μέσα Haury : τὰ καὶ τάδε. τὰ μέσα
MSS., τὰ κέρα. κατὰ μέσα δέ Braun.

of the Romans. Furthermore, they placed on both
wings about eight thousand unmounted bowmen
from the regular troops. But at the centre of the
phalanx Narses had placed the Lombards and the
nation of the Eruli and all the other barbarians,
causing them to dismount from their horses and
making them infantry, in order that, if it should
chance that they turned cowards in the engagement
or deserted, they might not be too eager to fly.
Now Narses had set the extreme left wing of the
Roman front at an angle, placing fifteen hundred
cavalry there. And the instructions previously
given provided that the five hundred, on the one
hand, should rush to the rescue the moment that
any of the Romans chanced to be driven back, while
the thousand, at the moment when the enemy's
infantry began action, were to get behind them
immediately and thus place them between two
forces. And Totila arrayed his army in the same
way opposite his enemy. Then going along his own
battle-line he kept encouraging his soldiers with
voice and expression and urging them to boldness.
Narses likewise did the same thing, holding in the
air bracelets and necklaces and golden bridles on
poles and displaying certain other incentives to
bravery in the coming struggle. For some time,
however, neither army began battle, but both
remained quiet awaiting the assault of their
opponents.

But later on one man of the Gothic army named

---

² ὑπαγωγήν Maltretus : ὑποταγήν MSS.
³ πεντακοσίοις Maltretus : πεντακοσίοις τε καὶ χιλίοις MSS.
⁴ αὐτοῖς Hoeschel : αὐτούς MSS.

ὄνομα, δόξαν ἐπὶ τῷ δραστηρίῳ διαρκῶς ἔχων,
τὸν ἵππον ἐξελάσας, ἄγχιστα ἦλθε τοῦ Ῥωμαίων
στρατοῦ, προὐκαλεῖτό τε, εἴ τίς οἱ βούλοιτο
12 πρὸς μονομαχίαν ἐπεξιέναι. ὁ δὲ Κόκκας οὗτος
εἷς τῶν Ῥωμαίων στρατιωτῶν ἐτύγχανεν ὢν τῶν
παρὰ Τουτίλαν ἀπηυτομοληκότων τὰ πρότερα.
13 καὶ οἱ αὐτίκα τῶν τις Ναρσοῦ δορυφόρων ἀντίος
ἔστη, Ἀρμένιος γένος, Ἀνζαλᾶς ὄνομα, καὶ αὐτὸς
14 ἵππῳ ὀχούμενος. ὁ μὲν οὖν Κόκκας ὁρμήσας
πρῶτος ὡς τῷ δόρατι παίσων ἐπὶ τὸν πολέμιον
15 ἵετο, καταστοχαζόμενος τῆς ἐκείνου γαστρός. ὁ
δ᾽ Ἀνζαλᾶς ἐξαπιναίως τὸν ἵππον ἐκκλίνας
ἀνόνητον αὐτὸν κατεστήσατο γενέσθαι τῆς
οἰκείας ὁρμῆς. ταύτῃ τε αὐτὸς ἐκ πλαγίου τοῦ
πολεμίου γενόμενος ἐς πλευρὰν αὐτοῦ τὴν ἀρισ-
16 τερὰν τὸ δόρυ ὦσε. καὶ ὁ μὲν ἐκ τοῦ ἵππου
πεσὼν ἐς τὸ ἔδαφος νεκρὸς ἔκειτο· κραυγὴ δὲ
ἀπὸ τοῦ Ῥωμαίων στρατοῦ ὑπερφυὴς ἤρθη, οὐδ᾽
ὡς μέντοι μάχης τινὸς οὐδέτεροι ἦρξαν.
17 Τουτίλας δὲ μόνος ἐν μεταιχμίῳ ἐγένετο, οὐ
μονομαχήσων, ἀλλὰ τὸν καιρὸν τοῖς ἐναντίοις
τοῦτον[1] ἐκκρούσων. Γότθων γὰρ τοὺς ἀπολει-
πομένους δισχιλίους ἄγχιστά πη προσιέναι
μαθὼν ἀπετίθετο ἐς τὴν αὐτῶν παρουσίαν τὴν
18 ξυμβολήν, ἐποίει δὲ τάδε. πρῶτα μὲν οὐκ
ἀπηξίου τοῖς πολεμίοις ἐνδείκνυσθαι ὅστις ποτὲ
εἴη. τήν τε γὰρ τῶν ὅπλων σκευὴν κατακόρως
τῷ χρυσῷ κατειλημμένην ἠμπίσχετο καὶ τῶν οἱ
φαλάρων ὁ κόσμος ἔκ τε τοῦ πίλου καὶ τοῦ
δόρατος ἀλουργός τε καὶ ἄλλως βασιλικὸς ἀπε-

───

[1] τοῖς ἐναντίοις τοῦτον editors, after τοῦτον τοῖς ἐναντίοις
Suidas : τοὺς ἐναντίους τοῦτον MSS.

Coccas, who had a great reputation as an active fighter, rode his horse out and came close to the Roman army and uttered a challenge, if anyone was willing to come forth against him in single combat. Now this Coccas happened to be one of the Roman soldiers who had previously deserted to Totila. And immediately one of the spearmen of Narses stood forth against him, a man of Armenian birth named Anzalas, who was likewise mounted on a horse. Coccas then made the first rush and charged his foe in order to smite him with his spear, aiming the weapon at his belly. But Anzalas, by suddenly turning his horse aside, caused the charge of his enemy to be futile. By this manœuvre he was placed on his enemy's flank and he now thrust his spear into his left side. And Coccas fell from his horse to the ground and lay there a dead man. Whereupon a tremendous shout arose from the Roman army, but even then neither side began any fighting.

But Totila now went alone into the space between the armies, not in order to engage in single combat, but in order to prevent his opponents from using the present opportunity. For he had learned that the two thousand Goths who had been missing were now drawing near, and so he sought to put off the engagement until their arrival by doing as follows. First of all, he was not at all reluctant to make an exhibition to the enemy of what manner of man he was. For the armour in which he was clad was abundantly plated with gold and the ample adornments which hung from his cheek-plates as well as from his helmet and spear were not only of purple

19 κρέματο θαυμαστὸς ὅσος. καὶ αὐτὸς ὑπερφυεῖ
ὀχούμενος ἵππῳ παιδιὰν ἐν μεταιχμίῳ ἔπαιζε τὴν
ἐνόπλιον ἐπισταμένως.[1] τόν τε γὰρ ἵππον ἐν
κύκλῳ περιελίσσων, ἐπὶ θάτερά τε ἀναστρέφων
20 αὖθις κυκλοτερεῖς πεποίητο δρόμους. καὶ ἱππευό-
μενος μεθίει ταῖς αὔραις τὸ δόρυ, ἀπ᾽ αὐτῶν τε
κραδαινόμενον ἁρπασάμενος εἶτα ἐκ χειρὸς ἐς
χεῖρα παραπέμπων συχνὰ ἐφ᾽ ἑκάτερα, [2] καὶ
μεταβιβάζων ἐμπείρως, ἐφιλοτιμεῖτο τῇ ἐς τὰ
τοιαῦτα μελέτῃ, ὑπτιάζων καὶ ἰσχιάζων καὶ πρὸς
ἑκάτερα ἐγκλινόμενος, ὥσπερ ἐκ παιδὸς ἀκριβῶς
21 τὰ ἐς τὴν ὀρχήστραν δεδιδαγμένος. ταῦτά τε
ποιῶν πᾶσαν κατέτριψε τὴν δείλην πρωῖαν.
ἐπὶ πλεῖστον δὲ τὴν τῆς μάχης ἀναβολὴν μη-
κύνειν ἐθέλων ἔπεμψεν ἐς τὸ Ῥωμαίων στρατό-
πεδον, φάσκων ἐθέλειν αὐτοῖς ἐς λόγους [3] ξυμμῖξαι.
Ναρσῆς δὲ φενακίζειν αὐτὸν ἰσχυρίζετο, εἴ γε
πολεμησείων τὰ πρότερα, ἡνίκα τοῦ προτείνεσθαι
λόγους ἐξουσία εἴη, νῦν ἐν μεταιχμίῳ γενόμενος
ἐς τοὺς διαλόγους χωροίη.

XXXII

Ἐν τούτῳ δὲ Γότθοις καὶ οἱ δισχίλιοι ἧκον·
οὕσπερ ἐς τὸ χαράκωμα Τουτίλας ἀφικέσθαι
μαθών, ἐπειδὴ καὶ ὁ καιρὸς ἐς ἄριστον ἦγεν,
αὐτός τε ἐς σκηνὴν τὴν οἰκείαν ἐχώρησε καὶ
Γότθοι διαλύσαντες τὴν παράταξιν ὀπίσω ἀνέ-
2 στρεφον. ἐν δὲ τῇ καταλύσει τῇ αὐτοῦ γεγονὼς
Τουτίλας τοὺς δισχιλίους ἤδη παρόντας εὗρε.

---

[1] ἐπισταμένως Hoeschel : ἐπιστάμενος MSS.

but in other respects befitting a king, marvellous in their abundance. And he himself, sitting upon a very large horse, began to perform the dance under arms skilfully between the armies. For he wheeled his horse round in a circle and then turned him again to the other side and so made him run round and round. And as he rode he hurled his javelin into the air and caught it again as it quivered above him, then passed it rapidly from hand to hand, shifting it with consummate skill, and he gloried in his practice in such matters, falling back on his shoulders, spreading his legs and leaning from side to side, like one who has been instructed with precision in the art of dancing from childhood. By these tactics he wore away the whole early part of the day. And wishing to prolong indefinitely the postponement of the battle, he sent to the Roman army saying that he wished to confer with them. But Narses declared that he must be trifling, seeing that he had been set on fighting at the time when there was opportunity to make proposals, but now, upon reaching the battle-field, he came forward to parley.

XXXII

MEANWHILE the two thousand Goths arrived; and when Totila had learned that they had reached the stockade, seeing that it was time for the morning meal, he himself went off to his own tent and the Goths began to break up their formation and retire. And when Totila reached his quarters, he found the two thousand already present. He then commanded

---

² καὶ—ἑκάτερα V : om. A.
³ ἐς λόγους Scaliger : εὐλόγως MSS.

το τε ἄριστον ἅπαντας αἱρεῖσθαι κελεύσας καὶ
τὴν τῶν ὅπλων σκευὴν μεταμφιασάμενος ἅπασαν[1]
ἐξωπλίσατο μὲν ἐς τὸ ἀκριβὲς ἐν στρατιωτῶν
λόγῳ, εὐθὺς δὲ τὴν στρατιὰν ἐπὶ τοὺς πολεμίους
ἐξῆγεν, ἀπροσδόκητος αὐτοῖς ἐπιπεσεῖσθαι οἰό-
3 μενος καὶ ταύτῃ αἱρήσειν. ἀλλ' οὐδ' ὡς ἀπαρα-
σκεύους Ῥωμαίους εὗρε. δείσας γὰρ ὁ Ναρσῆς,
ὅπερ .ἐγένετο, μὴ σφίσιν ἀπροσδοκήτοις ἐπι-
πέσοιεν οἱ πολέμιοι, ἀπεῖπεν ἅπασι μήτε ἄριστον
αἱρεῖσθαι μήτε ἀποδαρθεῖν μήτε μὴν ἀποθωρα-
κίσασθαι τῶν πάντων μηδένα μήτε τοῦ χαλινοῦ
4 μεθεῖναι τὸν ἵππον. οὐ μέντοι οὐδὲ ἀποσίτους
τὸ παράπαν αὐτοὺς εἴασεν, ἀλλ' ἐν τῇ τάξει καὶ
τῇ τῶν ὅπλων σκευῇ ἀκρατισαμένους ἐκέλευσε
διηνεκὲς οὕτως ἀποσκοποῦντας καραδοκεῖν τῶν
5 πολεμίων τὴν ἔφοδον. τρόπῳ μέντοι τῷ αὐτῷ
οὐκέτι ἐτάξαντο, ἀλλὰ Ῥωμαίοις μὲν τὰ κέρα, ἐν
οἷς κατὰ τετρακισχιλίους οἱ πεζοὶ τοξόται εἱστήκει-
σαν, ἐπὶ τὸ μηνοειδὲς τοῦ Ναρσοῦ γνώμῃ ἐτρά-
6 πετο. Γότθοι[2] δὲ οἱ πεζοὶ ἅπαντες ὄπισθεν τῶν
ἱππέων ἀθρόοι ἵσταντο, ἐφ' ᾧ, ἢν τοῖς ἱππεῦσι
τραπῆναι ξυμβῇ, ἀναστρέφοντες μὲν ἐπ' αὐτοὺς
οἱ φεύγοντες σώζοιντο, ἐπίκοινα δὲ ἀμφότεροι[3]
εὐθὺς χωρήσαιεν.

Προείρητο δὲ Γότθοις ἅπασι μήτε τοξεύματι
μήτε ἄλλῳ ὁτῳοῦν ἐς συμβολὴν τήνδε ὅτι μὴ τοῖς
7 δόρασι χρῆσθαι. διὸ δὴ Τουτίλαν πρὸς τῆς
ἀβουλίας καταστρατηγηθῆναι τῆς αὑτοῦ ξυνη-
νέχθη· ὅς γε καθιστάμενος ἐς τήνδε τὴν μάχην

---

[1] ἅπασαν de Stefani : ἅπαντας MSS.
[2] Γότθοι V : γότθοις A.
[3] ἀμφότεροι Maltretus : ἀμφότερα MSS.

all to take their meal, and changing his entire equipment he armed himself with all care with the private soldier's equipment and led the army out straightway against his enemy, thinking that he would fall upon them unexpectedly and thus overwhelm them. But even so he did not find the Romans unprepared. For Narses had feared, as actually happened, that the enemy would fall upon them when they were not expecting it, and so he had given orders that not a single man should either sit down to lunch or go off to sleep or even remove his cuirass, nor yet take his bridle off his horse. However, he did not allow them to be altogether without food, but commanded them to eat a small meal in ranks and with their equipment on, meanwhile maintaining a sharp look-out constantly and expecting the attack of the enemy. However, they were no longer arrayed in the same formation as before, for the Roman wings, in each of which four thousand unmounted horsemen had taken their stand, were moved forward at Narses' command so as to form a crescent. But the Gothic infantry were all placed in a body in the rear of the cavalry, in order that, if the horsemen should be routed, the fugitives might fall back upon them and be saved, and all could then advance immediately together.

Now orders had been given to the entire Gothic army that they should use neither bow nor any other weapon in this battle except their spears. Consequently it came about that Totila was outgeneralled by his own folly; for in entering this battle he was led, by what I do not know, to throw

οὐκ οἶδα ὅτῳ ἀναπεισθεὶς παρείχετο τοῖς ἐναντίοις
τὴν αὑτοῦ στρατιὰν οὔτε τῇ ὁπλίσει ἀντίξουν
οὔτε τῇ τάξει ἀντίρροπον οὔτε τῷ ἄλλῳ ἀντίπα-
λον, ἐπεὶ Ῥωμαῖοι μὲν ἑκάστοις ὡς ἐπικαιρότατα
ἦν ἐν τῷ ἔργῳ ἐχρῶντο, ἢ τοξεύοντες, ἢ δόρατα
ὠθοῦντες, ἢ ξίφη διαχειρίζοντες,[1] ἢ ἄλλο τι
ἐνεργοῦντες τῶν σφίσι προχείρων κἂν τῷ
παρόντι ἐπιτηδείων, οἱ μὲν ἱππευόμενοι, οἱ δὲ καὶ
πεζῇ ἐς τὴν παράταξιν καθιστάμενοι, κατὰ τὸ τῇ
χρείᾳ ξυνοῖσον, καὶ πῇ μὲν κύκλωσιν τῶν πολε-
μίων διαπρασσόμενοι, πῇ δὲ προσιόντας δεχόμενοι
καὶ ταῖς ἀσπίσιν ἀποκρουόμενοι τὴν ἐπίθεσιν.
8 οἱ δὲ τῶν Γότθων ἱππεῖς, τῶν πεζῶν σφίσιν
ἀπολελειμμένων ὀπίσω, μόνοις θαρσοῦντες τοῖς
δόρασιν ὁρμῇ ἀνεπισκέπτῳ ἐπῄεσαν, ἔν τε τῷ
πόνῳ γενόμενοι τῆς σφετέρας ἀβουλίας ἀπώναντο.
9 ἐπὶ μέσους γὰρ τοὺς πολεμίους ὁρμήσαντες
ἔλαθον σφᾶς αὐτοὺς ἐν μέσῳ πεζῶν τῶν ὀκτα-
κισχιλίων γενόμενοι, τοῖς τε τοξεύμασι πρὸς
αὐτῶν βαλλόμενοι ἑκατέρωθεν ἀπεῖπον εὐθύς,
ἐπεὶ οἱ τοξόται ἄμφω τοῦ μετώπου τὰ κέρα ἐπὶ
τὸ μηνοειδὲς κατὰ βραχὺ ἔτρεπον, ᾗπέρ μοι
10 ἔμπροσθεν εἴρηται. πολλοὺς μὲν οὖν ἄνδρας,
πολλοὺς δὲ ἵππους ἐν τῷ πόνῳ τούτῳ Γότθοι
ἀπέβαλον, οὔπω τοῖς ἐναντίοις ξυμμίξαντες,
πολλῶν τε ἀνηκέστων κακῶν ἐς πεῖραν ἐλθόντες
ὀψέ τε καὶ μόλις ἐς τῶν πολεμίων ἀφίκοντο τὴν
παράταξιν.
11 Ἐνταῦθα τῶν Ῥωμαίων τινὰς ἢ τῶν σφίσι ξυμ-
μάχων βαρβάρων μᾶλλον τῶν ἄλλων θαυμάζειν
12 οὐκ ἔχω. μία γὰρ ἁπάντων προθυμία τε καὶ

---

[1] ξίφη διαχειρίζοντες V : ξιφείδια χειρίζοντες A.

378

against his opponents his own army with inadequate equipment and outflanked and in no respect a match for their antagonists. For the Romans, on the one hand, made use of each weapon in the fighting according to the particular need of the moment, shooting with bows or thrusting with spears or wielding swords, or using any other weapon which was convenient and suitable at a given point, some of them mounted on horses and others entering the combat on foot, their numbers proportioned to the needs of the situation, so that at one point they could carry out an encircling movement around the enemy, and at another receive a charge and with their shields stop short the attack. The cavalry of the Goths, on the other hand, leaving their infantry behind, and trusting only to their spears, made their charge with reckless impetuosity; and once in the midst of the fray they suffered for their own folly. For in making their charge against their enemy's centre they had, before they realized it, placed themselves in between the eight thousand infantry, and being raked by their bowshots from either side they gave up immediately, since the bowmen kept gradually turning both the wings of their front so as to form the crescent which I have mentioned above. Consequently the Goths lost many men as well as many horses in this phase of the encounter before they had ever engaged with their opponents, and only after they had experienced very heavy losses did they with difficulty finally reach the ranks of their enemy.

At this point I cannot admire any of the Romans or of their barbarian allies more than the others. For they all shewed a common enthusiasm and displayed

ἀρετὴ καὶ ἐναγώνισις ἦν, ἕκαστοί τε τῶν ἐναντίων
ἐπιόντων σφίσιν ὡς καρτερώτατα δεξάμενοι τὴν
13 ἐπιδρομὴν ἀπεώσαντο. ἤδη δὲ ἀμφὶ τὰ πρὸς
ἑσπέραν ἦν καὶ τὰ στρατόπεδα ἐξαπιναίως ἐκι-
νήθη ἑκάτερα, Γότθων μὲν ἐς ὑπαγωγήν, Ῥωμαίων
14 δὲ ἐς τὴν δίωξιν. ὡρμημένοις γὰρ ἐς αὐτοὺς
Γότθοι οὐκ ἀντεῖχον τοῖς πολεμίοις, ἀλλ᾽ ἐνε-
δίδοσαν ἐπιόντων αὐτῶν καὶ προτροπάδην
ἀνέστρεφον, καταπεπληγμένοι αὐτῶν τῷ τε
15 ὁμίλῳ καὶ τῇ εὐκοσμίᾳ. ἐς ἀλκήν τε οὐδαμῇ
ἔβλεπον, ὥσπερ φάσματα ἐπιπεσόντα σφίσι
16 δειμαίνοντες ἢ ἐξ οὐρανοῦ πολεμούμενοι. δι᾽
ὀλίγου δὲ εἰς πεζοὺς αὐτοῖς τοὺς σφετέρους ἀφικο-
μένοις πολλῷ ἔτι μᾶλλον τὸ κακὸν ἤρετο καὶ
17 πρόσω ἐχώρει. οὐ γὰρ ἐν κόσμῳ τὴν ἀναχώρησιν
ποιησάμενοι ἐς αὐτοὺς ἦλθον, ὡς ἀναπνεύσοντές
τε καὶ ξὺν αὐτοῖς ἀναμαχούμενοι, ἥπερ εἴθισται,
ἢ ὠθισμῷ τοὺς διώκοντας ἀπωσόμενοι[1] ἢ παλίω-
ξιν ἐγχειρίσοντες ἢ ἄλλην τινὰ πολέμου ἰδέαν,
ἀλλ᾽ οὕτως ἀτάκτως ὥστε αὐτῶν τισι καὶ δια-
φθάρθαι τῆς ἵππου ἐπιπεσούσης ξυνέπεσε.
18 διόπερ αὐτοὺς[2] οἱ πεζοὶ οὔτε διαστάντες ἐδέξαντο
οὔτε διασωσόμενοι ἔστησαν, ἀλλὰ ξὺν αὐτοῖς
προτροπάδην ἅπαντες ἔφευγον, ἔνθα δὴ καὶ
19 ἀλλήλους ὥσπερ ἐν νυκτομαχίᾳ διέφθειρον. ὅ
τε τῶν Ῥωμαίων στρατός, τῆς ἐκείνων ἀπο-
λαύοντες ὀρρωδίας, φειδοῖ οὐδεμιᾷ τοὺς ἐν ποσὶν
ἀεὶ ἔκτεινον, οὔτε ἀμυνομένους οὔτε ἀντιβλέπειν
τολμῶντας, ἀλλὰ σφᾶς αὐτοὺς τοῖς πολεμίοις
παρεχομένους ὅ τι βούλοιντο χρῆσθαι· οὕτω δὴ

[1] ἥπερ—ἀπωσόμενοι A: om. V.

the same valour and energy in action, for each of them
received the enemy's attack with the utmost vigour
and repulsed the assault. And it was now toward
evening when each of the two armies suddenly began
to move, the Goths in retreat and the Romans in
pursuit. For the Goths could no longer hold out
against the onslaught of their enemy, but began to
give ground before their attacks, and finally turned
precipitately, terrified by their great numbers and
their perfect order. And they gave not a thought to
resistance, being as filled with terror as if some appari-
tions of the air had fallen upon them or as if Heaven
were warring against them. But when shortly they
reached their own infantry, their misfortune was
doubled and trebled. For they did not come to them
in an orderly retreat, as with the purpose of recover-
ing their breath and renewing the fight with their
assistance, as is customary; indeed they had no
intention either of throwing back their pursuers by
a massed attack or of undertaking a counter pursuit
or any other military manœuvre, but they arrived in
such disorder that some of the men were actually
destroyed by the onrushing cavalry. Consequently
the infantry did not open intervals to receive them
nor stand fast to rescue them, but they all began to
flee precipitately with the cavalry, and in the rout
they kept killing each other just as in a battle at
night. Meanwhile the Roman army, profiting by
their panic, continued to kill without mercy all who
fell in their way, while their victims offered no
defence nor dared look them in the face, but gave
themselves up to their enemy to treat as they

---

¹ αὐτούς Hoeschel in margin : αὐτοῖς MSS.

αὐτοῖς τά τε δείματα ἐπεκάθιζε καὶ ὁ φόβος
ἐκράτει.

20   Καὶ αὐτῶν ἑξακισχίλιοι μὲν ἐν τῷ ἔργῳ τούτῳ
ἀπέθανον, πολλοὶ δὲ σφᾶς αὐτοὺς ἐνεχείρισαν
τοῖς ἐναντίοις. οἳ δὴ αὐτοὺς ἐν μὲν τῷ παρόντι
ἐζώγρησαν, οὐ πολλῷ δὲ ὕστερον ἔκτειναν. οὐ
μόνον δὲ Γότθοι ἀνῄρηντο, ἀλλὰ καὶ τῶν πάλαι
Ῥωμαίων στρατιωτῶν πλεῖστοι, τῶν τὸ πρότερον
ἀποταξαμένων μὲν τῇ Ῥωμαίων στρατιᾷ, ἀπηυτο-
μοληκότων δέ, ᾗπέρ μοι ἐν τοῖς ἔμπροσθεν λόγοις
21 ἐρρήθη, παρὰ Τουτίλαν τε καὶ Γότθους. ὅσοις
δὲ δὴ τοῦ Γότθων [1] στρατοῦ μήτε ἀπολωλέναι
μήτε ὑπὸ [2] τῶν πολεμίων ταῖς χερσὶ ξυνηνέχθη
γενέσθαι, οὗτοι διαλαθεῖν τε καὶ φυγεῖν ἴσχυσαν,
ὡς αὐτῶν ἕκαστος ἵππου ἢ ποδῶν ἢ τύχης
ἔσχεν ἢ καιροῦ ἢ χώρου φέροντος ἐς τοῦτο ἐπι-
τυχεῖν.

22   Ἥδε μὲν οὖν ἡ μάχη ἐς τοῦτο ἐτελεύτα καὶ
ξυνεσκόταζε παντάπασιν ἤδη. Τουτίλαν δὲ φεύ-
γοντα ἐν σκότῳ σὺν ἀνδράσιν οὐ πλέον ἢ πέντε
οὖσιν, ὧνπερ ὁ Σκιπούαρ εἷς ἐτύγχανεν ὤν, τῶν
τινες Ῥωμαίων ἐδίωκον, οὐκ εἰδότες ὡς Του-
τίλας εἴη· ἐν τοῖς καὶ Ἀσβάδον τὸν Γήπαιδα
23 ξυνέβαινεν εἶναι. ὅσπερ ἐπεὶ Τουτίλα ἀγχοτάτω
ἐγένετο, ὡς τῷ δόρατι αὐτὸν κατὰ τῶν νώτων
24 παίσων ἐπῄει. Γοτθικὸν δέ τι μειράκιον ἐκ
τῆς Τουτίλα οἰκίας φεύγοντι τῷ δεσπότῃ ἑπό-
μενον, τύχην τε ἀπαξιοῦν τὴν τότε παροῦσαν,
ἀνέκραγε μέγα· "Τί τοῦτο, ὦ κύων, τὸν δεσπότην
τὸν σαυτοῦ πλήξων ὥρμηκας;" ὁ μὲν οὖν
Ἀσβάδος ἐπὶ Τουτίλαν τὸ δόρυ σθένει παντὶ

---

[1] Γότθων Hoeschel : γότθου MSS.

wished; so thoroughly had terror settled upon them and panic possessed them.

Six thousand of the Goths perished in this battle, while great numbers put themselves into the hands of their opponents. These the Romans for the moment made prisoners, but a little later they slew them. And not Goths alone were destroyed, but also great numbers of the old Roman soldiers who had earlier detached themselves from the Roman army and deserted, as I have told in the previous narrative,[1] to Totila and the Goths. But all the soldiers of the Gothic army who had the fortune neither to perish nor to come under the hand of their enemy were able to hide or to flee, according as each could avail himself of horse or foot or good luck so as to find opportunity for the one or a place for the other.

Such was the conclusion of this battle, and complete darkness was already settling down. But Totila was in flight through the night accompanied by not more than five men, one of whom chanced to be Scipuar, pursued by some of the Romans who did not know that he was Totila; among these was Asbadus of the Gepaedes. This man had drawn close to Totila and was charging him with the purpose of thrusting his spear into his back. But a Gothic youth of the household of Totila, who was following his fleeing master, outraged at what was taking place, cried aloud, "What is this, you dog? Are you rushing to smite your own master?" Then Asbadus thrust his spear with all his strength at

---

[1] Book VII. xi. 7, etc.

---

[2] ὑπό Haury : om. MSS.

ὦσεν, αὐτὸς δὲ πρὸς τοῦ Σκιπούαρ τὸν πόδα
25 πληγεὶς αὐτοῦ ἔμεινε. καὶ αὐτὸς δὲ Σκιπούαρ
πρός του τῶν διωκόντων πληγεὶς ἔστη, οἵ τε
ξὺν Ἀσβάδῳ πεποιημένοι τὴν δίωξιν, τέτταρες
ὄντες, ὅπως αὐτὸν διασώσοιντο, οὐκέτι ἐδίωκον,
26 ἀλλὰ ξὺν αὐτῷ ὀπίσω ἀνέστρεφον. οἱ δὲ τῷ
Τουτίλα ἐπισπόμενοι, διώκειν σφᾶς ἔτι τοὺς
πολεμίους οἰόμενοι, οὐδέν τι ἧσσον πρόσω ἤλαυ-
νον,[1] καίπερ αὐτὸν καιρίαν πληγέντα καὶ λει-
ποψυχοῦντα βεβαιότατα ἐπαγόμενοι, πρυτα-
νευούσης αὐτοῖς[2] τῆς ἀνάγκης τὸν βίαιον δρόμον.
27 σταδίους δὲ ἀνύσαντες τέσσαράς τε καὶ ὀγδοή-
κοντα ἐς χωρίον ἀφίκοντο Κάπρας ὄνομα. οὗ δὴ
τὸ λοιπὸν ἡσυχάζοντες Τουτίλα τὴν πληγὴν
ἐθεράπευον, ὅσπερ οὐ πολλῷ ὕστερον τὸν βίον
28 ἐξεμέτρησεν. ἐνταῦθά τε αὐτὸν οἱ ἐπισπόμενοι
κρύψαντες τῇ γῇ ἀνεχώρησαν.

Αὕτη γέγονε Τουτίλα τῆς τε ἀρχῆς καὶ
τοῦ βίου καταστροφή, ἔτη ἕνδεκα Γότθων ἄρξαντι,
οὐκ ἐπαξίως ἐπιγενομένη τῶν ἔμπροσθεν αὐτῷ
πεπραγμένων, ἐπεὶ καὶ τὰ πράγματα πρότερον
τῷ ἀνθρώπῳ[3] ἐχώρησε, καὶ τοῖς ἔργοις οὐ κατὰ
29 λόγον ἡ τελευτὴ ἐπεγένετο. ἀλλὰ καὶ νῦν ἡ
τύχη ὡραϊζομένη τε διαφανῶς καὶ διασύρουσα τὰ
ἀνθρώπεια τό τε παράλογον τὸ αὐτῆς ἴδιον καὶ
τὸ τοῦ βουλήματος ἀπροφάσιστον ἐπιδέδεικται,
Τουτίλα μὲν τὴν εὐδαιμονίαν ἐξ αἰτίας οὐδεμιᾶς
ἐπὶ χρόνου μῆκος αὐτοματίσασα, δειλίαν δὲ οὕτω
τῷ ἀνθρώπῳ καὶ καταστροφὴν ἀπαυθαδισαμένη
30 ἐξ οὗ προσηκόντων ἐν τῷ παρόντι. ἀλλὰ ταῦτα

---

[1] πρόσω ἤλαυνον Haury : προσήλαυνον MSS.
[2] αὐτοῖς A : αὐτῆς V.

Totila, but he himself was wounded in the foot by
Scipuar and remained there. And Scipuar was
wounded in turn by one of the pursuers and stopped,
whereupon those who had been making the pursuit
with Asbadus, four in number, gave up the chase in
order to save him, and turned back with him. But
the escort of Totila, thinking that the enemy were
still pursuing them, rode forward without pausing,
taking him along with great determination, though
mortally wounded and fainting, for necessity com-
pelled them to that headlong flight. So after
covering eighty-four stades they came to a place
called Caprae.[1] Here they rested from travel and
endeavoured to treat the wound of Totila, who
not long afterwards completed the term of his life.
And there his followers buried him in the earth and
departed.

Such was the conclusion of the reign and the life
of Totila, who had ruled the Goths eleven years.
But the end which came to him was not worthy of
his past achievements, for everything had gone well
with the man before that, and his end was not
commensurate with his deeds. But here again
Fortune was obviously disporting herself and tearing
human affairs to shreds by way of making a display
of her own perverse nature and unaccountable will;
for she had endowed Totila of her own free will
with prosperity for no particular reason for a long
time, and then after this fashion smote the man with
cowardice and destruction at the present time for no
fitting cause. But these things, I believe, have never

---

[1] Modern Caprara?

---

[3] ἀνθρώπῳ: Haury conjectures ἀνθρώπῳ ἐπὶ μέγα.

μὲν ἀνθρώπῳ, οἶμαι, καταληπτὰ οὔτε γέγονε
πώποτε οὔτε μήποτε ὕστερον ἔσται· λέγεται δὲ
ἀεὶ καὶ δοξάζεται διαψιθυριζόμενα ἐς τὸν πάντα
αἰῶνα, ὥς πη ἑκάστῳ φίλον, λόγῳ τῷ εἰκότι
δοκοῦντι εἶναι παρηγοροῦντι τὴν ἄγνοιαν. ἐγὼ
δὲ ἐπὶ τὸν πρότερον λόγον ἐπάνειμι.

31   Τουτίλαν γοῦν[1] Ῥωμαῖοι οὕτως ἐξ ἀνθρώπων
ἀφανισθῆναι οὐκ ἔγνωσαν, ἕως αὐτοῖς γυνὴ μία,
Γότθα γένος, ἔφρασέ τε καὶ τὸν τάφον ἐπέδειξεν.
32   οἵ τε ἀκηκοότες οὐχ ὑγιᾶ τὸν λόγον εἶναι οἰόμενοι,
ἐν τῷ χωρίῳ ἐγένοντο, καὶ τὴν θήκην ὀκνήσει
οὐδεμιᾷ διορύξαντες ἐξήνεγκαν μὲν τὸν Τουτίλαν
ἐνθένδε νεκρόν, ἐπιγνόντες δὲ αὐτόν, ὥς φασι, καὶ
τούτου δὴ τοῦ θεάματος ἐμπλησάμενοι τὴν
σφετέραν ἐπιθυμίαν αὖθις αὐτὸν τῇ γῇ ἔκρυψαν,
ἔς τε Ναρσῆν αὐτίκα τὸν πάντα λόγον ἀνή-
νεγκαν.
33   Τινὲς δὲ οὐχ οὕτω τά γε κατὰ Τουτίλαν καὶ
τήνδε τὴν μάχην ξυμβῆναι, ἀλλὰ τρόπῳ τῳ
ἑτέρῳ φασίν· ὅνπερ μοι ἀναγράψασθαι οὔ τοι
34   ἀπὸ τρόπου ἔδοξεν εἶναι. λέγουσι γὰρ οὐκ ἀπρο-
φάσιστον οὐδὲ παράλογον τὴν ὑπαγωγὴν ξυνε-
νεχθῆναι τῷ Γότθων στρατῷ, ἀλλὰ Ῥωμαίων
ἀκροβολιζομένων τινῶν βέλος ἐκ τοξεύματος τῷ
Τουτίλᾳ ἐξαπιναίως ἐπιπεσεῖν, οὐκ ἐκ προνοίας
τοῦ πέμψαντος, ἐπεὶ Τουτίλας ἐν στρατιώτου
λόγῳ ὡπλισμένος τε καὶ παρατεταγμένος ὅπου
δὴ τῆς φάλαγγος ἀπημελημένος εἱστήκει, οὐ
βουλόμενος τοῖς πολεμίοις ἔνδηλος εἶναι, οὐδέ πη
αὐτὸν ἐς ἐπιβουλὴν παρεχόμενος, ἀλλὰ τύχης
τούτῳ[2] ταῦτα σκευωρουμένης τινὸς καὶ ἰθυνάσης

---

[1] γοῦν Hoeschel in margin : γάρ MSS.

been comprehensible to man, nor will they ever become so at any future time.   And yet there is always much talk on this matter and opinions are being for ever bandied about according to each man's taste, as he seeks comfort for his ignorance in an explanation which seems reasonable.   But I shall return to the previous narrative.

The Romans, indeed, did not know that Totila had been thus taken from the world, until a certain woman of the Gothic race told them and pointed out the grave.   But when they heard it they did not think the story sound, and so they came to the spot and with no hesitation dug out the grave and brought up from it the corpse of Totila; then, they say, after recognizing him and satisfying their curiosity with this sight, they again buried him in the earth and immediately reported the whole matter to Narses.

But some say that Totila's death and this battle happened otherwise than I have told it; and it has seemed to me not improper to record this version. For these say that the retreat of the Gothic army did not take place in any strange and unaccountable manner, but while some of the Romans were shooting from a distance, a missile from a bow suddenly struck Totila, but not by the purpose of the man who had sent it, for Totila was armed in the fashion of a simple soldier and the place in the phalanx where he stood had been chosen at random; for he did not wish to be manifest to his enemy, nor would he, of course, expose himself to attack; but some chance prepared this fate for him and directed the

---

² τούτῳ Haury : τοῦτο MSS.

ἐπὶ τὸ τοῦ ἀνθρώπου σῶμα τὸν ἄτρακτον· καὶ
αὐτὸν μὲν καιρίαν βληθέντα, ὡς ἔνι μάλιστα,
περιώδυνον γεγενημένον ἔξω γενέσθαι τῆς φάλαγ-
γος ξύν τε ὀλίγοις κατὰ βραχὺ ὀπίσω ἰέναι.
35 καὶ μέχρι μὲν ἐς Κάπρας ἀντέχοντα τῇ ταλαι-
πωρίᾳ τὸν ἵππον ἐλᾶν, ἐνταῦθα δὲ λειποψυχή-
σαντα τὸ λοιπὸν μεῖναι[1] τὴν πληγὴν θερα-
πεύσοντα, οὐ πολλῷ τε ὕστερον αὐτῷ ἐπιγενέσθαι
36 τὴν τέλειον ἡμέραν τοῦ βίου. τὴν δὲ Γότθων
στρατιὰν οὔτε ἄλλως ἀξιόμαχον τοῖς ἐναντίοις
οὖσαν, ἀλλὰ καὶ ἀπομάχου σφίσι παρὰ δόξαν
γεγενημένου τοῦ ἄρχοντος, ἐν θάμβει γενέσθαι, εἰ
μόνος αὐτοῖς οὐκ ἐξ ἐπιβουλῆς τῶν πολεμίων ὁ
Τουτίλας καιρίαν βληθείη, καὶ ἀπ᾽ αὐτοῦ περι-
φόβους τε καὶ ἀθύμους γεγενημένους ἔς τε
ὀρρωδίαν ὅρον οὐκ ἔχουσαν καὶ ὑπαγωγὴν οὕτως
αἰσχρὰν ἐμπεπτωκέναι. ἀλλὰ περὶ μὲν τούτων
λεγέτω ἕκαστος ὅπῃ γινώσκει.[2]

XXXIII

Ναρσῆς δὲ περιχαρὴς τοῖς ξυμπεπτωκόσι γε-
νόμενος ἐπαναφέρων οὐκ ἀνίει ἐς τὸν θεὸν ἅπαντα,
ὅπερ καὶ ὁ ἀληθὴς λόγος ἐγίνετο, τά τε ἐν ποσὶ
2 διῳκεῖτο. καὶ πρῶτα μὲν τῶν οἱ ἐπισπομένων
Λαγγοβαρδῶν ἀπαλλαξείων τῆς ἀτοπίας (οἵ γε
πρὸς τῇ ἄλλῃ ἐς τὴν δίαιταν παρανομίᾳ τάς τε
οἰκοδομίας, αἷς ἂν ἐντύχοιεν, ἐνεπίμπρασαν καὶ
γυναιξὶ ταῖς ἐς τὰ ἱερὰ καταφευγούσαις βιαζόμενοι
ἐπλησίαζον) χρήμασι μεγάλοις αὐτοὺς δεξιω-
σάμενος ἐς τὰ πάτρια ἤθη ἀφῆκεν ἰέναι, Βαλερια-

---

[1] μεῖναι A, V pr. m. corr. : εἶναι V pr. m.

shaft to the man's body. Then he, having suffered
a mortal wound and being tortured with intense
pain, withdrew from the phalanx with a few men
and moved slowly away. And as far as Caprae he
endured the suffering and continued to ride his
horse, but there he fainted and after that remained
there to care for his wound, and not long afterwards
the final day of his life came upon him. Meanwhile
the Gothic army, not being in any case a match for
their opponents, upon seeing also that their com-
mander had been unexpectedly rendered unfit for
battle, became thunderstruck to think that Totila
alone among them had been mortally wounded with
no design on the part of the enemy, and consequently
they became alarmed and discouraged and were
plunged into terror which had no bounds and began
to retreat in that disgraceful manner. But concern-
ing these matters let each man speak according to
his knowledge.

XXXIII

Narses was overjoyed at the outcome and ceased
not attributing everything to God, an opinion which
was indeed true ; and he proceeded to arrange all
urgent matters. And first of all he was eager to be rid
of the outrageous behaviour of the Lombards under his
command, for in addition to the general lawlessness
of their conduct, they kept setting fire to whatever
buildings they chanced upon and violating by force
the women who had taken refuge in the sanctuaries.
He accordingly propitiated them by a large gift of
money and so released them to go to their homes,

----

[2] γινώσκει A : γενέσθαι V.

νόν τε καὶ Δαμιανόν, τὸν αὐτοῦ ἀδελφιδοῦν, ξὺν
τοῖς ἑπομένοις ἐξηγεῖσθαι τῆς ὁδοῦ ἄχρι ἐς τὰ
Ῥωμαίων ὅρια σφίσι κελεύσας, ὅπως μηδενὶ ἐν
3 τῇ ἀποπορείᾳ[1] λυμήνωνται. ἐπειδὴ δὲ Λαγγο-
βάρδαι ἀπηλλάγησαν ἐκ Ῥωμαίων τῆς γῆς,
Βαλεριανὸς ἐστρατοπεδεύσατο ἀμφὶ πόλιν
Βερῶναν, ὡς πολιορκήσων τε καὶ παραστησόμενος
4 αὐτὴν βασιλεῖ. δείσαντές τε οἱ τὸ φυλακτήριον
ταύτῃ ἔχοντες Βαλεριανῷ ἐς λόγους ἦλθον, ὡς
σφᾶς τε αὐτοὺς καὶ τὴν πόλιν ὁμολογίᾳ ἐνδώ-
5 σοντες. ἃ δὴ Φράγγοι μαθόντες, ὅσοι φρουρὰν
ἐς τὰ ἐπὶ Βενετίας χωρία εἶχον, διεκώλυον προ-
θυμίᾳ τῇ πάσῃ τῆς χώρας ἅτε αὐτοῖς προση
κούσης ἀξιοῦντες μεταποιεῖσθαι. καὶ ἀπ᾽ αὐτοῦ
ἄπρακτος ἐνθένδε παντὶ τῷ στρατεύματι Βαλε-
ριανὸς ἀνεχώρησε.
6 Γότθοι δέ, ὅσοι ἀποφυγόντες ἐκ τῆς ξυμβολῆς
διεσώθησαν, διαβάντες ποταμὸν Πάδον, πόλιν τε
Τικινὸν[2] καὶ τὰ ἐκείνῃ χωρία ἔσχον, ἄρχοντά τε
7 τὸν Τείαν κατεστήσαντο σφίσιν. ὃς δὴ τὰ
χρήματα εὑρὼν ἅπαντα ὅσα Τουτίλας ἔτυχεν ἐν
Τικινῷ[3] καταθέμενος, Φράγγους ἐς ξυμμαχίαν
ἐπαγαγέσθαι διενοεῖτο, Γότθους δὲ ὡς ἐκ τῶν
παρόντων διειπέ τε καὶ διεκόσμει, ξυλλέγων
8 σπουδῇ ἀμφ᾽ αὐτὸν ἅπαντας. ταῦτα ὁ Ναρσῆς
ἀκούσας Βαλεριανὸν μὲν ἐκέλευσε πᾶσι τοῖς
ἑπομένοις ἀμφὶ Πάδον ποταμὸν φυλακὴν ἔχειν,
ὅπως μὴ Γότθοι ἀδεέστερον ξυστήσεσθαι δυνατοὶ
εἶεν, αὐτὸς δὲ παντὶ τῷ ἄλλῳ στρατῷ ἐπὶ
9 Ῥώμην ᾔει. ἐν Τούσκοις τε γενόμενος Ναρνίαν

---

[1] ἀποπορείᾳ : ἀποπορίᾳ A corr., ἀπορίᾳ A pr. m. V.
[2] Τικινόν Maltretus : πιγκηνῶν L, τηκηνῶν V.

commanding Valerian and Damianus, his nephew, with their commands to escort them on the march as far as the Roman boundary, so that they might harm no one on the return journey. And after the Lombards had departed from Roman territory, Valerian went into camp near the city of Verona, intending to besiege it and win it for the emperor. But the garrison of this city became frightened and opened negotiations with Valerian, with the purpose of making a conditional surrender of themselves and the city. When this was learned by the Franks who were keeping guard in the towns of Venetia, they tried with all eagerness to prevent it, claiming the right to take charge of the land as belonging to themselves. And as a result of this, having accomplished nothing, Valerian retired from there with his whole army.

As for the Goths who had saved themselves by fleeing from the battle, they crossed the Po River and occupied the city of Ticinum and the adjacent country, appointing Teïas as ruler over them. And he found all the money which Totila had deposited in Ticinum, and was purposing to draw the Franks into an alliance ; he also began to organize and put in order the Goths as well as circumstances permitted, eagerly gathering them all about him. When Narses heard this, he ordered Valerian with all his force to maintain a guard near the Po River so that the Goths might not be at liberty to assemble freely, while he himself with all the rest of the army marched against Rome. And when he came into Tuscany, he took Narnia by surrender and left

---

[3] Τικινῷ Maltretus : πιγκηνῶ L, τηκήνων V.

PROCOPIUS OF CAESAREA

μὲν ὁμολογίᾳ εἷλε, καὶ Σπολιτίνοις ἀτειχίστοις
οὖσι φρουρὰν ἔλιπεν, ἀνοικοδομήσασθαι ὅτι
τάχιστα ἐπιστείλας ὅσα τοῦ περιβόλου καθε-
10 λόντες ἐτύγχανον Γότθοι. ἔπεμψε δὲ καί τινας
ἀποπειρασομένους τοῦ ἐν Περυσίᾳ φυλακτηρίου.
ἡγοῦντο δὲ τῶν ἐν Περυσίᾳ φρουρῶν αὐτόμολοι
γεγονότες Ῥωμαῖοι[1] δύο, Μελιγήδιός τε καὶ
Οὔλιφος, ὅσπερ Κυπριανοῦ δορυφόρος γεγονὼς
πρότερον, Τουτίλᾳ πολλὰ οἷ ἐπαγγειλαμένῳ
ἀναπεισθεὶς Κυπριανὸν τότε ἄρχοντα τοῦ ἐνταῦθα
11 φυλακτηρίου δόλῳ ἔκτεινεν. ὁ μὲν οὖν Μελιγή-
διος λόγους τοῦ Ναρσοῦ ἐνδεξάμενος ἐβουλεύετο
ξὺν τοῖς οἷ ἑπομένοις Ῥωμαίοις τὴν πόλιν ἐνδοῦναι,
οἱ δὲ ἀμφὶ τὸν Οὔλιφον τῶν πρασσομένων
αἰσθόμενοι ξυνίσταντο ἐπ' αὐτοὺς ἐκ τοῦ ἐμφανοῦς.
12 καὶ Οὔλιφος μὲν ξὺν τοῖς οἷ ὁμογνωμονοῦσιν
αὐτοῦ διεφθάρη, Μελιγήδιος δὲ παρέδωκε Περυ-
σίαν Ῥωμαίοις αὐτίκα. τῷ μέντοι Οὐλίφῳ
ξυνέβη τίσις ἐκ τοῦ θεοῦ δηλονότι ἐπιπεσοῦσα, ἐν
αὐτῷ μάλιστα διεφθάρθαι τῷ χώρῳ, ἵνα δὴ αὐτὸς
τὸν Κυπριανὸν διεχρήσατο. ταῦτα μὲν δὴ οὕτω
κεχώρηκε.

13 Γότθοι δὲ οἱ ἐν Ῥώμῃ φυλακὴν ἔχοντες ἐπειδὴ
Ναρσῆν τε καὶ τὸν Ῥωμαίων στρατὸν ἐπὶ σφᾶς
ἰόντας ἄγχιστά πη ἐπύθοντο εἶναι, παρεσκευά-
ζοντο ὡς τὰ δυνατὰ σφίσιν ὑπαντιάσοντες.
14 ἐτύγχανε δὲ Τουτίλας πολλὰς[2] μὲν ἐμπρησάμενος
τῆς πόλεως οἰκοδομίας, ἡνίκα δὴ αὐτὴν τὸ πρῶτον
ἐξεῖλεν.[3] . . . ἐν ὑστάτῳ δὲ λογισάμενος, ὡς ἐς
ὀλίγους ἀποκεκριμένοι οὐχ οἷοί τέ εἰσι τὸ λοιπὸν

---

[1] ῥωμαῖοι L : ἐκ ῥωμαίων V.
[2] πολλάς Hoeschel, in margin, om. L, πολλοῖς V.

a garrison at Spolitium, which was then without walls, instructing them to rebuild as quickly as possible such parts of the fortifications as the Goths had torn down. And he also sent some men to make trial of the garrison in Perusia. Now the garrison of Perusia was commanded by two Romans who had become deserters, Meligedius and Ulifus; the latter had formerly been a bodyguard of Cyprian, but had been won over by the large promises made to him by Totila and had treacherously killed Cyprian who then commanded the garrison of that place. Now Meligedius was for accepting the proposals of Narses and was planning with the men under his command to hand the city over to the Romans, but the party of Ulifus perceived what was going on and banded together openly against them. In the fight that followed Ulifus was destroyed together with those who thought as he did, and Meligedius immediately surrendered Perusia to the Romans. And Ulifus obviously suffered retribution from Heaven in being destroyed at the very place where he himself had murdered Cyprian. Such was the course of these events.

But the Goths who were keeping guard in Rome, upon learning that Narses and the Roman army were coming against them and were now very near, made preparations to offer the strongest resistance possible. Now it happened that Totila had burned many buildings of the city when he captured it for the first time. . . . But finally, reasoning that the Goths, reduced as they were to a small number,

---

[3] A clause seems lost in which was expressed a first decision to rebuild.

Γότθοι ἄπαντα τὸν περίβολον Ῥώμης διαφυ-
λάξαι, τειχίσματι βραχεῖ ὀλίγην τινὰ τῆς
πόλεως μοῖραν ἀμφὶ τὸν Ἀδριανοῦ περιβαλὼν
τάφον καὶ αὐτὸ τῷ προτέρῳ τείχει ἐνάψας
15 φρουρίου κατεστήσατο σχῆμα. ἐνταῦθά τε τὰ
σφίσιν αὐτοῖς τιμιώτατα καταθέμενοι Γότθοι ἐς
μὲν τὸ ἀκριβὲς τὸ φρούριον τοῦτο ἐφύλασσον, τὸ
δὲ ἄλλο τῆς πόλεως τεῖχος ἀπημελημένον
16 ὑπερεώρων. φρουροὺς τοίνυν σφῶν ἐν τούτῳ
τῷ χωρίῳ[1] τηνικάδε ἀπολιπόντες ὀλίγους τινὰς[2]
οἱ λοιποὶ ἅπαντες ἀμφὶ τὰς ἐπάλξεις τοῦ τῆς
πόλεως γενόμενοι τείχους τῶν πολεμίων ἀπο-
πειράσασθαι τειχομαχούντων ἐν σπουδῇ εἶχον.
17 Ὅλον μὲν οὖν τὸν Ῥώμης περίβολον διὰ
μεγέθους ὑπερβολὴν οὔτε Ῥωμαῖοι ἐπιόντες περι-
18 βάλλεσθαι εἶχον οὔτε Γότθοι φρουρεῖν. διασκε-
δαννύμενοι δὲ οἱ μὲν ὅπη παρατύχοι προσέβαλλον,
οἱ δὲ ὡς ἐκ τῶν παρόντων ἠμύνοντο. καὶ Ναρσῆς
μὲν τοξοτῶν ἐπαγόμενος μέγα τι χρῆμα ἐς μοῖράν
τινα τοῦ περιβόλου ἐπέσκηπτεν, ἑτέρωθι δὲ
Ἰωάννης ὁ Βιταλιανοῦ ξὺν τοῖς οἱ ἑπομένοις προ-
19 σέβαλλε. Φιλημοὺθ δὲ καὶ οἱ Ἔρουλοι κατ᾽ ἄλλο
τι μέρος ἠνώχλουν, ἑκαστάτω[3] τε αὐτῶν οἱ λοιποὶ
εἵποντο. ἐτειχομάχουν δὲ ἅπαντες ὡς ἀπωτάτω
20 ἀλλήλων ὄντες. καὶ κατ᾽ αὐτοὺς οἱ βάρβαροι
ξυνιστάμενοι ἐδέχοντο τὴν ἐπίθεσιν. τὰ μέντοι
ἄλλα τοῦ περιβόλου, ἵνα δὴ Ῥωμαίων οὐκ
ἐγένετο προσβολή, ἀνδρῶν ἔρημα παντάπασιν
ἦν, Γότθων ἀπάντων ὅπη ἂν οἱ πολέμιοι ἐπισκή-
21 ψαιεν ἀγειρομένων, ᾗπέρ μοι εἴρηται. ἐν τούτῳ

---

[1] χωρίῳ V: φρουρίῳ L.   [2] ὀλίγους τινάς V: om. L.
[3] ἑκαστάτω L: ἑκάστοις V.

were no longer able to guard the whole circuit of the wall of Rome, he enclosed a small part of the city with a short wall around the Tomb of Hadrian and, by connecting this with the earlier wall, he made a kind of fortress. There the Goths had deposited their most precious possessions and they were keeping a careful guard over this fortress, disregarding the rest of the city wall which lay neglected. So on this occasion they left a few of their number as guards over this place while all the rest took their stand all along the battlements of the city wall, because they were eager to test their opponents' skill in attacking walls.

Now the whole circuit-wall of Rome was so extraordinarily long that neither could the / Romans encompass it in their attack nor the Goths guard it. So the Romans scattered here and there at random and began to make their attacks, while the others defended themselves as well as circumstances permitted. Thus, Narses brought up a great force of archers and delivered an attack on a certain portion of the fortifications, while John the nephew of Vitalian was making an assault with his command at another point. Meanwhile Philemuth and the Eruli were harassing another section, and the rest followed at a great distance from them. Indeed, all were fighting at the wall with very considerable intervals between them. And the barbarians gathered at the points of attack and were receiving the assault. But the other parts of the fortifications, where there was no attack being made by the Romans, were altogether destitute of men, all the Goths being gathered, as I have said, wherever the enemy were attacking. In this situation Narses

δὲ γνώμῃ Ναρσοῦ ὁ Δαγισθαῖος στρατιώτας τε
παμπληθεῖς ἔχων καὶ τό τε Ναρσοῦ καὶ τὸ
Ἰωάννου σημεῖον καὶ κλίμακας πολλὰς ἐπαγό-
μενος μοίρᾳ τινὶ τοῦ περιβόλου ἐξαπιναίως
ἐπέσκηψε, φρουρᾶς[1] τὸ παράπαν ἐρήμῳ οὔσῃ.
22 τάς τε κλίμακας εὐθὺς ἁπάσας οὐδενὸς ἀμυνομένου
τῷ τείχει ἐρείσας πόνῳ οὐδενὶ ξὺν τοῖς ἑπομένοις
ἐντὸς τοῦ περιβόλου ἐγένετο, τάς τε πύλας κατ'
23 ἐξουσίαν ἀνέῳγον. ὧνπερ αὐτίκα Γότθοι αἰσθό-
μενοι οὐκέτι ἐς ἀλκὴν ἔβλεπον, ἀλλ' ἔφευγον
ἅπαντες ὅπη αὐτῶν ἑκάστῳ δυνατὰ ἐγεγόνει. καὶ
οἱ μὲν εἰς τὸ φρούριον εἰσεπήδησαν, οἱ δὲ δὴ ἐς
τὸν Πόρτον ἐχώρησαν[2] δρόμῳ.

24 Ἐνταῦθά μοι τοῦ λόγου ἔννοια γέγονεν ὅντινα
ἡ τύχη διαχλευάζει τὰ ἀνθρώπεια τρόπον, οὐκ
ἀεὶ κατὰ ταὐτὰ παρὰ τοὺς ἀνθρώπους ἰοῦσα
οὐδὲ ἴσοις αὐτοὺς ὀφθαλμοῖς βλέπουσα, ἀλλὰ
ξυμμεταβαλλομένη χρόνῳ καὶ τόπῳ,[3] καὶ παίζει
ἐς αὐτοὺς παιδιάν τινα παρὰ τὸν καιρὸν ἢ τὸν
χῶρον ἢ τὸν τρόπον[4] διαλλάσσουσα τὴν τῶν
ταλαιπώρων ἀξίαν, εἴ γε ὁ Ῥώμην μὲν[5] ἀπολω-
λεκὼς τὰ πρότερα Βέσσας οὐ πολλῷ ὕστερον
ἀνεσώσατο Ῥωμαίοις τῆς Λαζικῆς[6] Πέτραν,
ἔμπαλιν δὲ ὁ Δαγισθαῖος Πέτραν τοῖς πολεμίοις
μεθεὶς[7] ἀνεκτήσατο ἐν χρόνῳ ὀλίγῳ βασιλεῖ
25 Ῥώμην. ἀλλὰ ταῦτα μὲν γέγονέ τε τὸ ἐξ ἀρχῆς
καὶ ἀεὶ ἔσται, ἕως ἂν ἡ αὐτὴ τύχη ἀνθρώποις ᾖ.
Ναρσῆς δὲ τότε παντὶ τῷ στρατῷ ἐπὶ τὸ φρούριον
26 πολεμῶν ᾔει. κατορρωδήσαντές τε οἱ βάρβαροι

---

[1] φρουρᾶς L : φρουρῶν V.   [2] ἐχώρησαν L : ἐσεχώρησαν V.
[3] τόπῳ L : τρόπῳ V.   [4] τρόπον V : τόπον L.
[5] μέν L : ἡμῖν V.   [6] τῆς λαζικῆς V : τὴν λαζικήν L.

directed Dagisthaeus to take a large number of
soldiers and the standards of both Narses and John,
and, equipped with a large number of ladders, to
make a sudden assault upon a certain part of the
fortifications which was altogether destitute of
guards. So he immediately placed all the ladders
against the wall without any opposition, and with
no trouble got inside the fortifications with his
followers, and they opened the gates at their
leisure. This was immediately discovered by the
Goths, who no longer thought of resistance but
began to flee, every man of them, wherever each
one could. And some of them rushed into the
fortress, while others went off on the run to Portus.

At this point in the narrative it occurs to me to
comment on the manner in which Fortune makes
sport of human affairs, not always visiting men in
the same manner nor regarding them with uniform
glance, but changing about with the changes of
time and place; and she plays a kind of game with
them, shifting the value of the poor wretches
according to the variations of time, place, or cir-
cumstance, seeing that Bessas, the man who
had previously lost Rome, not long afterward
recovered Petra in Lazica for the Romans, and that
Dagisthaeus, on the contrary, who had let Petra
go to the enemy, won back Rome for the emperor
in a moment of time. But these things have been
happening from the beginning and will always be
as long as the same fortune rules over men. Narses
now advanced against the fortress with his whole
army in warlike array. But the barbarians became

καὶ τὰ πιστὰ ὑπὲρ τῶν σωμάτων κεκομισμένοι
σφᾶς τε αὐτοὺς καὶ τὸ φρούριον οἱ αὐτίκα δὴ
μάλα παρέδοσαν, ἕκτον τε καὶ εἰκοστὸν ἔτος
Ἰουστινιανοῦ βασιλέως τὴν αὐτοκράτορα ἀρχὴν
27 ἔχοντος. οὕτω τε Ῥώμη ἐπὶ τούτου βασιλεύον-
τος τὸ πέμπτον ἑάλω, ᾗσπερ εὐθὺς ὁ Ναρσῆς
τῶν πυλῶν τὰς κλεῖς βασιλεῖ ἔπεμψε.

XXXIV

Τότε δὴ τοῖς ἀνθρώποις διαφανέστατα ἐπι-
δέδεικται ὡς ἅπασιν, οἷσπερ ἔδει γενέσθαι κακῶς,
καὶ τὰ εὐτυχήματα δοκοῦντα εἶναι εἰς ὄλεθρον
ἀποκέκριται, κατὰ νοῦν τε ἀπαλλάξαντες ἴσως τῇ
2 τοιαύτῃ εὐημερίᾳ[1] ξυνδιαφθείρονται. Ῥωμαίων
γὰρ τῇ τε ξυγκλήτῳ βουλῇ καὶ τῷ δήμῳ τὴν
νίκην τήνδε πολλῷ ἔτι μᾶλλον φθόρου αἰτίαν
3 ξυνηνέχθη γενέσθαι τρόπῳ τοιῷδε. Γότθοι μὲν
φεύγοντες καὶ τὴν Ἰταλίας ἐπικράτησιν ἀπογνόν-
τες, ὁδοῦ ποιούμενοι πάρεργον, τοὺς παρατυχόντας
4 σφίσι Ῥωμαίους οὐδεμιᾷ διεχρῶντο φειδοῖ. οἱ δὲ
βάρβαροι τοῦ Ῥωμαίων στρατοῦ ὡς πολεμίοις
ἐχρῶντο πᾶσιν οἷς ἂν ἐντύχοιεν ἐν τῇ ἐς τὴν
5 πόλιν εἰσόδῳ. πρὸς δὲ καὶ τόδε αὐτοῖς ξυνηνέχθη
γενέσθαι. πολλοὶ τῶν ἀπὸ τῆς ξυγκλήτου
βουλῆς, τοῦτο Τουτίλα δεδογμένον, τὰ πρότερα
6 ἔμενον ἐς τὰ ἐπὶ[2] Καμπανίας χωρία. ὧνπέρ
τινες, ἐπεὶ Ῥώμην ἔχεσθαι πρὸς τοῦ βασιλέως
στρατοῦ ἔγνωσαν, ἐκ Καμπανίας ἐξαναστάντες ἐς
αὐτὴν ᾔεσαν. ὃ δὴ Γότθοι μαθόντες, ὅσοι ἐν τοῖς
ταύτῃ ὀχυρώμασιν ἐτύγχανον ὄντες, ἅπαντα

---

[1] εὐημερίᾳ V : εὐδρομίᾳ L.   [2] ἐς τὰ ἐπί V : ἐπὶ τά L.

terrified, and, upon receiving pledges for their lives, surrendered both themselves and the fortress with all speed, in the twenty-sixth year of the reign of the Emperor Justinian. Thus Rome was captured for the fifth time during his reign ; and Narses immediately sent the keys of its gates to the emperor.

552 A.

XXXIV

At that time it was shewn to the world with the greatest clearness that in the case of all men who have been doomed to suffer ill, even those things which seem to be blessings turn out for their destruction, and even when they have fared as they wish they are, it may be, destroyed together with this same prosperity. For this victory turned out to be for the Roman senate and people a cause of far greater destruction, in the following manner. The Goths, on the one hand, as by their flight they abandoned the dominion of Italy, made it an incident of their progress to destroy without mercy the Romans who fell in their way. And the barbarians of the Roman army, on the other hand, treated as enemies all whom they chanced upon as they entered the city. Furthermore, this too befell them. Many of the members of the senate, by decision of Totila, had been remaining previously in the towns of Campania. And some of them, upon learning that Rome was held by the emperor's army, departed from Campania and went thither. But when this was learned by the Goths who happened to be in the

διερευνώμενοι τὰ ἐκείνῃ χωρία τοὺς πατρικίους
ἅπαντας ἔκτειναν. ἐν τοῖς καὶ Μάξιμος ἦν,
οὗπερ ἐν τοῖς ἔμπροσθεν λόγοις ἐμνήσθην.

7 ἐτύγχανε δὲ καὶ Τουτίλας, ἡνίκα Ναρσῇ ὑπαν-
τιάσων ἐνθένδε ᾔει, τῶν ἐκ πόλεως ἑκάστης
δοκίμων Ῥωμαίων τοὺς παῖδας ἀγείρας καὶ
αὐτῶν ἐς τριακοσίους ἀπολεξάμενος, οὕσπερ
μάλιστα τὸ σῶμα καλοὺς ᾤετο εἶναι, τοῖς μὲν
γειναμένοις ὅτι δὴ αὐτῷ ξυνδιαιτήσονται ὑπειπών,

8 ὁμήρους δέ οἱ λόγῳ τῷ ἀληθεῖ ἐσομένους. καὶ
αὐτοὺς Τουτίλας μὲν τότε ὑπὲρ ποταμὸν Πάδον
ἐκέλευσεν εἶναι, Τεῖας δὲ τανῦν ἐνταῦθα εὑρὼν
ἅπαντας ἔκτεινε.

9 Ῥαγναρίς τε, Γότθος ἀνήρ, ὅσπερ ἡγεῖτο τοῦ ἐν
Ταραντηνοῖς φυλακτηρίου, καίπερ τὰ πιστὰ
γνώμῃ βασιλέως πρὸς τοῦ Πακουρίου κεκομισ-
μένος, Ῥωμαίοις τε προσχωρήσειν ὁμολογήσας,
ἥπέρ μοι ἔμπροσθεν εἴρηται, παρασχόμενος δὲ[1]
καὶ Γότθους ἓξ ἐν ὁμήρων λόγῳ ἐπὶ ταύτῃ
δὴ τῇ ὁμολογίᾳ Ῥωμαίοις, ἐπειδὴ Τεῖαν ἤκουσε
βασιλέα καταστάντα Γότθοις τούς τε Φράγγους
ἐς ἐπικουρίαν ἐπαγαγέσθαι καὶ παντὶ τῷ στρατῷ
τοῖς πολεμίοις ἐθέλειν ὁμόσε ἰέναι, μεταπορευθεὶς
τὴν βουλὴν ἐπιτελεῖν τὰ ὡμολογημένα οὐδαμῇ

10 ἤθελε. σπουδάζων δὲ καὶ διατεινόμενος τοὺς
ὁμήρους ἀπολαβεῖν ἐπενόει τάδε. πέμψας παρὰ
τὸν Πακούριον ᾔτει σταλῆναί οἱ τῶν Ῥωμαίων
στρατιωτῶν ὀλίγους τινάς, ἐφ᾽ ᾧ ξὺν τῷ ἀσφαλεῖ
ἔς τε τὸν Δρυοῦντα ἰέναι σφίσι δυνατὰ εἴη ἐνθένδε
τε[2] διαπορθμευσαμένοις τὸν Ἰόνιον κόλπον ἐπὶ

---

[1] παρασχόμενος δέ V: παρασχών τε L
[2] ἐνθένδε τε V: καί L.

fortresses there, they searched that whole country
and killed all the patricians. Among these was
Maximus, whom I have mentioned in the preceding
arrative.[1] It happened also that Totila, when he
went from there to encounter Narses, had gathered
the children of the notable Romans from each city
and selected about three hundred of them whom he
considered particularly fine in appearance, telling
their parents that they were to live with him, though
in reality they were to be hostages to him. And at
that time Totila merely commanded that they should
be north of the Po River, but now Teïas found and
killed them all.

Now Ragnaris, a Goth, who commanded the
garrison at Tarentum, had received pledges from
Pacurius at the emperor's wish and agreed that he
would submit to the Romans, as previously stated,[2]
and had furnished six Goths as hostages to the
Romans to make this agreement binding; but upon
hearing that Teïas had become king over the Goths
and had invited the Franks to an alliance and
wished to engage with the enemy with his whole
army, he reversed his purpose completely and
refused absolutely to fulfil his agreement. But he
was eager and determined to get back the hostages,
and so devised the following plan. He sent to
Pacurius with the request that a few Roman soldiers
be sent him in order that it might be possible for
his men with safety to go to Dryus [3] and from there
to cross the Ionian Gulf and make their way to

---

[1] Book V. xxv. 15 and Book III. xx. 19.
[2] Chap. xxvi. 4.   [3] Mod. Otranto.

11 Βυζαντίου κομίζεσθαι. ὁ μὲν οὖν Πακούριος
μακρὰν ἀπολελειμμένος τῶν τῷ ἀνθρώπῳ βεβου-
λευμένων τῶν οἱ ἑπομένων πεντήκοντα στέλλει.

12 ὁ δὲ αὐτοὺς τῷ φρουρίῳ δεξάμενος καθεῖρξεν
εὐθύς, τῷ τε Πακουρίῳ ἐσήμαινεν ὡς, εἴπερ αὐτῷ
τοὺς στρατιώτας βουλομένῳ εἴη τοὺς αὐτοῦ
ῥύεσθαι, ἀποδιδόναι δεήσει τοὺς Γότθων ὁμήρους.

13 ταῦτα ἀκούσας Πακούριος ὀλίγους μέν τινας ἐπὶ
τῇ τοῦ Δρυοῦντος φυλακῇ εἴασε, παντὶ δὲ τῷ

14 ἄλλῳ στρατῷ ἐπὶ τοὺς πολεμίους αὐτίκα ᾔει.
Ῥάγναρις δὲ τοὺς μὲν πεντήκοντα μελλήσει
οὐδεμιᾷ ἔκτεινεν, ὡς ὑπαντιάσων δὲ τοῖς πολεμίοις
ἐκ τοῦ Τάραντος τοὺς Γότθους ἐξῆγεν. ἐπειδή τε

15 ἀλλήλοις ξυνέμιξαν, ἡσσῶνται Γότθοι. Ῥάγναρίς
τε αὐτοῦ[1] ἀποβαλὼν πλείστους ξὺν τοῖς κατα-
λοίποις δρασμῷ εἴχετο. ἐς μέντοι τὸν Τάραντα
εἰσελθεῖν οὐδαμῇ ἴσχυσε, πανταχόθεν αὐτὸν περι-
βεβλημένων Ῥωμαίων, ἀλλ᾽ ἐς Ἀχεροντίδα

16 ἐλθὼν ἔμεινε. ταῦτα μὲν οὖν τοιαύτῃ[2] ἐγεγόνει.
Ῥωμαῖοι δὲ οὐ πολλῷ ὕστερον τόν τε Πόρτον
πολιορκήσαντες ὁμολογίᾳ εἷλον καὶ φρούριον ἐν
Τούσκοις, ὃ δὴ Νέπα καλοῦσι,[3] καὶ τὸ ἐν Πέτρᾳ
τῇ Περτούσῃ ὀνομαζομένῃ ὀχύρωμα.

17 Τεΐας δὲ (οὐ γὰρ ἀξιομάχους τῷ Ῥωμαίων
στρατῷ Γότθους κατὰ μόνας ᾤετο εἶναι) παρὰ
Θευδίβαλδον τὸν Φράγγων ἄρχοντα ἔπεμψε,
χρήματα πολλὰ προτεινόμενος ἐπί τε ξυμμαχίαν

18 παρακαλῶν. ἀλλὰ Φράγγοι τὰ ξύμφορα, οἶμαι,
βεβουλευμένοι[4] οὔτε ὑπὲρ τῆς Γότθων οὔτε ὑπὲρ

---

[1] αὐτοῦ L : αὐτῶν V.
[2] τοιαύτῃ : τοιαῦτα L, ταῦτα V, ταύτῃ Dindorf.

Byzantium. So Pacurius, being utterly ignorant of the man's purposes, sent him fifty of his men. And when Ragnaris had received them in the fortress, he immediately put them into confinement and sent word to Pacurius that, if it was his wish to recover his own soldiers, he would be obliged to surrender the Gothic hostages. But when Pacurius heard this, he left a few men to keep guard over Dryus, and immediately marched with all the rest of his army against the enemy. Thereupon Ragnaris killed the fifty men immediately, and then led forth the Goths from Tarentum to encounter his enemy. And when they engaged with each other, the Goths were defeated. Whereupon Ragnaris, having lost great numbers there, set off in flight with the remnant. However, he was quite unable to get back into Tarentum, since the Romans surrounded it on every side, but he went to Acherontis and remained there. Thus, then, did these things happen. And not long afterwards the Romans took Portus by surrender after besieging the place, and likewise a fortress in Tuscany which they call Nepa,[1] as well as the stronghold of Petra Pertusa, as it is called.

Meanwhile Teïas, considering the Goths by themselves not a match for the Roman army, sent to Theudibald, the ruler of the Franks, offering a large sum of money and inviting him to an alliance. The Franks, however, out of regard for their own interests, I suppose, wished to die for the benefit neither

[1] Modern Nepi.

---

³ νέπα καλοῦσι V : ἐπικαλοῦσι, followed by a lacuna of one word, L.

⁴ After βεβουλευμένοι W adds : τοὺς πρέσβεις ἀπέπεμψαν.

τῆς τῶν Ῥωμαίων ὠφελείας[1] ἐβούλοντο[2] θνή-
σκειν, ἀλλὰ σφίσιν αὐτοῖς προσποιεῖν Ἰταλίαν
ἐν σπουδῇ εἶχον, καὶ τούτου δὴ ἕνεκα τοὺς ἐν
πολέμῳ κινδύνους ὑφίστασθαι ἤθελον.[3] ἐτύγ-
19 χανε δὲ Τουτίλας ἔνια μὲν τῶν χρημάτων ἐν
Τικινῷ καταθέμενος, ἧπέρ μοι ἔμπροσθεν εἴρηται,
τὰ δὲ πλεῖστα ἐν φρουρίῳ ἐχυρῷ μάλιστα, ὅπερ
ἐν Κύμῃ τῇ ἐπὶ Καμπανίας ξυμβαίνει εἶναι, καὶ
φρουροὺς ἐνταῦθα καταστησάμενος, ἄρχοντά τε
αὐτοῖς τὸν ἀδελφὸν τὸν αὐτοῦ ξὺν Ἡρωδιανῷ
20 ἐπιστήσας. τούτους[4] δὴ βουλόμενος ὁ Ναρσῆς
ἐξελεῖν ἐς Κύμην τινὰς τοὺς τὸ φρούριον πολιορ-
κήσοντας ἔπεμψεν, αὐτὸς δὲ Ῥώμην διακοσμῶν
αὐτοῦ ἔμεινε. καὶ ἄλλους στείλας ἐκέλευε Κεν-
21 τουκέλλας πολιορκεῖν. ·Τεΐας δὲ ἀμφὶ τοὺς ἐν
Κύμῃ φρουροὺς καὶ τὰ χρήματα δείσας, ἀπογνούς
τε τὴν ἀπὸ τῶν Φράγγων ἐλπίδα, τούς οἱ
ἑπομένους διέτασσεν ὡς τοῖς πολεμίοις ὁμόσε
χωρήσων.
22 Ὥνπερ αἰσθόμενος ὁ Ναρσῆς Ἰωάννην τε τὸν
Βιταλιανοῦ ἀδελφιδοῦν[5] καὶ Φιλημοὺθ ξὺν τῷ
οἰκείῳ στρατεύματι ἐς τὰ ἐπὶ Τουσκίας χωρία
ἰέναι κελεύει, ἐνταῦθά τε καθιζησομένους[6] καὶ
τοῖς ἐναντίοις ἀναχαιτίσοντας[7] τὴν ἐπὶ Καμ-
πανίας ὁδόν, ὅπως οἱ Κύμην πολιορκοῦντες ἀδεέσ-
τερον αὐτὴν ἢ βίᾳ ἢ ὁμολογίᾳ ἐξελεῖν δύναιντο.
23 ἀλλὰ Τεΐας ὁδοὺς μὲν ἐν δεξιᾷ τὰς ἐπιτομωτάτας
ἐπὶ τὸ πλεῖστον ἀφείς, περιόδους δὲ πολλὰς καὶ
μακροτάτας περιβαλόμενος, διά τε τῆς παραλίας
κόλπου τοῦ Ἰονίου ἰών, ἐς Καμπανίαν ἀφίκετο,

---

[1] ὠφελείας LW : ἐλευθερίας V.
[2] ἐβούλοντο L : ἐβούλοιντο V, βουλόμενοι W.

of Goths nor Romans, but were eager, rather, to
acquire Italy for themselves, and only to attain this
were they willing to undergo the perils of war.
Now it so happened that, while Totila had deposited
some of his money in Ticinum, as previously stated,[1]
he had placed the most of it in an exceedingly
strong fortress at Cumae, which is in Campania, and
he had set guards over the place, appointing as
their commander his own brother with Herodian.
Narses, then, wishing to capture this garrison, sent
some men to Cumae to besiege the fortress, while
he himself remained at Rome, putting it in order.
And he sent another force with orders to besiege
Centumcellae. Teïas then became fearful concern-
ing the guards in Cumae and the money, and
despairing of his hope of the Franks, he put his
forces in array, intending to engage with his enemy.

But when Narses perceived this, he ordered John
the nephew of Vitalian and Philemuth to proceed
with his own army into the province of Tuscany, in
order to take up a position there and check the
march of his opponents to Campania, in order that
the force besieging Cumae might be able without
fear of molestation to capture it either by storm or
by surrender. But Teïas, leaving the most direct
roads very far on his right, took many very long
detours, passing along the coast of the Ionian Gulf,
and so reached Campania, having eluded his enemy

---

[1] Chap. xxxiii. 7.

---

[3] ἤθελον W: μόνους LV.   [4] τούτους L: δ V.
[5] ἀδελφιδοῦν Maltretus: ἀδελφόν L, om. V.
[6] καθιζησομένους Haury: καθιζημένους L, καθισομένοις V.
[7] ἀναχαιτίσοντας V: ἀναχαιτίζοντας L.

24 τοὺς πολεμίους λαθὼν ἅπαντας. ὅπερ ἐπεὶ
Ναρσῆς ἔμαθε, τούς τε ἀμφὶ τὸν Ἰωάννην καὶ
Φιλημοὺθ μετεπέμπετο, οἳ τὴν δίοδον ἐν Τούσκοις
ἐφρούρουν, καὶ Βαλεριανὸν ἄρτι Πέτραν ἐξαι-
ροῦντα τὴν Περτοῦσαν καλουμένην μετεκάλει ξὺν
τοῖς ἑπομένοις, τάς τε δυνάμεις ξυνήγειρε, παντί
τε καὶ αὐτὸς τῷ στρατῷ ὡς ἐς μάχην ξυντεταγμέ-
νος ἐς Καμπανοὺς ᾔει.

XXXV

Ἔστι δέ τι ὄρος ἐπὶ Καμπανίας ὁ Βέβιος,
οὗπερ ἐν τοῖς ἔμπροσθεν λόγοις ἐμνήσθην, ὅτι
δὴ πολλάκις ἀφίησιν ἦχον μυκηθμῷ ἐμφερῆ.
καὶ ἐπειδὰν αὐτῷ τοῦτο[1] ξυμβαίη, ὁ δὲ καὶ
κόνεως ἐπὶ τούτῳ ζεούσης μέγα τι χρῆμα
ἐρεύγεται. ταῦτα μὲν ἐς ἐκεῖνό μοι τοῦ λόγου
2 ἐρρήθη. τούτου δὴ τοῦ ὄρους, ᾗπερ καὶ τῆς
κατὰ τὴν Σικελίαν Αἴτνης, κενὰ τὰ ἐν μέσῳ
ἐκ τῶν ἐσχάτων ἄχρι ἐς τὴν ὑπερβολὴν ἀπὸ
ταὐτομάτου τετύχηκεν εἶναι, οὗ δὴ ἔνερθεν
3 διηνεκὲς τὸ πῦρ καίεται. ἐς τόσον δὲ βάθος
τοῦτο δὴ τὸ κενὸν διήκειν ξυμβαίνει ὥστε δὴ
ἀνθρώπῳ ἐν τῇ ἀκρωρείᾳ ἑστῶτι ὑπερκύπτειν
τε τολμῶντι ἐνθένδε οὐ ῥᾳδίως ἡ φλὸξ ὁρατὴ
4 γίνεται. ὁπηνίκα δὲ ξυνενεχθείη τῷ ὄρει τῷδε
τὴν κόνιν, ᾗπέρ μοι ἐρρήθη, ἐρεύγεσθαι, καὶ
πέτρας ἀποτεμνομένη ἀπὸ τῶν τοῦ Βεβίου
ἐσχάτων ἡ φλὸξ ὑπὲρ τὴν κορυφὴν τοῦ ὄρους
τούτου μετεωρίζει, τὰς μὲν βραχείας, τὰς δὲ
καὶ μεγάλας κομιδῇ οὔσας, ἐνθένδε τε αὐτὰς
ἀποπεμπομένη ὅπῃ παρατύχοι διασκεδάννυσι.

entirely. And when Narses learned this, he summoned the forces of John and Philemuth, who were guarding the road through Tuscany, called back Valerian, who was just capturing Petra Pertusa, as it is called, with his men, collected his forces, and himself with his whole army marched into Campania arrayed as for battle.

XXXV

Now there is a mountain called Vesuvius in Campania, which I have mentioned in the previous narrative,[1] remarking that it often gives forth a sound like bellowing. And whenever this occurs, the mountain also belches forth a great quantity of hot ashes. So much was said at that point in my narrative. Now the centre of this mountain, just as is the case with Aetna in Sicily, is a natural cavity extending from its base to its peak, and it is at the bottom of this cavity that the fire burns continually. And to such a depth does this cavity descend that, when a man stands on the summit of the mountain and dares to look over the edge from there, the flames are not easily visible. And whenever it comes about that this mountain belches forth the ashes, as stated above, the flames also tear out rocks from the bottom of Vesuvius and hurl them into the air above the summit of this mountain, some of them small, but some exceedingly large, and thus shooting them forth from there it scatters them wherever they chance to fall. And a stream of fire also flows from

----

[1] Book VI. iv. 21–30.

----

[1] τοῦτο L: τὸ τοιοῦτο V.

5 ῥέει δὲ καὶ ῥύαξ ἐνταῦθα πυρὸς ἐκ τῆς ἀκρωρείας
κατατείνων ἄχρι ἐς τοῦ ὄρους τὸν πρόποδα καὶ
ἔτι πρόσω, ἅπερ ἅπαντα[1] καὶ κατὰ τὴν Αἴτνην
γίνεσθαι πέφυκεν. ὄχθας δὲ ποιεῖται ὑψηλὰς
ἑκατέρωθεν ὁ τοῦ πυρὸς ῥύαξ, τὰ ἔνερθεν

6 τέμνων. καὶ φερομένη μὲν ἐπὶ τοῦ ῥύακος τὰ
πρῶτα ἡ φλὸξ καιομένη[2] εἰκάζεται ὕδατος
ἐκροῇ· ἐπεὶ δὲ αὐτὴ ἀποσβεσθῆναι ξυμβαίη,
ἀναστέλλεται μὲν τῷ ῥύακι ὁ δρόμος εὐθύς,
ἐπίπροσθέν τε ὁ ῥοῦς οὐδαμῆ πρόεισι, τὸ δὲ
ὑφίζανον τούτου δὴ τοῦ πυρὸς πηλὸς φαίνεται
σποδιᾷ ἐμφερής.

7 Κατὰ τούτου δὴ τοῦ Βεβίου τὸν πρόποδα
ὕδατος πηγαὶ ποτίμου εἰσί. καὶ ποταμὸς ἀπ'
αὐτῶν πρόεισι Δράκων ὄνομα, ὃς δὴ ἄγχιστά
πη τῆς Νουκερίας πόλεως φέρεται. τούτου τοῦ
ποταμοῦ ἑκατέρωθεν ἐστρατοπεδεύσαντο ἀμ-

8 φότεροι τότε. ἔστι δὲ ὁ Δράκων τὸ μὲν ῥεῦμα
βραχύς, οὐ μέντοι ἐσβατὸς οὔτε ἱππεῦσιν[3] οὔτε
πεζοῖς, ἐπεὶ ἐν στενῷ ξυνάγων τὸν ῥοῦν τήν
τε γῆν ἀποτεμνόμενος ὡς βαθύτατα ἑκατέρωθεν
ὥσπερ ἀποκρεμαμένας ποιεῖται τὰς ὄχθας.

9 πότερα δὲ τῆς γῆς ἢ τοῦ ὕδατος φέρεται τὴν
αἰτίαν ἡ φύσις οὐκ ἔχω εἰδέναι. καταλαβόντες
δὲ τοῦ ποταμοῦ τὴν γέφυραν Γότθοι, ἐπεὶ αὐτῆς
ἐστρατοπεδεύσαντο ἄγχιστα, πύργους τε ξυλί-
νους ταύτῃ ἐνθέμενοι μηχανάς τε ἄλλας καὶ τὰς
βαλλίστρας καλουμένας ἐνταῦθα πεποίηνται,
ὅπως ἐνθένδε κατὰ κορυφὴν τῶν πολεμίων ἐνοχ-

10 λοῦντας[4] δύνωνται βάλλειν. ἐκ χειρὸς μὲν οὖν

---

[1] ἅπαντα V: om. L.   [2] καιομένη L: κεομένου V.

the peak extending from the summit to the very base of the mountain and even further, resembling in all respects the phenomenon which is observed at Mt. Aetna. And the stream of fire forms high banks on either side in cutting out its bed. Now as the flame is carried along in the channel it at first resembles a flow of burning water; but as soon as the flame is quenched, the course of the stream is checked immediately and the flow proceeds no further, and the sediment of this fire appears as mud resembling ashes.

At the very base of this Mt. Vesuvius there are springs of water fit to drink, and a river named Dracon proceeds from them which passes very near the city of Nuceria.[1] And it was at this river that the two armies then made camp, one on one side and the other on the other. Now while this Dracon is a small stream, it still cannot be crossed either by horsemen or infantry, because, as it flows in a narrow channel and cuts into the earth to a great depth, it makes the banks on both sides overhanging as it were. But whether the cause is to be found in the nature of the soil or of the water, I cannot decide. Now the Goths had seized the bridge over the river, since they had encamped very near it, and placing wooden towers upon it they had mounted various engines in them, among them those called *ballistae*,[2] in order that they might be able to shoot from the tower down upon the heads of such of their enemy as harassed them. It was consequently impossible

---

[1] Modern Nocera. [2] Catapults.

[3] ἱππεῦσιν L: ἱππεύουσιν V.
[4] ἐνοχλοῦντας V: ἐνοχλοῦντες L.

γίνεσθαί τινα ξυμβολὴν ἀμήχανα ἦν, τοῦ πο-
ταμοῦ, ἧπέρ μοι εἴρηται, μεταξὺ ὄντος· ἀμφότεροι
δὲ ὡς ἀγχοτάτω τῆς κατ' αὐτὸν ὄχθης γενόμενοι
11 τοξεύμασι τὰ πολλὰ ἐς ἀλλήλους ἐχρῶντο. ἐγί-
νοντο δὲ καὶ μονομαχίαι τινές, Γότθου ἀνδρός, ἂν
οὕτω τύχοι, ἐκ προκλήσεως τὴν γέφυραν διαβαί-
νοντος. χρόνος τε μηνῶν δυοῖν τοῖν στρατοπέδοιν
12 ἐς τοῦτο ἐτρίβη. ἕως μὲν οὖν[1] ἐθαλασσοκράτουν
ἐνταῦθα οἱ Γότθοι, ἐσκομιζόμενοι τὰ[2] ἐπιτήδεια
ναυσὶν ἀντεῖχον, ἐπεὶ τῆς θαλάσσης ἐστρατο-
13 πεδεύοντο οὐ πολλῷ ἄποθεν. ὕστερον δὲ Ῥω-
μαῖοι τά τε πλοῖα τῶν πολεμίων προδοσίᾳ
Γότθου ἀνδρὸς εἷλον ὃς δὴ ταῖς ναυσὶν ἐφεισ-
τήκει πάσαις, καὶ αὐτοῖς νῆες ἀνάριθμοι ἦλθον
14 ἔκ τε Σικελίας καὶ τῆς ἄλλης ἀρχῆς. ἅμα δὲ
καὶ ὁ Ναρσῆς πύργους ξυλίνους ἐπὶ τοῦ ποταμοῦ
τῇ ὄχθῃ καταστησάμενος δουλῶσαι τῶν ἐναν-
τίων τὸ φρόνημα παντελῶς ἴσχυσεν.

15 Οἷς δὴ οἱ Γότθοι περίφοβοι γεγενημένοι καὶ
πιεζόμενοι τῶν ἀναγκαίων τῇ ἀπορίᾳ ἐς ὄρος
ἄγχιστα ὂν καταφεύγουσιν, ὅπερ Ῥωμαῖοι Γά-
λακτος Ὄρος τῇ Λατίνων καλοῦσι φωνῇ· οὗ δὴ
αὐτοῖς Ῥωμαῖοι ἐπισπέσθαι οὐδαμῆ εἶχον, τῆς
16 δυσχωρίας ἀντιστατούσης. ἀλλὰ τοῖς βαρβά-
ροις αὐτίκα ἐνταῦθα ἀναβεβηκόσι μετέμελεν,
ἐπεὶ τῶν ἐπιτηδείων πολλῷ ἔτι μᾶλλον ἐσπά-
νιζον, σφίσι τε αὐτοῖς καὶ τοῖς ἵπποις ἐκπορίζε-
17 σθαι αὐτὰ οὐδεμιᾷ μηχανῇ ἔχοντες. διὸ δὴ τὴν
ἐν ξυμβολῇ τοῦ βίου καταστροφὴν αἱρετωτέραν
τῆς πρὸς τοῦ λιμοῦ εἶναι οἰόμενοι ὁμόσε τοῖς

---

[1] ἕως μὲν οὖν L: καὶ τέως μέν V.   [2] τά L: τε τά V.

for a hand-to-hand engagement to take place, since
the river, as I have said, lay between; but both
armies came as close as possible along the banks of
the stream, and for the most part used only bows
against each other. Some single encounters also
took place, when some Goth on occasion, in answer
to a challenge, crossed the bridge. And two
months' time was spent by the armies in this way.
Now as long as the Goths controlled that part of
the sea, they maintained themselves by bringing in
provisions by ship, since they were encamped not
far from the shore. But later on the Romans captured
the enemy's boats by an act of treason on the part
of a Goth who was in charge of all their shipping; and
at the same time innumerable ships came to them
both from Sicily and from the rest of the empire.
At the same time Narses also set up wooden towers
on the bank of the river, and thus succeeded
completely in humbling the spirit of his opponents.

The Goths then, becoming alarmed because of
these things and being at the same time hard pressed
by want of provisions, took refuge on a mountain
which is near by, called by the Romans in the Latin
tongue "Milk Mountain";[1] here the Romans were
quite unable to follow them because the rough
terrain made it impossible. But the barbarians
immediately repented having gone up there, because
they began to be still more in need of provisions,
having no means of providing them for them-
selves and their horses. Thinking, consequently,
that death in battle was preferable to that by
starvation, they unexpectedly moved out to engage

----

[1] Mons Lactarius.

πολεμίοις παρὰ δόξαν ἐχώρουν, ἀπροσδόκητοί
18 τε αὐτοῖς ἐξαπιναίως ἐπέπεσον. Ῥωμαῖοι δὲ
αὐτοὺς ὡς ἐκ τῶν παρόντων ἀμυνούμενοι [1] ἔστη-
σαν, οὐ κατὰ ἄρχοντας ἢ λόχους [2] ἢ καταλόγους
τὴν τάξιν καταστησάμενοι, οὐδὲ τρόπῳ τῳ ἄλλῳ
διακεκριμένοι ἀλλήλων, οὐδὲ τῶν σφίσι παραγ-
γελλομένων ἐν τῇ ξυμβολῇ ἀκουσόμενοι, ἀλλ'
ἀλκῇ τῇ πάσῃ, ὅπη ποτὲ παρατύχῃ, τοῖς πολε-
19 μίοις ἀντιταξόμενοι.[3] Γότθοι μὲν οὖν τῶν ἵππων [4]
ἀφέμενοι πρῶτοι πεζῇ μετωπηδὸν εἰς βαθεῖαν
φάλαγγα ἔστησαν ἅπαντες, καὶ Ῥωμαῖοι δὲ
ταῦτα ἰδόντες τοὺς ἵππους ἀφῆκαν, καὶ τρόπῳ
τῷ αὐτῷ ἐτάξαντο πάντες.

20 Ἐνταῦθά μοι μάχη τε πολλοῦ λόγου ἀξία καὶ
ἀνδρὸς ἀρετὴ οὐδὲ τῶν τινὸς λεγομένων ἡρώων,
οἶμαι, καταδεεστέρα γεγράψεται, ἧς δὴ ὁ Τεΐας
21 δήλωσιν ἐν τῷ παρόντι πεποίηται. Γότθους μὲν
ἐς εὐτολμίαν ἡ τῶν παρόντων ἀπόγνωσις ὥρμα,
Ῥωμαῖοι δὲ αὐτούς, καίπερ ἀπονενοημένους
ὁρῶντες, ὑφίσταντο δυνάμει τῇ πάσῃ, τοῖς κατα-
δεεστέροις ἐρυθριῶντες ὑποχωρεῖν, ἀμφότεροί τε
θυμῷ ἐπὶ τοὺς πέλας πολλῷ ἵεντο, οἱ μὲν θανα-
22 τῶντες, οἱ δὲ ἀρετῶντες. καὶ ἡ μὲν μάχη πρωὶ
ἤρξατο, Τεΐας δὲ πᾶσιν ἔνδηλος γεγενημένος καὶ
τὴν μὲν ἀσπίδα προβεβλημένος, ἐπανατεινόμενος
δὲ τὸ δόρυ, πρῶτος ξὺν ὀλίγοις τισὶ τῆς φάλαγ-
23 γος ἔστη. Ῥωμαῖοι δὲ αὐτὸν ἰδόντες, οἰόμενοί
τε, ἢν αὐτὸς πέσῃ, διαλυθήσεσθαι τὴν ξυμβολὴν
σφίσιν αὐτίκα δὴ μάλα, ξυνίσταντο ἐπ' αὐτὸν

---

[1] ἀμυνούμενοι V : ἀμυνόμενοι L.
[2] λόχους V : λοχαγούς L.
[3] ἀντιταξόμενοι V : ἀντιταξάμενοι L.

their enemy, falling upon them suddenly and without warning. But the Romans, to ward them off as well as circumstances permitted, took their stand, not arranging themselves by commanders or by companies or by cohorts, nor distinguished in any other manner from one another, and not so as to hear the commands given them in battle, but still, determined to put forth all their strength against the enemy wherever they should chance to stand. Now the Goths were the first to abandon their horses and all took their stand on foot, facing their enemy in a deep phalanx, and then the Romans too, observing this, let their horses go, and all arrayed themselves in the same manner.

Here shall be described a battle of great note and the heroism of one man inferior, I think, to that of none of the heroes of legend, that, namely, which Teïas displayed in the present battle. The Goths, on the one hand, were driven to be courageous by despair of the situation, while the Romans, on the other hand, though they could see that the enemy had become desperate, withstood them with all their strength, blushing to give way to a weaker force; thus from both sides they charged their nearest opponents with great fury, the one army courting death and the other desiring to make a display of valour. Now the battle began early in the morning, and Teïas, easily recognized by all, stood with only a few followers at the head of the phalanx, holding his shield before him and thrusting forward his spear. And when the Romans saw him, thinking that, if he himself should fall, the battle would be instantly decided in their favour, all those who laid claim to

---

⁴ τῶν ἵππων V : τοὺς ἵππους L.

ὅσοι ἀρετῆς μετεποιοῦντο, παμπληθεῖς ὄντες, καὶ
τὰ δόρατα ἐς[1] αὐτὸν ἅπαντες οἱ μὲν ὤθουν, οἱ
24 δὲ ἐσηκόντιζον. αὐτὸς δὲ ὑπὸ τῇ ἀσπίδι κεκα-
λυμμένος ταύτῃ μὲν τὰ δόρατα ἐδέχετο πάντα,
ἐμπίπτων δὲ αὐτοὺς[2] ἐκ τοῦ αἰφνιδίου πολλοὺς
25 διεχρῆτο. καὶ ὁπηνίκα οἱ τὴν ἀσπίδα ἔμπλεων
οὖσαν πεπηγότων δοράτων θεῷτο, τῶν τινι ὑπασ-
26 πιστῶν ταύτην παραδιδοὺς ἑτέραν ᾑρεῖτο. οὕτω
μαχόμενος ἐς τῆς ἡμέρας τὸ τριτημόριον διαγέγονε,
καὶ τότε δὴ δώδεκα μὲν αὐτῷ δόρατα ἐμπεπηγότα
ἡ ἀσπὶς εἶχε, κινεῖν δὲ αὐτὴν ὅπῃ βούλοιτο καὶ
27 ἀποκρούεσθαι τοὺς ἐπιόντας οὐκέτι ἴσχυε. τῶν
δέ τινα ὑπασπιστῶν μετεκάλει σπουδῇ, οὐ τὴν
τάξιν λιπὼν οὐδὲ ὅσον ἄχρι ἐς δάκτυλον ἕνα
οὐδὲ ἀναποδίσας, ἢ τοὺς πολεμίους ἐπὶ τὰ πρόσω
ἐπαγαγόμενος, οὐδὲ ἐπιστραφείς, οὐδὲ τὰ νῶτα
τῇ ἀσπίδι[3] ἐρείσας, οὐ μὴν οὐδὲ πλάγιος γε-
γονώς, ἀλλ' ὥσπερ τῷ ἐδάφει ἐρηρεισμένος αὐτοῦ
μετὰ τῆς ἀσπίδος εἱστήκει, κτείνων τε τῇ δεξιᾷ
χειρὶ καὶ ἀποκρουόμενος τῇ λαιᾷ καὶ ἀνακαλῶν
28 τὸ τοῦ ὑπασπιστοῦ ὄνομα. καὶ ὁ μὲν αὐτῷ
μετὰ τῆς ἀσπίδος παρῆν, ὁ δὲ ταύτην εὐθὺς τῆς
29 βαρυνομένης τοῖς δόρασιν ἀντηλλάσσετο. ἐν
τούτῳ δέ οἱ χρόνου τινὰ βραχεῖαν στιγμὴν
γυμνῷ[4] γενέσθαι τὰ στέρνα ξυνέβη, τύχῃ τέ οἱ
ξυνέπεσε τότε ἀκοντίῳ βεβλῆσθαι καὶ ἀπ' αὐτοῦ
30 εὐθυωρὸν θνήσκει. καὶ αὐτοῦ τὴν κεφαλὴν ἐπὶ
κοντοῦ μετεωρίσαντες τῶν Ῥωμαίων τινὲς στρα-
τιᾷ ἑκατέρᾳ περιιόντες ἐδείκνυον, Ῥωμαίοις μέν,
ὅπως δὴ θαρσήσωσι μᾶλλον, Γότθοις δέ, ὅπως
ἀπογνόντες τὸν πόλεμον καταλύσωσιν.

[1] ἐς L: ἐπ' V.   [2] αὐτούς V: om. L: αὐτοῖς Dindorf.
414

valour concentrated on him—and there was a great
number of them—and they all directed their spears
at him, some thrusting and others hurling them.
He himself meanwhile, covered by his shield,
received all their spears in it, and by sudden
charges he slew a large number. And whenever
he saw that his shield was filled with spears fixed
in it, he would hand this over to one of his guards
and take another for himself. And he continued
fighting in this manner for the third part of the day,
and at the end of that time his shield had twelve
spears stuck in it and he was no longer able to move
it where he wished and repel his assailants. So he
eagerly called one of his bodyguards without leaving
his post so much as a finger's breadth nor giving
ground nor allowing the enemy to advance, nor even
turning round and covering his back with his shield,
nor, in fact, did he even turn sidewise, but as if
fastened to the ground he stood there, shield in
hand, killing with his right hand and parrying with
his left and calling out the name of the bodyguard.
And the guard was now at his side with the shield,
and Teïas immediately sought to take this in ex-
change for the one weighed down with spears. But
while he was doing so his chest became exposed for
a brief instant of time, and it chanced that at that
moment he was hit by a javelin and died instantly
from the wound. Then some of the Romans raised
his head aloft on a pole and went about shewing it
to both armies, to the Romans in order that they
might be encouraged, and to the Goths in order that
they might in despair make an end of the war.

---

[3] τῇ ἀσπίδι V : om. L.   [4] γυμνῷ V : γυμνά L.

31 Οὐ μὴν οὐδ' ὡς τὴν ξυμβολὴν κατέλυσαν[1] Γότθοι, ἀλλ' ἄχρι ἐς νύκτα ἐμάχοντο, καίπερ ἐξεπιστάμενοι τὸν βασιλέα τεθνάναι σφίσιν. ἐπειδὴ δὲ ξυνεσκόταζεν, αὐτοῦ ἑκάτεροι διαλυθέντες ἐν τῇ τῶν ὅπλων σκευῇ ἐνυκτέρευσαν.

32 ἡμέρᾳ δὲ τῇ ἐπιγενομένῃ ἀναστάντες ὄρθρου τρόπῳ τῷ αὐτῷ αὖθις[2] ἐτάξαντο καὶ μέχρι ἐς νύκτα ἐμάχοντο, καὶ οὔτε ὑπεχώρουν ἀλλήλοις οὔτε πη ἐτρέποντο ἢ ἀνεπόδιζον, καίπερ ἀμφοτέρωθεν κτεινομένων πολλῶν, ἀλλ' ἀπηγριωμένοι τῷ ἐς ἀλλήλους ἀπηνεῖ ἔργου[3] εἴχοντο, Γότθοι μὲν εὖ εἰδότες ὅτι δὴ τὴν ὑστάτην διαφέρουσι μάχην, Ῥωμαῖοι δὲ αὐτῶν ἐλασσοῦσθαι[4] ἀπα-

33 ξιοῦντες. ἐν ὑστάτῳ δὲ οἱ βάρβαροι παρὰ τὸν Ναρσῆν πέμψαντες τῶν λογίμων τινὰς μεμαθηκέναι μὲν ἔλεγον ὡς πρὸς τὸν θεὸν σφίσιν ὁ ἀγὼν γένοιτο· αἰσθάνεσθαι γὰρ τὴν ἀντιταχθεῖσαν αὐτοῖς δύναμιν· καὶ τοῖς ξυμπεσοῦσι ξυμβάλλοντες τὴν τῶν πραγμάτων ἀλήθειαν γνωσιμαχεῖν[5] τὸ[6] λοιπὸν βούλεσθαι καὶ[7] ἀπολιπεῖν τὴν ἀγώνισιν, οὐ μέντοι[8] βασιλεῖ ἐπακούσοντες, ἀλλὰ ξὺν τῶν ἄλλων βαρβάρων τισὶν αὐτόνομοι βιοτεύσοντες, ἐδέοντό τε εἰρηναίαν σφίσι τὴν ἀναχώρησιν ἐνδοῦναι Ῥωμαίους, οὐ φθονοῦντας αὐτοῖς λογισμοῦ σώφρονος, ἀλλὰ καὶ χρήμασι τοῖς αὐτῶν ὥσπερ ἐφοδίοις αὐτοὺς δωρουμένους, ὅσα δὴ ἐν τοῖς ἐπὶ τῆς Ἰταλίας φρουρίοις αὐτῶν ἕκαστος ἐναποθέμενος ἔτυχε

---

[1] κατέλυσαν L: κατέπαυσαν V.
[2] αὖθις L: εὐθύς V.   [3] ἔργου L: om. V.
[4] ἐλασσοῦσθαι L: ἀπαλλάσσεσθαι V.

But not even then did the Goths abandon the
struggle, but they kept fighting till night, although
well aware that their king was dead. But when it
began to grow dark, the two armies separated and
passed the night on the battle-field in their equip-
ment. And on the following day they arose at
dawn, and arraying themselves again in the same
manner they fought till nightfall, neither army
retreating before the other nor being routed nor
even giving ground, though large numbers were
being slain on both sides, but they kept at it with
the fury of wild beasts by reason of their bitter
hatred of each other, the Goths, on the one hand,
knowing well that they were fighting their last
battle, and the Romans, on the other, refusing to be
worsted by them. But finally the barbarians sent to
Narses some of their notables, saying that they had
learned that the struggle they had taken up was
against God ; for they recognized, they said, the
power that was arrayed against them, and, since they
were coming to realize by what had happened the
truth of the matter, they were desirous from now to
acknowledge defeat and give up the struggle, not,
however, to obey the emperor, but to live in indepen-
dence with some of the other barbarians ; and they
begged that the Romans concede to them a
peaceful withdrawal, not begrudging them a reason-
able settlement, but presenting them, in fact, with
their own money as travelling funds, that money,
namely, which each of them had previously deposited

---

⁵ γνωσιμαχεῖν V ; γνώσιμον σχεῖν L.
⁶ τό L : δὲ τό V.   ⁷ καί V : μέν L.
⁸ ἀγώνισιν—μέντοι V : ἀπόγνωσιν, οὐκ ἐφῶδέ L.

34 πρότερον. ταῦτα ὁ μὲν Ναρσῆς ἐν βουλῇ
ἐποιεῖτο. Ἰωάννης δὲ ὁ Βιταλιανοῦ παρῄνει
δέησιν ἐνδέχεσθαι τήνδε, καὶ μὴ περαιτέρω
θανατῶσιν ἀνθρώποις διὰ μάχης ἰέναι, μηδὲ
ἀποπειράσασθαι τόλμης ἐν ἀπογνώσει φυομένης
τοῦ βίου, ἣ καὶ τοῖς αὐτῆς ἐχομένοις καὶ τοῖς
35 ὑπαντιάζουσι χαλεπὴ γίνεται. "Ἀρκεῖ γάρ,"
ἔφη, "τοῖς γε σώφροσι τὸ νικᾶν, τὸ δὲ ὑπεράγαν
ἐθέλειν ἴσως ἄν τῳ καὶ ἐς τὸ ἀξύμφορον τρέ-
ποιτο."

36 Πείθεται τῇ ὑποθήκῃ Ναρσῆς, καὶ ξυνέβησαν
ἐφ' ᾧ τῶν βαρβάρων οἱ ἀπολελειμμένοι[1] χρή-
ματα κεκομισμένοι τὰ αὑτῶν ἴδια ἐκ πάσης
ἀπαλλάξονται Ἰταλίας εὐθύς, πόλεμόν τε μηχανῇ
37 οὐδεμιᾷ πρὸς Ῥωμαίους διοίσουσιν ἔτι. Γότθοι
μὲν οὖν μεταξὺ χίλιοι τοῦ στρατοπέδου ἐξανα-
στάντες ἐς Τικινόν τε πόλιν καὶ χωρία τὰ ὑπὲρ
ποταμὸν Πάδον ἐχώρησαν, ὧν ἄλλοι τε ἡγοῦντο
38 καὶ Ἰνδούλφ, οὗπερ πρότερον[2] ἐπεμνήσθην. οἱ
δὲ λοιποὶ ἅπαντες ὅρκια δόντες τὰ ξυγκείμενα
πάντα ἐπέρρωσαν. οὕτω τε καὶ Κύμην καὶ τὰ
λοιπὰ πάντα ἐξεῖλον Ῥωμαῖοι, καὶ τὸ ὀκτωκαιδέ-
κατον ἔτος ξυνετελεύτα τῷ Γοτθικῷ πολέμῳ
τῷδε, ὃν Προκόπιος ξυνέγραψεν.

---

[1] ἀπολελειμένοι L: ὑπολελειμμένοι V.
[2] πρότερον L: ἔμπροσθεν V.

in the fortresses of Italy. These proposals Narses took under consideration. Now John the nephew of Vitalian advised that they should allow this request and not carry on battle further with men who courted death nor expose themselves to those whose daring was sprung from despair of life, an attitude which proves dangerous not only for those possessed by it, but also for their opponents. " For victory," he said, " is sufficient for the wise, but extravagant desires might perhaps turn out even to a man's disadvantage."

Narses followed this suggestion, and they came to terms, agreeing that the remainder of the barbarians, after receiving their own money, should depart immediately from all Italy and that they should no longer wage war in any way against the Romans. Now a thousand Goths, in the midst of the negotiations, detached themselves from the main body, and under command of different men, among whom was the Indulf whom I have mentioned before,[1] proceeded to the city of Ticinum and the country beyond the Po. But all the rest gave sworn pledges and confirmed all the details of the agreement. Thus the Romans captured Cumae and all that remained, and the eighteenth year, as it closed, brought the end of this Gothic War, the history of which Procopius has written.

[1] Book VII. xxxv. 23, etc.

INDEX

INDEX

Anchialus, ravaged by the Goths, VIII. xxii. 31

Anchises, father of Aeneas, VIII. xxii. 31

Ancon, attacked by the Goths, VIII. xxiii. 1 ff.; saved from them, VIII. xxiii. 39, 40; reinforced, VIII. xxiii. 41

Angili, one of the nations of Brittia, VIII. xx. 7, 12; sent as envoys by the Franks, VIII. xx. 10; attack and defeat the Varni, VIII. xx. 33, 34

Ansilas, a Roman soldier, distinguished for valour, VIII. do.

Antae, a barbarian nation north of the Maeotic Lake, VIII. iv. 9; invade Roman territory, VII. xl. 5; neighbours of the Sclaveni, do.

Antalas, Moorish chief, subjugated by John, VIII. xxi. 21

Antinous, the city of, in Egypt, VIII. xxvii. 6

Antioch, captured and destroyed by Chosroes, VIII. vii. 11

Anzalas, spearman of Narses; answers the challenge of Coccas, VIII. xxxi. 13; and slays him, VIII. xxxi. 15

Apennines, VIII. xxix. 3, 4

Apri, city in Thrace, VIII. xxvii. 8

Apsarus, city near Lazica, VIII. ii. 11; its ancient greatness, VIII. ii. 14; distance from Raizaeum, VIII. ii. 11; from Petra, VIII. ii. 21

Apsilia, its mountains, VIII. ix. 15, betrayed to the Persians, VIII. x. 2–4

Apsilii, a Christian people subject to the Lazi, VIII. ii. 32, 33, iii. 12, ix. 7, 31, x. 1; their mountainous country, VIII. ix. 20; revolt from the Colchians, VIII. x. 6; won back to allegiance by John, VIII. x. 7; a woman of, VIII. x. 5

Apsyrtus, brother of Medea; his tomb, VIII. ii. 14; ancient name of Apsarus, VIII. ii. 12

Aratius, Roman commander against the Sclaveni, VII. xl. 34; sent to the Outrigurs with money, VIII. xix. 3, 4; commander of troops sent to the Lombards, VIII. xxv. 11; in Illyricum, VIII. xxvii. 13

Archabis, town near Lazica, VIII. ii. 11

Archaeopolis, first city in Lazica, VIII. xiii. 3; guarded by three thousand

Romans, VIII. xiii. 8; objective of Mermeroes, VIII. xiii. 3, 22, 24, 30; passed by him, VIII. xiii. 25–27; attacked by him, VIII. xiv. 3 ff.; attempt to betray it, VIII. xiv. 23–27; held by the Romans and Lazi, VIII. xiv. 45, xvi. 6; again attacked by Mermeroes, VIII. xvii. 17; its situation, walls and water supply, VIII. xiv. 1–3; distance from Mocheresis, VIII. xiv. 46

Arethas, king of the Saracens; accused by Isdigousnas, VIII. xi. 10

Argo, the ship said to have been built for the capture of the Golden Fleece, VIII. ii. 30

Arians, the Goths, VIII. iv. 11

Ariminum, attacked by the Goths, VII. xxxvii. 23; commanded by Usdrilas, VIII. xxviii. 2; its bridge, VIII. xxviii. 5, 6; passed by Narses, VIII. xxviii. 11, xxix. 3

Arimuth, Roman commander, in Illyricum, VIII. xxvii. 13

Aristotle, studied the current at Chalcis, VIII. vi. 20

Armenia, VIII. viii. 22, xv. 9; Bessas appointed General of, VIII. ix. 4

Armenians, captured by the Goths, VIII. ii. 5, viii. 21; location of their country, VIII. ii. 20; neighbours of the Tzani, VIII. i. 9; visited by Bessas, VIII. xiii. 11; claim the site of Artemis' temple, VIII. v. 24; the following Armenians are named : John (Guzes), son of Thomas, VIII. viii. 15, xi. 57; Anzalas, VIII. xxxi. 13; Artabanes, VIII. xxxi. 13

Arrian, the historian, VIII. xiv. 48

Artabanes, a Persarmenian; had deserted to the Romans, VIII. viii. 21–24; sent by Justinian to relieve Liberius, VII. xxxix. 8, xl. 14; driven back by storm, VII. xl. 15–17; distinguishes himself as a skirmisher, VIII. viii. 25–27; commander of all troops in Sicily, VIII. xxiv. 1; receives appeals from Croton, VIII. xxv. 24

Artemis, her temple in Tauris, VIII. v. 23; a monument to, VIII. xxii. 27; Artemis Bolosia, VIII. xxii. 29

Aruth, of the Eruli; husband of the daughter of Mauricius, VIII. xxvi. 13; in the army of Narses, do.

Asbadus, bodyguard of Justinian; defeated by the Sclaveni, VII.

INDEX

INDEX

puts Braducius to death, VIII. xi. 8; captures and garrisons Petra, VIII. xii. 21; builds an aqueduct of three channels, VIII. xii. 22; prepares to break the endless truce, VIII. xiv. 39; his envoy Isdigousnas, VIII. xv. 1; wishes to ransom Bersabus, VIII. xv. 8, 10; exacts heavy payments from the Romans, VIII. xv. 17; plots the death of Gubazes, VIII. xvi. 2; reported in Lazica, VIII. xvi. 8, 11; hated by Gubazes, VIII. xvi. 32; receives the report of Isdigousnas, VIII. xvii. 9; uncle of Cabades, VIII. xxvi. 13; his previous attack on Edessa, VIII. xiv. 35

Christians, the following are mentioned as Christians : peoples near Lazica, VIII. ii. 17; the Apsilii, VIII. ii. 33; the Tetraxitae, VIII. iv. 9; the Romans, VIII. xii. 8; the Abasgi become Christians, VIII. iii. 19, 21; the disputes of the Christians, VIII. xxv. 13

Cilicia, Paulus a native of, VII. xxxvi. 16

Cimmerians, the ancient name of the tribes on the Maeotic Lake, VIII. iv. 8; and of the Huns, VIII. v. 1; discover the possibility of crossing the Maeotic Lake, VIII. v. 7–9; cross it and attack the Goths, VIII. v. 10, 11; Cimmerian Strait, considered by some the boundary between Europe and Asia, VIII. vi. 15

Cleft, The, defile in Greece; visited by a violent earthquake, VIII. xxv. 23

Coccas, a Roman deserter, VIII. xxxi. 12; slain in single combat, VIII. xxxi. 14–16

Coetaeon, suggested as an earlier form of Cotais in Lazica; ancient *Colchis*, VIII. xiv. 49

Colchians, VIII. i. 8; identified with the Lazi; VIII. i. 10; at the "end" of the Euxine, VIII. ii. 1; not neighbours of the Trapezuntines, VIII. ii. 15; ancient location of their dwellings, VIII. ii. 31; their king Gubazes, VIII. viii. 1; the Apsilii revolt from them, VIII. x. 6; the Colchian Phasis, VIII. vi. 13, 14

Colchis, invaded by the Persians VIII. i. 3 ff.; VIII. viii. 39; held entirely by the Persians, VIII. xvi 7

Comana, city in Armenia, VIII. v. 24

Constantianus, Roman commander against the Sclaveni, VII. xl. 34; his standard captured, VII. xl. 42; later recovered, VII. xl. 45

Coronea, destroyed by earthquake, VIII. xxv. 17

Corsica, VIII. xxiv. 37; attacked and captured by the Goths, VIII. xxiv. 31–33; formerly called Cyrnus, VIII. xxiv. 39

Cotais, later name for Cotiaion, VIII. xiv. 48; near Uthimereos, VIII. xiv. 51; fortified by Mermeroes, VIII. xvi. 16; Persians retire thither, VIII. xvii. 19

Cotiaion, fortress in Lazica, VIII. xiv 48

Cottian Alps, subject to Theudibert, VIII. xxiv. 6

Crisaean Gulf, VIII. xxv. 16

Croton, sends appeal for help, VIII. xxv. 24; relief sent thither by Justinian, VIII. xxvi. 1, 2

Ctesiphon, city in Persia; distance from Belapaton, VIII. x. 9

Cumae, money deposited there by Totila, VIII. xxxiv. 19, 21; attacked by Narses' order, VIII. xxxiv. 20; besieged, VIII. xxxiv. 22; taken by the Romans, VIII. xxxv. 38

Cutrigur, progenitor of the Cutrigur Huns, VIII. v. 2

Cutrigurs, a Hunnic tribe; origin of the name, VIII. v. 2–4; settle in the country from which the Goths were expelled, VIII. v. 15, 22, 23; continue to ravage Roman territory, VIII. v. 16; become allies of the Gepaedes, VIII. xviii. 14, 15; accused by Justinian, VIII. xviii. 18–20; receive money annually from Byzantium, VIII. xviii. 19; attacked by the Utigurs, VIII. xviii. 21–25, xix. 8; their Roman prisoners escape, VIII. xix. 2; a remnant settled in Thrace, VIII. xix. 7; Cutrigur Huns engage with Ildigisal and Goar, VIII. xxvii. 10, 11; accused by the Utigurs VIII. xix. 15 ff.

425

INDEX

INDEX

INDEX

INDEX

INDEX

433

INDEX

Ragnaris, a Goth; commander of Tarentum; negotiates for its surrender, VIII. xxvi. 4; refuses to surrender Tarentum, VIII. xxxiv. 9; tricks Pacurius, VIII. xxxiv. 10–12; defeated in battle, VIII. xxxiv. 14, 15

Ravenna, centre of Roman strength in Italy, VII. xxxix. 23, xl. 30, VIII. xxiii. 4, 17, 42, xxvii. 20, 25; xxviii. 1, 2; left in charge of Justinus, VIII. xxviii. 4; Romans defeated near, VII. xxxvii. 28

Rhecithangus, Roman commander, in Illyricum, VIII. xxvii. 13

Rhegium, attacked by the Goths, VII. xxxvii. 19–22, xxxix. 1; surrendered by them, VII. xxxix. 5

Rheon River, in Lazica, VIII. xiii. 3, xiv. 47

Rhine River, VIII. xx. 32, 33; distance from Brittia, VIII. xx. 4; separates the Varni from the Franks, VIII. xx. 2, 3, 18

Rhipaean Mountains, contain the source of the Tanais, VIII. vi. 5, 6

Rhizaeum, town on the boundary of Trapezuntine territory, VIII. ii. 3, 10; distance from Apsarus, VIII. ii. 11

Rhodopolis, city in Lazica, VIII. xiii. 21; destroyed by the Lazi, VIII. xiii. 22

Romans, subjects of the Emperor both in the East and in the West; mentioned constantly throughout, VII. xxxvi. 3, etc.; in the Gothic army, VII. xxxix. 22; make payments to the Persians, VIII. xv. 3, 6; make a treaty with the Persians, VIII. xv. 12; become in effect tributary to the Persians, VIII. xv. 16–18; purchase silk from the Persians, VIII. xvii. 1; feared by the Gepaedes, VIII. xviii. 13 ff.; hold little of Venetia, VIII. xxiv. 8; capture Portus and Petra Pertusa, VIII. xxxiv. 16; capture Cumae, VIII. xxxv. 38; Roman deserters, VIII. xxvi. 6, xxxii. 20, xxxiii. 10; the inhabitants of Rome, VIII. xii. 31, 32; especially devoted to their city, VIII. xxii. 5; their sufferings, VIII. xxxiv. 2–4; children of, slain by Teïas, VIII. xxxiv. 7, 8; a

Roman gentleman, VIII. xxi. 10, 11

Rome, the capital of Italy, mentioned frequently; assailed by Totila, VII. xxxvi. 1 ff.; captured through treachery, VII. xxxvi. 7–14; previously betrayed by Isaurians, VII. xxxvi. 7; commanded by Diogenes and Paulus, VII. xxxvi. 16; its population encouraged by Totila to return, VII. xxxvi. 29; its defences previously destroyed in part by him, VII. xxxvii. 2, VIII. xxii. 3; damages repaired by Totila, VIII. xxxvii. 3; commanded by Bessas, VIII. xii. 31; captured by the Goths, VIII. xii. 32; Procopius there, VIII. xxi. 10; adorned by works of art from Greece, VIII. xxi. 14; prophecy concerning, VIII. xxi. 16; defended by the Goths, VIII. xxxiii. 13 ff.; its wall too long for the Goths to defend, VIII. xxxiii. 17; lost by Bessas, won by Dagisthaeus, VIII. xxxiii. 24; captured five times in the reign of Justinian, VIII. xxxiii. 27; held by the Romans, VIII. xxxiv. 6

Sabiri Huns, their location, VIII. iii. 5; in the Roman army, VIII. xi. 22–26; receive money from Justinian, VIII. xi. 25, 26; shew the Romans how to build light rams, VIII. xi. 27–32; come as allies to the Persians, VIII. xiii. 6; feared by Mermeroes, who sends most of them away, VIII. xiii. 7; directed by Mermeroes to build rams, VIII. xiv. 4, 5; serving in the Persian army, VIII. xiv. 11, xvi. 8, xvii. 10; their leader slain, VIII. xvii. 18

Saginae, a people near Lazica, VIII. ii. 16, iv. 3, 5, 7

Salones, Roman army winters in, VII. xl. 11, 30; John winters there, VIII. xxi. 4, 5, xxii. 1, xxiii. 4; left by him, VIII. xxiii. 8; John returns to, VIII. xxiii. 42; left by Narses, VIII. xxvi. 5

Sandil, leader of the Utigurs, VIII. xviii. 23; remonstrates with Justinian, VIII. xix. 8 ff.

Sani (see Tzani), VIII. i. 8

Saracens, accused by Isdigousnas, VIII.

INDEX

437

INDEX

439

INDEX

his flight and death, VIII. xxxii.
22–30; his death verified by the
Romans, VIII. xxxii. 31, 32; another
version of his end, VIII. xxxii.
33–36; deposits money in Tici-
num, VIII. xxxiii. 7; instigates the
murder of Cyprian, VIII. xxxiii. 10;
burns many buildings in Rome,
VIII. xxxiii. 14; sends many
senators into Campania, VIII.
xxxiv. 5; sends Roman children
as hostages beyond the Po, VIII.
xxxiv. 7, 8; deposits money in
Ticinum and in Cumae, VIII. xxxiv.
19

Trachea, a strongly defended pass in
Abasgia, VIII. ix. 19, 21, 22

Trajan, Roman Emperor, VIII. ii. 16

Trapezuntines, their exact location,
VIII. i. 8; extent of their territory,
VIII. ii. 3; not neighbours of the
Colchians, VIII. ii. 15

Trapezus, city on the Euxine, VIII.
ii. 2; distance from Rhizaeum,
VIII. ii. 3; its unusual honey, VIII.
ii. 4; boundaries of, VIII. iv. 5;
refuge of Roman garrisons, VIII. iv. 6

Tribunus, a physician from Palestine;
greatly admired by Chosroes,
VIII. x. 10; receives a favour
from Chosroes, VIII. x. 15, 16

Troy, its capture, VIII. xxii. 31

Tuscans, VIII. xxi. 16, 17

Tuscany, VIII. xxxiii. 9, xxxiv. 22,
24; crossed by Totila, VIII. xxix.
3; its fortress Nepa, VIII. xxxiv. 16

Tynnichus, an artist, VIII. xxii. 29

Tzani, a people on the Euxine, VIII.
i. 8; their exact location, VIII. i. 9;
with the Roman army in Lazica,
VIII. xiii. 10

Tzanica, its mountains, VIII. ii. 5, 6

Tzibile, fortress in Apsilia, VIII. x. 1, 7;
guarding the road to the country
of the Abasgi, VIII. xvii. 16

Tzur, a pass over the Caucasus, VIII.
iii. 4

Tzurullum, town in Thrace, VII.
xxxviii. 5

Ulifus, Roman deserter; commander
of Perusia, VIII. xxxiii. 10; slayer
of Cyprian, do.; his death, VIII.
xxxiii. 11, 12

Uligagus, of the Eruli; commander

in the Roman army, VIII. ix. 5;
sent to Lazica, VIII. ix. 5, 13, xiii.
9; attacks the Abasgi, VIII. ix. 20 ff.

Ulpiana, city in Illyricum, VIII. xxv.
13

Usdrilas, commander of the Gothic
garrison of Ariminum, VIII. xxviii.
2; writes insolently to Valerian,
VIII. xxviii. 2–4; leads a scouting
party, VIII. xxviii. 8, 9; killed in a
skirmish, VIII. xxviii. 10, 11, xxix. 3

Ustrigothus, son of Elemundus, VIII.
xxvii. 19; deprived of the throne
of the Gepaedes and flees, VIII.
xxvii. 19, 20; his surrender
demanded by Thorisin, VIII. xxvii.
26; slain by Auduin, VIII. xxvii.
28, 29

Uthimereos, fortress in Lazica, VIII.
xiv. 51; shut off by Mermeroes,
VIII. xiv. 53; betrayed to him,
VIII. xvi. 4 ff.; garrisoned by him,
VIII. xvi. 16

Utigur, progenitor of the Utigur Huns,
VIII. v. 2

Utigur Huns, tribe near the Maeotic
Lake, VIII. iv. 8; origin of the
name, VIII. v. 2–4; feared by the
Tetraxitae, VIII. iv. 13; return
home, VIII. v. 4–17; taking with
them the Tetraxitae, VIII. v. 18–
22; receive an embassy from
Justinian, VIII. xviii. 18–21; attack
the Cutrigurs, VIII. xviii. 24, 25,
xix. 4, 6; their king, Sandil, VIII.
xix. 8. See also Cimmerians.

Valerian, Roman general in Armenia,
VIII. viii. 22; captured Bersabus,
VIII. xv. 9; writes to John, VIII.
xxiii. 4–6; comes to Scardon, VIII.
xxiii. 8; exhorts his fleet, VIII.
xxiii. 14–22; returns to Ravenna,
VIII. xxiii. 42; joins Narses, VIII.
xxviii. 1; receives a letter from
Usdrilas, VIII. xxviii. 2; commands
on the left wing, VIII. xxxi. 4;
escorts the Lombards from Italy,
VIII. xxxiii. 2; encamps near
Verona, VIII. xxxiii. 3; receives
proposals of surrender, VIII. xxxiii.
4; retires, VIII. xxxiii. 5; sent to
guard the Po, VIII. xxxiii. 8; cap-
tures Petra Pertusa, VIII. xxxiv. 24;
summoned to Campania, do.

INDEX

THE LOEB CLASSICAL LIBRARY

1

Ovid: Heroides and Amores. Grant Showerman.
Ovid: Metamorphoses. F. J. Miller. 2 Vols.
Ovid: Tristia and Ex Ponto. A. L. Wheeler.
Persius. Cf. Juvenal.
Petronius. M. Heseltine; Seneca; Apocolocyntosis.
  W. H. D. Rouse.
Phaedrus and Babrius (Greek). B. E. Perry.
Plautus. Paul Nixon. 5 Vols.
Pliny: Letters, Panegyricus. Betty Radice. 2 Vols.
Pliny: Natural History. Vols. I.–V. and IX. H. Rackham.
  VI.–VIII. W. H. S. Jones. X. D. E. Eichholz. 10 Vols.
Propertius. H. E. Butler.
Prudentius. H. J. Thomson. 2 Vols.
Quintilian. H. E. Butler. 4 Vols.
Remains of Old Latin. E. H. Warmington. 4 Vols. Vol. I.
  (Ennius and Caecilius.) Vol. II. (Livius, Naevius,
  Pacuvius, Accius.) Vol. III. (Lucilius and Laws of XII
  Tables.) Vol. IV. (Archaic Inscriptions.)
Sallust. J. C. Rolfe.
Scriptores Historiae Augustae. D. Magie. 3 Vols.
Seneca, The Elder: Controversiae, Suasoriae. M.
  Winterbottom. 2 Vols.
Seneca: Apocolocyntosis. Cf. Petronius.
Seneca: Epistulae Morales. R. M. Gummere. 3 Vols.
Seneca: Moral Essays. J. W. Basore. 3 Vols.
Seneca: Tragedies. F. J. Miller. 2 Vols.
Seneca: Naturales Quaestiones. T. H. Corcoran. 2 Vols.
Sidonius: Poems and Letters. W. B. Anderson. 2 Vols.
Silius Italicus. J. D. Duff. 2 Vols.
Statius. J. H. Mozley. 2 Vols.
Suetonius. J. C. Rolfe. 2 Vols.
Tacitus: Dialogus. Sir Wm. Peterson. Agricola and
  Germania. Maurice Hutton. Revised by M. Winterbottom,
  R. M. Ogilvie, E. H. Warmington.
Tacitus: Histories and Annals. C. H. Moore and J. Jackson.
  4 Vols.
Terence. John Sargeaunt. 2 Vols.
Tertullian: Apologia and De Spectaculis. T. R. Glover.
  Minucius Felix. G. H. Rendall.
Valerius Flaccus. J. H. Mozley.
Varro: De Lingua Latina. R. G. Kent. 2 Vols.
Velleius Paterculus and Res Gestae Divi Augusti. F. W.
  Shipley.
Virgil. H. R. Fairclough. 2 Vols.
Vitruvius: De Architectura. F. Granger. 2 Vols.

Greek Authors

ACHILLES TATIUS. S. Gaselee.

AELIAN: ON THE NATURE OF ANIMALS. A. F. Scholfield. 3 Vols.

AENEAS TACTICUS, ASCLEPIODOTUS and ONASANDER. The Illinois Greek Club.

AESCHINES. C. D. Adams.

AESCHYLUS. H. Weir Smyth. 2 Vols.

ALCIPHRON, AELIAN, PHILOSTRATUS: LETTERS. A. R. Benner and F. H. Fobes.

ANDOCIDES, ANTIPHON, Cf. MINOR ATTIC ORATORS.

APOLLODORUS. Sir James G. Frazer. 2 Vols.

APOLLONIUS RHODIUS. R. C. Seaton.

THE APOSTOLIC FATHERS. Kirsopp Lake. 2 Vols.

APPIAN: ROMAN HISTORY. Horace White. 4 Vols.

ARATUS. Cf. CALLIMACHUS.

ARISTIDES: ORATIONS. C. A. Behr. Vol. I.

ARISTOPHANES. Benjamin Bickley Rogers. 3 Vols. Verse trans.

ARISTOTLE: ART OF RHETORIC. J. H. Freese.

ARISTOTLE: ATHENIAN CONSTITUTION, EUDEMIAN ETHICS, VICES AND VIRTUES. H. Rackham.

ARISTOTLE: GENERATION OF ANIMALS. A. L. Peck.

ARISTOTLE: HISTORIA ANIMALIUM. A. L. Peck. Vols I.–II.

ARISTOTLE: METAPHYSICS. H. Tredennick. 2 Vols.

ARISTOTLE: METEOROLOGICA. H. D. P. Lee.

ARISTOTLE: MINOR WORKS. W. S. Hett. On Colours, On Things Heard, On Physiognomies, On Plants, On Marvellous Things Heard, Mechanical Problems, On Indivisible Lines, On Situations and Names of Winds, On Melissus, Xenophanes, and Gorgias.

ARISTOTLE: NICOMACHEAN ETHICS. H. Rackham.

ARISTOTLE: OECONOMICA and MAGNA MORALIA. G. C. Armstrong; (with METAPHYSICS, Vol. II.).

ARISTOTLE: ON THE HEAVENS. W. K. C. Guthrie.

ARISTOTLE: ON THE SOUL. PARVA NATURALIA. ON BREATH. W. S. Hett.

ARISTOTLE: CATEGORIES, ON INTERPRETATION, PRIOR ANALYTICS. H. P. Cooke and H. Tredennick.

ARISTOTLE: POSTERIOR ANALYTICS, TOPICS. H. Tredennick and E. S. Forster.

ARISTOTLE: ON SOPHISTICAL REFUTATIONS. On Coming to be and Passing Away, On the Cosmos. E. S. Forster and D. J. Furley.

ARISTOTLE: PARTS OF ANIMALS. A. L. Peck; MOTION AND PROGRESSION OF ANIMALS. E. S. Forster.

ARISTOTLE: PHYSICS. Rev. P. Wicksteed and F. M. Cornford. 2 Vols.
ARISTOTLE: POETICS and LONGINUS. W. Hamilton Fyfe; DEMETRIUS ON STYLE. W. Rhys Roberts.
ARISTOTLE: POLITICS. H. Rackham.
ARISTOTLE: PROBLEMS. W. S. Hett. 2 Vols.
ARISTOTLE: RHETORICA AD ALEXANDRUM (with PROBLEMS. Vol. II). H. Rackham.
ARRIAN: HISTORY OF ALEXANDER and INDICA. New Vol. I by P. A. Brunt. Vol. II by E. Iliffe Robson.
ATHENAEUS: DEIPNOSOPHISTAE. C. B. Gulick. 7 Vols.
BABRIUS AND PHAEDRUS (Latin). B. E. Perry.
ST. BASIL: LETTERS. R. J. Deferrair. 4 Vols.
CALLIMACHUS: FRAGMENTS. C. A. Trypanis. MUSAEUS: HERO AND LEANDER. T. Gelzer and C. Whitman.
CALLIMACHUS, Hymns and Epigrams, and LYCOPHRON. A. W. Mair; ARATUS. G. R. Mair.
CLEMENT OF ALEXANDRIA. Rev. G. W. Butterworth.
COLLUTHUS. Cf. OPPIAN.
DAPHNIS AND CHLOE. Thornley's Translation revised by J. M. Edmonds: and PARTHENIUS. S. Gaselee.
DEMOSTHENES I.: OLYNTHIACS, PHILIPPICS and MINOR ORATIONS. I.–XVII. AND XX. J. H. Vince.
DEMOSTHENES II.: DE CORONA and DE FALSA LEGATIONE. C. A. Vince and J. H. Vince.
DEMOSTHENES III.: MEIDIAS, ANDROTION, ARISTOCRATES, TIMOCRATES and ARISTOGEITON, I. and II. J. H. Vince.
DEMOSTHENES IV.–VI.: PRIVATE ORATIONS and IN NEAERAM. A. T. Murray.
DEMOSTHENES VII: FUNERAL SPEECH, EROTIC ESSAY, EXORDIA and LETTERS. N. W. and N. J. DeWitt.
DIO CASSIUS: ROMAN HISTORY. E. Cary. 9 Vols.
DIO CHRYSOSTOM. J. W. Cohoon and H. Lamar Crosby. 5 Vols.
DIODORUS SICULUS. 12 Vols. Vols. I.–VI. C. H. Oldfather. Vol. VII. C. L. Sherman. Vol. VIII. C. B. Welles. Vols. IX. and X. R. M. Geer. Vol. XI. F. Walton. Vol. XII. F. Walton. General Index. R. M. Geer.
DIOGENES LAERTIUS. R. D. Hicks. 2 Vols. New Introduction by H. S. Long.
DIONYSIUS OF HALICARNASSUS: ROMAN ANTIQUITIES. Spelman's translation revised by E. Cary. 7 Vols.
DIONYSIUS OF HALICARNASSUS: CRITICAL ESSAYS. S. Usher. 2 Vols.
EPICTETUS. W. A. Oldfather. 2 Vols.
EURIPIDES. A. S. Way. 4 Vols. Verse trans.
EUSEBIUS: ECCLESIASTICAL HISTORY. Kirsopp Lake and J. E. L. Oulton. 2 Vols.

GALEN: ON THE NATURAL FACULTIES. A. J. Brock.

THE GREEK ANTHOLOGY. W. R. Paton. 5 Vols.

GREEK ELEGY AND IAMBUS with the ANACREONTEA. J. M. Edmonds. 2 Vols.

THE GREEK BUCOLIC POETS (THEOCRITUS, BION, MOSCHUS). J. M. Edmonds.

GREEK MATHEMATICAL WORKS. Ivor Thomas. 2 Vols.

HERODES. Cf. THEOPHRASTUS: CHARACTERS.

HERODIAN. C. R. Whittaker. 2 Vols.

HERODOTUS. A. D. Godley. 4 Vols.

HESIOD AND THE HOMERIC HYMNS. H. G. Evelyn White.

HIPPOCRATES and the FRAGMENTS OF HERACLEITUS. W. H. S. Jones and E. T. Withington. 4 Vols.

HOMER: ILIAD. A. T. Murray. 2 Vols.

HOMER: ODYSSEY. A. T. Murray. 2 Vols.

ISAEUS. E. W. Forster.

ISOCRATES. George Norlin and LaRue Van Hook. 3 Vols.

[ST. JOHN DAMASCENE]: BARLAAM AND IOASAPH. Rev. G. R. Woodward, Harold Mattingly and D. M. Lang.

JOSEPHUS. 9 Vols. Vols. I.–IV. H. Thackeray. Vol. V. H. Thackeray and R. Marcus. Vols. VI.–VII. R. Marcus. Vol. VIII. R. Marcus and Allen Wikgren. Vol. IX. L. H. Feldman.

JULIAN. Wilmer Cave Wright. 3 Vols.

LIBANIUS. A. F. Norman. Vols. I.–II.

LUCIAN. 8 Vols. Vols. I.–V. A. M. Harmon. Vol. VI. K. Kilburn. Vols. VII.–VIII. M. D. Macleod.

LYCOPHRON. Cf. CALLIMACHUS.

LYRA GRAECA. J. M. Edmonds. 3 Vols.

LYSIAS. W. R. M. Lamb.

MANETHO. W. G. Waddell: PTOLEMY: TETRABIBLOS. F. E. Robbins.

MARCUS AURELIUS. C. R. Haines.

MENANDER. F. G. Allison.

MINOR ATTIC ORATORS (ANTIPHON, ANDOCIDES, LYCURGUS, DEMADES, DINARCHUS, HYPERIDES). K. J. Maidment and J. O. Burtt. 2 Vols.

MUSAEUS: HEOR AND LEANDER. Cf. CALLIMACHUS.

NONNOS: DIONYSIACA. W. H. D. Rouse. 3 Vols.

OPPIAN, COLLUTHUS, TRYPHIODORUS. A. W. Mair.

PAPYRI. NON-LITERARY SELECTIONS. A. S. Hunt and C. C. Edgar. 2 Vols. LITERARY SELECTIONS (Poetry). D. L. Page.

PARTHENIUS. Cf. DAPHNIS and CHLOE.

PAUSANIAS: DESCRIPTION OF GREECE. W. H. S. Jones. 4 Vols. and Companion Vol. arranged by R. E. Wycherley.

7

THEOPHRASTUS: ENQUIRY INTO PLANTS. Sir Arthur Hort, Bart. 2 Vols.

THEOPHRASTUS: DE CAUSIS PLANTARUM. G. K. K. Link and B. Einarson. 3 Vols. Vol. I.

THUCYDIDES. C. F. Smith. 4 Vols.

TRYPHIODORUS. Cf. OPPIAN.

XENOPHON: CYROPAEDIA. Walter Miller. 2 Vols.

XENOPHON: HELLENCIA. C. L. Brownson. 2 Vols.

XENOPHON: ANABASIS. C. L. Brownson.

XENOPHON: MEMORABILIA AND OECONOMICUS. E. C. Marchant. SYMPOSIUM AND APOLOGY. O. J. Todd.

XENOPHON: SCRIPTA MINORA. E. C. Marchant. CONSTITUTION OF THE ATHENIANS (Athenians.) G. W. Bowersock